新编社会学系列教材

多元社会统计分析基础

卢淑华 编著

Multivariate Social
Statistical Analysis

北京大学出版社
PEKING UNIVERSITY PRESS

图书在版编目(CIP)数据

多元社会统计分析基础/卢淑华编著.—北京:北京大学出版社,2017.7
(新编社会学系列教材)
ISBN 978-7-301-28442-1

Ⅰ.①多… Ⅱ.①卢… Ⅲ.①社会统计—多元分析—高等学校—教材 Ⅳ.①C91-03

中国版本图书馆 CIP 数据核字(2017)第 143064 号

书 名	多元社会统计分析基础
	DUOYUAN SHEHUI TONGJI FENXI JICHU
著作责任者	卢淑华 编著
责任编辑	董郑芳(dzfpku@163.com)
标准书号	ISBN 978-7-301-28442-1
出版发行	北京大学出版社
地 址	北京市海淀区成府路 205 号 100871
网 址	http://www.pup.cn
电子信箱	ss@pup.pku.edu.cn
新浪微博	@北京大学出版社 @未名社科—北大图书
电 话	邮购部 62752015 发行部 62750672 编辑部 62765016
印 刷 者	北京大学印刷厂
经 销 者	新华书店
	730×980 毫米 16 开本 26 印张 449 千字
	2017 年 7 月第 1 版 2017 年 7 月第 1 次印刷
定 价	68.00 元

未经许可,不得以任何方式复制或抄袭本书之部分或全部内容。
版权所有,侵权必究
举报电话: 010-62752024 电子信箱: fd@pup.pku.edu.cn
图书如有印装质量问题,请与出版部联系,电话: 010-62756370

前　言

北京大学是改革开放后最早恢复社会学系的,当时在系主任袁方教授的积极倡导下,很注重社会调查方法的研究,一时风光地被同行称作"方法派",方法课程共分两门:社会调查方法和社会统计学。其中调查方法课程,由王汉生、林彬老师负责;社会统计学课程,包括本科生和研究生的,自恢复以来,一直由我承担,长达十六年之久,直至退休。我为本科生编写的教材《社会统计学》自1989年问世,目前累计印刷已近三十次。供研究生用的多元统计分析教材,一直没有动笔。近年来,我关心了一下当前多元统计方面教材的进展,发现系统介绍多元统计知识的教材,财经类专业新出的教材不少,但社会学专业的教材,几乎没有看到。翻开这些新书,多元分析仍然是围绕三大方法——回归、判别和聚类展开的,这些内容,过去我在课上都讲过,于是萌生了要将过去的讲稿整理成册的想法。我的这个想法,深得北京大学出版社编辑的赞同,因为他们也发现,市场上这方面的教材实在太少了。就这样,本书纳入了北京大学出版社的出版计划,经过了数年的努力,本书在原有讲稿的基础上,吸收了当下所见各家之长,完成了写作。本书有如下几个特点:

第一,本书和其他领域的应用统计有着相同的内容,对于回归、判别和聚类多元三大统计方法,本书都有介绍。但根据社会研究的需要,在内容的重点上,还是有它自己的特点,例如在因果研究中,社会研究并不奢望通过回归方程做出预测,而是希望在找出的原因中,给出哪些因素重要、哪些因素不太重要,也就是回归系数的比较。而影响回归系数比较的原因中,自变量间的相关影响最大,因此本书用相当多的篇幅讨论自变量相关对回归系数的影响,即多重共线的问题。但这样的讨论,并非所有领域都需要,例如气象、地质灾害中的回归分析,关心的是预测准确性,而不是预测中的因素是否相关,因此这些领域在介绍多元回归时,对多重共线并没有那么关心。又如判别分析,实际也是一种预测,它在医学、考古中都有重要的应用,但在社会学中应用不多,因此本书只做简单介绍。

第二,一般来说,多元分析离不开矩阵,而矩阵的表达是比较抽象的,为了减少这些数学工具给读者带来的困难,本书在两个变量就能说明多元复杂性的情况下,尽量用两个变量进行解释,这样在二维空间,不但可以有数字例子,还可以形象地给出平面的几何图形,减少多维空间的抽象性。例如本书第七章"主成分分析"中的特征值和特征向量,都是用二维空间给出解释的。与此同时,每章都有数字例子帮助理解内容和公式,例如回归中的多重共线,本书只用二元回归实例来说明自变量间存在相关带来的复杂性,以及公式中的数量关系。此外,本书有些例子索性只有数,没有赋予具体的内容,这是为了更好地发挥数字本身对理解公式的作用,避免因举例不当引起歧义。可以说,本书是内容解释中运用矩阵符号最少、数字例子最多、最浅显易懂的。

第三,学习统计知识,必须学会统计包,这是毋庸置疑的。没有统计包,统计知识就无法付诸实现。但作为系统介绍统计知识的教材,同时充当统计包教材,是没有必要的。首先,市面上的统计包不止一个(SPSS、SAS、Excel、Matlab等),如果读者手边能用到的统计包,不是书中介绍的,那书中内容岂不浪费了吗?再说即便是书中介绍的,由于版本的不断更新,内容也会过时。况且,这是两种不同的知识体系。正像理科讲授物理有物理教材,讲授怎样做物理实验有物理实验教材一样,没有一本物理教材是同时在讲授怎样做物理实验的。物理实验是为物理内容服务的,所以每个实验都要对实验的物理内容有梗概介绍,正像统计包是为统计内容服务的,所以每一方法都要对方法的统计内容有梗概介绍,但这些梗概介绍都不能替代系统的统计知识。统计知识既不会过时,也不会各书有各书的定义和解释,例如什么是"标准差",什么是"标准误",所有教材都有介绍,在所有教材中,它的定义和公式都是相同的。而统计包是资料处理的工具,工具可以不止一个,可以各有各的操作语言,它的学习特点和最好的学习方式是,需要时在使用中学。

本书是系统介绍多元统计知识的,对统计包操作没有介绍,但书中很多例题的计算结果,是以SPSS统计包的输出结果给出的,书中对如何读懂统计包的输出有解释。

第四,本书略去了统计量的临界值附表,因为统计包都有统计量对应的概率值。书中由于解释的需要,有时也用到统计量临界值(可以通过扫描书中二维码获得),这时都有说明。

第五,本书在编写过程中,除了尽可能地收集和参考相关的教材外,还参考了1984年5月24日至6月6日布莱洛克教授来华的讲课内容。当时社会学在我国刚恢复,由中国社科院社会学所主办,有关高校参加,在北京和平宾馆八楼会议厅,布莱洛克教授做了十一次授课,重点介绍了社会统计学中的多元分析,我在撰写本书时,再次翻阅了当时的笔记,吸收了相关内容。

第六,作为一名多年讲授多元统计分析的教师,我深感目前运用多元分析技术对资料进行处理的效果并不理想,只要翻开任何一篇以多元分析为工具的论文,就可以发现模型的解释力都很低,几乎没有超过30%的,有的甚至只有百分之十几。而即便文章给出了很高的解释力,其结论也只有符合常识,人们才会接受,否则人们宁可相信常识的感觉,也不相信模型给出的结果。如果这样的话,那又何必杀鸡用牛刀呢?实际在布莱洛克来华的讲课中,也有类似的评价,他称社会学是不成熟的学科。在谈到社会学家对待自己的研究成果时,布莱洛克很是风趣地说了两点:一要谦虚,二要幽默。关于第一点,好理解,任何领域的成果都应抱有谦虚的态度;关于第二点,要幽默,更值得玩味,言外之意是对成果别太认真了吧!

正因为这样的原因,本书和其他专业的多元统计不同,多处谈到了测量误差、量度误差理论,引进了无关变量或忽略了有关变量,以及运用拟合而不是显著性进行检验对资料分析结果的影响。所有这些讨论,不是定量研究所特有的,包括定性研究也会遇到。记得布莱洛克曾说起研究控制变量的一个故事,当时由于研究的深入,得出了在多变量的因果模型中,不是模型中每一个变量都可随意拿来作控制变量的,如果用果变量作为控制变量,不仅道理上说不通,而且偏相关会得到一系列不可思议的错误结果。这本是社会研究深化的成果,却被从事定性研究的人,说成是定量研究走入歧途,相当于原本简单的问题,非但没有解决,反而复杂化了。布莱洛克解释说,这样的评价显然是错误的,事实上,从事定性研究同样存在这样的问题,只是还没有意识到里面有问题而已。可见,多元分析,既是资料处理的工具,又是学会深入思考的武器。有了它,我们学会根据因果勾画出现象与现象之间的联系;有了它,我们学会通过表面现象看到隐藏在背后潜在的联系。通过多元统计分析,使我们分析的能力大大提高。随着科技进步和统计知识的普及,一些统计的术语逐渐融入日常用语,例如"标准差""抽样""小概率"几乎随处可见。同样,多元统计中的术语,也并非只出现在资料定量处理的文章中,一般文章中也会用它构建分析问题的思路与术语,这里套用一句现在的流行语,如果没有现代统计知识的积淀,阅读高层次的学术论文时就"out"了。

本书共有十一章,各章内容简述如下:

第一、二章是基础知识,复习本科教材中的一元回归和方差分析,以便和下面的多元统计分析衔接。

第三章介绍三变量的基础知识,以及通过控制变量辨别三变量相关的类型。

第四章全面介绍多元回归方程的建立;回归系数和一元回归系数的不同;判定系数和复相关系数的意义;多元回归方程和回归系数的检验;以及回归假定的鉴别。在介绍偏相关的部分,在给出运算公式的同时,用例子解释它的含义,运用偏相关对控制变量做进一步讨论,和运用控制变量对假设模型进行验证。本章还涉猎测量误差对相关系数的影响。除了偏相关,还给出了部分偏相关和复偏相关的公式、检验和相互关系。

第五章是多元回归中特有的自变量间相关的讨论,即多重线性问题,由此给出了模型误差,其中包括无关变量和强相关变量的引入、有关变量的忽略,以及测量误差量度误差的影响,最后用 SPSS 统计包输出为例,给出回归方程建立的过程和方法。

第六章,介绍自变量含有定类变量的两种分析方法,一种是以方差分析法为主,将定距变量看作协变量。另一种是以回归分析法为主,将定类变量转换为(0,1)变量,最后对两种方法进行了比较。

第七章开始要用到矩阵,因此在介绍后面各章之前,先对书中要用到的矩阵做一介绍,介绍时都辅以数字例子。其中和后面内容关系最为密切的特征值和特征向量,通过数字例子,给出二维的图形解释。本章主要介绍主成分分析法的意义和求解方法。

第八章介绍因子分析法,因子分析法首先在教育心理学中得到成功的应用。本章介绍了因子分析法的求解方法,由于因子得分是社会研究中因果模型的潜变量,因此本章还介绍了因子得分的求解方法。

第九章介绍聚类分析与判别分析。其中第一节介绍聚类分析,聚类分析就是如何科学分类的问题,分类按最短距离或相关性最强来分是显而易见的,但在聚类过程中,每一类从只有一个个体发展到包含若干个体时,就出现了各种计算类与类之间距离的方法,书中通过数字例子,帮助读者了解各种方法的计算过程。书中给出了各种聚类方法,都有数字例子进行解释。第二节介绍判别分析,它是对一个未知个体如何科学归类的问题。它的道理也是显而易见的,那就是和哪个已知类别相似性越强就归入哪一类。书中列举了三类判别法,判别分析在考古、医学中都有广泛的应用。

第十章是回归分析在定类变量应用中的延伸。本章介绍两种方法,一种称作 Logistic 回归,它是将定类型因变量,通过 Logistic 转换,将定类变量转换为 $[-\infty, +\infty]$ 的连续变量,进而可以按多元回归处理,它和一般回归的不同是,对回归系数的解释,仍要退回到初始定类型因变量的解释,Logistic 回归中的自变量，可以是定距型，也可是定类型，或是两者兼有的混合型。另一种方法是，对数线性法，它适用于因变量和自变量都是定类型变量的情况，它的做法是对列联表频次取对数，使每一格值可看作是所有自变量包括交互作用的线性叠加。书中对这样分解的道理，通过数字例子做了详细解释，本章用到了对模型检验的拟合概念，它要求不是小概率，而是与之相反，以更大的概率接近被采纳的模型。

第十一章是最后一章，介绍了两种模型的处理方法，第一种是路径分析法，它要求模型中的变量是单向的，称作递归模型，它源于遗传学，社会学中职业流动属于该种模型。另一种是线性结构方程法，它允许模型中的变量是双向的，而且在现成的处理软件中，它要求模型的理论是有充分根据、有说服力的。

在本书编写过程中，始终得到北京大学出版社的鼓励与支持，本书由于图多、表多、公式多，所用字母复杂，其中有英文的、希腊文的，字母还要分大写、小写、粗体、非粗体，外加还要有上标、下标甚至下标的下标，因此排版起来繁琐，有时作者也难免出错，但出版社的编辑和排版老师从无怨言，一遍遍地修改、打印、再打印。因此，没有北京大学出版社全体同仁的辛勤劳动，本书的出版是不可能的。

本书完稿后，曾考虑过请有关老师审阅，但这对审阅人负担太重了，因此是不可行的。好在本书内容给多届同学讲授过，同学学习的过程，一定程度上也是审稿的过程。

感谢北京大学的现任授课老师刘爱玉教授、周飞舟教授、阮桂海教授和林彬教授，他们都看过本书的前言和大纲，并提了宝贵意见，给了我很大的支持与肯定。

还要感谢历届同学，他们认真的学习态度值得称道，至今我还保留了一份同学自己整理的我课堂内容的听课笔记。同学们运用课上学到的统计知识，通过 SPSS 统计包进行处理，完成了毕业论文，本书已将某些同学的成果作为实例，编在内容中。

抛砖引玉，本书欢迎广大师生提出宝贵意见，无论是教材内容，或是印刷错误，都可直接寄北京大学社会学系作者收，或是寄北京大学出版社责任编辑董郑芳收，邮件地址为 ss@ pup. pku. edu. cn。

卢淑华

2016 年 5 月 5 日

于北京大学社会学系

目 录

第一编 基础知识

第一章 回归与相关 ························ 3
  第一节 线性回归方程 ······················ 3
  第二节 回归方程的假定与检验 ············ 6
  第三节 相关 ····························· 12
  第四节 用回归方程进行预测 ·············· 18

第二章 方差分析 ························ 20
  第一节 一元方差分析 ····················· 20
  第二节 二元方差分析 ····················· 26

第二编 多元分析

第三章 多元相关分析与统计控制 ········· 43
  第一节 前言 ······························ 43
  第二节 控制变量的模式 ·················· 45
  第三节 统计控制方法 ···················· 48
  习题 ··································· 58

第四章 多元回归 ························ 63
  第一节 多元线性回归 ···················· 63
  第二节 偏相关 ·························· 83
  第三节 部分偏相关 ····················· 103
  第四节 复相关、偏相关与部分偏相关的关系 ··· 109
  习题 ································· 116

第五章 多重共线与回归方程自变量的选择 …… 118
第一节 多重共线 …… 118
第二节 回归方程自变量的选择 …… 142
习题 …… 151

第六章 混合型自变量的多元分析 …… 153
第一节 协方差分析法 …… 153
第二节 虚拟变量法 …… 160
习题 …… 169

第七章 主成分分析 …… 171
第一节 矩阵知识预备 …… 171
第二节 主成分分析法 …… 194
习题 …… 207

第八章 因子分析 …… 208
第一节 因子分析概述 …… 208
第二节 因子分析方法简介 …… 216
习题 …… 229

第九章 聚类分析与判别分析 …… 231
第一节 聚类分析 …… 231
第二节 判别分析 …… 276
习题 …… 291

第十章 定类型多变量分析方法简介 …… 293
第一节 Logistic 回归 …… 293
第二节 对数线性模型 …… 316
习题 …… 351

第十一章 因果模型分析方法简介 …… 353
第一节 路径分析 …… 353
第二节 LISREL 方法 …… 369
习题 …… 394

参考文献 …… 396

习题答案 …… 398

第一编

基础知识

第一章

回归与相关

第一节 线性回归方程

一、什么是线性回归方程

设有两个变量 x 和 y，当 x 变化时会引起 y 相应的变化，但它们之间的变化关系是不确定的，如果当 x 取得任一可能值 x_i 时，y 相应地服从一定的概率分布，为了研究 x 和 y 之间确定的关系，用 y 概率分布的数字特征（均值）取代分布，于是 x 和均值 y 之间就形成了确定的函数关系。

我们把 $x = x_i$ 条件下，y_i 的均值记作

$$E(y_i)$$

如果它是 x 的函数

$$E(y_i) = f(x_i) \tag{1-1}$$

则表示变量 y 和变量 x 之间存在着相关关系。式(1-1)称作 y 对 x 的回归方程。

当因变量 y 的平均值与自变量 x 呈现线性规律时，称作线性回归方程，这里因为只有一个自变量，又称一元线性回归方程。它的表达式为

$$E(y) = \alpha + \beta x \tag{1-2}$$

其中 α 称作回归常数，β 称作回归系数。

每一个真实 y_i 与回归线的关系是

$$y_i = \alpha + \beta x_i + e_i \tag{1-3}$$

式(1-3)中 y_i 是随机变量，e_i 是随机误差，由于 e_i 的值是非固定的，从而使 x 和 y

呈现非确定性的关系。

二、线性回归方程的建立与最小二乘法

上面所谈变量 x 和变量 y 之间存在线性回归,是指总体而言,对于样本来说,则是通过样本的观测值来估计总体回归直线的 α 和 β。而最小二乘法(Least-squares Criterion)的方法,是通过样本对总体线性回归最好的估计方法。

设从总体中抽取一个样本,其观测值为

(x_1, y_1)
(x_2, y_2)
$\vdots \quad \vdots$
(x_n, y_n)

现在围绕这 n 个观测点,画一条直线(图1-1)。

$$y = a + bx \tag{1-4}$$

可以想象,当 a, b 取不同值时,可以得到无数条直线。那么,在这无数条直线中,哪一条是这 n 个样本点的最佳拟合直线呢?一个很自然的想法,应该是到各点都比较接近的那条直线为最佳。数学上把这样的想法表示为:各点到待估直线铅直距离之和为最小。这就是求回归直线的最小二乘法原理。

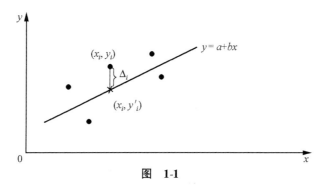

图 1-1

设点 i 的观测值为 (x_i, y_i),把 x_i 代入待定的直线式(1-4)有

$$y_i' = a + bx_i \tag{1-5}$$

y_i 到待估直线的铅直距离为 y_i 减去 y_i'

$$\Delta_i = y_i - y_i' = y_i - (a + bx_i)$$

n 点铅直距离平方和为

$$Q(a,b) = \sum \Delta_i^2 = \sum_{i=1}^{n} [y_i - (a + bx_i)]^2 \tag{1-6}$$

显然,Q 值是 a,b 的函数。根据最小二乘法的原理,就是从不同的 a,b 中求得 $\hat{a},\hat{b}$,使其 $Q(a,b)$ 达最小值

$$\begin{cases} \dfrac{\partial Q}{\partial a} = 0 \\ \dfrac{\partial Q}{\partial b} = 0 \end{cases} \tag{1-7}$$

将式(1-6)代入式(1-7)有

$$\begin{cases} \sum_{i=1}^{n} [y_i - (a + bx_i)] = 0 \\ \sum_{i=1}^{n} [y_i - (a + bx_i)]x_i = 0 \end{cases} \tag{1-8}$$

根据式(1-8),解二元一次联立方程得

$$a = \bar{y} - b\bar{x} \tag{1-9}$$

$$b = \frac{L_{xy}}{L_{xx}} \tag{1-10}$$

其中

$$\bar{x} = \frac{1}{n} \sum_{i=1}^{n} x_i \tag{1-11}$$

$$\bar{y} = \frac{1}{n} \sum_{i=1}^{n} y_i \tag{1-12}$$

$$L_{xx} = \sum_{i=1}^{n} (x_i - \bar{x})^2 = \sum_{i=1}^{n} x_i^2 - \frac{1}{n}\left(\sum_{i=1}^{n} x_i\right)^2 \tag{1-13}$$

$$L_{xy} = \sum_{i=1}^{n} (x_i - \bar{x})(y_i - \bar{y})$$

$$= \sum x_i y_i - \frac{1}{n} \sum_{i=1}^{n} x_i \sum_{i=1}^{n} y_i \tag{1-14}$$

为了今后进一步分析的需要,再引入

$$L_{yy} = \sum_{i=1}^{n} (y_i - \bar{y})^2 = \sum_{i=1}^{n} y_i^2 - \frac{1}{n}\left(\sum_{i=1}^{n} y_i\right)^2 \tag{1-15}$$

这样通过最小二乘法所确定的 a,b,代入待估的直线方程式(1-4)得

$$\hat{y} = a + bx \tag{1-16}$$

它将是总体线性回归方程 $y = \alpha + \beta x$ 的最佳估计方程。

第二节 回归方程的假定与检验

一、线性回归模型的基本假定

在第一节中谈到总体的线性回归指的是,当 $x = x_i$ 时,y 的均值 $E(y_i)$ 是 x 的线性函数(式 1-2): $E(y_i) = \alpha + \beta x_i$。下面就变量及其相互关系给出一些基本假定。

(1) 自变量 x 可以是随机变量,也可以是非随机变量。x 值的测量可以认为是没有误差的,或者说误差是可以忽略不计的。

(2) 由于 x 和 y 之间存在的是非确定性的相关关系。因此,对于 x 的每一个值 $x = x_i$,y_i 是随机变量,或称作是 y 的子总体。要求 y 的所有子总体 y_1, $y_2, \cdots, y_i, \cdots, y_n$,其方差都相等(equal variance)。

$$D(y_1) = D(y_2) = \cdots = D(y_i) = \cdots = D(y_n)$$

(3) 如果 y 的所有子总体,其均值 $E(y_1), E(y_2), \cdots, E(y_i), \cdots, E(y_n)$ 都在一条直线上,则称作线性假定,其数学表达式为

$$E(y_i) = \alpha + \beta x_i$$

由于 α 和 β 对所有子总体都一样,所以 α 和 β 是总体参数。

(4) 要求随机变量 y_i 是统计独立的。即 y_1 的数值不影响 y_2 的数值,各 y 值之间都没有关系。

以上称作对总体有关线性、同方差和独立的假定。也可用如下两种数据结构来表达。

① 随机变量 y_i 是统计独立的,且有

均值: $E(y_i) = \alpha + \beta x_i$

方差: $D(y_i) = \sigma^2$

② y_i 与 x_i 有如下关系式:

$$y_1 = \alpha + \beta x_1 + \varepsilon_1$$
$$y_2 = \alpha + \beta x_2 + \varepsilon_2$$
$$\vdots \quad \quad \vdots \quad \quad \vdots$$
$$y_n = \alpha + \beta x_n + \varepsilon_n$$

第一章 回归与相关

其中 $\varepsilon_1, \varepsilon_2, \cdots, \varepsilon_n$ 是随机变量,它们相互独立,且有

$$E(\varepsilon_i) = 0$$

$$D(\varepsilon_i) = \sigma^2$$

当总体具有上述假定时,那么根据样本运用最小二乘法所求得的方程

$$\hat{y} = a + bx \tag{1-17}$$

将是总体线性回归方程

$$E(y) = \alpha + \beta x \tag{1-18}$$

的最佳线性无偏估计方程。式(1-17)中的 a 和 b 将是式(1-18)中 α 和 β 的最佳无偏估计量。

(5)出于检验的需要,除了上述假定或要求外,还要求 y 值的每一个子总体都满足正态分布。于是综合回归分析中估计和检验两方面的需要,对总体的数据结构有如下的假定

$$y_1 = \alpha + \beta x_1 + \varepsilon_1$$
$$y_2 = \alpha + \beta x_2 + \varepsilon_2$$
$$\vdots \qquad \vdots \qquad \vdots$$
$$y_n = \alpha + \beta x_n + \varepsilon_n$$

其中 $\varepsilon_1, \varepsilon_2, \cdots, \varepsilon_n$ 是随机变量,它们相互独立,且都服从相同的正态分布 $N(0, \sigma^2)$(σ^2 未知)。

二、回归方程的检验

前面介绍了用最小二乘法求直线回归的方法,它是基于线性回归模型的基本假定进行的。因此在配置回归直线之前,必须对总体变量间是否存在线性相关关系进行检验。否则,对于不存在线性关系的总体,配置回归直线毫无意义。为此,下面要讨论回归方程的检验。

(一)检验的原假设

根据本节第一部分的讨论,所谓总体变量 x 和变量 y 存在线性关系,指的是存在关系式

$$E(y_i) = \alpha + \beta x_i \tag{1-19}$$

因此,对于总体线性检验的假设可写成如下的形式

$$H_0: \beta = 0$$
$$H_1: \beta \neq 0$$

有了假设,下面将根据平方和分解求出检验所需的统计量。

(二) 线性回归的平方和分解

1. 总偏差平方和 TSS

$$TSS = \sum_{i=1}^{n}(y_i - \bar{y})^2 \qquad (1\text{-}20)$$

TSS 反映了观测值 y_i 围绕均值 $\bar{y}$

$$\bar{y} = \frac{1}{n}\sum_{i=1}^{n}y_i$$

总的分散程度。

TSS 同时还是 PRE[①] 中的 E_1，因为当不知 y 和 x 有关系时，对 y 的最佳估计值只能是 $\bar{y}$，而每一个真实的 y_i 值和估计值 $\bar{y}$ 之差，就构成了每次估计的误差。

$$(y_1 - \bar{y})$$
$$(y_2 - \bar{y})$$
$$\vdots \qquad \vdots$$
$$(y_i - \bar{y})$$
$$\vdots \qquad \vdots$$
$$(y_n - \bar{y})$$

各次误差平方之总和，正是不知 x 与 y 有关系时，估计 y 之总误差 E_1，从数量上与式(1-20)相等。

$$E_1 = TSS = \sum_{i=1}^{n}(y_i - \bar{y})^2$$

2. 剩余平方和 RSS

$$RSS = \sum_{i=1}^{n}(y_i - \hat{y}_i)^2 \qquad (1\text{-}21)$$

其中 $\hat{y}_i$ 由回归直线式(1-16) $\hat{y} = a + bx$ 所确定。

RSS 反映了观测值 y_i 偏离回归直线 $\hat{y}_i$ 的程度(图1-2)。它是根据最小二乘法求回归直线时，$Q(a,b)$ 的最小值。也就是 PRE 定义中的 E_2。RSS 反映了知道 y 与 x 有关系后，估计 y 值时所产生的总误差。

RSS 为通过回归直线进行估计之后，仍然未能消除或未被解释的误差，又称残差平方和。它的存在，说明了除 x 对 y 的线性影响外，还存在其他未被考虑的因素，这些因素往往是十分复杂的，例如社会调查中问卷的信度、效度、模

---

① 卢淑华编著：《社会统计学(第四版)》，北京大学出版社2009年版，第五章第三节。

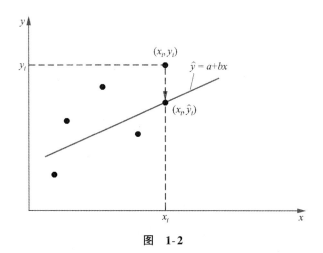

图 1-2

型的误差以及许多无法控制的心理、感情、思维、行动等方面的因素。

3. 回归平方和 RSSR

为了说明 RSSR 的意义,我们把总偏差平方和 TSS 分解为图 1-3。

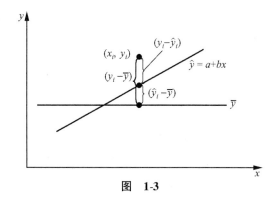

图 1-3

$$TSS = \sum_{i=1}^{n}(y_i - \bar{y})^2 = \sum_{i=1}^{n}(y_i - \hat{y}_i + \hat{y}_i - \bar{y})^2$$
$$= \sum_{i=1}^{n}(y_i - \hat{y}_i)^2 + 2\sum_{i=1}^{n}(y_i - \hat{y}_i)(\hat{y}_i - \bar{y})$$
$$+ \sum_{i=1}^{n}(\hat{y}_i - \bar{y})^2$$

数学上可以证明

$$\sum_{i=1}^{n}(y_i - \hat{y}_i)(\hat{y}_i - \bar{y}) = 0$$

因此得

$$\sum_{i=1}^{n}(y_i - \bar{y})^2 = \sum_{i=1}^{n}(y_i - \hat{y}_i)^2 + \sum_{i=1}^{n}(\hat{y}_i - \bar{y})^2 \qquad (1-22)$$

可见,等式左端就是 TSS,而右端第一项为 RSS,第二项就是 $RSSR$:

$$RSSR = \sum_{i=1}^{n}(\hat{y}_i - \bar{y})^2 \qquad (1-23)$$

即有

$$TSS = RSS + RSSR \qquad (1-24)$$
$$RSSR = TSS - RSS$$

TSS 表示原有的估计误差,RSS 是通过回归直线进行估计的误差,因此两者之差 $TSS - RSS$ 表示了通过回归直线被解释掉的误差 $RSSR$。

如果用 L_{xx},L_{xy} 和 L_{yy} 来表示平方和,则有

$$TSS = \sum_{i=1}^{n}(y_i - \bar{y})^2 = L_{yy} \qquad (1-25)$$

$$RSSR = \sum_{i=1}^{n}(\hat{y}_i - \bar{y})^2 = \sum_{i=1}^{n}(a + bx_i - a - b\bar{x})^2$$

$$= b^2 \sum_{i=1}^{n}(x_i - \bar{x})^2 = \left(\frac{L_{xy}}{L_{xx}}\right)^2 L_{xx} = \frac{L_{xy}^2}{L_{xx}} \qquad (1-26)$$

$$RSS = TSS - RSSR$$
$$= L_{yy} - \frac{L_{xy}^2}{L_{xx}} \qquad (1-27)$$

(三) 统计量

设总体满足原假设 $H_0: \beta = 0$。那么从 $\beta = 0$ 的总体中,如果作无数次样本容量为 n 的抽样,可以证明,作为线性回归方程的检验公式,统计量 $\dfrac{RSSR}{\frac{RSS}{(n-2)}}$ 将服从自由度为 $(1, n-2)$ 的 F 分布:

$$F = \frac{RSSR}{\frac{RSS}{(n-2)}} = F(1, n-2) \qquad (1-28)$$

因此,根据样本 $(x_1, y_1), (x_2, y_2), \cdots, (x_n, y_n)$ 计算的 F 值。如果

$$F > F_\alpha$$

则可在显著性水平 α 的情况下,拒绝原假设,即认为总体中是存在线性相关的。反之,如果根据样本计算 F 值,有

$$F < F_\alpha$$

则接受原假设 H_0,即不能拒绝总体中 $\beta = 0$ 的原假设(图 1-4)。因此在这种情况下,就没有必要配置回归直线了。

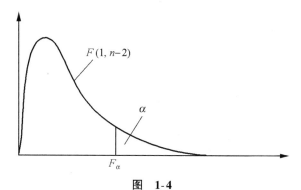

图 1-4

下面我们对统计量 F(式 1-28)

$$F = \frac{RSSR}{\dfrac{RSS}{(n-2)}}$$

作定性的解释。根据式(1-24)

$$TSS = RSS + RSSR$$

可知,当样本 n 个观测点 (x_i, y_i) 确定后,TSS 则为定值。因此若剩余平方和 RSS 大,则回归平方和 $RSSR$ 必小。反之,若剩余平方和 RSS 小,则回归平方和 $RSSR$ 必大。而 $RSSR$ 大,则说明引入回归直线后,所能解释掉的误差大。因此引入回归直线后,所被解释掉的误差与剩余误差的比值

$$F = \frac{RSSR}{\dfrac{RSS}{(n-2)}}$$

反映了配置回归直线的意义。同样,对于 $\beta = 0$ 的总体,出于抽样随机误差造成 F 值很大的可能性是很小的。具体说,就是 $F > F_\alpha$ 的可能性仅为 α(α 为显著性水平)。

第三节 相　关

一、相关系数

相关系数 r 指的是线性相关系数,而不是泛指的一切相关关系的系数。

（一）协方差

图 1-5 表示了变量 x 和变量 y 之间存在相关关系,它共有 n 对数据：

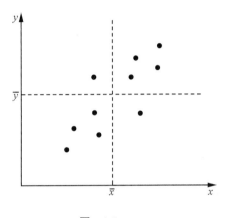

图　1-5

$$(x_1, y_1)$$
$$(x_2, y_2)$$
$$\vdots \quad \vdots$$
$$(x_n, y_n)$$

x 和 y 的均值为

$$\bar{x} = \frac{1}{n}(x_1 + x_2 + \cdots + x_n) = \frac{1}{n}\sum x_i$$

$$\bar{y} = \frac{1}{n}(y_1 + y_2 + \cdots + y_n) = \frac{1}{n}\sum y_i$$

把坐标轴移到 $\bar{x}$ 和 $\bar{y}$,于是对于新的坐标,其观测值为

$$(x_1 - \bar{x}), (x_2 - \bar{x}), \cdots, (x_n - \bar{x})$$
$$(y_1 - \bar{y}), (y_2 - \bar{y}), \cdots, (y_n - \bar{y})$$

现在来研究 x 和 y 每对数据的乘积。

$$(x_1 - \bar{x})(y_1 - \bar{y})$$
$$(x_2 - \bar{x})(y_2 - \bar{y})$$
$$\vdots \qquad \vdots$$
$$(x_n - \bar{x})(y_n - \bar{y})$$

显然,如果观测值落在新坐标的第一或第三象限,则乘积

$$(x_i - \bar{x})(y_i - \bar{y}) > 0$$

反之,如果观测值落在新坐标的第二或第四象限,则乘积

$$(x_i - \bar{x})(y_i - \bar{y}) < 0$$

可以想象,如果变量间存在线性相关关系的话,则其观测点不会平均地分散在四个象限。而只会集中在第一、三象限或第二、四象限,而线性相关程度愈强,其集中的程度愈明显。从数量上来考虑,就是上述乘积的总和

$$\sum_{i=1}^{n} (x_i - \bar{x})(y_i - \bar{y})$$

可以作为线性相关程度的标志。当

$$\sum_{i=1}^{n} (x_i - \bar{x})(y_i - \bar{y}) = 0$$

则表示观测点均匀地分散在四个象限,即变量 x 和变量 y 之间不存在线性相关关系。反之,当

$$\sum_{i=1}^{n} (x_i - \bar{x})(y_i - \bar{y}) \neq 0$$

则表示变量间存在线性相关关系。其数值(绝对值)越大,则表示线性相关关系越大。而其乘积对样本容量的平均值,就称作协方差(Covariance)

$$Cov(x,y) = \frac{\sum (x_i - \bar{x})(y_i - \bar{y})}{n - 1} \qquad (1\text{-}29)$$

实际上,协方差的概念是不难理解的,我们知道变量的方差公式为

$$S^2 = \frac{1}{n-1} \sum (x_i - \bar{x})^2$$

它表示变量观测值相对其均值的平均偏差,因此协方差 $Cov(x,y)$

$$Cov(x,y) = \frac{1}{n-1} \sum (x_i - \bar{x})(y_i - \bar{y})$$

则表示 x 和 y 两变量观测值相对其各自均值所造成的共同平均偏差。

（二）相关系数

协方差的数量可以作为变量线性相关程度的度量。但是由于它的数值与单位有关,因此不同单位的变量还无法进行比较。为此,我们将变量标准化,然后再求其乘积的平均。

$$\left(\frac{x_1 - \bar{x}}{S_x}\right)\left(\frac{y_1 - \bar{y}}{S_y}\right)$$

$$\left(\frac{x_2 - \bar{x}}{S_x}\right)\left(\frac{y_2 - \bar{y}}{S_y}\right)$$

$$\vdots \quad \vdots$$

$$\left(\frac{x_n - \bar{x}}{S_x}\right)\left(\frac{y_n - \bar{y}}{S_y}\right)$$

取平均有

$$\frac{1}{n-1}\sum_i \left(\frac{x_i - \bar{x}}{S_x}\right)\left(\frac{y_i - \bar{y}}{S_y}\right)$$

这就是样本数据的相关系数 r,对于总体数据,r 为

$$r = \frac{1}{n}\sum_i \left(\frac{x_i - \bar{x}}{\sigma_x}\right)\left(\frac{y_i - \bar{y}}{\sigma_y}\right)$$

但无论是样本数据或总体数据,相关系数 r 都可写作

$$r = \frac{\sum(x_i - \bar{x})(y_i - \bar{y})}{\sqrt{\sum(x_i - \bar{x})^2 \sum(y_i - \bar{y})^2}} \tag{1-30}$$

可见,相关系数就是标准化了的协方差。数值上,它等于协方差除以各自标准差的乘积。相关系数,正如协方差一样,都是度量变量间的线性相关程度的。相关系数的取值范围是 $[-1, +1]$。

（三）相关系数具有 PRE 性质

相关系数式(1-30)还可以通过减少误差比例 PRE 公式推导出来

$$PRE = \frac{E_1 - E_2}{E_1} \tag{1-31}$$

E_1 为不知 x 与 y 有关系时,预测 y 的总误差。由于这时最佳的估计是均值 $\bar{y}$,因此 E_1 有

$$E_1 = \sum(y_i - \bar{y})^2$$

E_2 为知道 x 与 y 有线性相关时,预测 y 的总误差。显然,当知道 x 和 y 存在线性

相关后，我们可以用线性回归直线来预测 y 的值。这时的误差 E_2 为

$$E_2 = \sum (y_i - \hat{y})^2 \tag{1-32}$$

正如式(1-20)所解释，E_1 值与 TSS 值相同

$$E_1 = \sum (y_i - \bar{y})^2 = TSS \tag{1-33}$$

E_2 值正如式(1-21)所解释，数值上与 RSS 相同

$$E_2 = \sum (y_i - \hat{y})^2 = RSS \tag{1-34}$$

而 $E_1 - E_2$ 根据式(1-24)，数值上与 $RSSR$ 相同

$$E_1 - E_2 = TSS - RSS = RSSR \tag{1-35}$$

它表示了回归直线方程对预测的改善程度。将式(1-33)和式(1-34)代入式(1-31)有

$$\text{PRE} = \frac{TSS - RSS}{TSS}$$

PRE 又称判定系数 r^2。

$$r^2 = \text{PRE} = \frac{TSS - RSS}{TSS} = \frac{RSSR}{TSS} \tag{1-36}$$

将式(1-26)和式(1-25)

$$RSSR = \frac{L_{xy}^2}{L_{xx}}$$

$$TSS = L_{yy}$$

代入式(1-36)，经过式(1-13)至式(1-15)的化简有

$$r^2 = \frac{(\sum (x_i - \bar{x})(y_i - \bar{y}))^2}{\sum (x_i - \bar{x})^2 \sum (y_i - \bar{y})^2}$$

开方后有

$$r = \pm \sqrt{r^2} = \pm \frac{\sum (x_i - \bar{x})(y_i - \bar{y})}{\sqrt{\sum (x_i - \bar{x})^2 \sum (y_i - \bar{y})^2}} \tag{1-37}$$

可见，判定系数 r^2 的开方，数值上与式(1-30)相同，其符号应取与式(1-30)相关系数相同。

判定系数 r^2 有着直观的解释意义。例如，当 $r^2 = 0.75$，表示当知道 x 和 y 有线性相关关系后，可以改善预测程度 75% 或可以用 x 解释掉 y 的 75% 误差。

相关系数的计算公式，除了式(1-30)

$$r = \frac{\sum (x_i - \bar{x})(y_i - \bar{y})}{\sqrt{\sum (x_i - \bar{x})^2 \sum (y_i - \bar{y})^2}}$$

外,根据式(1-13)至式(1-15),r 还可写作

$$r = \frac{\sum x_i y_i - \frac{(\sum x_i)(\sum y_i)}{n}}{\sqrt{\left[\sum x_i^2 - \frac{(\sum x_i)^2}{n}\right]\left[\sum y_i^2 - \frac{(\sum y_i)^2}{n}\right]}} \tag{1-38}$$

根据式(1-10)和标准差 S 的定义,r 还可写作

$$r = b\frac{S_x}{S_y} \tag{1-39}$$

式(1-30)、式(1-38)和式(1-39)都是等效的。

相关系数受变量取值范围的影响很大,当取值范围很小时,x 和 y 的相关系数可能很小,但如果增大取值范围,x 和 y 的相关系数会增加很多。

(四)相关系数的检验

正如一切抽样结果,为了具有推论性质,必须进行检验。相关系数检验的假设为

$H_0: \rho = 0$(总体相关系数为零)

$H_1: \rho \neq 0$

如果从满足 H_0 的总体中,作无数次容量为 n 的抽样,并计算出样本的相关系数 r。可以证明

$$t = r\sqrt{\frac{n-2}{1-r^2}} \sim t(n-2) \tag{1-40}$$

满足自由度 $k = n - 2$ 的 t 分布。

(五)相关系数 r 回归系数 β 的关系

回归方程的检验,实际只是对线性回归方程的检验。而确认总体线性相关的存在,也就是确认配置线性回归方程是有意义的。因此假设

$H_0: \rho = 0$

和假设

$H_0: \beta = 0$

是等价的。也就是说,如果 r 通过了检验,也必然会导致 β 检验(F 检验)的通过。

二、相关与回归的比较

（一）相关和回归的异同

相关和回归都是研究变量间的非确定性关系的，而且都是研究其中的线性关系的，但是两者研究的角度是有所不同的。首先，回归是研究变量间的因果关系的，而相关关系，则并不具有因果关系。但即使明确了有因果关系，仍需要研究变量间的相关关系。因为回归直线式(1-16)

$$\hat{y} = a + bx$$

中回归系数 b，仅反映了增量 Δx 和 y 均值增量 $\Delta \hat{y}$ 之间的关系

$$\Delta \hat{y} = b \Delta x$$

b 说明了回归直线的陡度 $\hat{y}$ 的变化，反映的是真实 y 值平均值的变化，而真实数据与回归直线分散的情况或靠拢的程度在式(1-16)中是不反映的。相关系数 r 则正是表现了真实数据与回归直线靠拢的程度。通过回归直线，x 可以预测 y 的平均值 $\hat{y}$。而相关系数 r 反映了预测效果的好坏，或者说，相关系数反映了回归线拟合的好坏，因此在探索变量间回归直线的同时，还应该研究相关系数。

（二）相关系数是双向对称的

也就是说 x 对 y 的相关和 y 对 x 的相关系数是一样的。但回归系数则不一样，当把 x 作为自变量，y 作为因变量时，其回归方程为

$$\hat{y} = a + bx \tag{1-41}$$

反之，如果把 y 当作自变量，x 当作因变量，其回归方程为

$$\hat{x} = a' + b'y \tag{1-42}$$

式(1-41)和式(1-42)中的系数 a、b 和 a'、b' 一般并不相等。因此回归直线是非对称的。为了从数量上加以说明，下面用协方差 $Cov(x,y)$ 来表示相关系数和回归系数。相关系数 x 与协方差的关系式有

$$r = \frac{Cov(x,y)}{S_x S_y} \tag{1-43}$$

回归系数 b 与协方差的关系式有

$$b = \frac{Cov(x,y)}{S_x^2} \tag{1-44}$$

$$b' = \frac{Cov(x,y)}{S_y^2} \tag{1-45}$$

对比可见，一般情况下

$$r \neq b \neq b' \neq Cov(x,y)$$

（三）标准化回归直线方程

当 x 和 y 为标准变量的情况下，由于

$$S_x = S_y = 1 \tag{1-46}$$

这时存有：$r = b = b' = Cov(x, y)$，因此，对于原始数据，如果先进行标准化

$$\left(\frac{x_1 - \bar{x}}{S_x}, \frac{y_1 - \bar{y}}{S_y} \right)$$

$$\left(\frac{x_2 - \bar{x}}{S_x}, \frac{y_2 - \bar{y}}{S_y} \right)$$

$$\vdots \quad \vdots$$

$$\left(\frac{x_n - \bar{x}}{S_x}, \frac{y_n - \bar{y}}{S_y} \right)$$

这时坐标原点移至 $(\bar{x}, \bar{y})$：$a = 0$，回归直线为

$$\hat{Z}_y = rZ_x \tag{1-47}$$

式（1-47）称标准化回归直线方程。因此相关系数 r 又称标准化回归系数。标准化回归方程特别适用于 x 和 y 都是随机变量的情况。它表示平均而言，自变量 x 增加一个标准差 S_x，因变量 y 将增加 r 个标准差 S_y。

可见，如果知道了自变量 x 的均值 $\bar{x}$ 和标准差 S_x，y 值的均值 $\bar{y}$ 和标准差 S_y，以及它们的相关系数，则可以直接用标准回归直线

$$\hat{Z}_y = rZ_x$$

进行预测，而不必使用最小二乘法求直线回归方程了。

第四节 用回归方程进行预测

本章第二节曾给出利用回归方程（1-16）

$$\hat{y} = a + bx$$

对 y 进行估计或预测（Prediction），但回归方程给出的 $\hat{y}$ 只是所预测的 y 均值，是 y 的点估计值。为了求出 y 的区间估计值，还必须知道 y 的分布。

根据数学的推导，只要

$$y_1 = \alpha + \beta x_1 + e_1$$
$$y_2 = \alpha + \beta x_2 + e_2$$
$$\vdots \quad \vdots \quad \vdots$$
$$y_n = \alpha + \beta x_n + e_n$$

其中的 $e_1, e_2, \cdots, e_n$ 相互独立，都服从相同的正态分布 $N(0, \sigma^2)$，则随机变量 y 的标准化

$$\frac{y - \hat{y}}{S_{\hat{y}}} \sim t(n-2) \tag{1-48}$$

服从自由度为 $n-2$ 的 t 分布。

$S_{\hat{y}}$ 为 $x = x_0$ 时，预测随机变量 y 的标准差

$$S_{\hat{y}_0} = S \sqrt{1 + \frac{1}{n} + \frac{(x_0 - \bar{x})^2}{L_{xx}}} \tag{1-49}$$

其中

$$S = \sqrt{\frac{RSS}{n-2}} = \sqrt{\frac{\sum (y - \hat{y})^2}{n-2}}$$

$$L_{xx} = \sum (x_i - \bar{x})^2 \tag{1-50}$$

$S_{\hat{y}_0}$ 是 x_0 的函数，x 取不同值时，随机变量 y 的标准差是不相等的。

当 $x = x_0$ 时，置信度为 $1 - \alpha$ 的 y 区间估计为

$$[\hat{y}_0 - t_{\alpha/2}(n-2) S_{\hat{y}_0}, \quad \hat{y}_0 + t_{\alpha/2}(n-2) S_{\hat{y}_0}] \tag{1-51}$$

对于相同的置信度，当 $x_0 = \bar{x}$ 时，$S_{\hat{y}_0}$ 为最短，x_0 离 $\bar{x}$ 越远，$S_{\hat{y}_0}$ 也越大，因此置信区间的上限

$$\hat{y}_0 + t_{\alpha/2}(n-2) S_{\hat{y}_0}$$

和下限

$$\hat{y}_0 - t_{\alpha/2}(n-2) S_{\hat{y}_0}$$

对称地位于回归直线

$$\hat{y} = a + bx$$

两侧，呈喇叭形（图 1-6）。

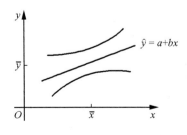

图 1-6

第二章

方差分析

方差分析的特点是,作为因的自变量,是定类型变量,而作为果的因变量,是定距型变量,这点是和回归分析不同的。而回归分析中无论自变量或因变量都是定距型变量。

方差分析就其内容来说,是分析或检验总体间的均值是否有所不同,而不是方差是否有所不同。但就其检验所用的方法或手段来说,则是通过方差来进行的。

方差分析包括一元方差分析、二元方差分析以及多元方差分析。一元方差分析是指方差分析中的自变量只有一个定类变量。二元或多元方差分析是指方差分析中的自变量不止一个定类变量。

第一节 一元方差分析

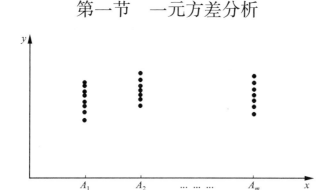

图 2-1

一元方差分析就是自变量只有一个定类变量,因变量为定距变量。在对自变量的取值控制后,因变量往往是一串分散的值(图2-1),或者说,当 $x = A_i$ 时,$y_i \sim y_i(A_i)$ 是随机变量。

一、方差分析的假定

由于 y_i 是随机变量,因此正如第一章回归分析一样,我们只能研究 y_i 的均值 $\bar{y}_i$ 与自变量之间的关系。例如图2-1中的自变量分类为 $A_1, A_2, \cdots, A_m$,各类平均值为 $\bar{y}_i$,方差分析就是研究自变量取不同类别时,因变量 $\bar{y}_i$ 均值是否有所不同。

由于方差分析中的自变量都是定类的,我们只能研究自变量取不同类别时,因变量 y_i 的均值是否有所不同。同时,从因变量来看,由于它是定距变量,形成均值相同的分布又不是唯一的,因此我们也要像回归一样,对因变量的分布给出一些必要的限制,只有在总体分布满足这些限制的条件下,方差分析的讨论才能是正确的。这些限制或条件就构成了方差分析的假定。

(一) 等方差性

等方差性要求总体中自变量的每一个取值 $A_1, A_2, \cdots, A_m$,对应因变量 y_i 的分布都具有相同的方差

$$\sigma_1^2 = \sigma_2^2 = \cdots \sigma_m^2 \tag{2-1}$$

需要指出的是要求方差相等,是指总体而言。对于样本方差

$$S_1^2, S_2^2, \cdots, S_m^2$$

由于抽样中随机误差干扰,即便总体方差相等,样本方差也可能不相等。一般地,S_i^2 的最大值不应超过 S_i^2 最小值的 2—3 倍,作为检验总体等方差性的标准。

(二) y_i 的分布为正态性

除了要求总体的等方差性外,还要求每一个 A_i 所对应 y_i 的分布都呈正态性(图2-2),这一点和回归分析的要求是一致的。

在实际操作中,由于偏离正态总体,对方差分析的影响并不太大,因此方差分析对分布正态性的要求不是十分严格的。

总结起来,进行方差分析,要求总体中每一个自变量的取值 $A_1, A_2, \cdots, A_m$,对应因变量 y_i 应满足正态分布 $N(\mu_i, \sigma^2)$ 见表2-1。

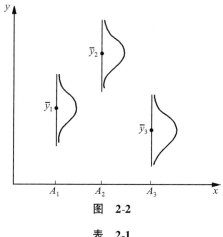

图 2-2

表 2-1

自变量(x)	因变量(y)
A_1	$N(\mu_1, \sigma^2)$
A_2	$N(\mu_2, \sigma^2)$
⋮	⋮
A_m	$N(\mu_m, \sigma^2)$

而方差分析所研究的自变量与因变量是否有关,就是研究 $\mu_1, \mu_2, \cdots, \mu_m$ 是否相等。如果 $\mu_1, \mu_2, \cdots, \mu_m$ 相等,就表示自变量 x 与因变量 y 没有关系。否则,则表示 x 与 y 是有关系的。

二、方差分析的检验

设总体自变量 A 共分 m 类:$A_1, A_2, \cdots, A_m$,现从 A_1 类中随机抽样 n_1 个;A_2 类中随机抽样 n_2 个,$\cdots$,A_m 类中随机抽样 n_m 个。

A_1 类:抽取 n_1 个

A_2 类:抽取 n_2 个

⋮   ⋮

A_m 类:抽取 n_m 个

根据抽样的观测值,作如下的统计表 2-2。

第二章 方差分析

表 2-2

A_1	A_2	...	A_m
y_{11}	y_{21}		y_{m1}
y_{12}	y_{22}		y_{m2}
⋮	⋮	...	⋮
y_{1n_1}			y_{mn_m}
	y_{2n_2}		
$\bar{y}_1 = \dfrac{\sum_{j=1}^{n_1} y_{1j}}{n_1}$	$\bar{y}_2 = \dfrac{\sum_{j=1}^{n_2} y_{2j}}{n_2}$	...	$\bar{y}_m = \dfrac{\sum_{j=1}^{n_m} y_{mj}}{n_m}$

我们的目的是通过样本均值

$$\bar{y}_1, \bar{y}_2, \cdots, \bar{y}_m$$

的比较，推论到总体变量间是否存在关系。但是，正如一切从样本推论到总体一样，都必须进行检验，以排除随机误差的干扰。方差分析的原假设 H_0 和备择假设 H_1 为：

原假设 $H_0: \mu_1 = \mu_2 = \cdots = \mu_m$；

备择假设 H_1：有一个以上的类别，其均值不等。

有了假设，则要进一步确定检验的统计量。为此，先介绍几个有关的名词。

（一）观测总数 n

$$n = \sum_{i=1}^{m} n_i \tag{2-2}$$

（二）第 i 类样本的组平均值 $\bar{y}_i$

$$\bar{y}_i = \frac{1}{n_i} \sum_{j=1}^{n_i} y_{ij} \tag{2-3}$$

（三）总平均值 $\bar{y}$

$$\bar{y} = \frac{1}{n} \sum_{i=1}^{m} \sum_{j=1}^{n_i} y_{ij} = \frac{1}{n} \sum_{i=1}^{m} n_i \bar{y}_i \tag{2-4}$$

（四）总平方和 TSS

全体观测值 y_{ij} 对总平均值 $\bar{y}$ 的离差平方和。

$$TSS = \sum_{i=1}^{m} \sum_{j=1}^{n_i} (y_{ij} - \bar{y})^2 \tag{2-5}$$

（五）组内平方和（剩余平方和）RSS

各观测值 y_{ij} 对本组平均值 $\bar{y}_i$ 离差平方和的总和

$$RSS = \sum_{i=1}^{m} \sum_{j=1}^{n_i} (y_{ij} - \bar{y}_i)^2 \qquad (2-6)$$

（六）组间平方和 BSS

观测值的组平均值 $\bar{y}_i$ 对总平均值 $\bar{y}$ 的离差平方和

$$BSS = \sum_{i=1}^{m} \sum_{j=1}^{n_i} (\bar{y}_i - \bar{y})^2 = \sum_{i=1}^{m} n_i (\bar{y}_i - \bar{y})^2 \qquad (2-7)$$

（七）三个平方和之间有如下的关系式

$$TSS = BSS + RSS^{①} \qquad (2-8)$$

式(2-8)表示总离差平方和 TSS 是由 BSS 和 RSS 两部分平方和所组成。其中 BSS(式2-7)反映了各组或各类样本之间的差异程度，它是由自变量 A_i 之不同所引起的，因此又称已被自变量解释掉的误差，而 RSS(式(2-6))则是由其他未知因素所引起的误差，又称未被自变量解释掉的误差。

如果总体中各类 μ_i 是无差别

$$\mu_1 = \mu_2 = \cdots = \mu_i$$

的话，那么从这样的总体中所抽取的样本，其各类均值 $\bar{y}_i$ 距离总均值 $\bar{y}$ 出现偏差很大的可能性是很小的，同时还应该考虑到剩余误差 RSS 的大小。经过数学的计算，在原假设

$$H_0 : \mu_1 = \mu_2 = \cdots = \mu_m$$

成立的条件下，以下统计量将满足分子自由度 $K_1 = m - 1$，分母自由度 $K_2 = n - m$

---

① $TSS = \sum_{i=1}^{m} \sum_{j=1}^{n_i} (y_{ij} - \bar{y})^2 = \sum_{i=1}^{m} \sum_{j=1}^{n_i} [(y_{ij} - \bar{y}_i) + (\bar{y}_i - \bar{y})]^2$

$= \sum_{i=1}^{m} \sum_{j=1}^{n_i} (y_{ij} - \bar{y}_i)^2 + \sum_{i=1}^{m} \sum_{j=1}^{n_i} (\bar{y}_i - \bar{y})^2 + 2 \sum_{i=1}^{m} \sum_{j=1}^{n_i} \times (y_{ij} - \bar{y}_i)(\bar{y}_i - \bar{y})$

$= RSS + BSS + 0$

因为 $\sum_{i=1}^{m} \sum_{j=1}^{n_i} (y_{ij} - \bar{y}_i)(\bar{y}_i - \bar{y})$

$= \sum_{i=1}^{m} (\bar{y}_i - \bar{y}) \sum_{j=1}^{n_i} (y_{ij} - \bar{y}_i)$

$= \sum_{i=1}^{m} (\bar{y}_i - \bar{y})(n_i \bar{y}_i - n_i \bar{y}_i) = 0$

的 F 分布

$$F = \frac{BSS/(m-1)}{RSS/(n-m)} \sim F(m-1, n-m) \tag{2-9}$$

当根据样本计算的 F 值大于临界值 F_α

$$F > F_\alpha$$

时,则在 α 显著性水平下,拒绝原假设 H_0,即认为总体中自变量 A 对因变量 y 是有影响的。

反之,当 F 值小于 F_α

$$F < F_\alpha$$

时,则在 α 显著性水平下,接受原假设 H_0,即认为总体中自变量 A 对因变量 y 没有显著影响。

总结起来,方差分析有分析表 2-3。

表 2-3

方差来源	平方和	自由度①	平均平方和	F 值	临界值	显著性
组 间	BSS	$m-1$	$\overline{BSS} = \dfrac{BSS}{m-1}$	$F = \dfrac{\overline{BSS}}{\overline{RSS}}$	$F_{0.05}$	
组 内	RSS	$n-m$	$\overline{RSS} = \dfrac{RSS}{n-m}$		或	
总 和	TSS	$n-1$			$F_{0.01}$	

三、相关比率

当方差分析的检验呈显著性后,进一步要讨论的是两变量间的相关程度如何。方差分析中相关程度的测定仍采用减少误差比例 PRE 法。

---

① 各平方和所具有的自由度,可作如下的解释:首先 TSS 是围绕均值计算的,

$$TSS = \sum\sum (y_{ij} - \overline{y})^2$$

因此 y_{ij} 自由取值的个数为 $n-1$,即自由度为 $n-1$。同理 RSS 是围绕每组自己的均值进行的,因此每组自由取值的个数为 $n_i - 1$,其总共自由取值的个数为

$$(n_1 - 1) + (n_2 - 1) + \cdots + (n_m - 1) = n - m$$

由于在总自由度 $n-1$ 中,已有 $n-m$ 个属于 RSS 了,因此剩下的

$$(n-1) - (n-m) = m - 1(\text{个})$$

即为 BSS 的自由度。

$$\text{PRE} = \frac{E_1 - E_2}{E_1} \tag{2-10}$$

E_1 为不知因变量 y 与自变量取值 $A_1, A_2, \cdots, A_m$ 有关时,预测 y 时所犯的误差。它是用样本的总平均值 $\bar{y}$ 来进行估计的,

$$\bar{y} = \frac{1}{n} \sum_{i=1}^{m_i} \sum_{j=1}^{n_i} y_{ij}$$

估计所犯的错误,其值将等于 TSS

$$E_1 = TSS = \sum_{i=1}^{m} \sum_{j=1}^{n_i} (y_{ij} - \bar{y})^2$$

E_2 为知道因变量 y 与自变量取值 $A_1, A_2, \cdots, A_m$ 有关后,预测 y 时所犯的误差。这时样本是用各组的均值来进行估计的,

$$\bar{y}_i = \frac{1}{n_i} \sum_{j=1}^{n_i} y_{ij}$$

估计所犯的误差,其值将等于 RSS

$$E_2 = RSS = \sum_{i=1}^{m} \sum_{j=1}^{n_i} (y_{ij} - \bar{y}_i)^2$$

$E_1 - E_2$ 反映了知道自变量取值 $A_1, A_2, \cdots, A_m$ 与 y 有关前后预测的改善。根据式(2-8)有

$$E_1 - E_2 = TSS - RSS = BSS \tag{2-11}$$

BSS 又称已被自变量解释掉的误差。显然,解释掉的误差越大,变量之间的关系越密切。根据式(2-10)中 PRE 定义,方差分析中把被解释掉的误差 BSS 在总误差 TSS 中所占的比率称相关比率 eta^2

$$eta^2 = \frac{BSS}{TSS}$$

第二节 二元方差分析

一、二元方差分析的数学模型

二元方差分析,由于自变量已经增加到两个,因此在讨论自变量对因变量的影响时,可以有两种数学模型。第一种是只讨论自变量 A 和 B 独立的对因变量的影响(图 2-3)。

这里 A 和 B 是要研究的自变量。ε 是未知的和未被控制的外界干扰,又称

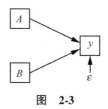

图 2-3

误差。每一个观测值 y_{ij} 都是由于以上三种因素作用的结果。

$$y_{ij} = \bar{y} + A_i\text{的效果} + B_j\text{的效果} + \varepsilon_{ij} \tag{2-12}$$

$i = 1, 2, \cdots, a$（a 为变量 A 的分类数）

$j = 1, 2, \cdots, b$（b 为变量 B 的分类数）

这种模型称作线性可加性模型，又称独立模型，因为变量 A 和变量 B 对 y 的影响是独立作用的。

另一种情况是我们不仅要研究自变量 A 和自变量 B 独立的影响，同时还要考虑两个变量的交互作用。这在社会现象的研究中也是常见的。例如我们研究不同教学方法（变量 A）和教员性格（变量 B）对教学效果的影响。那么，除了不同的教学方法和教员不同的性格会影响教学效果外，还可能出现某种教学方法特别适合某种性格的教员，或某种教学方法又特别不适合某种性格的教员，这些就称作自变量间的交互作用。这时对于 y 的影响，除自变量 A 和 B 的独自作用外，还要考虑 A 和 B 的交互作用（图 2-4）。

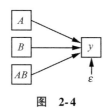

图 2-4

这种模型称作具有交互作用的模型，这时每一个观测值可表示为

$$y_{ij} = \bar{y} + A_i\text{的效果} + B_j\text{的效果} + (AB)_{ij}\text{交互作用} + \varepsilon_{ij} \tag{2-13}$$

这两种模型由于要研究的内容不尽相同，因此要求观测值的数目也不相同。例如对于具有交互作用的模型，由于不仅要研究变量的独立作用，而且还要研究变量的交互作用，因此它要求测量值的数目就要比独立模型多。具体说来，对于独立模型，由于不考虑 A 和 B 间的交互作用，因此如果 A 共有 a 种取值

$A_1, A_2, \cdots, A_a$

B 共有 b 种取值

$B_1, B_2, \cdots, B_b$

那么,对于可能取值 $a \times b$ 种搭配,每种情况只要随机抽取一次,组成 $a \times b$ 个观测值就可以进行研究了。

而对于具有交互作用的模型,由于不仅要考虑 A 和 B 的独立影响,还要考虑 A 和 B 之间的交互作用,因此如果 $a \times b$ 种搭配都只进行一次观测的话,是无法区别数据的变化是由于自变量的交互作用,还是外界未知因素干扰的结果的。

为此,对于 $a \times b$ 种搭配,每种情况至少要观测两次。也就是说,总观测数为 $a \times b \times r (r \geq 2)$。只有这样,才可以把外界随机作用的干扰因素从 A、B 交互作用的系统因素中分离出来。下面我们来解释它的原因。

首先,我们来研究忽略了外界干扰因素后,理想的独立模型和理想的交互模型在图形上的区别。

(一) 理想的独立模型

在忽略了外界干扰因素 $\varepsilon = 0$ 之后,由于变量 A 与变量 B 之间不存在交互作用,式(2-12)可写作

$$y_{ij} = \bar{y} + A_i 的效果 + B_j 的效果 \qquad (2\text{-}14)$$

为了便于理解,不妨把变量 A 想作是两种教学方法

$A_1 = $ 注入式教学方法

$A_2 = $ 启发式教学方法

变量 B 想作是两种不同性格的教员

$B_1 = $ 内向型性格

$B_2 = $ 外向型性格

现在要研究教学方法与教员性格对教学效果的影响。并假定教学效果仅受这两种因素的影响,为此可以找两名性格不同的教员 B_1 和 B_2,并让每个教员各按不同的教学方法作一次实验,也就是共有四种情况的搭配

$A_1 B_1$

$A_2 B_1$

$A_1 B_2$

$A_2 B_2$

如果实验的结果是无论教员 B_1 或教员 B_2 用启发式教学方法 A_2,其教学效

果都优于传统式教学方法 A_1,则说明教学方法的效果不因教员之不同而有所不同。同样如果无论用启发式教学方法 A_2 或传统式教学方法 A_1,教员 B_2 的教学效果总是优于教员 B_1 的效果。则说明教员的效果不因教学方法之不同而有所不同。因此,可以说教学方法和教员的性格对教学效果的影响都是独立的。设

$y_{11} = A_1B_1$ 情况下,教学效果的观测值

$y_{21} = A_2B_1$ 情况下,教学效果的观测值

$y_{12} = A_1B_2$ 情况下,教学效果的观测值

$y_{22} = A_2B_2$ 情况下,教学效果的观测值

则对于理想的独立模型,$y_{11},y_{21},y_{12},y_{22}$ 必有以下的图形(图 2-5 和图 2-6)。

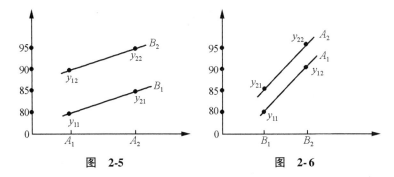

图 2-5 图 2-6

可见,对于理想的独立模型 B 的效果不因 A 的取值而有所不同。同样 A 的效果不因 B 的取值而有所不同。即

$$(y_{11} - y_{12}) = (y_{21} - y_{22}) \tag{2-15}$$

$$(y_{11} - y_{21}) = (y_{12} - y_{22}) \tag{2-16}$$

因此,从图形上来看,因变量的观测值必然是平行线。如果推广到变量 A 的取值有 $a(a>2)$ 个,变量 B 的取值有 $b(b>2)$ 个,则将是一组平行线。因此观测值如果是平行线的话,就可以推断变量 A 和变量 B 是相互独立的。

表 2-4 是根据理想独立模型所设计的教学效果的观测值。图 2-5 和图 2-6 中 y 轴的数值就是根据表 2-4 得出的。

表 2-4

A B	A_1	A_2
B_1	80	85
B_2	90	95

对于理想的独立模型,通过表 2-4 的数值可以计算出变量 A 与变量 B 效果的大小。

首先根据表 2-4 求边缘和,并对行和列的边缘和求平均,就得到了教员和教学方法的平均分(表 2-5)。

表 2-5

A\B	A_1	A_2	Σ(行边缘和)
B_1	80	85	165
B_2	90	95	185
Σ(列边缘和)	170	180	

$$\bar{y}_{B_1} = \frac{165}{2} = 82.5$$

$$\bar{y}_{B_2} = \frac{185}{2} = 92.5$$

$$\bar{y}_{A_1} = \frac{170}{2} = 85$$

$$\bar{y}_{A_2} = \frac{180}{2} = 90$$

$\bar{y}_{B_1}$、$\bar{y}_{B_2}$ 的意义在于是根据 A_1、A_2 各作一次试验的边缘和求平均的,因此可以说不同教学方法的效果已经抵消,只反映了不同教员的教学效果。同理,$\bar{y}_{A_1}$、$\bar{y}_{A_2}$ 是根据 B_1、B_2 各作一次试验的边缘和求平均的,因此可以说不同教员的效果已经抵消,只反映了不同教学方法的效果。

为了求出教学方法(A)和教员(B)的分别效果,可以和 y 的总平均值 $\bar{y}$ 作比较

$$\bar{y} = \frac{1}{4}(80 + 90 + 85 + 95) = 87.5$$

于是有:

B_1 效果:$\bar{y}_{B_1} - \bar{y} = -5 = \beta_1$

B_2 效果:$\bar{y}_{B_2} - \bar{y} = 5 = \beta_2$

A_1 效果:$\bar{y}_{A_1} - \bar{y} = -2.5 = \alpha_1$

A_2 效果:$\bar{y}_{A_2} - \bar{y} = 2.5 = \alpha_2$

比较 B_1 效果与 B_2 效果有： $\beta_1 + \beta_2 = 0$①；$|\beta_i| = \beta = 5$
比较 A_1 效果与 A_2 效果有： $\alpha_1 + \alpha_2 = 0$②；$|\alpha_i| = \alpha = 2.5$
将所得结果，代入式(2-20)，得理想独立模型的数据值

$$y_{11} = \bar{y} + A_1\text{的效果} + B_1\text{的效果} = \bar{y} - \alpha - \beta$$

$$y_{12} = \bar{y} + A_1\text{的效果} + B_2\text{的效果} = \bar{y} - \alpha + \beta$$

$$y_{21} = \bar{y} + A_2\text{的效果} + B_1\text{的效果} = \bar{y} + \alpha - \beta$$

$$y_{22} = \bar{y} + A_2\text{的效果} + B_2\text{的效果} = \bar{y} + \alpha + \beta$$

其中
$$\bar{y} = 87.5$$
$$\alpha = 2.5$$
$$\beta = 5$$

(二) 理想的交互模型

在忽略了外界干扰因素 $\varepsilon = 0$ 情况下，仅讨论变量 A 和变量 B 之间存在交互作用的情形。这时式(2-13)可写作

$$y_{ij} = \bar{y} + A_i\text{的效果} + B_j\text{的效果} + (AB)_{ij}\text{的交互作用}$$

为了理解，不妨继续上面的例子。设教员 B_1 特别适合注入式教学方法 A_1，从而使 y_{11} 的得分从 80 分增加到 85 分。相反教员 B_2 又特别不适合注入式教学方法 A_1，从而使 y_{12} 的得分从 90 分下降到 80 分(表2-6)。

表 2-6

A / B	A_1	A_2
B_1	85	85
B_2	80	95

根据表2-6作图2-7。

---

① 推广之，当变量 A 和变量 B 所分类别不止两类时有：

$$\sum_{i=1}^{a} \alpha_i = 0 \ (a\text{ 为变量 }A\text{ 的分类数}) \qquad \sum_{j=1}^{b} \beta_j = 0 \ (b\text{ 为变量 }B\text{ 的分类数})$$

② 同上。

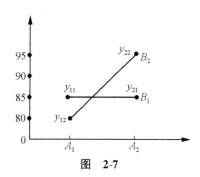

图 2-7

可见，观测值 y_{ij} 的线段失去平行性将是变量间存在交互作用的标志。这时必然有

$$(y_{11} - y_{12}) \neq (y_{21} - y_{22})$$

以及

$$(y_{11} - y_{21}) \neq (y_{12} - y_{22})$$

而差值 $(y_{11} - y_{12}) - (y_{21} - y_{22})$ 的大小就反映了交互作用的大小。

对于独立模型，因为

$$(y_{11} - y_{12}) = (y_{21} - y_{22})$$

因而差值

$$(y_{11} - y_{12}) - (y_{21} - y_{22})$$

将为 0。

（三）实际的模型

以上讨论的两种模型，都是理想的情况，即不存在外界干扰因素的情况。对于实际存在干扰的情况，独立模型式 (2-12) 为

$$y_{ij} = \bar{y} + A_i \text{的效果} + B_j \text{的效果} + \varepsilon_{ij}$$

由于 ε_{ij} 是随机干扰，因此它将使图 2-5 或图 2-6 的线段平行性发生偏离。即无论是线段 $(y_{12} - y_{22})$ 和线段 $(y_{11} - y_{21})$ 或线段 $(y_{21} - y_{22})$ 和线段 $(y_{11} - y_{12})$ 都不再是平行线了。从而出现了对于实测的非平行线如何作出正确判断的问题。一种情况可以判断为是独立模型，其图形的非平行性是由于外界随机因素的干扰，即

$$y_{ij} = \bar{y} + A_i \text{的效果} + B_j \text{的效果} + \varepsilon_{ij}$$

另一种情况可以判断为理想的交互模型，即

$$y_{ij} = \bar{y} + A_i \text{的效果} + B_j \text{的效果} + (AB)_{ij} \text{交互作用}$$

最后一种情况,还可判断作既存在交互作用又存在外界随机因素干扰的情况:
$$y_{ij} = \bar{y} + A_i \text{的效果} + B_j \text{的效果} + (AB)_{ij} \text{交互作用} + \varepsilon_{ij}$$
显然根据一次测试数据的差值$(y_{11} - y_{12}) - (y_{21} - y_{22})$是无法区别的。

但$(AB)_{ij}$交互作用与干扰ε_{ij}的性质是不同的。前者是常驻的效果或系统的效果,而ε_{ij}是随机的。因此增加每种(A_iB_j)情况的测量值,就能排除随机误差ε_{ij}的干扰,从而使交互作用表现出来,这就是为了求出交互作用必须使每种搭配A_iB_j至少测量$R(r \geq 2)$次的原因。

二、无重复情况下的二元方差分析的检验

下面介绍无重复情况下二元方差分析的假定和检验。①

(一) 二元方差分析的假定

设有两个自变量A和B作用于总体,其中自变量A共有a种取值$A_1, A_2, \cdots, A_a$;自变量B共有b种取值$B_1, B_2, \cdots, B_b$。

两种变量的搭配共有$a \times b$种情况,设变量A之取值为A_i、变量B之取值为B_j,由于每种搭配只有一个观测值,所以因变量y_{ij}只能有如下独立模型的数据结构

$$y_{ij} = \mu + \alpha_i + \beta_j + \varepsilon_{ij} \tag{2-17}$$

ε_{ij}相互独立,并且

$$\varepsilon_{ij} \sim N(0, \sigma^2) \quad \begin{matrix} i = 1, \cdots, a \\ j = 1, \cdots, b \end{matrix} \tag{2-18}$$

μ、α_i、β_j及σ^2都是未知参数,且有

$$\sum_{i=1}^{a} \alpha_i = 0, \quad \sum_{j=1}^{b} \beta_j = 0 \tag{2-19}$$

我们要检验的零假设H_0有二

(1) $\alpha_i = 0, \quad i = 1, 2, \cdots, a$

(2) $\beta_j = 0, \quad j = 1, 2, \cdots, b$

它们的备择假设是对应的参数不全为0。

(二) 二元方差分析的检验

设从满足以上假定的总体中,对每一种配合(A_i, B_j)各进行一次独立的观测,得以下的样本观测值(表2-7)。

---

① 卢淑华编著:《社会统计学(第四版)》,第十三章"方差分析(定类变量—定距变量)"。

表 2-7

A\B	A_1	A_2	...	A_i	...	A_a
B_1	y_{11}	y_{21}	...	y_{i1}	...	y_{a1}
B_2	y_{12}	y_{22}		y_{i2}		y_{a2}
⋮	⋮	⋮		⋮		⋮
B_j	y_{1j}	y_{2j}		y_{ij}		y_{aj}
⋮	⋮	⋮		⋮		⋮
B_b	y_{1b}	y_{2b}		y_{ib}		y_{ab}

现在来研究根据这些观测值,能否推论到总体自变量 A 或自变量 B 对 y 的影响是显著的。为了检验总体的原假设是否成立,方差分析采用了平方和的分析法。下面通过检验中所要用到的量,介绍无重复情况下的二元方差分析。

1. 行平均值 $\bar{y}_{.j}$

行平均值是按行把观测值加总求平均。

$$\bar{y}_{.j} = \frac{1}{a}\sum_{i=1}^{a} y_{ij} = \frac{1}{a}T_{.j} \tag{2-20}$$

由于行平均值 $\bar{y}_{ij}$ 是把自变量 A 各种取值 $y_{1j}, y_{2j}, \cdots, y_{aj}$ 观测一次取平均的,因此可以认为变量 A 的影响已被抵消。因此行平均值 $\bar{y}_{.j}$ 反映了变量 B 对 y 的影响。

2. 列平均值 $\bar{y}_{i.}$

列平均值是按列把观测值加总求平均。

$$\bar{y}_{i.} = \frac{1}{b}\sum_{j=1}^{b} y_{ij} = \frac{1}{b}T_{i.} \tag{2-21}$$

由于列平均值 $\bar{y}_{i.}$ 是把自变量 B 各种取值 $y_{i1}, y_{i2}, \cdots, y_{ib}$ 观测一次取平均的,因此可以认为变量 B 的影响已被抵消。因此列平均值 $\bar{y}_{i.}$ 反映了变量 A 对 y 的影响。

3. 总平均值 $\bar{y}$

$$\begin{aligned}\bar{y} &= \frac{1}{ab}\sum_{i=1}^{a}\sum_{j=1}^{b} y_{ij} = \frac{1}{ab}T_{..} = \frac{1}{a}\sum_{i=1}^{a}\bar{y}_{i.} \\ &= \frac{1}{b}\sum_{j}^{b}\bar{y}_{.j}\end{aligned} \tag{2-22}$$

第二章 方差分析

4. 总离差平方和 TSS

$$TSS = \sum_{i=1}^{a}\sum_{j=1}^{b}(y_{ij}-\bar{y})^2 = \sum_{i=1}^{a}\sum_{j=1}^{b}y_{ij}^2 - \frac{1}{ab}T_{..}^2 \qquad (2\text{-}23)$$

TSS 分解为几个部分

$$\begin{aligned}
TSS &= \sum_{i=1}^{a}\sum_{j=1}^{b}[(\bar{y}_{i\cdot}-\bar{y})+(\bar{y}_{\cdot j}-\bar{y}) \\
&\quad + (y_{ij}-\bar{y}_{i\cdot}-\bar{y}_{\cdot j}+\bar{y})]^2 \\
&= \sum_{i=1}^{a}\sum_{j=1}^{b}(\bar{y}_{i\cdot}-\bar{y})^2 + \sum_{i=1}^{a}\sum_{j=1}^{b}(\bar{y}_{\cdot j}-\bar{y})^2 \\
&\quad + \sum_{i=1}^{a}\sum_{j=1}^{b}(y_{ij}-\bar{y}_{i\cdot}-\bar{y}_{\cdot j}+\bar{y})^2 \\
&\quad + 2\sum_{i=1}^{a}\sum_{j=1}^{b}(\bar{y}_{i\cdot}-\bar{y})(\bar{y}_{\cdot j}-\bar{y}) \\
&\quad + 2\sum_{i=1}^{a}\sum_{j=1}^{b}(\bar{y}_{i\cdot}-\bar{y})(y_{ij}-\bar{y}_{i\cdot}-\bar{y}_{\cdot j}+\bar{y}) \\
&\quad + 2\sum_{i=1}^{a}\sum_{j=1}^{b}(\bar{y}_{\cdot j}-\bar{y})(y_{ij}-\bar{y}_{i\cdot}-\bar{y}_{\cdot j}+\bar{y}) \qquad (2\text{-}24)
\end{aligned}$$

可以证明式(2-24)的最后 3 项为 0，因此总离差平方和 TSS 为

$$\begin{aligned}
TSS &= \sum_{i=1}^{a}\sum_{j=1}^{b}(\bar{y}_{i\cdot}-\bar{y})^2 + \sum_{i=1}^{a}\sum_{j=1}^{b}(\bar{y}_{\cdot j}-\bar{y})^2 \\
&\quad + \sum_{i=1}^{a}\sum_{j=1}^{b}(y_{ij}-\bar{y}_{i\cdot}-\bar{y}_{\cdot j}+\bar{y})^2 \\
&= BSS_A + BSS_B + RSS \qquad (2\text{-}25)
\end{aligned}$$

5. 变量 A 的离差平方和 BSS_A

$$\begin{aligned}
BSS_A &= \sum_{i=1}^{a}\sum_{j=1}^{b}(\bar{y}_{i\cdot}-\bar{y})^2 = b\sum_{i=1}^{a}(\bar{y}_{i\cdot}-\bar{y})^2 \\
&= \frac{1}{b}\sum_{i=1}^{a}T_{i\cdot}^2 - \frac{T_{..}^2}{ab} \qquad (2\text{-}26)
\end{aligned}$$

由于列平均值 $\bar{y}_{i\cdot}$ 反映了变量 A 对 y 的影响，因此 $\bar{y}_{1\cdot},\bar{y}_{2\cdot},\cdots,\bar{y}_{a\cdot}$ 值之不同，就反映了变量 A 取不同值对 y 的影响。BSS_A 称作已被变量 A 解释掉的误差。

6. 变量 B 的离差平方和 BSS_B

$$BSS_B = \sum_{i=1}^{a}\sum_{j=1}^{b}(\bar{y}_{\cdot j}-\bar{y})^2 = a\sum_{j=1}^{b}(\bar{y}_{\cdot j}-\bar{y})^2$$

$$= \frac{1}{a}\sum_{j=1}^{b}T_{\cdot j}^{2} - \frac{T_{\cdot\cdot}^{2}}{ab} \tag{2-27}$$

由于行平均值 $\bar{y}_{\cdot j}$ 反映了变量 B 对 y 的影响,因此 $\bar{y}_{\cdot 1},\bar{y}_{\cdot 2},\cdots,\bar{y}_{\cdot b}$ 值之不同,就反映了变量 B 取不同值对 y 的影响。BSS_B 称作已被变量 B 解释掉的误差。

7. 剩余平方和 RSS

$$RSS = \sum_{i=1}^{a}\sum_{j=1}^{b}(y_{ij} - \bar{y}_{i\cdot} - \bar{y}_{\cdot j} + \bar{y})^2 \tag{2-28}$$

从平方和的关系来看,因为存在式(2-25)

$$TSS = RSS + BSS_A + BSS_B$$

因此可以说 RSS 就是变量 A 和变量 B 未被解释的误差。

实际上,如果把 RSS 式(2-28)改写为式(2-29),可以把它的内容解释清楚。

$$\begin{aligned}RSS &= \sum_{i=1}^{a}\sum_{j=1}^{b}(y_{ij} - \bar{y}_{i\cdot} - \bar{y}_{\cdot j} + \bar{y})^2 \\ &= \sum_{i=1}^{a}\sum_{j=1}^{b}[(y_{ij} - \bar{y}) - (\bar{y}_{i\cdot} - \bar{y}) - (\bar{y}_{\cdot j} - \bar{y})]^2\end{aligned}$$

$$\downarrow \qquad \downarrow \qquad \downarrow$$
$$\tag{2-29}$$
$$\downarrow \qquad \downarrow \qquad \downarrow$$

观测值 y_{ij} 的总误差　　变量 A 解释掉的误差　　变量 B 解释掉的误差

式(2-29)中右式平方后,可以得出

$$RSS = TSS - BSS_A - BSS_B \tag{2-30}$$

可见,RSS 正是变量 A 和变量 B 未被解释的误差。

8. 变量 A 的平均离差平方和 $\overline{BSS_A}$

由于变量 A 的离差平方和是围绕均值计算的,自由度为 $a-1$。所以变量 A 的平均离差平方和为

$$\overline{BSS_A} = \frac{BSS_A}{a-1} \tag{2-31}$$

9. 变量 B 的平均离差平方和 $\overline{BSS_B}$

出于同样的考虑,变量 B 离差平方和的自由度为 $b-1$。所以有

$$\overline{BSS_B} = \frac{BSS_B}{b-1} \tag{2-32}$$

10. 平均剩余误差平方和 $\overline{RSS}$

剩余平方和的自由度为 $(a-1)(b-1)$[①]，所以

$$\overline{RSS} = \frac{RSS}{(a-1)(b-1)} \tag{2-33}$$

与一元方差分析相类似，对于满足 H_0 的总体，以下统计量满足分子自由度为 $a-1$，分母自由度为 $(a-1)(b-1)$ 的 F 分布

$$F_A = \frac{\overline{BSS_A}}{\overline{RSS}} \sim F[(a-1),(a-1)(b-1)] \tag{2-34}$$

以及以下统计量满足分子自由度为 $b-1$，分母自由度为 $(a-1)(b-1)$ 的 F 分布

$$F_B = \frac{\overline{BSS_B}}{\overline{RSS}} \sim F[(b-1),(a-1)(b-1)] \tag{2-35}$$

对于给定的显著性水平 α，查 F 分布表[②]，得临界值 λ_A 与 λ_B，使

$$P\{F[(a-1),(a-1)(b-1)] > \lambda_A\} = \alpha$$
$$P\{F[(b-1),(a-1)(b-1)] > \lambda_B\} = \alpha$$

根据样本计算的 F_A，若 $F_A > \lambda_A$，则变量 A 的作用是显著的（图 2-8）。

F 分布表

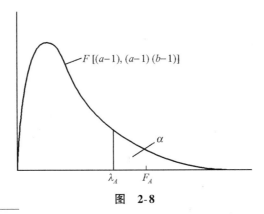

图 2-8

---

① TSS 存在着均值的约束条件，所以自由度为 $ab-1$。由于平方和的自由度之间存在着与平方和相同的关系

$$\begin{array}{cccc} TSS & = BSS_A & + BSS_B & + RSS \\ \downarrow & \downarrow & \downarrow & \downarrow \\ ab-1 & a-1 & b-1 & x=? \end{array}$$

所以 RSS 的自由度为 $(ab-1)-(a-1)-(b-1)=(a-1)(b-1)$。

② 卢淑华编著：《社会统计学（第四版）》，第 491—499 页，附表 7。可见右侧二维码，资料均来源于《社会统计学（第四版）》一书。后同。

若 $F_A \leqslant \lambda_A$,则变量 A 的作用是不显著的(图 2-9)。

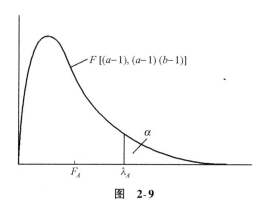

图 2-9

同理,对于变量 B,根据样本计算的 F_B,若 $F_B > \lambda_B$,则变量 B 的作用是显著的(图 2-10)。若 $F_B \leqslant \lambda_B$,则变量 B 的作用是不显著的(图 2-11)。

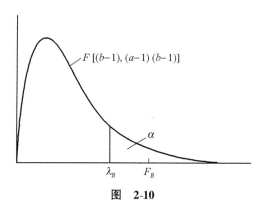

图 2-10

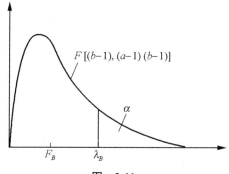

图 2-11

总结起来,二元无重复情况下方差分析有分析表2-8。

表 2-8

方差来源	变量 A	变量 B	剩 余	总 和
平方和	BSS_A	BSS_B	RSS	TSS
自由度	$a-1$	$b-1$	$(a-1)(b-1)$	
平均平方和	$\overline{BSS_A} = \dfrac{BSS_A}{a-1}$	$\overline{BSS_B} = \dfrac{BSS_B}{b-1}$	$\overline{RSS} = \dfrac{RSS}{(a-1)(b-1)}$	
F 值	$F_A = \dfrac{\overline{BSS_A}}{\overline{RSS}}$	$F_B = \dfrac{\overline{BSS_B}}{\overline{RSS}}$		
临界值,显著性	$F_{A,0.05}$ 或 $F_{A,0.01}$	$F_{B,0.05}$ 或 $F_{B,0.01}$		

第二编

多元分析

第三章

多元相关分析与统计控制

第一节 前 言

一、相关分析的深入研究——引进其他有关变量

前面两章仅介绍了两个变量之间的相关,但社会现象中事物的联系是复杂的,我们仅仅关注或孤立地研究两个现象之间的关系往往是不够的,有时做出的结论,甚至是错误的,例如当我们关注两个变量 X 和 Y 的相关时,实际这两个变量还和其他有关变量 Z 有着千丝万缕的联系,因此,我们获得 X 和 Y 的相关,实际上是叠加了其他有关变量 Z 共同作用的结果,而一旦其他有关变量 Z 消失或剔除,我们所关注的变量 X 和变量 Y 之间的相关就有可能变化,既有可能增强,也有可能减弱,甚至消失。

在社会研究中,这种情况是很多的。例如,我们研究住房类型 X 和死亡率 Y 之间的关系,经常会有住老年公寓的比住一般公寓的人死亡率要高,那么,能否意味着住老年公寓 x 会增加人口的死亡率 y 呢?答案显然是否定的。因为,只有老人才会住老年公寓,而年龄才是引起死亡的直接因素,因此,隐藏在背后的有关变量 Z(年龄),是住老年公寓和死亡率增加的真正原因,是 X 和 Y 两者呈现相关的共因,或者说 Z 是 X 和 Y 产生关系的有关变量。可见,社会现象表面所呈现的相关性,必须引入其他的变量 Z,作多变量的分析,才能得出正确的结论,否则简单地根据表面的相关得出的结论是不可靠的,有时甚至是错误的。

二、因果关系与相关关系

因果关系历来是科学研究的目标,无论是自然科学或是社会科学,都要问"为什么?"这就是追根溯源,以求找出事物发生的根源。在表达式中,我们用单向箭头表示因果关系,箭头起于自变量,终于因变量:$x \to y$。

如果两变量之间存在因果关系,一般说来,应该具备以下三个条件:

第一个条件是,两变量具有共变的关系。从统计的角度看,当假设 x 导致了 y,则必须当 x 变动时,y 的分布也应该跟着作某种变动;如果 x 变动,而 y 却不变动,两者显然是没有因果关系的。同时如果是样本数据,必须满足统计检验。

第二个条件是,两者变动中,应存在"前因后果"的时序关系。例如,吸烟与肺癌的关系,应该先有吸烟(x)行为,而后才有肺癌的发病率的增高,从而确认吸烟(x)是导致肺癌(y)的因,肺癌(y)则看作是吸烟(x)的果。

时序关系有时是可以通过实验证实的,例如,用施肥量的不同,来验证农作物产量之不同,就是通过验证法确认两者间的因果关系。但有些情况,是不能通过实验完成的,这时更多地依靠逻辑判断,例如性别、年龄、种族相对于个人的成就、看法、行为倾向更多地被看作是因,而不是果。

前因后果有时并不一定指某个具体的事件,如果机械地认为先发生的事件就一定是因,后发生的事件就一定是果,那就会出现以下的悖论。例如,先有春节前的购物潮事件,而后有过春节的事件,那么,根据前是因后是果的时序,是否可认为"春节前购物潮"是"过春节"的因呢?显然这是不对的,事实恰恰相反,因为人们有了已往"过春节"的经历,才会有了节前购年货的冲动,因此前因的逻辑判断,不能简单机械地理解为仅仅是具体事件。"未雨绸缪"正是说明人的主观意识,可以对将要发生的事件做预先的行动。此外,在有些情况下,甚至通过逻辑判断,因果关系也是很难说清楚的,例如增加工资和物价上涨的关系,就是一个"鸡生蛋,还是蛋生鸡"的典型两难问题。

第三个条件是,x 和 y 的关联性,不因其他变量的消失而消失。最浅显的例子莫过于木偶戏中的木偶,就其表面的表演来看,无论是对话或动作,都是丝丝入扣,似乎木偶间是有关联的,但实际上,木偶本身并无任何关系,完全是后台操纵的结果,一旦后台操纵者(Z)把系在木偶 X 和 Y 的线绳松掉,木偶和木偶既不会对话,也不会对舞,它们间将不复有任何联系,所以真正和木偶动作产生因果关系的,是后台操纵者 Z,而不是木偶。也就是说,木偶之间的关联,会因其他变量的消失而消失,因此木偶间没有因果关系。

三、统计控制

通过以上讨论可以看出,对任何两个变量,无论是相关研究或是因果研究,都必须审视其他变量的干扰,只有剔除了其他变量,才能确认相关或因果关系。为了正确地剔除其他变量对所研究 x 和 y 关系的干扰,常用的方法是控制变量法,所谓控制变量法,就是对研究变量之外的干扰变量,控制它的变化,使之保持恒定值,以期排除它对研究变量 x 和 y 关系的影响。控制变量法不仅在社会科学中运用,在自然科学中也常运用,但自然科学和社会科学在变量的控制方法上是不同的,自然科学中所谓控制,是指通过物理设备,让控制变量达到某个恒定值。以波义耳定律为例,压力、温度、体积三者有一定的关系,如果只研究其中某两个变量的关系,就必须使另一个变量保持恒定。例如,如果研究压力和体积的关系,那就必须控制温度不变,为此,可运用空调设备,使实验空间的温度保持恒定,在实验过程中,如果温度升高或降低了,我们可以通过物理设备,把温度调回去,使之控制为某个恒定值。社会科学则不然,我们所研究的变量往往是具有社会特征的,诸如,年龄、文化、性别、观念、意向等,这些在研究中是无法控制和无法改变的。例如,一个人的年龄,我们既无法让它保持不变,也无法让成人退回到幼年时代。因此,社会研究中的所谓控制,并非实验室的控制,而是统计控制,即根据需要,收集资料,然后对需要控制的变量 Z,按其取值对资料进行分类。对应每一个分类,由于 Z 的取值相同,就等同于自然科学中的变量控制为固定值,所不同的是变量不能人为地变动,只能像照相那样,一次完成变量所要收集的所有数据,然后根据需要,用纸和笔对 Z 值进行分类而已。

其次,由于社会现象复杂,正如前面所指出的,绝非孤立的两变量研究所能描述,同样,也绝非增加一个有关变量所能涵盖,有时可以推理出是若干有关变量共同作用的结果,本章相关分析中,只讨论增加了一个控制变量的情况,很可能对于要研究的社会现象来说还远远不够,但读者学会了思路和方法,对于更多相关变量的复杂模式,依此可以举一反三。

第二节 控制变量的模式

在统计控制中需要控制的变量,称作控制变量,根据控制变量与所研究的变量 X 和 Y 的关系,有如下几种模式:

一、前置变量

如果控制变量 Z,同时作用在变量 X 和变量 Y,是 X 和 Y 因果关系的共因,则称 Z 为 X 和 Y 的前置变量。三者有如下的模式(图3-1):

图 3-1

前面提到的木偶后台的操纵者,就是前置变量,一旦操纵者 Z 消失,木偶 X 和 Y 的关系也随之消失,因此 X 和 Y 的相关是虚假的,又称虚假相关或伪相关。

我们也不妨把 Z 想象为两条水源的公共源头,一条流到了 X,另一条流到了 Y,源头如果控制住,下游就没水了。

[例]1 老年公寓中每年人口死亡率高于一般住户的人口死亡率,是否意味着老年公寓与人口死亡率有关呢?答案是否定的。因为只有老人才住老年公寓,而老年人群是高死亡率人群,因此年龄(老年)是高死亡率和入住老年公寓的前置变量(图3-2)。

图 3-2

[例]2 小汤山疗养地每年死于肺结核的人数比例高于其他地区,是否意味着小汤山的气候与肺病呈负相关?不是。正是由于那里的气候有利于疗养,才吸引更多有肺病的人纷纷前去,形成了高度集中的患肺病人群,因此患肺病人群增多,才使小汤山地区死于肺结核人数比例增高,患肺病人群是地区(X)和高死亡率(Y)的前置变量(图3-3)。

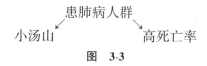

图 3-3

二、中介变量

如果控制变量 Z 是变量 X 产生的结果,而变量 Y 又是变量 Z 产生的结果,变量 Z 存在于变量 X 和变量 Y 因果链的中间,则称 Z 是变量 X 和变量 Y 的中

介变量,或者说,X 和 Y 的关系是间接的。三者有如下的模式(图3-4):

$$X \rightarrow Z \rightarrow Y$$

图 3-4

不妨想象为 X 是源头,先流到了 Z,然后从 Z 又流到了 Y,如果中间的闸 Z 不通,下游 Y 也就没水了。

[例]3 增加教育经费,可以提高教学质量,但必须经过中间环节,例如购买更多教学设备,这样,教育经费方可转化为提高教学质量之目的。因此,购买教学设备(Z)将是增加教育经费(X)和提高教学质量(Y)的中介变量(图3-5):

增加教育经费→购买教学设备→提高教学质量

图 3-5

三、条件变量

不同于前置变量和中介变量,如果控制变量 Z 只是 X 和 Y 存在关系的条件,则称 Z 为条件变量,三者有如下的模式(图3-6):

图 3-6

当 Z 是 X 和 Y 的条件变量时,则变量 Z 有不同取值 $Z_1, Z_2, Z_3, \cdots, Z_n$ 时,X 和 Y 的相关不仅数量不同,甚至相关的方向都可以不同,它表示 Z 和(X、Y)两者关系产生了交互作用。

[例]4 根据调查,在经济发达地区,人们的幸福感与收入几乎无关;而经济落后地区,人们的幸福感与收入有很强的正相关。因此,经济是幸福感与收入存在相关的条件变量(表3-1)。

表 3-1

Z	幸福感与收入的关系
$Z = Z_1$(经济发达地区)	弱正相关或无关
$Z = Z_2$(经济落后地区)	强正相关

四、曲解变量

除了表 3-1 所举情况外,控制变量有不同取值 Z_1,Z_2,Z_3,$\cdots$,Z_n 时,X 和 Y 的关系还可呈现为控制变量未分组前倒置的关系,这时称条件变量为曲解变量。例如迪尔凯姆在"自杀论"的研究中,得出了人的自杀行为,并不简单地取决于宗教信仰,而与周围环境有关,天主教徒只是生活在以基督教为主的社会环境下,才具有更多的自杀倾向,反之,则并不存在自杀倾向。可见,宗教信仰(X)与自杀倾向(Y)的相关,只存在于特定的社会条件下。因此,该研究中的社会条件 Z,是信仰(X)与自杀倾向(Y)相关的曲解变量。

五、压抑变量

另外还有一种可能,Z 和 Y 的相关,仅出现在控制变量 Z 分组之后,则称 Z 为压抑变量。总之,在社会研究中,如果找到了条件变量,会使我们对社会现象的认识大大深入一步。

第三节 统计控制方法

统计控制方法,主要是通过统计分组,比较引入外部变量 Z 后,原有变量 X 和 Y 之间的关系 R 是否产生变化,这里的关系 R,是泛指 X 和 Y 之间是否有"关系",它不涉及关系的性质(是线性或非线性等何类性质)的变量的问题。同时作为介绍本章内容所用到的相关系数,如 λ 系数,τ 系数,G 系数,r,χ^2 等,计算过程都从略,读者可参阅有关书籍[①]。

统计控制方法要回答的问题有:(1) Z 是否确为 X 和 Y 关系的有关变量?(2) 控制变量 Z 属哪种模式?是前置变量、中介变量,或是条件变量?以下以 2×2 列联表为例,介绍统计控制方法。

一、原表和分表

(1) 有关变量 Z 未控制前,用全部调查数据做成变量 X 和变量 Y 的统计表,称作原表(图 3-7 的上半部分),原表中的相关系数 R,是泛指 X 和 Y 之间是否有"关系"。对于分组数很少的 2×2 列联表,也可不计算相关系数,比较列联

---

① 可参见卢淑华编著:《社会统计学(第四版)》,第十章、第十一章、第十二章。

第三章 多元相关分析与统计控制

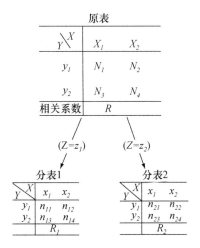

图 3-7

表变量的百分比,就能看出变量之间是否存在关系。

(2) Z 控制后,对应每一个 Z_i,做出一个相应的 X 和 Y 的分表。设 Z 有两个取值,分别是 $Z=Z_1$, $Z=Z_2$,于是就可做出 X 和 Y 的分表1和分表2(图 3-7 的下半部分),分表中的 R_1 和 R_2 和原表中的 R 表达的内容相同,都是泛指分表中 X 和 Y 之间是否有"关系"。

(3) 原表和分表的关系是,原表中格值是相应分表格值之和。根据图 3-7 有:

$$N_1 = n_{11} + n_{21}$$
$$N_2 = n_{12} + n_{22}$$
$$N_3 = n_{13} + n_{23}$$
$$N_4 = n_{14} + n_{24}$$

(4) 根据图 3-7 中分表1和分表2,计算 X 和 Y 的相关系数 R_1 和 R_2,它是以下分析的依据。

二、结果分析

下面通过原表和分表相关系数的变化,对变量 Z 进行讨论。

(一) 原表 $R \neq 0$,但分表 $R_1 = 0$;$R_2 = 0$

因此肯定了 Z 是 X、Y 的前置变量或中介变量。

它表示 Z 是 X 和 Y 完全的有关变量,当 Z 值控制后,X 和 Y 的相关完全消失了：

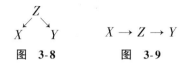

图 3-8　　　　　图 3-9

根据前面控制变量模式的讨论,它既可属前置变量(图3-8),也可属中介变量(图3-9)。控制变量法不能给出唯一的答案,原因正如前述,我们不是实验法,无法实现前置变量和中介变量时序上的差别,因为调查资料是同时收集的,为了探讨Z的性质,须依靠理论层次的判断以及经验层次来确认。

[例]5　收看养生类节目与体育类节目比例见表3-2：

表　3-2

体育类 \ 养生类	是	否
是	36(9%)	60(15%)
否	364(91%)	340(85%)
∑	400	400

根据表3-2,收看体育类节目同时收看养生类节目的人(9%),少于收看体育类节目同时不收看养生类节目的人(15%),这是否意味着两类节目之间有一定的负相关? 当进一步引入年龄因素,并做成了收看节目与年龄的分表(表3-3,表3-4),结果发现,它们都与年龄有关系：

表　3-3

体育类 \ 年龄	青	中	老
是	50(20%)	36(12%)	10(4%)
否	200(80%)	264(88%)	240(96%)
∑	250	300	250

表　3-4

养生类 \ 年龄	青	中	老
是	50(20%)	150(50%)	200(80%)
否	200(80%)	150(50%)	50(20%)
∑	250	300	250

第三章 多元相关分析与统计控制

表 3-3 表明,随着年龄的增长,收看体育节目的比例越来越少,从 20% 减少至 4%。但表 3-4 表明,随着年龄的增长,收看养生节目的比例却越来越多,从 20% 增加至 80%。由于两者都与年龄有关,因此有理由把年龄作为控制变量,按年龄青、中、老做成表 3-5:

表 3-5

养生类 体育类	青		中		老	
	是	否	是	否	是	否
是	10(20%)	40(20%)	18(12%)	18(12%)	8(4%)	2(4%)
否	40(80%)	160(80%)	132(88%)	132(88%)	192(96%)	48(96%)
∑	50	200	150	150	200	50

表 3-5 表明,无论是青、中、老,收看体育类节目的都相同,分别占 20%、12%、4%,与收看养生类节目无关。可见,收看两类节目的相关是虚假的。真实的情况是,它们存在着年龄的共因,且根据时序来推理,应将年龄看作前置变量,而不是中介变量:

图 3-10

总结起来,确认控制变量的步骤有:

(1) 通过原表,确认 X 和 Y 有关,$X \rightarrow Y, R \neq 0$,在不存在抽样误差的情况下,列联表中各类百分比有差异,与相关系数 $R \neq 0$ 是等效的。

(2) 检查 $Z \rightarrow X, Z \rightarrow Y$,以便确认 Z 与 X、Y 都是有关系的。[例]5 中,通过年龄和收看节目的列联表 3-3、表 3-4,确认了年龄与两类节目的收视率都是有关系的。

(3) 通过分表中 X 和 Y 关系的消失,由此得出 X 和 Y 的关系是虚假的结论,同时也确认了 Z 是 X、Y 存在关系的前置变量或是中介变量,而具体属何种变量,要结合情况作具体分析。

(二) 原表 $R \neq 0$,但各分表相关不变 $R_1 = R_2 = R$

因此否定了 Z 是 X、Y 的前置或中介变量,如图 3-11:

$$Z$$
$$X \rightarrow Y$$

图 3-11

[例]6 某学院共有毕业生1000人,根据调查,报考研究生与学习成绩有列联表3-6:

表 3-6

	成绩好	成绩差	Σ
报考	400(80%)	200(40%)	600
不报考	100(20%)	300(60%)	400
Σ	500	500	1000

表3-6中百分比的差异,已经可以说明,变量之间是存在关系的。也可以计算出列联强度,如 λ 系数

$$\lambda = \frac{E_1 - E_2}{E_1} = \frac{400 - (100 + 200)}{400} = 0.25$$

计算结果为 λ≠0,进一步表明了它和变量间百分比有差异是等价的。为了进一步研究是否还有其他变量影响 X 和 Y 之间关系,例如,报考研究生的考生成绩是否男女有别?为此将原表3-6按性别作分表3-7:

表 3-7

报考＼成绩	Z_1 = 男		Z_2 = 女	
	好	差	好	差
是	198(79.2%)	100(39.8%)	202(80.8%)	100(40.2%)
否	52	151	48	149
Σ	250	251	250	249

表3-7表明,男性和女性成绩与报考研究生的比例几乎与表3-6完全相同,其差异可忽略不计。如果通过计算 λ 系数,则分表的相关系数有:

$$\lambda_1 \approx \lambda_2 \approx 0.25$$

它表示控制了性别,原有的相关没有改变,从而确认了原有相关是真实的,否定了报考研究生与性别有关的说法,如图3-12:

性别
成绩 —→ 报名考研

图 3-12

对于[例]6的情况,我们如果在作分表3-7之前,先讨论了性别与成绩的列联表(表3-8):

表 3-8

	男	女	Σ
成绩好	250	250	500
成绩差	251	249	500
Σ	501	499	1000

和性别与报考研究生的列联表(表3-9):

表 3-9

	男	女	Σ
报考	298	302	600
不报考	203	197	400
Σ	501	499	1000

则不难算出,它们的结论,与直接作分表是相同的。因为表3-8,表3-9的相关系数 λ 几乎是零,既然性别与成绩、性别与报考研究生都不存在相关,当然性别变量控制与否,也不会影响原有成绩和报考研究生的相关。

(三) 原表 $R \neq 0$,但分表 $R_1 < R$;$R_2 < R$

则 X 和 Y 关系部分真实。

当有关变量 Z 控制后,X 和 Y 相关方向与原表相同,但相关强度减弱了。说明 Z 部分地解释了 X 和 Y 的相关,同时又存在部分的 X 和 Y 真实相关。Z 既可能是前置变量(图3-13),也可能是中介变量(图3-14)。

图 3-13　　　　　　　　　　　图 3-14

[例]7　根据抽样调查,旅游意愿(X)与文化程度(Y)有一定的相关(图3-15上半部分),$G = 0.54 (\alpha < 0.05)$。

但为了进一步的探索,引入了控制变量 Z(经济收入),看是否是经济因素的影响。通过分表,发现 X 和 Y 的关系并未消失,但减弱了(图3-15下半部分,$G_1 = 0.2$;$G_2 = 0.3$)。因此,可以认为,X 和 Y 的相关是由两部分构成的,一部分是由于控制变量 Z 产生的,另一部分是独立于 Z 之外,真实存在的相关。那么,它是属于哪种模式呢?我们知道,由于经济收入取决于文化程度,因此,从事件发生的时序看,应该是文化程度 → 经济收入 → 旅游。因此,可以认为,它有如下的模式(图 3-16)。

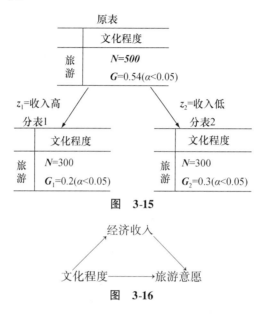

图 3-15

图 3-16

(四) 条件变量与交互作用

以上(一)至(三)介绍的三种情况,它们有一个共同的特点是分表的相关值都不大于原表,即 $R_i \leq R, i=1,2,\cdots$ 但如果出现了分表 R_i 大于原表,或分表 R_i 值之间相差很大,甚至方向相反,则称 Z 是条件变量。它表示,在不同 Z 值的条件下,有不同的 X 和 Y 关系,这是控制变量 Z 与研究变量间生了交互作用的结果。

如[例]4 中表 3-1 所示,在发达地区,收入与人们幸福感的相关很微弱,但在欠发达地区,由于温饱问题是人们首要关注的问题,收入是人们幸福感的主要源泉,收入与人们幸福感呈强相关。因此,地区是收入与人们幸福感的相关的条件变量,不同地区收入与人们幸福感的相关程度有很大的差异。下面再举几个类型的条件变量:

1. 压抑变量(原表 $R=0$,但分表 $R_i \neq 0$)

它表示原表中 X 和 Y 并没有关系,但找到了控制变量 Z 后,分表中 X 和 Y 却出现了关系。这里不妨用儿童教育的例子来解释。设儿童教学有两种教学方法,一种是寓教于乐的快乐教学法,而另一种是传统的循序渐进法。从教学效果来看,各有千秋。根据 400 个班次的调查,教学效果都各占 50%,如图 3-17 上半部分,显然原表 $R=0$。

第三章 多元相关分析与统计控制

原表

	快乐教育	传统教育
教学效果佳	100	100
教学效果不佳	100	100

z_1=教员性格外向

分表1

	快乐教育	传统教育
教学效果佳	90	10
教学效果不佳	10	90

z_2=教员性格内向

分表2

	快乐教育	传统教育
教学效果佳	10	90
教学效果不佳	90	10

图 3-17

但如果引进教师的特点,可以发现,性格外向的老师,上课活泼生动,更能引起儿童的学习兴趣,因此,采用快乐教学法,90%的班级收到了好的教学效果,而采用传统教学法,由于不适应严谨、刻板的教学,90%的班级教学效果不佳。相反,对于性格内向的老师,由于不善于表演,采用快乐教学法,90%都成绩不佳,而采用传统教学法,发挥了教师严谨、循循善诱的特点,90%的班级取得了好成绩(图3-17下半部分)。可见,引进了教师性格特点Z后,不同的教师特点、教学方法与教学效果产生了完全相反的效果,分表的R_i都不为0,这使教师性格特点与教学方法,产生了交互作用,从而增强了适合教师性格特点教学方法的教学效果。[①]

上面的例子表明,教师性格特点Z是教学方法和教学效果的压抑变量,在社会研究中,如果找到了压抑变量,显然是很有价值的。

2. 歪曲变量($R \neq 0$,但分表R_i方向倒置)

它表示分表中的相关方向与原表相反。下面举美国著名的《佛罗里达法律评论》[②]的例子,文中统计了有关凶杀案例674起,其中被判死刑的人数为68人,表3-10是凶手种族与判刑情况的列联表统计:

[①] 卢淑华编著:《社会统计学(第四版)》,第394—396页。
[②] M. L. Radelet and G. L. Pierce, "Choosing Those Who Will Die: Race and the Death Penalty in Florida," *Florida Law Review*, Vol. 43, No. 1, 1991, pp. 1—34.

表 3-10

	白人凶手	黑人凶手
判死刑	53(11%)	15(0.08)
未判死刑	430	176
$\sum$	483	191

根据表 3-10,似乎白人凶手判死刑的比例远高于黑人,但如果引进被害人的种族(表 3-11,表 3-12),则比例将完全相反。

表 3-11(白人被害)

	白人凶手	黑人凶手
判死刑	53(11%)	11(23%)
未判死刑	414	37
$\sum$	467	48

表 3-12(黑人被害)

	白人凶手	黑人凶手
判死刑	0(0%)	4(3%)
未判死刑	16	139
$\sum$	16	143

表 3-11 表明,当被害人是白人时,白人凶手判死刑的占 11%,而黑人凶手判死刑的则为 23%,远高于白人凶手。而表 3-12 中,当被害人是黑人时,白人凶手全未判死刑,而黑人凶手判死刑的则为 3%,又是远高于白人凶手。为了探究其原因,不妨根据表 3-11 和表 3-12,做成表 3-13:

表 3-13(凶手与被害人)

	白人凶手	黑人凶手
白人被害	467(97%)	48
黑人被害	16	143(75%)
$\sum$	483	191

表 3-13 表明,黑人凶手杀害的主要是黑人,占 143/191 = 75%,而杀害黑人

判刑是轻的。相比白人凶手,杀害的主要是白人,占 467/483 = 97%,而杀害白人判刑是重的。于是就出现了原表与分表截然相反的悖论(Simpson's Paradox)。

三、净相关系数 R_p

对于控制了变量 Z 之后,X 和 Y 仍剩余部分相关的情况,就产生了如何度量这部分相关的问题。由于扣除或控制了 Z 之后,X 和 Y 剩下的部分真实相关,是以分表的形式出现,每一个分表都有一个系数 R_i,且往往并不相等,于是须把分表 R_1, R_2……综合成一个代表值,称之为净相关(或称偏相关)系数 R_p,用来代表扣除了 Z 的影响后,X 和 Y 独立存在的那部分真实相关。它一般是用分表 R_i 的加权平均计算得来的。

(一) 净相关 λ_p 和净相关 τ_p

λ_p 和 τ_p 适用于定类变量净相关的计算。它们是以分表的个案数 n_i 占原表总数 N 的比值为权重的分表 λ_i 或 τ_i 平均值。设总表按 Z 变量分为 i 个分表,则净相关 λ_p 和净相关 τ_p 有式(3-1)和式(3-2):

$$\lambda_p = \sum \frac{n_i}{N} \lambda_i \tag{3-1}$$

$$\tau_p = \sum \frac{n_i}{N} \tau_i \tag{3-2}$$

(二) 净等级相关 G_p

G_p 适用于定序变量净相关的计算。净等级相关 G_p 是以分表中的同序及异序对数$(n_{iS} + n_{id})$占原表总对数$(N_s + N_d)$比值为权重的 G_i 平均值。其中 n_{iS},n_{id},G_i 是第 i 个分表的同序对,异序对,等级相关系数式(3-3):

$$G_p = \sum \frac{n_{iS} + n_{id}}{N_S + N_d} G_i \tag{3-3}$$

因为

$$N_s + N_d = \sum (n_{iS} + n_{id})$$

$$G_i = \frac{n_{is} - n_{id}}{n_{is} + n_{id}} \text{[1]}$$

所以有

---

[1] 卢淑华编著:《社会统计学(第四版)》,第十一章第二节"Gamma 等级相关"。

$$G_p = \sum \frac{n_{iS} - n_{id}}{n_{iS} + n_{id}} \tag{3-4}$$

（三）定距变量的偏相关系数

如果 X、Y 和 Z 都是定距型变量,由于 r_{xz},r_{yz},r_{xy} 两两都存在相关,对于线性相关的情况,控制了变量 Z 之后,称作 X 和 Y 的偏相关 $r_{xy \cdot z}$,它和原相关 r_{xz},r_{yz},r_{xy} 之间有如下关系式(3-5)：

$$r_{xy \cdot z} = \frac{r_{xy} - r_{xz} r_{yz}}{\sqrt{1 - r_{xz}^2} \sqrt{1 - r_{yz}^2}} \tag{3-5}$$

以上介绍了通过分表法,扣除了控制变量的影响,而净相关值则是分表相关值的加权平均,这对定类和定序变量是容易实现的,但对定距变量,特别是连续型变量,由于无法进行离散式分类,因此控制的原理虽然相同,但推导的方法有所不同,这将在第四章第二节给出。

最后对统计控制法中有关检验问题作一些讨论。

对于定类和定序变量,用于检验的统计量是 χ^2 值,样本容量越大,χ^2 值越大,在自由度一定的情况下,越容易通过显著性检验。而统计控制法是将原表按控制变量进行再分类,因此分表的样本容量会减少,这就意味着 χ^2 值的减少,因此可能出现原表的检验有显著性差异,而分表的检验却没有显著性差异,这时并不能一概否定分表的存在,而是要比较原表和分表中相关值的大小,例如当分布的相关值比原表还要大时,即便 χ^2 值很小,也要引起注意。控制变量法带来的另一个问题是,即使分表有显著性差异,但由于分表中样本容量的减少,增加了抽样误差,也会影响分表参数估计的精度。另外,分表太多,解释的综合力差,因此后面的多元分析,无论定距型或定类型变量,都不再使用控制变量法了。

习　题

1. 试着回答以下问题。

（1）控制变量法是如何判定 X 和 Y 的虚假相关的?

（2）控制变量法中,如何区分前置变量、中介变量和条件变量?

（3）净相关适用于何种情况的讨论?

（4）净相关系数是如何计算的?

（5）条件变量为什么不计算净相关系数?

第三章 多元相关分析与统计控制

（6）什么是压抑变量和曲解变量？

（7）如果 a、b 两人分别对 X 和 Y 的相关寻找有关变量 Z，通过控制变量法，a 找到了 Z_a，b 找到了 Z_b，它们都能部分地解释掉 X 和 Y 的相关。但净相关系数不同，设对于 Z_a 的情况，X 和 Y 的净相关系数为 R_{pa}；对于 Z_b 的情况，X 和 Y 的净相关系数为 R_{pb}。如果

$$R_{pa} > R_{pb}$$

请问 Z_a 和 Z_b 哪个变量对 X 和 Y 相关的解释力更强？

（8）接上题，如果同时研究 Z_a 和 Z_b（图 3-18），应如何应用控制变量法？

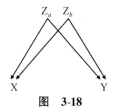

图 3-18

2. 根据抽样调查，婚龄与健康状况的相关系数 $G = 0.5(\alpha < 0.05)$。但用年龄作控制变量后，青年组 $G = 0.04(\alpha > 0.1)$，中年组 $G = 0.07(\alpha > 0.1)$，老年组 $G = 0.05(\alpha > 0.1)$（表 3-14），问婚龄与健康状况之间应属于何种类型的关系？

表 3-14

	青年组		中年组		老年组
	婚龄		婚龄		婚龄
健康	$G = 0.04$	健康	$G = 0.07$	健康	$G = 0.05$
	$\alpha > 0.1$		$\alpha > 0.1$		$\alpha > 0.1$

3. 根据调查资料，有关购房、文化程度和收入有如下原表（表 3-15）和分表（表 3-16），试分析三者可能的关系模式。

表 3-15

购房 \ 文化程度	高	低
是	200	140
否	200	360
∑	400	500

表 3-16

购房 \ 文化程度	Z_1 = 收入高		Z_2 = 收入低	
	高	低	高	低
是	180	60	20	80
否	120	40	80	320
∑	300	100	100	400

4. 根据调查资料,有关购房、旅游和收入所得原表 3-17 和分表 3-18,其数据同表 3-15 和表 3-16,试分析三者可能的关系模式。

表 3-17

购房 \ 旅游	是	否
是	200	140
否	200	360
∑	400	500

表 3-18

购房 \ 旅游	Z_1 = 收入高		Z_2 = 收入低	
	是	否	是	否
是	180	60	20	80
否	120	40	80	320
∑	300	100	100	400

5. 比较题 3 和题 4,说明了什么?

6. 根据 1000 人的抽样调查结果,环保理念与经济成就有一定关联,设 $G = 0.6(\alpha<0.05)$(表3-19),但当教育程度按大学以上、中学、小学三档控制后,分表的关联值分别为 $G_1 = 0.3, G_2 = 0.4, G_3 = 0.3(\alpha<0.05)$(表 3-20),根据这样的结果,试选恰当的模式表示之。

表 3-19

	经济成就
环保理念	$G = 0.6$ $\alpha < 0.05$

表 3-20

经济成就 环保理念	大学以上		中学		小学	
	高	低	高	低	高	低
高 低	$G_1 = 0.3$ $n_1 = 500$		$G_2 = 0.4$ $n_1 = 300$		$G_3 = 0.3$ $n_3 = 200$	

7. 根据网上购物的调查,购买名牌产品 Y 与从事工作性质 X 有如下结果(表3-21):

表 3-21

	X_1(白领)	X_2(蓝领)
Y_1(不购名牌)	265	735
Y_2(购买名牌)	735(73.5%)	265(26.5%)
$\sum$	1000	1000

但控制了收入 Z,得分表3-22:

表 3-22

	z_1(高)		z_2(较高)		z_3(一般)		z_4(低)	
	X_1 (白领)	X_2 (蓝领)	X_1 (白领)	X_2 (蓝领)	X_1 (白领)	X_2 (蓝领)	X_1 (白领)	X_2 (蓝领)
Y_1(不购名牌)	45	5	100	25	75	300	45	405
Y_2(购买名牌)	405	45	300	75	25	100	5	45
$\sum$	450	50	400	100	100	400	50	450

问:(1) 根据原表,购买名牌与从事劳动性质是否有相关?

(2) 根据分表,购买名牌与从事劳动性质是否有相关?

(3) 对 Z 应作何结论?

8. 有人统计了购房价格与房间数的相关系数 $r = 0.6$,但如果控制了房屋总面积,则购房价格与房间数的相关系数 r 变少了。

问:对房间数与购房价格的关系应作何分析?

9. 有人调查了患癌症与吸烟的关系,发现30岁以下的吸烟者,患癌症是不患癌症的1.1倍;30岁至50岁之间的吸烟者,患癌症是不患癌症的2.4倍;50岁以上的吸烟者,患癌症是不患癌症的4.3倍。

问:(1) 什么是自变量?什么是因变量?什么是控制变量?

(2) 是否存在交互作用?

第四章

多元回归

第一节 多元线性回归

一、为什么需要研究多变量

现实生活中社会现象之间的联系,绝非仅限于两个变量之间的相关或因果关系。例如,虽然子女的身高和父辈的身高有一定关系,但确定子女身高的因素,除了父辈身高一个因素,还有很多影响身高的因素被我们忽略了。又如受教育程度对收入有一定的影响,但也绝不是教育程度高的人,收入一定优于受教育程度低的人,受教育程度只是其中的一个因素,还有很多因素被我们忽略了。可见,社会现象是十分复杂的,单变量只是简化社会现象的描述,二变量开始涉及现象与现象之间的联系以及因果关系,但远远不能涵盖事物的全貌,只有把更多的变量纳入研究的视野,才能更好地揭示现象的因果关系。

二、多元线性回归方程

在探索因果关系的方法中,回归分析是其核心方法,其中以自变量与因变量为线性关系最为常用。对于那些自变量和因变量呈非线性关系的,一般是通过修改模型、适当变换变量使其线性化,最终仍然再用线性回归分析法。

多元线性回归分析法,是一元回归法的自然延伸,一元回归是一个自变量对应一个因变量,而多元线性回归是指多个自变量对应一个因变量,又称多重回归分析法,或复回归法。对于多个自变量对应多个因变量的多因多果情况,这里不作讨论。下面类比一元回归方程,对多元回归方程作一概述。

首先,多元线性回归方程与一元回归方程相比,自变量数为 $k(k>1)$。于是,总体的多元线性回归方程有

$$E(y) = \alpha + \beta_1 x_1 + \beta_2 x_2 + \cdots + \beta_k x_k \tag{4-1}$$

其中 $E(y)$ 是因变量 y 的平均值。

对于每一个真实的观测值 y_i,除了已观测的 n 个自变量外,还应加上误差项 e_i

$$y_i = \alpha + \beta_1 x_{i1} + \beta_2 x_{i2} + \cdots + \beta_k x_{ik} + e_i \tag{4-2}$$

其次,由于自变量数目增至 k 个,和一元回归相比,每一个观测对象,须提供 $k+1$ 项数据,其中 1 项是因变量 y 的观测值,其他 k 项是 k 个自变量的观测值。如果有 n 个观测值,则可写成 n 行 $k+1$ 列的数据清单,有了数据清单,回归的计算工作就可以交给电脑处理了。

三、多元回归方程建立的假定与最小二乘估计

为了通过样本建立多元回归方程,类似于一元回归,要求式(4-2)的误差项 e_i 满足独立、等方差(σ^2 未知)和正态分布:

$$\begin{cases} E(e_i) = 0, & i = 1,2,\cdots,n \\ cov(e_i,e_j) = \begin{cases} \sigma^2, & i = j \\ 0, & i \neq j \end{cases} (i,j = 1,2,\cdots,n) \\ e_i \sim N(0,\sigma^2), & i = 1,2,\cdots,n \end{cases} \tag{4-3}$$

当满足了以上条件,通过最小二乘法建立的待估回归方程为:

$$\hat{y} = a + b_1 x_1 + b_2 x_2 + \cdots + b_k x_k \tag{4-4}$$

它是总体回归方程式(4-1)的最佳无偏估计,且满足检验的要求。

多元回归中的最小二乘法和一元回归中的最小二乘法十分相似,通过真实观测值 y 与 $\hat{y}$ 距离平方和:

$$Q(a,b_1,b_2\cdots,b_k) = \sum_{i=1}^{n}(y_i - \hat{y}_i)$$

求最小值:

$$\begin{cases} \dfrac{\partial Q}{\partial a} = 0 \\ \dfrac{\partial Q}{\partial b_1} = 0 \\ \vdots \\ \dfrac{\partial Q}{\partial b_k} = 0 \end{cases}$$

求得的 $a, b_1, b_2, \cdots, b_k$ 是总体回归方程式(4-1)最佳无偏估计值。

以二元线性回归方程为例：

$$\hat{y} = a + b_1 x_1 + b_2 x_2 \tag{4-5}$$

$$Q(a, b_1, b_2) = \sum (y_i - \hat{y}_i)$$

$$= \sum_{i=1}^{n} [y_i - (a + b_1 x_{1i} + b_2 x_{2i})]^2 \tag{4-6}$$

根据最小二乘法，求最小值：

$$\begin{cases} \dfrac{\partial Q(a, b_1, b_2)}{\partial a} = 0 \\ \dfrac{\partial Q(a, b_1, b_2)}{\partial b_1} = 0 \\ \dfrac{\partial Q(a, b_1, b_2)}{\partial b_2} = 0 \end{cases} \tag{4-7}$$

化解后有

$$\begin{cases} L_{11} b_1 - L_{12} b_2 = L_{1y} \\ L_{21} b_1 - L_{22} b_2 = L_{2y} \end{cases}$$

其中

$$b_1 = \frac{L_{1y} L_{22} - L_{2y} L_{12}}{L_{11} L_{22} - L_{12}^2} \tag{4-8}$$

$$b_2 = \frac{L_{2y} L_{11} - L_{1y} L_{12}}{L_{11} L_{22} - L_{12}^2} \tag{4-9}$$

$$a = \bar{y} - b_1 \bar{x}_1 - b_2 \bar{x}_2 \tag{4-10}$$

L_{ij} 是变量离均差的平方和或变量离均差乘积之和，都是观测值的函数：

$$L_{11} = \sum (x_1 - \bar{x}_1)^2 = \sum x_1^2 - \frac{\left(\sum x_1\right)^2}{n} \tag{4-11}$$

$$L_{22} = \sum (x_2 - \bar{x}_2)^2 = \sum x_2^2 - \frac{\left(\sum x_2\right)^2}{n} \tag{4-12}$$

$$L_{yy} = \sum (y - \bar{y}_1)^2 = \sum y^2 - \frac{\left(\sum y\right)^2}{n} \tag{4-13}$$

$$L_{1y} = \sum(x_1 - \bar{x}_1)(y - \bar{y}) = \sum x_1 y - \frac{\left(\sum x_1\right)\left(\sum y\right)}{n} \quad (4\text{-}14)$$

$$L_{2y} = \sum(x_2 - \bar{x}_2)(y - \bar{y}) = \sum x_2 y - \frac{\left(\sum x_2\right)\left(\sum y\right)}{n} \quad (4\text{-}15)$$

$$L_{12} = \sum(x_1 - \bar{x}_1)(x_2 - \bar{x}_2) = \sum x_1 x_2 - \frac{\left(\sum x_1\right)\left(\sum x_2\right)^{①}}{n} \quad (4\text{-}16)$$

对比第一章第二节中一元回归中的 a 和 b 的计算,可以看出,两者很相似,都是通过 L_{ij} 进行计算的,所不同的是,由于二元回归中自变量增为两个,所以不仅有 y、x_1 和 x_2 的离差平方和 L_{11}、L_{22} 和 L_{yy},还增加了两两变量离均差乘积之和 L_{12}、L_{1y} 和 L_{2y},增加至 6 个。

[例]1 以下是根据 20 位同学阅读成绩 y 和阅读能力 x_1 与阅读兴趣 x_2 的调查,试建立二元线性回归方程。

计算步骤

(1) 设计一张二元回归计算表(4-1),将原始数据清单填入表的前三列,据此算出 y^2、x_1^2、x_2^2、yx_1、yx_2、$x_1 x_2$ 再求各列总和,依次填入表 4-1。

表 4-1

y	x_1	x_2	y^2	x_1^2	x_2^2	yx_1	yx_2	$x_1 x_2$
2	2	4	4	4	16	4	8	8
1	2	4	1	4	16	2	4	8
1	1	4	1	1	16	1	4	4
1	1	3	1	1	9	1	3	3
5	3	6	25	9	36	15	30	18
4	4	6	16	16	36	16	24	24
7	5	3	49	25	9	35	21	15
6	5	4	36	25	16	30	24	20
7	7	3	49	49	9	49	21	21
8	6	3	64	36	9	48	24	18
3	4	5	9	16	25	12	15	20
3	3	5	9	9	25	9	15	15
6	6	9	36	36	91	36	54	54
6	6	8	36	36	64	36	48	48

---

① $\sum x_1$,$\sum x_2$,$\sum y$ 是 $\sum_{i=1}^{n} x_{1i}$,$\sum_{i=1}^{n} x_{2i}$,$\sum_{i=1}^{n} y_i$ 是简写。

（续表）

y	x_1	x_2	y^2	x_1^2	x_2^2	yx_1	yx_2	x_1x_2
10	8	6	100	64	36	80	60	48
9	9	7	81	81	49	81	63	63
6	10	5	36	100	25	60	30	50
6	9	5	36	81	25	54	30	45
9	4	7	81	16	49	36	63	28
10	4	7	100	16	49	40	70	28
$\sum$ 110	99	104	770	625	600	645	611	538

（2）代入式(4-11)至式(4-16)计算 L_{ij} 和 L_{iy}。

$$L_{11} = \sum (x_1 - \bar{x}_1)^2 = \sum x_1^2 - \frac{\left(\sum x_1\right)^2}{n}$$

$$= 625 - \frac{(99)^2}{20} = 625 - 490.05 = 134.95$$

$$L_{22} = \sum (x_2 - \bar{x}_2)^2 = \sum x_2^2 - \frac{\left(\sum x_2\right)^2}{n}$$

$$= 600 - \frac{(104)^2}{20} = 600 - 540.80 = 59.20$$

$$L_{yy} = \sum (y - \bar{y})^2 = \sum y^2 - \frac{\left(\sum y\right)^2}{n}$$

$$= 770 - \frac{(110)^2}{20} = 770 - 605 = 165.00$$

$$L_{1y} = \sum (x_1 - \bar{x}_1)(y - \bar{y}) = \sum x_1 y - \frac{\left(\sum x_1\right)\left(\sum y\right)}{n}$$

$$= 645 - \frac{(99)(110)}{20} = 645 - 544.50 = 100.50$$

$$L_{2y} = \sum (x_2 - \bar{x}_2)(y - \bar{y}) = \sum x_2 y - \frac{\left(\sum x_2\right)\left(\sum y\right)}{n}$$

$$= 611 - \frac{(104)(110)}{20} = 611 - 572 = 39.00$$

$$L_{12} = \sum (x_1 - \bar{x}_1)(x_2 - \bar{x}_2) = \sum x_1 x_2 - \frac{\left(\sum x_1\right)\left(\sum x_2\right)}{n}$$

$$= 538 - \frac{(99)(104)}{20} = 538 - 514.80 = 23.20$$

(3) 将 L_{ij} 和 L_{iy} 计算结果,代入式(4-8)至式(4-10)计算 b_1、b_2、a。

$$b_1 = \frac{(59.20)(100.50) - (23.20)(39.00)}{(134.95)(59.20) - (23.20)^2} = \frac{5949.60 - 904.80}{7989.04 - 538.24}$$

$$= \frac{5044.80}{7450.80} = 0.6771$$

$$b_2 = \frac{(134.95)(39.00) - (23.20)(100.50)}{(134.95)(59.20) - (23.20)^2} = \frac{5263.05 - 2331.60}{7989.04 - 538.24}$$

$$= \frac{2931.45}{7450.80} = 0.3934$$

因为

$$\bar{y} = \frac{\sum y}{n} = \frac{110}{20} = 5.50, \quad \bar{x}_1 = \frac{\sum x_1}{n} = \frac{99}{20} = 4.95,$$

$$\bar{x}_2 = \frac{\sum x_2}{n} = \frac{104}{20} = 5.20$$

所以

$$a = \bar{y} - b_1 \bar{x}_1 - b_2 \bar{x}_2$$
$$= 5.50 - (0.6771)(4.95) - (0.3934)(5.20) = 0.1027$$

本题二元回归方程有

$$\hat{y} = a + b_1 x_1 - b_2 x_2 = 0.1027 + 0.6771 x_1 + 0.3934 x_2 \quad (4\text{-}17)$$

[例]2 根据上例所得回归方程,设有甲、乙两名学生,甲的阅读能力 x_1 为 2 分,阅读兴趣 x_2 为 4 分,乙的阅读能力 x_1 为 4 分,阅读兴趣 x_2 为 7 分。问他们的预测阅读成绩为多少分?

[解] 根据题意,甲:$x_1 = 2, x_2 = 4$;乙:$x_1 = 4, x_2 = 7$,代入回归方程式(4-17)得:

$$\hat{y}_{甲} = a + b_1 x_1 + b_2 x_2$$
$$= 0.1027 + 0.6771 x_1 + 0.3934 x_2$$
$$= 0.1027 + (0.6771)(2) + (0.3934)(4)$$
$$= 0.1027 + 1.3542 + 1.5736$$
$$= 3.0305$$

$$\hat{y}_{乙} = a + b_1 x_1 + b_2 x_2$$
$$= 0.1027 + 0.6771 x_1 + 0.3934 x_2$$

$$= 0.1027 + (0.6771)(4) + (0.3934)(7)$$
$$= 0.1027 + 2.7084 + 2.7538$$
$$= 5.5649$$

对比回归计算表(4-1)中的原始观测得分：

对于 $x_1 = 2, x_2 = 4$，总共有两次 y 观测值：$y = 2$ 和 $y = 1$，但都不等于回归方程的预测值 $\hat{y} = 3.0305$，且比观测值 y 大。

对于 $x_1 = 4, x_2 = 7$，也共有两次 y 观测值：$y = 9$ 和 $y = 10$，也都不等于回归方程的预测值 $\hat{y} = 5.5649$，但比观测值 y 小。

通过以上两个得分的比较，可知回归方程的预测值，只是总体平均值的预测值，它不仅不等于观测值，也不等于总体的平均值，它只是总体平均值的最佳点估什值。所谓最佳，是指比起其他方法来说，估计的误差要小一些。

四、回归系数的意义

b_1、b_2 都是回归方程的回归系数，对于一元回归方程回归系数 b 表示自变量变化 Δx 和因变量平均变化 $\Delta \hat{y}$ 之间的关系：

$$\Delta \hat{y} = b \Delta x$$

即 x 增加 Δx，$\hat{y}$ 将增加 b 个 Δx，例如当 x 增加一个单位 $\Delta x = 1$ 时，$\hat{y}$ 将增加 b 个单位，$\Delta \hat{y} = b$。

对于多元回归：

$$\hat{y} = a + b_1 x_1 + b_2 x_2$$

b_1 表示，当 x_2 不变的情况下，x_1 变化 Δx_1，因变量平均变化

$$\Delta \hat{y} = b_1 \Delta x_1$$

同理，b_2 表示，当 b_1 不变的情况下，x_2 变化 Δx_2，因变量平均变化

$$\Delta \hat{y} = b_2 \Delta x_2$$

如果 x_1 和 x_2 都变化，那么因变量变化将是 x_1 和 x_2 变化量的总和：

$$\Delta \hat{y} = b_1 \Delta x_1 + b_2 \Delta x_2$$

可见，对于多元回归的每一个回归系数，都要求在其他变量保持不变的情况下来讨论，所以回归系数又称偏回归系数。

五、标准回归方程和标准回归系数

这里的 b_1 和 b_2 都是有单位的，取不同单位时，b_1 和 b_2 的数值就会不同，为

了对自变量的重要性可以进行比较,我们将原始数据转化为标准分(第一章第三节),每个变量都各自减去自己的均值,再除以各自的标准差:

$$z_y = \frac{y - \bar{y}}{S_y} \tag{4-18}$$

$$z_1 = \frac{x_1 - \bar{x}_1}{S_1} \tag{4-19}$$

$$z_2 = \frac{x_2 - \bar{x}_2}{S_2} \tag{4-20}$$

其中 S_y, S_1, S_2 是变量的标准差

$$S_y = \sqrt{\frac{L_{yy}}{n-1}} \tag{4-21}$$

$$S_1 = \sqrt{\frac{L_{11}}{n-1}} \tag{4-22}$$

$$S_2 = \sqrt{\frac{L_{22}}{n-1}} \tag{4-23}$$

如果用标准分作为观测数据代入式(4-6),求得的二元回归方程将是标准回归方程,其系数 B_i 称标准回归系数,见式(4-24)。它和普通二元方程的区别是,其系数是没有单位的,从这个角度讲,标准回归系数一般可以进行比较的。但当自变量存在相关时,它会影响 B_i 值,同时正如一元回归中所介绍的,相关系数还会受变量取值范围的影响,从而影响 B_i 值,因此即便用标准回归系数进行比较,也还须谨慎。[①] 其次是不再有常数项 a,这是因为数据的原点移到了原有的均值。

$$\hat{z}_y = B_1 z_1 + B_2 z_2 \tag{4-24}$$

标准回归系数 B_i 和普通回归系数 b_i 之间可以相互转换,见式(4-25)、式(4-26)。

$$B_1 = b_1 \frac{S_1}{S_y} \tag{4-25}$$

$$B_2 = b_2 \frac{S_2}{S_y} \tag{4-26}$$

---

① 〔美〕约翰·内特等:《应用线性回归模型》,中国统计出版社1990年版,第283页。

第四章 多元回归

[例]3 接上,通过已知的 b_i 计算标准回归系数 B_i 和标准回归方程。

[解] 将式(4-21)至式(4-23)代入式(4-25)和式(4-26)得:

$$B_1 = b_1 \frac{S_1}{S_y} = 0.6771 \frac{\sqrt{\frac{L_{11}}{n-1}}}{\sqrt{\frac{L_{yy}}{n-1}}} = 0.6771 \sqrt{\frac{L_{11}}{L_{yy}}}$$

$$= 0.6771 \sqrt{\frac{134.95}{165.00}} = 0.6123$$

$$B_2 = b_2 \frac{S_2}{S_y} = 0.3934 \frac{\sqrt{\frac{L_{22}}{n-1}}}{\sqrt{\frac{L_{yy}}{n-1}}} = 0.3934 \sqrt{\frac{L_{22}}{L_{yy}}}$$

$$= 0.3934 \sqrt{\frac{59.20}{165.00}} = 0.2356$$

将 B_1 和 B_2 代入式(4-24),得标准回归方程

$$\hat{z}_y = B_1 z_1 + B_2 z_2 = 0.6123 z_2 + 0.2356 z_2 \qquad (4-27)$$

实际上,标准回归方程,并非一定要通过 b_i 获得,它还可以通过相关系数 r_{ij} 获得,B_i 和相关系数 r_{ij} 有如下的关系式

$$B_1 = \frac{r_{y1} - r_{y2} r_{12}}{1 - r_{12}^2} \qquad (4-28)$$

$$B_2 = \frac{r_{y2} - r_{y1} r_{12}}{1 - r_{12}^2} \qquad (4-29)$$

这是因为相关系数 r_{ij} 与式(4-11)、式(4-13)、式(4-14)有如下关系式

$$r_{1y} = \frac{\sum (y - \bar{y})(x_1 - \bar{x}_1)}{\sqrt{\sum (y - \bar{y})^2 \sum (x_1 - \bar{x}_1)^2}} = \frac{L_{1y}}{\sqrt{L_{yy} L_{11}}}$$

同理

$$r_{2y} = \frac{L_{2y}}{\sqrt{L_{yy} L_{22}}}$$

$$r_{12} = \frac{L_{12}}{\sqrt{L_{11} L_{22}}}$$

[例]4 接上,试用 r_{ij} 计算标准回归系数 B_i。

[解] 为此必须先算得 r_{ij}：

$$r_{1y} = \frac{100.50}{\sqrt{165.00 \times 134.95}} = \frac{100.50}{149.22} = 0.6735$$

$$r_{2y} = \frac{39.00}{\sqrt{165.00 \times 59.20}} = \frac{39.00}{98.83} = 0.3946$$

$$r_{12} = \frac{23.20}{\sqrt{134.95 \times 59.20}} = \frac{23.20}{89.37} = 0.2596$$

再代入式(4-28)和式(4-29)得

$$B_1 = \frac{0.6735 - (0.3946)(0.2596)}{1 - (0.2596)^2} = 0.6123$$

$$B_2 = \frac{0.3946 - (0.6735)(0.2596)}{1 - (0.2596)^2} = 0.2356$$

由此算得的标准回归系数 B_i 和[例]3 中通过 b_i 计算的结果是完全一样的。

需要强调的是，通过标准回归直线所得的结果 $\hat{z}_y$，仅是标准分，必须还原到原始分 $\hat{y}$ 才是预测所要的结果，这点和一元回归是一样的。

六、复判定系数 R^2[①]、复相关系数 R 和修正复相关系数 R_c

一元回归中曾介绍了相关系数 r 的平方 r^2，称判定系数，它具有 PRE 的性质，是配置回归线后预测的改善程度，也是配置回归直线效果的度量指标。对于多元回归方程，仍然是用 PRE 的方法来讨论配置回归直线的效果：

$$\text{PRE} = \frac{E_1 - E_2}{E_1} \tag{4-30}$$

其中 E_1 为未配置多元回归直线时预测的总误差，由于它的最佳预测是相对于 y 的均值 $\bar{y}$，所以是总偏差平方和 TSS：

$$E_1 = TSS = \sum (y_i - \bar{y})^2 \tag{4-31}$$

E_2 是当配置了回归线，通过预测，仍然存在的误差，称作剩余误差 RSS：

$$E_2 = RSS \tag{4-32}$$

RSS 和多元回归直线有如下关系式：

$$E_2 = RSS = \sum (y_i - \hat{y})^2 \tag{4-33}$$

两者的差值 TSS − RSS 就是配置了多元回归直线，预测改善掉的误差，或者说，

---

① 对多元回归中的复判定系数 R^2，也可简称判定系数。

第四章 多元回归

是多元回归直线解释掉的误差,它称作回归平方和 RSSR

$$RSSR = TSS - RSS \tag{4-34}$$

它和多元回归直线有如下关系式:

$$RSSR = \sum(\hat{y}_i - \bar{y})^2$$

RSSR 和回归系数 b_i 有如下关系式:

$$RSSR = b_1 L_{1y} + \cdots + b_k L_{ky} \tag{4-35}$$

对于二元回归方程有:

$$RSSR = b_1 L_{1y} + b_2 L_{2y} \tag{4-36}$$

可见,多元回归的复判定系数与一元回归具有相同的含义,有时也简称判定系数。由于多元回归的自变量不止一个,其回归直线是一组自变量解释的结果,所以复判定系数用大写 R 的平方 R^2 表示:

$$R^2 = \frac{RSSR}{TSS} = \frac{TSS - RSS}{TSS} = 1 - \frac{RSS}{TSS} \tag{4-37}$$

复判定系数的平方根称复相关系数 R:

$$R = \sqrt{R^2} \tag{4-38}$$

R 和简单相关系数 r 取值的区别是只取正值,$0 \leq R \leq 1$。当 $R = 1$ 时,表示配置的多元线性回归全部解释了预测的误差。当 $R = 0.5$ 时,并不表示它解释了预测误差的 50%,实际它只解释了 25%,只有当 R 的平方、判定系数 $R^2 = 0.5$ 时,它解释的预测误差才是 50%。

随着自变量增加,代入回归方程后,其结果总是使 RSS 减少(式(4-33))、R^2 增加,但增加的自变量有时会混有与因变量线性关系并不显著的情况。同时 R^2 是根据样本所得,它是样本的最佳拟合,但未必是总体的最佳拟合,因为调查的总数只是总体抽取到的一部分,抽取越少,差别越大。举一极端例子,如果样本中 $n=2$,其样本的拟合直线 r^2 可以达到 1,而对总体则并非最佳拟合。为了剔除这些情况,引入修正判定系数 R_c^2 和修正复相关系数 R_c,所谓修正,就是将公式(4-37)中的 TSS 用平均 $\overline{TSS}$ 取代:

$$\overline{TSS} = TSS / (n - 1) \tag{4-39}$$

将式(4-37)中的 RSS 用平均 $\overline{RSS}$ 取代:

$$\overline{RSS} = RSS / (n - k - 1) \tag{4-40}$$

平均 $\overline{RSS}$ 的开方,称估计的标准误差 Se:

$$S_e = \sqrt{\overline{RSS}} = \sqrt{\frac{RSS}{(n - k - 1)}} \tag{4-41}$$

修正判定系数

$$R_c^2 = 1 - \frac{\overline{RSS}}{\overline{TSS}} \tag{4-42}$$

将式(4-39)和式(4-40)代入式(4-42)得：

$$R_c^2 = R^2 - \frac{k}{n-k-1}(1-R^2) \tag{4-43}$$

因为：$1 - R^2 > 0$；$k/(n-k-1) > 0$，所以：$R_c^2 \leq R^2$。

实际上，它是用平均总误差取代 TSS，平均剩余平方和取代 RSS，这样的结果，对于将那些与 y 线性不显著的变量，引入方程后，虽然 R^2 增大，但增量有限，或 RSS 减量有限，但因分母中有 k 的存在，$n-k-1$ 也会减小，两者相除的结果，平均剩余平方和将不会减少，所以修正判定系数非但不会增大，一般反会减小。反之，对将与 y 线性显著的变量引入方程后，虽然 $n-k-1$ 也会减少，但 R^2 的增大或 RSS 的减小显著，因此平均剩余平方和显著减小，因此 R_c 会显著增大，所以在多元线性回归分析中，修正的 R_c^2 比 R^2 更能反映回归方程对样本数据的拟合。

此外，随着样本容量 n 的增加，自变量数目 k 对复判定系数的影响会减小：

当 $n \geq k$ 时，$n - k - 1 \approx n - 1$，$R_c^2 \approx R^2$，修正判定系数的平方根为修正复相关系数。

$$R_c = \sqrt{R_c^2} \tag{4-44}$$

[例]5 接[例]1题，计算回归方程的修正判定系数 R_c^2 和修正判定系数 R_c。

[解] 首先列出所有观测值 y、x_1 和 x_2 及其对应的回归值 $\hat{y}$ 以及 $y - \hat{y}$，如表4-2：

表 4-2

y	x_1	x_2	$\hat{y}$	$Y - \hat{y} = e$
2	2	4	3.0305	-1.0305
1	2	4	3.0305	-2.0305
1	1	4	2.3534	-1.3534
1	1	3	1.9600	-0.9600
5	3	6	4.4944	0.5056
4	4	6	5.1715	-1.1715
7	5	3	4.6684	2.3316
6	5	4	5.0618	0.9382

(续表)

y	x_1	x_2	$\hat{y}$	$Y-\hat{y}=e$
7	7	3	6.0226	0.9774
8	6	3	5.3455	2.6545
3	4	5	4.7781	-1.7781
3	3	5	4.1010	-1.1010
6	6	9	7.7059	-1.7059
6	6	8	7.3125	-1.3125
10	8	6	7.8799	2.1201
9	9	7	8.9504	0.0496
6	10	5	8.8407	-2.8407
6	9	5	8.1636	-2.1636
9	4	7	5.5649	3.4351
10	4	7	5.5649	4.4351

在此基础上,计算出剩余平方和 RSS,再使用[例]1已经计算出的结果 $L_{yy}=TSS$,最终得出 R^2:

$$RSS = \sum (y_i - \hat{y})^2 = \sum e^2 = 81.6091$$

$$TSS = \sum (y_i - \bar{y})^2 = 165.00$$

$$RSSR = TSS - RSS = 165.00 - 81.6091 = 83.39$$

所以

$$R^2 = \frac{RSSR}{TSS} = \frac{83.39}{165.00} = 0.505$$

这里的 R^2 表示,用二元回归阅读能力 x_1 和阅读兴趣 x_2 能解释掉50.5%阅读成绩的误差。$RSSR$ 的计算,并非一定要列表通过 RSS 求得,这里只是为了更好地了解它的意义。实际上通过式(4-36)中 b_1 和 b_2 的关系式,可直接求得。

根据[例]1的计算结果,本题中 $b_1=0.6771$;$b_2=0.3934$;$L_{1y}=100.5$;$L_{2y}=39.0$,代入式(4-36)得:

$$RSSR = b_1 L_{1y} + b_2 L_{2y} = 0.6771 \times 100.5 + 0.3934 \times 39.0 = 83.39$$

$$TSS = L_{yy} = 165.00$$

$$R^2 = RSSR/TSS = 83.39/165.00 = 0.505$$

可见,两种方法,计算结果是相同的。

代入式(4-42)修正判定系数

$$R_c^2 = 1 - \frac{\frac{RSS}{n-k-1}}{\frac{TSS}{n-1}} = 1 - \frac{(81.609)/(20-3)}{(165.00)/(20-1)}$$

$$= 1 - \frac{4.801}{8.684} = 0.447$$

可见,在样本容量不是足够大的情况下,修正判定系数是小于判定系数的。

归纳起来,R^2 和 R 有如下的表达方式和性质:

(1) 有时为了更好地表明是两个自变量的解释力,我们在 R^2 的下标上再标 $y \cdot 12$,成为 $R_{y \cdot 12}^2$,下标中分隔号左面是被解释的因变量 y,分隔号右面是解释的自变量 x_1 和 x_2。

依此类推,如果有三个自变量解释 y,则写作 $R_{y \cdot 123}^2$。

对于多元线性回归来说,判定系数 R^2 的下标,分隔号左边,永远只有一个被解释的因变量,而分隔号右边,则标明的是哪几个变量进行解释的,其个数至少在一个以上,如果只有一个,那就是一元回归,这时 $R^2 = r^2$。

(2) R^2 的取值范围在 $[0,1]$ 之间,类比于一元回归,R^2 的平方根为自变量和因变量的相关系数 r,对于多元回归,R^2 的平方根是总体自变量集和因变量的相关,称复相关,$R = +\sqrt{R^2}$。

(3) 随着自变量的增多,R^2 不会减小,只会增大,如果 R^2 不增大,则表示增加的自变量,无助于对因变量 y 的解释,也就是该变量对应的回归系数为0,但对于样本容量相对于自变量不足够大的情况,为了避免引入显著性不够或解释力不强的自变量,一般采用修正判定系数来讨论。

七、多元回归方程的检验

当多元回归方程的建立来自样本的观测值时,所建立的多元回归方程,必须进行统计检验,才能推论到总体。推论的原理与一元回归相同,但原假设和备择假设有如下形式:

$$H_0: \beta_1 = \beta_2 = \cdots = \beta_n = 0$$
$$H_1: 至少一个 \beta_i \neq 0$$

其检验公式为:

$$F = \frac{由回归直线解释掉的误差}{回归直线未能解释掉的误差}$$

$$= \frac{\sum(\hat{y}-\bar{y})^2/k}{\sum(y-\hat{y})^2/(n-k-1)} = \frac{RSSR/k}{RSS/(n-k-1)}$$

$$= \frac{R^2/k}{(1-R^2)/(n-k-1)} = \frac{R^2}{1-R^2} \cdot \frac{(n-k-1)}{k} \quad (4\text{-}45)$$

F 值的检验原理与单变量的假设检验相同,它表示在 H_0 成立的总体中,如果作无数次抽样,每次抽取 n 个,那么,式(4-45)将满足 F 分布。F 分布和正态分布的区别是,它是一组曲线,既和自变量数 k 有关,又和抽取的样本容量 n 有关,所以 F 值一般写作 $F(k_1, k_2)$。

k_1 称 F 分布的分子自由度,它等于自变量数目 $k_1 = k$。

k_2 称作 F 分布的分母自由度,它等于样本容量 n 减去 $(k+1)$,即 $k_2 = n - (k+1)$。

对于确定的 k_1 和 k_2,在显著性水平 α 一定的情况下,将得到确定的 F 临界值 $F_\alpha(k_1, k_2)$。

进一步用样本计算的 F 值与临界值 $F_\alpha(k_1, k_2)$ 进行比较:

当 $F > F_\alpha(k_1, k_2)$,则拒绝原假设,配置回归直线可以成立;

当 $F < F_\alpha(k_1, k_2)$,则接受原假设,没有充分理由配置回归直线。

实际上,由于计算机的进步,统计包会直接运算出样本 F 值对应的概率值,如果小于选定的显著性水平 α,配置的回归方程将有充分理由。

[例]6 接上题,试对所得回归方程进行检验。

[解] 根据上题有:$R^2 = 0.5054, n = 20, k$(自变量数目)$= 2$,代入式(4-43)得:

$$F = \frac{R^2(20-2-1)}{(1-R^2)2} = \frac{0.5054(17)}{(1-0.54)2} = 8.686$$

有了 F 值,进一步将 F 值与 F_α 进行比较。$F_{0.01}(2,17) = 6.11$[①],本题中的 $F > 6.11$,它表示以上配置的二元线性回归是有充分把握的($\alpha < 0.01$)。一般来说,由于统计包处理的结果,会给出 $F(2,17) = 8.686$ 所对应的概率值 p,只要该 p 值小于 0.05,就可以认为通过了检验。

F 分布表

八、回归系数的检验

多元回归方程的检验是对总体方程的检验,其中只要有一个以上的回归系

---

① 参见卢淑华编著:《社会统计学(第四版)》,第 491—499 页,附表 7。

数 β_i 不为零,回归方程就可以有显著性,但并不保证所有回归系数都不为零。为了对方程中的每一个 b_i 都确认其是有显著性的,还须逐个进行检验,回归系数检验和一般检验的思路是相同的。原假设 H_0 是总体的回归系数 β_i 为0,备择假设 H_1 是不为0:

$$H_0: \beta_i = 0$$
$$H_1: \beta_i \neq 0$$

检验公式是:

$$t_i = \frac{b_i}{S_{b_i}} \tag{4-46}$$

其中 S_{b_i} 是 b_i 的标准误,公式比较复杂,当自变量 $K=2$ 时:

$$S_{b_1}^2 = S_e^2 / [L_{11}(1 - r_{12}^2)]$$
$$S_{b_2}^2 = S_e^2 / [L_{22}(1 - r_{12}^2)]$$

其中 S_e^2 估计的标准误差

$$S_e = \sqrt{\frac{RSS}{(n-k-1)}}$$

[例]7 按[例]1 已知 $RSS = 81.6088$,$L_{11} = 134.95$,$L_{22} = 59.20$,$n = 20$,$K = 2$,$b_1 = 0.6671$,$b_2 = 0.3934$,$r_{12} = 0.2596$。

问:b_1,b_2 是否通过检验($\alpha < 0.05$)?

[解] $S_e^2 = RSS/(n-k-1) = 81.6088/(20-2-1) = 4.8005$

$S_{b_1}^2 = S_e^2 / [L_{11}(1 - r_{12}^2)]$

$\quad = 4.8005/[134.95(1 - 0.2596^2)] = 0.03814$

$S_{b_1} = 0.1953$

$S_{b_2}^2 = S_e^2 / [L_{22}(1 - r_{12}^2)]$

$\quad = 4.8005/[59.20(1 - 0.2596^2)] = 0.08695$

$S_{b_2} = 0.2949$

$\quad t_1 = b_1 / S_{b_2} = 0.6671/0.1953 = 3.47$

$\quad t_2 = b_2 / S_{b_2} = 0.3934/0.2949 = 1.33$

t 的分布比正态分布复杂,它不是一条曲线,而是一组曲线,每一曲线对应不同的参数,统计学上称作自由度。具体到回归系数中的 t 分布,对应的自由度是 $n-k-1$,例如上题中 $n=20$,$k=2$,则对应自由度为17的 t 分布曲线,如果 α

取值 0.05，$t_{0.05}(17) = 1.74$。① 当样本计算的 t 值，大于 $t_{0.05}$(17)，则拒绝 H_0，接受备择假设 H_1，反之，则接受原假设 H_0。本例中 $t_1 > 1.74$，所以 b_1 将通过检验，$t_2 < 1.74$，所以 b_2 则未能通过检验，即未能拒绝原假设 H_0。有关回归系数的检验，本章第三节还会介绍 F 值检验法，它和这里的 t 检验是等效的。

t 分布表

九、残差分析

前面介绍了有关回归方程及回归系数的检验，它的前提是，必须满足建立回归方程的假定，否则即便是通过了检验，所建方程也是错的。建立回归方程最基本的假定是模型是线性的，误差项 e_i 要满足独立、等方差、同正态分布式 (4-3)：

$$e_i \sim N(0, \sigma^2), \quad i = 1, 2, \cdots, n$$

那么，如何才能知道 e_i 满足假定的要求呢？

总体的误差项，通过式 (4-1)、式 (4-2) 可以写作：

$$Y - E(Y) = e$$

既然总体的回归方程 $E(Y)$，可以用样本的回归方程 $\hat{y}$(12-4) 来估计，那么总体误差 e 也可用样本的观测值 y 和样本 $\hat{y}$ 的残差：

$$y - \hat{y} = \hat{e}$$

来估计。当样本容量 n 足够大，残差 $\hat{e}$ 基本上反映了总体误差 e 的特性。

（一）残差散点图

残差散点图用来分析模型是否符合线性，误差的分布是否满足等方差。它以残差 $\hat{e}$ 为纵轴，估计值 $\hat{y}$ 为横轴，将回归方程所得的点 $n(\hat{y}_i、\hat{e}_i)$ 画在直角坐标系中（图 4-1）。

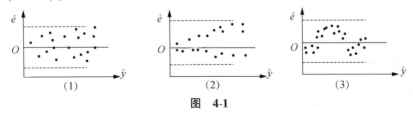

图 4-1

图 4-1 中，(1) 散点随机的分布在直线 $\hat{e}=0$ 的两旁，可以认为线性模型和等方差性基本是满足的。(2) 中随着 $\hat{y}$ 增大，$\hat{e}$ 分散性增大，因此不满足等方差性。

---

① 卢淑华编著：《社会统计学（第四版）》，第 486—487 页，附表 5。

(3)表示真实的模型可能不是线性的,或模型中遗漏了某些重要的自变量。

（二）残差直方图

残差直方图用来分析误差是否满足正态分布。它以残差 $\hat{e}$ 为纵轴,频次密度为横轴(图4-2),

图 4-2

通过直方图,可直观地看出,图4-2中的(1),残差基本满足正态分布,而(2)是不满足正态分布的。

（三）残差正态概率(rankit)图

残差正态概率图也用来分析误差是否满足正态分布。它以标准化残差 $\hat{e}'_i$ 为纵轴,对应的标准正态分位数为横轴,将点 $(\hat{e}'_i, Z_i)$ 依次画在直角坐标系中,如果残差满足正态分布,散布点将靠近在直线 $\hat{e}' = z$ 的两旁(图4-3)。

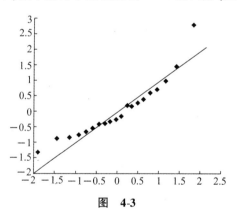

图 4-3

[例]8　根据20个观测值,求得回归方程后,计算出标准残差有:
-0.3101, -0.4377, 0.5379, -1.3285, 0.2236, 1.4054, 0.6514, -0.6840, -0.5830, -0.2013, -0.1459, -0.4179, 0.1082, -0.7789, -0.8809, 0.3319, -0.3634, 0.9215, -0.8646, 2.8162。

试用rankit图,分析误差是否满足正态分布?

[解]　(1)将标准残差依大小重排,见表4-3中顺序残差项:
$$\hat{e}'_1 \leqslant \hat{e}'_2 \leqslant \cdots \leqslant \hat{e}'_i \leqslant \cdots \leqslant \hat{e}'_{20}$$

第四章 多元回归

表 4-3

序号	顺序残差	分位数 Z_i	序号	顺序残差	分位数 Z_i
1	-1.3285	-1.87	11	-0.2013	0.06
2	-0.8809	-1.41	12	-0.1459	0.19
3	-0.8646	-1.13	13	0.1082	0.31
4	-0.7789	-0.92	14	0.2236	0.45
5	-0.6840	-0.75	15	0.3319	0.59
6	-0.5830	-0.59	16	0.5379	0.75
7	-0.4377	-0.45	17	0.6514	0.92
8	-0.4179	-0.31	18	0.9215	1.13
9	-0.3634	-0.19	19	1.4054	1.41
10	-0.3101	-0.06	20	2.8162	1.87

(2) 求对应 $\hat{e}'_i$ 的标准正态分位数 Z_i(期望值),Z_i 满足:

$$\phi(Z_i) = \int_{-\infty}^{Z_i} \frac{1}{\sqrt{2\pi}} e^{-\frac{t^2}{2}} dt = \frac{i - 0.375}{n + 0.25}$$

将 $n=20$ 代入上式,计算 $i=1,2,\cdots,20$ 对应 $\phi(Z_i)=\phi(Z_1),\phi(Z_2),\cdots,\phi(Z_{20})$,由 $\phi(Z_i)$ 再根据正态分布表[①]中查 $\phi(Z_i)$ 对应的 Z_i 值,见表 4-3 中正态分位数项。

标准正态分布表

例如:设 $i=17$,$\phi(Z_{17})=(17-0.375)/(20+0.25)=0.8210$,查正态分布表中概率值为 0.8210 对应的 Z 值,由于表中没有列到该概率,可利用插值法求得 $Z_{17}=0.92$。

(3) 将顺序残差项数值与对应的正态分位数项作图 4-3,可以看出大部分点都靠近直线的两旁,基本符合正态分布的要求。[②]

(四) 残差时序图

残差正态概率图也用来分析误差是否满足独立性。误差的独立性表示后一时刻误差的观测值与前一时刻出现的误差有关,例如,同一医生、同一难度的手术,后一次成功的概率就比前一次高,因为后一次的成功包含前一次的经验,因此残差是不独立的。为了分析总体数据是否满足独立性,可将误差按出现的时序排队 $y_t - \hat{y}_t = e_t$,做成残差时序图。

[①] 参见卢淑华编著:《社会统计学(第四版)》,第 485 页,附表 4。
[②] 柯惠新等编著:《调查研究中的统计分析法》,北京广播学院出版社 1992 年版,第 423 页;〔美〕约翰·内特:《应用线性回归模型》,第 123 页。

如果 e_t 随时间作规律的锯齿状变化,如图4-4所示,则具有负的序列相关性,称负自相关。

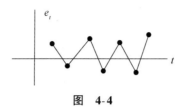

图 4-4

如果 e_t 长时间偏向某一方向,如图4-5所示,则 e_t 具有正的序列相关性,称正自相关。

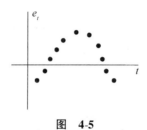

图 4-5

只有 e_t 随时间围绕零点频繁而又不规则地波动,才能说明变量 y 满足独立性要求。

除了作残差时序图外,还可只通过 e_t 和 e_{t-1} 的自相关系数 $\hat{\rho}$ 和 DW(Durbin-Watson)统计量来讨论:

$$\hat{\rho} = \frac{\sum e_t e_{t-1}}{\sqrt{\sum e_t^2} \sqrt{\sum e_{t-1}^2}}$$

$$DW = \frac{\sum_{t=2}^{n} (e_t - e_{t-1})^2}{\sum_{t=2}^{n} e_t^2}$$

自相关系数 $\hat{\rho}$、DW 统计量和自相关性见表4-4[①]:

[①] 薛薇编著:《统计分析与SPSS的应用(第二版)》,中国人民大学出版社2008年版,第292页;汪冬华:《多元统计分析与SPSS应用》,华东理工大学出版社2010年版,第133页。

第四章　多元回归

表4-4　$\hat{\rho}$、DW 和误差 $\hat{e}$ 的自相关性

$\hat{\rho}$	DW	误差 $\hat{e}$ 的自相关性
-1	4	完全负自相关
(-1,0)	(2,4)	负自相关
0	2	无自相关
(0,1)	(0,2)	正自相关
1	0	完全正自相关

以上讨论了通过各种残差图，可以发现总体是否满足线性回归方程的假定，当发现不能满足时，应修改模型。例如当发现不满足线性要求时，应将自变量改为其他形式，如多项式、指数、对数等，或增加可能遗漏的变量，或剔除异常观测值。当不满足等方差性时，可采用加权最小二乘法。如果残差时序存在自相关，说明回归方程选择不合适，或遗漏了一些重要的自变量。对于变量确因取值存在滞后性，可改用新的估计模型，如广义差分法。

第二节　偏　相　关

一、概念

第一章介绍的相关系数是描写两定距变量之间的线性相关程度，第三章多变量相关研究中，曾指出两变量之间的相关，往往会受到其他变量的影响，因此所表现的相关性有可能不真实，或被夸大或被缩小，因此必须要剔除其他变量的影响。而所谓偏相关，就是指剔除其他有关变量影响后，两变量所余下的净相关，又称偏相关。剔除的方法，正如第三章所指出的，是在其他有关变量控制不变的情况下，研究两变量之间的相关；而控制的方法，就是将控制变量进行分类，使分类的每一个分表中，控制变量值是相同的，或近似相同，分表中剩余相关值的加权平均就是最终形成的净相关值，或偏相关值。但回归分析中讨论的是定距型变量，对于定距变量特别是连续型变量，很难用离散式分类实现控制，本章将讨论定距变量偏相关的有关公式及计算方法。偏相关的概念，在社会学的研究中起着重要的作用，它是人们对社会现象由表及里、层层深入的研究工具。

二、偏相关公式

偏相关一般用小写的 r 表示,下标分两部分,用"·"分开,点的左侧是所研究变量之间的相关,永远只有两个,点的右侧是控制变量,其数目是可变的。值得提出的是本节在符号上,与全书有些不同,在其他章节里,都用 Y 表示因变量,X 表示自变量,本节为了讨论方便,突出变量间的相关性,不再分因变量和自变量,一律都写作 x_1、x_2、x_3……或简写成 1、2、3……

（一）零级相关

零级相关是指在没有控制变量情况下,x_1 和 x_2 的相关。没有控制变量指的是,它既可能是人们尚不知道也可能确实是真实不存在其他有关的变量,甚至可以是虽然知道但暂不讨论。

零级相关公式在讨论一元回归(第一章第四节)时已经给出

$$r_{x_1 x_2} = \frac{\sum (x_1 - \bar{x}_1)(x_2 - \bar{x}_2)}{\sqrt{\sum (x_1 - \bar{x}_1)^2 \sum (x_2 - \bar{x}_2)^2}} \tag{4-47}$$

简写作 $r_{x_1 x_2} = r_{12}$。

（二）一级偏相关

控制变量 x_3 只有一个,写作 $r_{x_1 x_2 \cdot x_3}$,简写作 $r_{12 \cdot 3}$。

一级偏相关与零级相关有如下的关系式：

$$r_{12 \cdot 3} = \frac{r_{12} - r_{13} r_{23}}{\sqrt{1 - r_{13}^2} \sqrt{1 - r_{23}^2}} \tag{4-48}$$

（三）二级偏相关

控制变量 x_3、x_4 共两个,写作 $r_{x_1 x_2 \cdot x_3 x_4}$,简写作 $r_{12 \cdot 34}$。

二级偏相关与一级偏相关有如下关系式：

$$r_{12 \cdot 34} = \frac{r_{12 \cdot 3} - r_{14 \cdot 3} r_{24 \cdot 3}}{\sqrt{1 - r_{14 \cdot 3}^2} \sqrt{1 - r_{24 \cdot 3}^2}} \tag{4-49}$$

（四）多级偏相关公式

通过一级偏相关和二级偏相关公式,可以发现,偏相关公式一般通过比其低一级的偏相关公式给出,一级偏相关公式通过零级相关公式给出,二级偏相关公式则通过一级偏相关公式给出,更高级的偏相关也是按比其低一级的偏相关给出,这里公式从略。

但要想得出高级的偏相关值,最终还得层层降级,直到退至零级相关才行,因为只有零级相关系数是通过测量值得出的。

[**例**]9 设零级相关有如下数据:

$$\begin{array}{c} & x_1 & x_2 & x_3 & x_4 \\ x_1 & 1 & & & \\ x_2 & 0.6735 & 1 & & \\ x_3 & 0.5320 & 0.1447 & 1 & \\ x_4 & 0.3475 & 0.3521 & 0.0225 & 1 \end{array}$$

求 $r_{12\cdot 34}$。

[**解**] 二级偏相关系数的公式(4-49):

$$r_{12\cdot 34} = \frac{r_{12\cdot 3} - r_{14\cdot 3} r_{24\cdot 3}}{\sqrt{1 - r_{14\cdot 3}^2} \sqrt{1 - r_{24\cdot 3}^2}}$$

为此必须先计算以下三个一级偏相关,根据式(4-46)有:

$$r_{12\cdot 3} = \frac{r_{12} - r_{13} r_{23}}{\sqrt{(1 - r_{13}^2)(1 - r_{23}^2)}} = \frac{0.6735 - 0.5320 \times 0.1447}{\sqrt{1 - 0.5320^2} \sqrt{1 - 0.1447^2}} = 0.7120$$

$$r_{14\cdot 3} = \frac{r_{14} - r_{13} r_{43}}{\sqrt{(1 - r_{13}^2)(1 - r_{3}^2)}} = 0.3964$$

$$r_{24\cdot 3} = \frac{r_{24} - r_{23} r_{43}}{\sqrt{(1 - r_{23}^2)(1 - r_{43}^2)}} = 0.3526$$

代入式(4-49)有:

$$r_{12\cdot 34} = \frac{0.7120 - 0.3964 \times 0.3526}{\sqrt{(1 - 0.3964^2)(1 - 0.3526^2)}} = 0.666$$

三、偏相关系数的解释[①]

(一)偏相关系数的含义

在第三章多元相关讨论中,曾介绍过偏相关或净相关的概念,它是通过控制变量不同取值,形成若干个分表,偏相关值是各分表相关值的加权平均。这对控制变量是定类变量或定序变量是适合的,因为它们的取值是离散的,但如

---

① E. J. Pedhazur, *Multiple Regression in Behavioral Research: Explanation and Prediction* (2nd Edition), New York: Holt, Rinehart and Winston, 1982, pp. 101—104;〔美〕布莱洛克:《社会统计学》,中国社会科学出版社1988年版,第449—452页及其1984年来华讲课。

果变量是连续变量,则无法用分类进行控制。同时,由于定距变量是有数量大小的,所以相关不仅讨论大小,还要讨论相关是否是线性相关。这里偏相关特指线性相关,这是与定类、定序变量相关值所不同的。

下面通过实例,将相关与回归结合起来,对偏相关含义进行解释。

[例]10 设 x_1, x_2, x_3 形成以下模式,如图4-6:

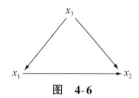

图 4-6

现在研究控制或扣除了 x_3 后, x_1 和 x_2 的相关 $r_{12 \cdot 3}$。

为此收集了5个数据见表4-5:

表 4-5

	x_1	x_2	x_3
	1	3	3
	2	1	2
	3	2	1
	4	4	4
	5	5	5
$\sum$	15	15	15
$\bar{x}$	3	3	3

首先来计算两两变量之间的相关,为此先计算出 L_{ij} 有:

$$L_{11} = \sum (x_1 - \bar{x}_1)^2 = 10$$

$$L_{22} = \sum (x_2 - \bar{x}_2)^2 = 10$$

$$L_{33} = \sum (x_3 - \bar{x}_3)^2 = 10$$

$$L_{12} = \sum (x_1 - \bar{x}_1)(x_2 - \bar{x}_2) = 7$$

$$L_{13} = \sum (x_1 - \bar{x}_1)(x_2 - \bar{x}_2) = 6$$

$$L_{23} = \sum (x_2 - \bar{x}_2)(x_3 - \bar{x}_3) = 9$$

r_{ij} 有:

第四章 多元回归

$$r_{12} = \frac{L_{12}}{\sqrt{L_{11}L_{22}}} = \frac{7}{\sqrt{10 \times 10}} = 0.7$$

$$r_{23} = \frac{L_{23}}{\sqrt{L_{22}L_{33}}} = \frac{9}{\sqrt{10 \times 10}} = 0.9$$

$$r_{13} = \frac{L_{13}}{\sqrt{L_{11}L_{33}}} = \frac{6}{\sqrt{10 \times 10}} = 0.6$$

可见,x_3 对 x_1 和 x_2 都有影响,它们的相关系数分别为 0.6 和 0.9,因此 x_1 和 x_2 之间的相关 $r_{12}=0.7$,必然还包括一部分由于共因 x_3 所造成的虚假相关,而偏相关 $r_{12\cdot 3}$ 就是要在扣除共因 x_3 的影响后,讨论 x_1 和 x_2 之间的净相关。为此分别做 x_1 对 x_3 的回归和 x_2 对 x_3 的回归,看看扣除了回归预测值之后的相关,先求 x_1 对 x_3 的回归为:

$$\hat{x}_1 = a_1 + b_1 x_3$$

$$b_1 = \frac{L_{13}}{L_{11}} = \frac{6}{10} = 0.6$$

$$a_1 = \bar{x}_3 - b_1 \bar{x}_1 = 3 - 0.6x_3 = 1.2$$

$$\hat{x}_1 = 1.2 + 0.6x_3$$

下面通过图 4-7 给出的 5 个观测中,不同 x_3 值对应的观测值 x_1,和通过 x_3 预测到的 $\hat{x}_1$:

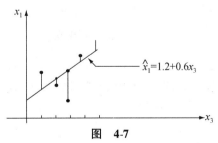

图 4-7

根据表 4-6 计算出差值 $e_1 = x_1 - \hat{x}_1$:

表 4-6

x_3	x_1	$\hat{x}_1$	$e_1 = x_1 - \hat{x}_1$
3	1	3	−2.0
2	2	2.4	−0.4

(续表)

x_3	x_1	$\hat{x}_1$	$e_1 = x_1 - \hat{x}_1$
1	3	1.8	1.2
4	4	3.6	0.4
5	5	4.2	0.8
$\sum$ 15	15		0

下面来计算 x_3 和 e_1 的相关:

$$r_{x_3 e_1} = \frac{L_{3e_1}}{\sqrt{L_{33} L_{e_1}}}$$

$$L_{3e_1} = \sum (x_3 - \bar{x}_3)(e_1 - 0) = 0$$

$$r_{x_3 e_1} = 0$$

结果表明,虽然 x_3 和 x_1 之间存在相关 $r_{13} = 0.6$,但 x_3 和 e_1 的相关为零,这也是预料之中的,因为 e_1 是通过回归线被 x_3 解释掉后 x_1 剩下的部分,也就是 x_3 解释不掉的部分,显然它和 x_3 之间的相关必然为零。

同理,x_2 对 x_3 的回归为:

$$\hat{x}_2 = a_2 + b_2 x_3$$

$$b_2 = \frac{L_{23}}{L_{22}} = \frac{9}{10} = 0.9$$

$$a_2 = \bar{x}_3 - b_2 \bar{x}_2 = 3 - 0.9 x_3 = 0.3$$

$$\hat{x}_2 = 0.3 + 0.9 x_3$$

通过图 4-8 给出 5 个观测中,不同 x_3 值对应的观测值 x_2,和通过 x_3 预测到的 $\hat{x}_2$:

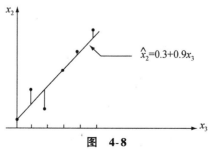

图 4-8

第四章 多元回归

根据表 4-7 计算出差值 $e_2 = x_2 - \hat{x}_2$：

表 4-7

x_3	x_2	$\hat{x}_2$	$e_2 = x_2 - \hat{x}_2$
	3	3	0
	2	2.1	-1.1
	1	1.2	0.8
	4	3.9	0.1
	5	4.8	0.2
$\sum$	15	15	0

下面来计算 x_3 和 e_2 的相关：

$$L_{3e_2} = \frac{L_{3e_2}}{\sqrt{L_{33}Le_2}}$$

$$L_{3e_2} = \sum (x_3 - \bar{x}_3)(e_2 - 0) = 0$$

$$r_{x_3 e_2} = 0$$

结果同样表明，虽然 x_3 和 x_2 之间存在相关 $r_{23} = 0.9$，但 x_3 和 e_2 的相关为零，这也是预料之中的，因为 e_2 是通过回归线被 x_3 解释掉后 x_2 剩下的部分，也就是 x_3 解释不掉的部分，显然它和 x_3 之间的相关必然为零。

但 e_1 和 e_2 的相关，正是扣除了 x_3 后，x_1 和 x_2 后的净相关，因为 e_1 是 x_3 对 x_1 未解释掉的部分，其中必然包含 x_2 的因素，同样 e_2 是 x_3 对 x_2 未解释掉的部分，其中必然包含 x_1 的因素，所以 e_1 和 e_2 的相关，正是偏相关 $r_{12\cdot3}$：

$$r_{12\cdot 3} = r_{e_1 e_2} \tag{4-50}$$

表 4-8 是用 e_1 和 e_2 来计算 $r_{12\cdot 3}$。

表 4-8

x_3	$e_1 = x_1 - \hat{x}_1$	$e_2 = x_2 - \hat{x}_2$	$e_1 e_2$
3	-2	0	0
2	-0.4	-1.1	0.44
1	1.2	0.8	0.96
4	0.4	0.1	0.04
5	0.8	0.2	0.16
$\sum$ 15	0	0	1.6

$$L_{e_1e_2} = \sum (e_1 - 0)(e_2 - 0) = 1.6$$

$$L_{e_1e_1} = \sum (e_1 - 0)^2 = 6.4$$

$$L_{e_2e_2} = \sum (e_2 - 0)^2 = 1.9$$

$$r_{e_1e_2} = \frac{L_{e_1e_2}}{\sqrt{L_{e_1e_1} L_{e_2e_2}}} = \frac{1.6}{\sqrt{6.4 \times 1.9}} = 0.46$$

代入式(4-50)得：

$$r_{12 \cdot 3} = r_{e_1e_2} = 0.46$$

为了对照，不妨用式(4-48)给出的偏相关式

$$r_{12 \cdot 3} = \frac{r_{12} - r_{13}r_{23}}{\sqrt{1 - r_{13}^2}\sqrt{1 - r_{23}^2}} \tag{4-51}$$

来计算，为此将零级相关的诸值，代入式(4-51)：

$$r_{12} = 0.7, \quad r_{13} = 0.6, \quad r_{23} = 0.9$$

$$r_{12 \cdot 3} = \frac{0.7 - 0.6 \times 0.9}{\sqrt{1 - (0.6)^2}\sqrt{1 - (0.9)^2}} = \frac{0.16}{0.3487} = 0.46$$

可见 $e_1 e_2$ 的相关，正是扣除了 x_3 之后的偏相关 $r_{12 \cdot 3}$（式4-50），它与用零级相关表达的偏相关公式(4-48)计算的结果完全相同。

有了一级偏相关的理解，不难推广到有两个控制变量 x_3 和 x_4 的二级偏相关 $r_{12 \cdot 34}$ 的计算方法：

(1) 先讨论 x_3、x_4 对 x_1 的回归直线：

$$\hat{x}_1 = a + b_1 x_3 + b_2 x_4$$

误差有：

$$e_1 = x_1 - \hat{x}_1$$

(2) 再讨论 x_3、x_4 对 x_2 的回归直线：

$$\hat{x}_2 = a' + b_1' x_3 + b_2' x_4$$

误差有：

$$e_2 = x_2 - \hat{x}_2$$

(3) e_1 和 e_2 的相关就控制了变量 x_3 和 x_4 之后，x_1 和 x_2 之间偏相关：

$$r_{e_1e_2} = r_{12 \cdot 34}$$

这是因为 e_1 是扣除了 x_3、x_4 对 x_1 的影响后，剩下的是 x_2 与其他未及的因素，而

e_2 是扣除了 x_3、x_4 对 x_2 的影响后,剩下的是 x_1 与其他未及的因素,而 e_1 和 e_2 的相关,正是 x_1 和 x_2 之间都扣除了 x_3、x_4 影响后的相关。

(二)偏相关系数的性质

(1)偏相关系数的取值范围在 $[-1,+1]$ 之间:

当 $r_{12.3}>0$,表示在 x_3 控制的情况下,x_1 和 x_2 呈正相关;

当 $r_{12.3}<0$,表示在 x_3 控制的情况下,x_1 和 x_2 呈负相关;

当 $r_{12.3}=0$,表示 x_1 和 x_2 原有的相关是虚假相关,或在 x_3 控制情况下,x_1 和 x_2 是非线性相关。

(2)偏相关的平方 $r_{12.3}^2$ 具有 PRE 性质,它表示在 x_3 控制的情况下,x_1 可以独立解释 x_2 的误差比例。

(3)在 x_3 控制情况下,虽然 x_1 和 x_2 有相关,但如果是非线性的,则 $r_{12.3}$ 仍然为零,这点和定类、定序所计算的偏相关是不同的。

(4)若 $r_{12.3}$ 是抽样数据,则必须进行统计检验。

四、偏相关系数的检验

为了给出偏相关系数的检验公式,不妨回顾一下回归和相关系数检验的一般原则,它实际是用解释掉的平均误差与剩余平均误差进行比较,当解释掉的平均误差远比剩余平均误差要大,其数值大到由随机误差所形成几乎是不可能的,那我们就确认其存在了,具体公式是:

$$F = \frac{对总体解释掉的平均误差}{对总体未能解释的平均剩余误差}$$

现以 $r_{12.3}$ 为例,进行解释。

(1)先用 x_3 对 x_1 进行解释,x_3 解释掉的误差可通过 r_{13}^2 求得:

$$r_{13}^2 = \frac{TSS - RSS}{TSS} = \frac{x_3 解释掉的误差}{TSS}$$

$$TSS = \sum (x_1 - \bar{x}_1)^2$$

$$RSS = \sum (x_1 - \hat{x}_1)^2$$

x_3 解释掉的误差 $= r_{13}^2 TSS$

x_3 未解释掉的误差 $= (1 - r_{13}^2) TSS$

(2)x_3 未解释掉的误差,进一步由 x_2 进行解释:

这里和(1)的差别,是在 x_3 已解释的基础上进行的,因此 x_3 未解释掉的误

差,将是 x_2 进行解释的总误差 TSS':

$$TSS' = (1 - r_{13}^2)TSS$$

$r_{12\cdot3}^2$ 也具有 PRE 性质,是被 x_2 解释掉的误差在总误差 TSS' 中的比例,因此有:

$$x_2 \text{ 解释掉的误差} = r_{12\cdot3}^2 TSS'$$

$$x_2 \text{ 未解释掉的误差} = (1 - r_{12\cdot3}^2)TSS'$$

(3)根据检验公式,F 值须计算出平均误差,它是误差除以自由度所得的平均平方和,以下是偏相关系数检验公式导出的过程表4-9:

表4-9 偏相关系数检验表

	平方和	自由度	方差估计量（平均平方和）	F
总平方和	$TSS = \sum(x_1 - \bar{x}_1)^2$	$(n-1)$		
x_3 解释掉的误差	$r_{13}^2 TSS$	1		
x_3 未解释掉的误差	$TSS' = (1 - r_{13}^2)TSS$	$(n-2)$		
TSS' 再由 x_2 进行解释	$r_{12\cdot3}^2 TSS'$	1	$r_{12\cdot3}^2 TSS'$	$\dfrac{r_{12\cdot3}^2(n-2-1)}{(1-r_{12\cdot3}^2)}$
x_2 未解释掉的误差	$(1-r_{12\cdot3}^2)TSS'$	$(n-2)-1$	$\dfrac{(1-r_{12\cdot3}^2)TSS'}{[(n-2)-1]}$	

x_2 解释的误差 $r_{12\cdot3}^2 TSS'$ 与 x_2 未解释掉误差 $(1-r_{12\cdot3}^2)TSS$ 之比,即为 F 值:

$$F = \frac{r_{12\cdot3}^2}{(1 - r_{12\cdot3}^2)}(n-2-1) \sim F(1, n-2-1) \quad (4-52)$$

根据以上分析,如果是两个控制变量,则 $r_{12\cdot34}$ 的检验公式应该有:

$$F = \frac{r_{12\cdot34}^2}{(1 - r_{12\cdot34}^2)}(n-2-2) \sim F(1, n-2-2) \quad (4-53)$$

[例]11 根据抽样结果,$r_{12\cdot3} = -0.47$,$n = 29$,问:是否可推论到总体($\alpha = 0.05$)?

[解] $H_0: \varphi_{12\cdot3} = 0$(总体偏相关系数为0)

$$H_1: \varphi_{12\cdot3} \neq 0$$

将 $r_{12\cdot3}$、n 值代入式(4-53),有:

第四章 多元回归

$$F = \frac{r_{12\cdot 3}^2}{(1-r_{12\cdot 3}^2)}(n-2-1) = \frac{(-0.47)^2}{[1-(-0.472)^2]}(29-2-1) = 7.37$$

查 F 分布表有:$F_{0.05}(1,29-2-1) = 4.27$[①],因为 $F > F_{0.05}(1,29-2-1)$,所以,拒绝原假设,$r_{12\cdot 3}$ 可以推论到总体。

F 分布表

五、控制变量讨论[②]

通过本节三中的对偏相关系数的推导,可以看出,控制变量是作为自变量同时作用在 x_1 和 x_2 的情况,下面来讨论,如果不满足同时作用的条件,将会有怎样的结果。首先讨论,如果控制变量只作用在一个变量会出现什么情况。

(1) 对比图 4-6,控制变量仅作用在因变量 x_2 上,如图 4-9:

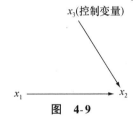

图 4-9

这时 $r_{13} = 0$,代入式(4-48)有:

$$r_{12\cdot 3} = \frac{r_{12} - r_{13}r_{23}}{\sqrt{(1-r_{13}^2)(1-r_{23}^2)}} = \frac{r_{12}}{\sqrt{1-r_{23}^2}}$$

由于 $r_{23}^2 < 1$,所以 $r_{12\cdot 3} > r_{12}$。它表示,当研究自变量 x_1 对因变量 x_2 作用时,如果 x_3 仅作用在因变量上,可以把 x_3 等同于作用在 x_2 上的其他未被研究的因素,如果 x_3 得到了控制,必然减少因变量 x_2 的分散程度,因此 x_1 和 x_2 的偏相关增加了。

由此可以推论,如果作用在因变量 x_2 上的变量,除了 x_3,还有 $x_4, x_5 \cdots$ 则这些因素控制得越多,x_1 和 x_2 的偏相关越强。

反之,如果控制了 x_3,但 x_3 和 x_2 并无关系,也就是 r_{23} 实际为零,则有 $r_{13} = 0$,$r_{23} = 0$,代入式(4-48)有:

$$r_{12\cdot 3} = \frac{r_{12} - r_{13}r_{23}}{\sqrt{(1-r_{13}^2)(1-r_{23}^2)}} = r_{12}$$

---

① 卢淑华编著:《社会统计学(第四版)》,第491—499页,附表7。
② 〔美〕布莱洛克:《社会统计学》,第464—473页;及布莱洛克1984年来华讲课内容。

它表示,如果控制了对因变量 x_2 无关的变量,x_1 和 x_2 之间的相关是不变的,只有当控制变量确与 x_2 有关时,x_1 和 x_2 之间的偏相关才有增强的效果。这点无形中可以成为检验 x_3 是否确与因变量有关的工具。

那么,回归系数 b 又有什么变化呢?①

$$b_{21 \cdot 3} = \frac{b_{21} - b_{23}b_{31}}{1 - b_{13}b_{31}} \tag{4-54}$$

由于 $r_{13} = 0$,所以 $b_{13} = b_{31} = 0$,因此有:

$$b_{21 \cdot 3} = b_{21}$$

这也是预料之中的,如果 x_3 仅作用在因变量上,和 x_1 确实无关的话,则 x_3 控制后,x_1 对 x_2 的回归系数(斜率)是不变的,因此是无偏的。但 x_3 控制后,由于标准差减小了,b 的估计值比过去更精确了。

(2)对比图 4-6,现在控制变量仅作用在自变量 x_1 上,如图 4-10:

图 4-10

这时如果顺着箭头看,x_3 成了起点,x_1 成了中介变量,x_3 对因变量 x_2 的作用,是通过 x_1 完成的,根据逻辑推理,x_1 一旦被控制,切断了 x_3 到 x_1 传递的通路,x_3 和 x_2 将不复有相关性,即 $r_{23 \cdot 1} = 0$。

$$r_{23 \cdot 1} = \frac{r_{23} - r_{21}r_{31}}{\sqrt{(1 - r_{21}^2)(1 - r_{31}^2)}} = 0$$

进一步由此得出 r_{23} 和 r_{12}、r_{31} 的关系。

$$r_{23} = r_{21}r_{31} = r_{31}r_{12} \tag{4-55}$$

$$b_{23} = b_{21}b_{13} \tag{4-56}$$

它表示,如果始末两端的变量,是由中间变量逐级串接传递的,则始末两端变量的相关系数,将是各级相关系数的乘积;同样,始末两端变量的回归系数,将是各级回归系数的乘积,由于相关系数的绝对值不会大于1,联乘的结果总是相关

---

① 〔美〕布莱洛克:《社会统计学》,第474页;及布莱洛克1984年来华讲课内容。

性越来越弱。这也是为什么几代前的人对后人的直接影响可以忽略不计的缘故。

进一步将式(4-55)代入式(4-48)有：

$$r_{12\cdot 3} = \frac{r_{12} - r_{13}r_{23}}{\sqrt{(1-r_{13}^2)(1-r_{23}^2)}} = \frac{r_{12} - r_{13}r_{31}r_{12}}{\sqrt{(1-r_{13}^2)(1-r_{23}^2)}}$$

$$= \frac{r_{12}(1-r_{13}^2)}{\sqrt{(1-r_{13}^2)(1-r_{23}^2)}} = r_{12}\sqrt{\frac{(1-r_{13}^2)}{(1-r_{23}^2)}}$$

现在来比较根号中的分子和分母部分，r_{23} 的因果链比 r_{13} 长，因此有：

$$r_{23} < r_{13}$$

因而有

$$(1-r_{23}^2) > (1-r_{13}^2)$$

由于根号值小于1，所以

$$r_{12\cdot 3} < r_{12}$$

这样的结果，也是预料之中的，因为当 x_3 作用在自变量 x_1 上，相当于控制了 x_1 的误差，x_1 的变化范围将从 Δx 缩小至 $\Delta x'$（图4-11），相关系数将减小。①

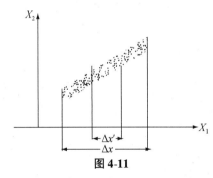

图 4-11

那么，回归系数 b 又有什么变化呢？将式(4-56)

$$b_{23} = b_{21}b_{13}$$

代入式(4-54)：

---

① 卢淑华编著：《社会统计学(第四版)》，第361页；[美]布莱洛克：《社会统计学》，第474页，及其1984年来华讲课内容。

$$b_{21 \cdot 3} = \frac{b_{21} - b_{23}b_{31}}{1 - b_{13}b_{31}}$$

得:

$$b_{21 \cdot 3} = \frac{b_{21} - b_{23}b_{31}}{1 - b_{13}b_{31}} = b_{21}$$

这也是预料之中的,当 x_3 仅作用在自变量 x_1 上,和 x_2 确实无关的话,则 x_3 控制后,x_1 对 x_2 的回归系数(斜率)是不变的,因此是无偏的。但 x_3 控制后,由于标准差增加了,b 的估计值精确度减小了,这是和(1)中的情况,x_3 作用在因变量 x_2 不同的。

(3)对比图 4-6,控制变量不仅只作用在因变量上,且箭头相反,成了因变量 X_2 的果,如图 4-12:

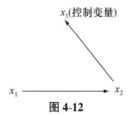

图 4-12

根据图 4-12,从 x_1 至 x_3 形成串接传递的因果链,因此有:

$$r_{13} = r_{12}r_{23} \tag{4-57}$$

将式(4-57)代入式(4-48)得:

$$r_{12 \cdot 3} = \frac{r_{12} - r_{13}r_{23}}{\sqrt{(1 - r_{13}^2)(1 - r_{23}^2)}} = \frac{r_{12} - r_{12}r_{23}r_{23}}{\sqrt{(1 - r_{13}^2)(1 - r_{23}^2)}}$$

$$= \frac{r_{12}(1 - r_{23}^2)}{\sqrt{(1 - r_{13}^2)(1 - r_{23}^2)}} = r_{12}\sqrt{\frac{1 - r_{23}^2}{1 - r_{13}^2}}$$

由于 r_{13} 的因果链比 r_{23} 长,因此有:

$$r_{13} < r_{23}$$

因而有:

$$(1 - r_{13}^2) > (1 - r_{23}^2)$$

由于根号值小于 1,所以:

$$r_{12 \cdot 3} < r_{12}$$

这样的结果,表示控制了果之果,前面的相关减少了,可以说,这是不可思议的。事实上,如果因果链确如图 4-12 所示,那么这样的控制就是没道理的,很难想象,控制了后面的变量,再来看对前面已经发生的事情有什么影响。

(4) 对比图4-6,控制变量虽然同时作用在 x_1 和 x_2 上,但箭头相反,控制变量同时是 x_1 和 x_2 的果,如图4-13:

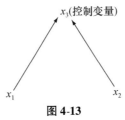

图 4-13

对于图4-13,不妨用一个数字例子来看它的结果。

[例]12 设 x_1 和 x_2 之间本无相关,$r_{12}=0$,但 x_1 和 x_2 都是导致 x_3 的因,它们的相关系数分别为 $r_{13}=0.8$,$r_{23}=0.5$,现在看 x_3 控制后,x_1 和 x_2 的偏相关 $r_{12\cdot 3}$ 是多少。

[解] 将 r_{12}、r_{13}、r_{23} 值代入式(4-48)有:

$$r_{12\cdot 3} = \frac{r_{12} - r_{13} r_{23}}{\sqrt{(1 - r_{13}^2)(1 - r_{23}^2)}} = \frac{0 - 0.8 \times 0.5}{\sqrt{(1 - 0.8^2)(1 - 0.5^2)}} \quad (4\text{-}58)$$

$$= \frac{-0.4}{0.5196} = -0.77$$

式(4-58)给出了一个十分荒唐的结果:一个本无相关的两个变量,由于控制它们所导致的共果,呈现了强的负相关,这是不可思议的。

通过本节对控制变量的讨论,可以看出,控制变量只能作为"因"的变量,对其他变量进行控制,因此控制变量的箭头总是指向其他变量,而不是其他变量指向控制变量,否则将出现无法理解的结果。

这个结论对实际工作很有意义,例如在社会研究中,要特别留心用以分层的变量,不能用"果"变量进行分类。例如研究婚姻美满问题,选取100对婚姻美满的夫妻和100对婚姻不美满的夫妻;又如研究长寿问题,选取100名健康老人和100名病魔缠身的老人。结果答案往往五花八门,既可能有所遗漏,也可能夸大某些因素,这些都是因为,为之分类的变量,都是既成事实的结果变量,而控制了结果变量,反过来进行回溯式探讨产生的原因,显然是不科学的。

(5) 对中介变量的解释。

对于控制变量只能是因,不能是果的结论,在上述讨论的模式中,应该说中介变量是有悖于此的。

图 4-14

图 4-14 中,中介变量 x_3 对 x_2 是因,满足本节第三部分中对偏相关的解释。它通过 x_3 对 x_2 的回归线,计算出的残差 $x_2 - \hat{x}_2$,将是除 x_3 外,包含 x_1 所有因素的总和。但对 x_1 来说,中介变量 x_3 则成了它的果,很难想象,如何做到控制 x_3,让 x_3 为常数而 x_1 仍然变化？当 x_3 是 x_1 的某种结果,而又让 x_3 产生 x_1 的变化,再求其残差 $x_1 - \hat{x}_1$ 是说不通的。这只能说明,如果真实的因果链确如图 4-14 所示,即没有 x_3,x_1 和 x_2 将没有任何因果联系,那么我们只能承认 $r_{12 \cdot 3} = 0$,这里不能用统计公式的要求取代对客观现象的认识。同样,由此产生的,当 $r_{12 \cdot 3} = 0$ 的情况下,如何判定是属于图 4-14 抑或图 4-15,更是需要依靠理论与对客观现象的认识。

图 4-15

(6) 偏相关与因果解释①。

根据以上(一)至(五)中对偏相关的讨论,可以发现,如果两个变量之间不存在直接的相关,那么控制了作为"因"的前置变量或作为"传递"的中介变量,其相应的偏相关系数应该为零。利用偏相关的这一性质,可以作为假设模型的一种验证方法。其前提或假定必须是变量间是单向的因果传递和因变量不能是控制变量。

---

① 〔美〕布莱洛克:《社会统计学》,第 464—473 页,及其 1984 年来华讲课内容。

[**例**]13　设因果模型如图 4-16：

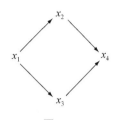

图 4-16

问：应有哪些偏相关为零？

[**解**]　本题共有 4 个变量，因此可能的变量间零级相关应有 $C_4^2 = 6$ 个，现在只有 4 个，缺少 2 个直接的相关：r_{14} 和 r_{23}，应该增加 2 个控制变量所形成的偏相关，增加的原则是，控制变量必须是直接相关变量的前置或中介变量，不能是因变量，于是有：

$$r_{14 \cdot 23} = 0; \quad r_{23 \cdot 1} = 0$$

[**例**]14　设因果模型如图 4-17：

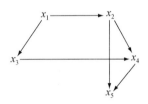

图 4-17

问：应有哪些偏相关为零？

[**解**]　本题共有 5 个变量，因此可能的变量间零级相关应有 $C_5^2 = 10$ 个，现在只有 6 个，缺少 4 个直接的相关：r_{23}、r_{14}、r_{15} 和 r_{35}，应该增加 4 个控制变量所形成的偏相关，增加的原则是，控制变量必须是直接相关变量的前置或中介变量，不能是因变量，例如 x_2 和 x_3 之间的偏相关只能取 x_1，x_1 和 x_4 之间的偏相关可以增加到 2 个：x_2，x_3，于是根据所缺的 4 个直接的相关：r_{23}、r_{14}、r_{15} 和 r_{35}，有以下 4 个偏相关为零：

$$r_{23 \cdot 1} = 0, \quad r_{14 \cdot 23} = 0, \quad r_{15 \cdot 234} = 0, \quad r_{35 \cdot 124} = 0$$

虽然这样的写法是稳妥的，但结合实际的图形，往往可以简化，例如对 $r_{15 \cdot 234}$ 来说，从 x_1 通向 x_5 共有 3 条通路：

(1) $x_1 \to x_2 \to x_4 \to x_5$
(2) $x_1 \to x_2 \to x_5$
(3) $x_1 \to x_3 \to x_4 \to x_5$

其中(1)和(2)共用x_2,而(1)和(3)共用x_4,如果切断了x_2、x_4 或x_2、x_3,则x_1到x_5的通路完全被切断,所以$r_{15\cdot 234}=0$,可简化为:

$$r_{15\cdot 24} = 0 \quad \text{或} \quad r_{15\cdot 23} = 0$$

同理,对于$r_{35\cdot 124}=0$来说,由于x_1使x_2和x_3形成虚假相关,所以要切断源点x_1,或切断形成x_2和x_3虚假相关的一边x_2,于是$r_{35\cdot 124}=0$,可简化为:

$$r_{35\cdot 14} = 0 \text{ 或 } r_{35\cdot 24} = 0$$

[例]15 设因果模型如图4-18:

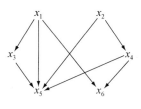

图 4-18

问:应有哪些偏相关为零?

[解] 本题共有6个变量,因此可能的变量间零级相关应有$C_6^2=15$个,现在只有8个,缺少7个直接的相关,相应增加7个控制变量所形成的偏相关,增加的原则仍然是,控制变量必须是直接相关变量的前置或中介变量,不能是因变量。为了无遗漏地找全所缺的相关,不妨列出6个变量所能形成的全部零级相关表,并对照图4-18,凡是不存零级相关的,都加框出来,如图4-19:

| $\boxed{r_{12}}$ | $\boxed{r_{23}}$ | $\boxed{r_{34}}$ | r_{45} | $\boxed{r_{56}}$ |

r_{13} $\quad r_{24}$ $\quad r_{35}$ $\quad r_{46}$

$\boxed{r_{14}}$ $\quad r_{25}$ $\quad \boxed{r_{36}}$

r_{15} $\quad \boxed{r_{26}}$

r_{16}

图 4-19

同样根据前面的理由,当两个变量之间不存在直接的相关,那么控制前置

第四章 多元回归

变量或作为"传递"的中介变量,其相应的偏相关系数应该为零,即

$$r_{12} = 0$$

$$r_{14\cdot 23} = 0$$

$$r_{23\cdot 1} = 0$$

$$r_{26\cdot 1345} = 0$$

$$r_{34\cdot 12} = 0$$

$$r_{36\cdot 1245} = 0$$

$$r_{56\cdot 1234} = 0$$

以上7个为零的偏相关,其控制变量还可以根据实际图形作相应的删减,但全部保留也绝不会有错。如果调查数据支持了以上的偏相关为零,则对理论所设计的因果图形(图4-19)就更有信心了,但一般情况下,可能是部分正确,这时需要对因果图形做适当修改,直至理论与实践(数据)趋向吻合。①

六、测量误差对偏相关系数的影响②

社会科学比之自然科学的测量,可靠性要差得多,自然科学测量的误差在可控的水平下可忽略不计,但社会科学则不然,测量的误差既可来源于概念本身替代物的设计,也可是被测对象主观或客观的偏差,一般可靠性只有0.7—0.8,其结果对零级相关的影响,还比较单纯,它只是将真实的相关低估了,但对偏相关的影响则复杂得多,下面通过实例来讨论。

(1)设 x_1 和 x_2 之间真实的相关系数为 r_{12}^*,由于 x_1 和 x_2 测量有误差,实测的相关系数为 r_{12},两者的关系有

$$r_{12}^* = \frac{r_{12}}{\sqrt{r_{11}}\sqrt{r_{22}}} \tag{4-59}$$

其中 r_{11} 表示 x_1 测量的可靠性,r_{22} 表示 x_2 测量的可靠性,当 x_1、x_2 测量可靠、无误差时,$r_{11} = r_{22} = 1$,于是有

$$r_{12}^* = r_{12}$$

一般情况下,

$$r_{11} < 1, \quad r_{22} < 1$$

---

① 这里的内容,在第十一章第一节"路径分析"中,对相关系数将有进一步的分解。
② E. J. Pedhazur, *Multiple Regression in Behavioral Research: Explanation and Prediction* (2nd Edition), pp.112—114.

所以有
$$r_{12}^* > r_{12}$$
也就是说,对零级相关来说,由于测量误差的存在,使真实的相关低估了。

(2) 对偏相关而言,由于涉及 3 个变量,首先讨论只有控制变量测量有误差,再讨论 3 个变量测量都有误差。

由于控制变量 x_3 最为重要,所以先讨论 x_3 测量有误差的情况,当 $r_{33} \ne 1$,真实的偏相关系数 $r_{12 \cdot 3^*}$ 通过 r_{33} 修正为:

$$r_{12 \cdot 3^*} = \frac{r_{33}r_{12} - r_{13}r_{23}}{\sqrt{r_{33} - r_{13}^2}\sqrt{r_{33} - r_{23}^2}} \quad (4\text{-}60)$$

这里只在 r 下标的控制变量 x_3 上打了 * 号,表示只讨论 x_3 有测量误差,r_{33} 表示 x_3 两次测量的相关系数。

显然,只有当 $r_{33} = 1$ 时,式(4-60)与式(4-48)相同:

$$r_{12 \cdot 3^*} = r_{12 \cdot 3}$$

比较真实的零级相关式(4-59)与真实的偏相关式(4-48),可以发现,前者测量误差只影响公式的分母,因此只是低估了真实相关。而式(4-60)测量误差的影响,不仅出现在分母,同时也出现在分子,因此使误差对偏相关系数的影响,呈现复杂的情况,下面用数字例子来讨论:

① 设 $r_{12} = 0.7$,$r_{13} = 0.5$,$r_{23} = 0.6$,

当没有考虑 x_3 测量有误差,代入式(4-48)得:

$$r_{12 \cdot 3} = \frac{r_{12} - r_{13}r_{23}}{\sqrt{1 - r_{13}^2}\sqrt{1 - r_{23}^2}} = \frac{0.7 - 0.5 \times 0.6}{\sqrt{1 - 0.5^2}\sqrt{1 - 0.6^2}} = 0.58$$

当考虑到控制变量 x_3 测量有误差,且测得 $r_{33} = 0.8$,代入式(4-60)得:

$$r_{12 \cdot 3^*} = \frac{r_{33}r_{12} - r_{13}r_{23}}{\sqrt{r_{33} - r_{13}^2}\sqrt{r_{33} - r_{23}^2}} = \frac{0.8 \times 0.7 - 0.5 \times 0.6}{\sqrt{0.8 - 0.5^2}\sqrt{0.8 - 0.6^2}} = 0.53$$

比较以上两式有:

$$r_{12 \cdot 3} > r_{12 \cdot 3^*}$$

它表示,当忽略 x_3 测量误差时,所测得的偏相关 $r_{12 \cdot 3}$,是高估了真实的偏相关 $r_{12 \cdot 3^*}$。

② 设 $r_{12} = 0.7$,$r_{13} = 0.8$,$r_{23} = 0.7$,$r_{33} = 0.8$,代入式(4-48)和式(4-60)有:

$$r_{12 \cdot 3} = \frac{r_{12} - r_{13}r_{23}}{\sqrt{1 - r_{13}^2}\sqrt{1 - r_{23}^2}} = \frac{0.7 - 0.8 \times 0.7}{\sqrt{1 - 0.8^2}\sqrt{1 - 0.7^2}} = 0.33 \quad (4\text{-}61)$$

第四章 多元回归

$$r_{12\cdot3^*} = \frac{r_{33}r_{12} - r_{13}r_{23}}{\sqrt{r_{33} - r_{13}^2}\sqrt{r_{33} - r_{23}^2}} = \frac{0.8 \times 0.7 - 0.8 \times 0.7}{\sqrt{0.8 - 0.8^2}\sqrt{0.8 - 0.7^2}} = 0 \quad (4\text{-}62)$$

比较式(4-61)和式(4-62),得出了不合理的结论,即原本真实不存在的偏相关,由于存在测量误差,偏相关呈现为正值。

③ 设数据同②,只是 $r_{33} = 0.75$,再代入式(4-60)得:

$$r_{12\cdot3^*} = \frac{r_{33}r_{12} - r_{13}r_{23}}{\sqrt{r_{33} - r_{13}^2}\sqrt{r_{33} - r_{23}^2}}$$

$$= \frac{0.75 \times 0.7 - 0.8 \times 0.7}{\sqrt{0.75 - 0.8^2}\sqrt{0.75 - 0.7^2}} = -0.21 \quad (4\text{-}63)$$

式(4-63)同样是不合理的,即原本真实为负值的偏相关,由于存在测量误差,偏相关呈现为正值。通过①、②、③的比较,说明控制变量测量误差对偏相关的影响是不定的。

(3)如果偏相关中的 x_1、x_2、x_3 测量都有误差,$r_{11} < 1$,$r_{22} < 1$,$r_{33} < 1$,其结果有:

$$r_{12\cdot3}^* = \frac{r_{33}r_{12} - r_{13}r_{23}}{\sqrt{r_{11}r_{33} - r_{13}^2}\sqrt{r_{22}r_{33} - r_{23}^2}} \quad (4\text{-}64)$$

式(4-64)中分子和分母都与变量的测量有关,因此对于有误差的测量,其结果对真实偏相关值 $r_{12\cdot3}$ 的影响是不定的,既可能以低估也可能高估,从而使测量的偏相关系数失去了任何价值。由此可以看出,对变量进行控制,必须事先要有理论依据,否则任意的控制,将会得出错误的结论,这是必须警惕的。

第三节 部分偏相关

一、部分偏相关定义及表示方法

当控制变量 x_3 仅仅剔除了 x_1 或 x_2 中一个的影响,这时 x_1 和 x_2 的相关称部分偏相关,如果 x_3 剔除的是对 x_1 的影响,则记作 $r_{2(1\cdot3)}$,括号内表示的是变量 x_1 被 x_3 剔除影响后的剩余。

反之,如果 x_3 剔除的是对 x_2 的影响,则记作 $r_{1(2\cdot3)}$,括号内表示的是变量 x_2 被 x_3 剔除影响后的剩余。

二、部分偏相关系数的解释

这里仍然可沿用第二节中的方法。①

[例]16 设 x_1, x_2, x_3 形成以下模式如图 4-20：

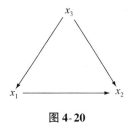

图 4-20

收集的 5 个数据也同表 4-5：

表 4-10

	X_1	X_2	X_3
	1	3	3
	2	1	2
	3	2	1
	4	4	4
	5	5	5
$\sum$	15	15	15
$\bar{x}$	3	3	3

同样须计算出 x_1 对 x_3 和 x_2 对 x_3 的回归直线，为此先计算出 L_{ij}：

$$L_{11} = \sum (x_1 - \bar{x}_1)^2 = 10$$

$$L_{22} = \sum (x_2 - \bar{x}_2)^2 = 10$$

$$L_{33} = \sum (x_3 - \bar{x}_3)^2 = 10$$

$$L_{12} = \sum (x_1 - \bar{x}_1)(x_2 - \bar{x}_2) = 7$$

$$L_{13} = \sum (x_1 - \bar{x}_1)(x_2 - \bar{x}_2) = 6$$

$$L_{23} = \sum (x_2 - \bar{x}_2)(x_3 - \bar{x}_3) = 9$$

---

① E. J. Pedhazur, *Multiple Regression in Behavioral Research: Explanation and Prediction* (2nd Edition), pp. 116—117.

r_{ij} 有：

$$r_{12} = \frac{L_{12}}{\sqrt{L_{11}L_{22}}} = \frac{7}{\sqrt{10 \times 10}} = 0.7$$

$$r_{23} = \frac{L_{23}}{\sqrt{L_{22}L_{33}}} = \frac{9}{\sqrt{10 \times 10}} = 0.9$$

$$r_{13} = \frac{L_{13}}{\sqrt{L_{11}L_{23}}} = \frac{6}{\sqrt{10 \times 10}} = 0.6$$

先求 x_1 对 x_3 的回归：

$$\hat{x}_1 = a_1 + b_1 x_3$$

$$b_1 = \frac{L_{13}}{L_{11}} = \frac{6}{10} = 0.6$$

$$a_1 = \bar{x}_3 - b_1 \bar{x}_1 = 3 - 0.6 \times 3 = 1.2$$

$$\hat{x}_1 = 1.2 + 0.6 x_3$$

根据表4-11计算出差值 $e_1 = x_1 - \hat{x}_1$：

表4-11

x_3	x_1	$\hat{x}_1$	$e_1 = x_1 - \hat{x}_1$
3	1	3	-2.0
2	2	2.4	-0.4
1	3	1.8	1.2
4	4	3.6	0.4
5	5	4.2	0.8
∑	15	15	0

e_1 就是变量 x_1 剔除 x_3 影响后的剩余，e_1 与 x_2 的相关 $r_{x_2 e_1}$ 称部分偏相关 $r_{2(1 \cdot 3)}$，为此计算出以下各值，见表4-12：

表 4-12

x_2	e_1	x_2^2	e_1^2	$x_2 e_1$
3	−2.0	9	4	−6.0
1	−0.4	1	0.16	−0.4
2	1.2	4	1.44	2.4
4	0.4	16	0.16	1.6
5	0.8	25	0.64	4.0
$\sum$	15	0	55	0.4	1.6

得：

$$r_{2(1\cdot3)} = r_{2e_1} = \frac{\sum (x_1 - \bar{x}_1)(e_2 - \bar{e}_2)}{\sqrt{\sum (x_1 - \bar{x}_1)^2 \sum (e_2 \cdot \bar{e}_2)^2}}$$

$$= \frac{N\sum x_2 e_1 - \sum x_2 \sum e_1}{\sqrt{\left[N\sum x_2^2 - \left(\sum x_2\right)^2\right]\left[N\sum e_1^2 \left(\sum e_1\right)^2\right]}}$$

$$= \frac{5 \times 1.6 - 15 \times 0}{\sqrt{(5 \times 55 - 15^2)(5 \times 6.4 - 0)}} = 0.2$$

同理，x_2 对 x_3 的回归：

$$\hat{x}_2 = a_2 + b_2 x_3$$

$$b_2 = \frac{L_{33}}{L_{22}} = \frac{9}{10} = 0.9$$

$$a_2 = \bar{x}_3 - b_2 \bar{x}_2 = 3 - 0.9 \times 3 = 0.3$$

$$\hat{x}_2 = 0.3 + 0.9 x_3$$

根据表 4-13 计算出差值 $e_2 = x_2 - \hat{x}$：

表 4-13

x_3	x_2	$\hat{x}_2$	$e_2 = x_2 - \hat{x}_2$
3	3	3	0
2	1	2.1	−1.1
1	2	1.2	0.8

第四章 多元回归

(续表)

x_3	x_2	$\hat{x}_2$	$e_2 = x_2 - \hat{x}_2$
4	4	3.9	0.1
5	5	4.8	0.2
$\sum$ 15	15		0

e_2 就是变量 x_2 剔除 x_3 影响后的剩余,e_2 与 x_1 的相关 $r_{x_1 e_2}$ 称部分偏相关 $r_{1(2\cdot3)}$,为此计算出以下各值见表4-14:

表 4-14

x_1	e_2	x_1^2	e_2^2	$x_1 e_2$
1	0	1	0	0
2	-1.1	4	1.21	-2.2
3	0.8	9	0.64	2.4
4	0.1	16	0.01	0.4
5	0.2	25	0.04	1.0
$\sum$ 15	0	55	1.90	1.6

得:

$$r_{1(2\cdot3)} = r_{x_1 e_2} = \frac{\sum (x_1 - \bar{x}_1)(e_2 - \bar{e}_2)}{\sqrt{\sum (x_1 - \bar{x}_1) \sum (e_2 - \bar{e}_2)}}$$

$$= \frac{N \sum x_1 e_2 - \sum x_1 \sum e_2}{\sqrt{\left[N \sum x_1^2 - \left(\sum x_1\right)^2\right]\left[N \sum e_2^2 - \left(\sum e_2\right)^2\right]}}$$

$$= \frac{15 \times 1.6 - 15 \times 0}{\sqrt{(5 \times 55 - 15^2)(5 \times 1.9 - 0^2)}} = 0.37$$

为了比较,不妨也计算偏相关 $r_{12\cdot3}$,它是变量 x_1 和变量 x_2 都剔除了 x_3 影响后剩余 e_1 和 e_2 的相关:

$$r_{12\cdot3} = r_{e_1 e_2}$$

e_1 和 e_2 有表4-15:

表 4-15

x_3	$e_1 = x_1 - \hat{x}_1$	$e_2 = x_2 - \hat{x}_2$	$e_1 e_2$
3	-2	0	0
2	-0.4	-1.1	0.44
1	1.2	0.8	0.96
4	0.4	0.1	0.04
5	0.8	0.2	0.16
$\sum$ 15	0	0	1.6

$$r_{12\cdot3} = r_{e_1 e_2} = 0.46$$

可见，$r_{1(2\cdot3)} \neq r_{2(1\cdot3)} \neq r_{12\cdot3}$。

三、部分偏相关公式

(一) 一级部分偏相关公式有 2 个

如果 x_3 剔除的是对 x_1 的影响，则：

$$r_{2(1\cdot3)} = \frac{r_{21} - r_{23}r_{13}}{\sqrt{1 - r_{13}^2}} \tag{4-65}$$

如果 x_3 剔除的是对 x_2 的影响，则：

$$r_{1(2\cdot3)} = \frac{r_{12} - r_{13}r_{23}}{\sqrt{1 - r_{23}^2}} \tag{4-66}$$

为了对比，将本章第二节的偏相关公式(4-48)再次写下：

$$r_{12\cdot3} = \frac{r_{12} - r_{13}r_{23}}{\sqrt{1 - r_{13}^2}\sqrt{1 - r_{23}^2}} \tag{4-67}$$

式(4-65)至式(4-67)说明，对于部分偏相关来说，分子虽然与偏相关公式相同，但由于控制变量 x_3 只控制了 x_1 或 x_2 中的一个，因此分母部分都只有被控制掉的一个，而偏相关则两个都有，且 $(1 - r^2) \leq 1$，所以有：

$$r_{12\cdot3} \geq r_{1(2\cdot3)}$$
$$r_{12\cdot3} \geq r_{2(1\cdot3)}$$

(二) 二级偏相关与一级偏相关关系式

有了一级偏相关的理解，不难推论到有 2 个控制变量 x_3 和 x_4 的二级偏相关的计算方法：

第四章　多元回归

（1）如果是剔除 x_3 和 x_4 对 x_1 的影响，则做 x_3、x_4 对 x_1 的回归直线：
$$\hat{x}_1 = a + b_1 x_3 + b_2 x_4$$
误差有：$e_1 = x_1 - \hat{x}_1$，于是剔除了 x_3 和 x_4 对 x_1 影响后的剩余 e_1，它和 x_2 形成的相关，就是二级部分偏相关 $r_{2(1\cdot34)}$。

（2）如果是剔除 x_3 和 x_4 对 x_2 的影响，则做 x_3、x_4 对 x_2 的回归直线：
$$\hat{x}_2 = a' + b'_1 x_3 + b'_2 x_4$$
误差有：$e_2 = x_2 - \hat{x}_2$，于是剔除了 x_3 和 x_4 对 x_2 影响后的剩余 e_2，它和 x_1 形成的相关，就是二级部分偏相关 $r_{1(2\cdot34)}$。

（3）二级部分偏相关与一级部分偏相关有如下关系：
$$r_{1(2\cdot34)} = \frac{r_{1(2\cdot3)} - r_{1(4\cdot3)} r_{2(4\cdot3)}}{\sqrt{1 - r_{2(4\cdot3)}^2}} = \frac{r_{1(2\cdot4)} - r_{1(3\cdot4)} r_{2(3\cdot4)}}{\sqrt{1 - r_{2(3\cdot4)}^2}}$$

部分偏相关的平方具有 PRE 性质，若来自抽样数据，则必须进行统计检验，部分偏相关系数的检验公式，将在下节给出。

第四节　复相关、偏相关与部分偏相关的关系

一、复相关与偏相关

（1）本章第一节曾指出，多元回归与一元回归的判定系数具有相同的 PRE 含义。但在表达形式上，由于多元回归的自变量不止一个，其回归直线是一组自变量解释的结果，所以判定系数用大写 R 的平方 R^2 表示，例如，因变量是由 2 个自变量解释的结果，则写作 $R^2_{y\cdot x_1 x_2}$，为了和第二节、第三节的变量名称相一致，本节将因变量 y 下标为 1，自变量依次为 2，3……例如 $R^2_{1\cdot23}$ 表示是由 2 个自变量对因变量的解释力。R^2 与总平方和 TSS、回归平方和 RSSR 以及剩余平方和 RSS 的关系跟一元回归相同，为：

$$R^2 = \frac{RSSR}{TSS} = \frac{TSS - RSS}{TSS} = 1 - \frac{RSS}{TSS}$$

$$TSS = \sum (y_i - \bar{y})^2$$

$$RSS = \sum (y_i - \hat{y})^2$$

两者的差值：
$$TSS - RSS$$

就是配置了多元回归直线,预测改善掉的误差,或者说,是多元回归直线解释掉的误差,它称作回归平方和 $RSSR$:

$$RSSR = TSS - RSS$$

$RSSR$ 和回归直线的关系式有:

$$RSSR = \sum (\hat{y}_i - \bar{y})^2$$

判定系数的平方根称复相关系数 R:

$$R = \sqrt{R^2}$$

当判定系数 R^2 是具体由 2 个自变量所解释,则写作 $R^2_{1 \cdot 23}$ 或复相关系数 $R_{1 \cdot 23}$。

(2) 首先讨论,自变量有 2 个,但自变量 x_2 和 x_3 无相关,即 $r_{23} = 0$,那么 x_2 和 x_3 对 x_1 的共同解释力 $R^2_{1 \cdot 23}$,就等于 x_2 对 x_1 的解释力 r^2_{12} 与 x_3 对 x_1 的解释力 r^2_{13} 之和(图 4-21):

$$R^2_{1 \cdot 23} = r^2_{12} + r^2_{13}$$

例如,$r_{12} = r_{13} = 0.5$,则有:

$$R^2_{1 \cdot 23} = r^2_{12} + r^2_{13} = 0.5^2 + 0.5^2 = 0.5$$

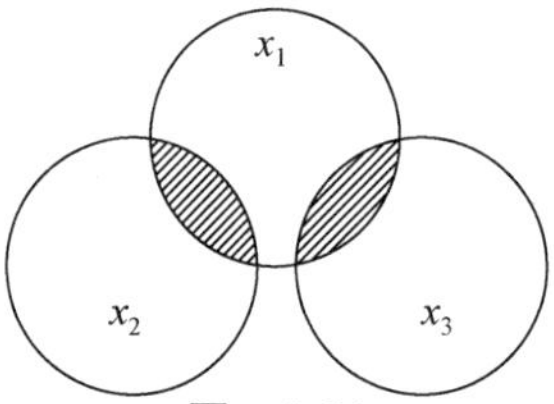

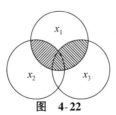

图 4-21

(3) 如果自变量 x_2 和 x_3 之间有相关,即 $r_{23} \neq 0$(图 4-22),则 x_2 和 x_3 相交部分的解释力有重叠,这部分必须扣除。为此假定先由 x_3 对 x_1 进行解释,其解释力为 r^2_{13},对于一元回归,$r^2_{13} = R^2_{1 \cdot 3}$,余下未解释部分是 $1 - R^2_{1 \cdot 3}$,它将由 x_2 进行解释。

图 4-22

令 $R^2_{1 \cdot 23}$ 表示 x_2 和 x_3 共同对 x_1 的解释力,则 $\Delta = R^2_{1 \cdot 23} - R^2_{1 \cdot 3}$,正是 x_2 对 x_1

新增加的解释力，它占 x_1 未解释部分 $1-R_{1\cdot3}^2$ 的比例，就是偏相关系数 $r_{12\cdot3}$ 的平方，于是得复相关（R 或 R^2）与偏相关或偏相关平方的关系式：

$$r_{12\cdot3}^2 = \frac{R_{1\cdot23}^2 - R_{1\cdot3}^2}{1 - R_{1\cdot3}^2} \qquad (4\text{-}68)$$

或写作：

$$R_{1\cdot23}^2 = R_{1\cdot3}^2 + r_{12\cdot3}^2(1 - R_{1\cdot3}^2) \qquad (4\text{-}69)$$

如果假定先由 x_2 进行解释，则亦可写作：

$$R_{1\cdot23}^2 = R_{1\cdot2}^2 + r_{13\cdot2}^2(1 - R_{1\cdot2}^2) \qquad (4\text{-}70)$$

式(4-69)和式(4-70)是等效的。

（4）当控制变量增加为2个：x_3 和 x_4 时，依照本节(3)的推理，可写作：

$$r_{12\cdot34}^2 = \frac{R_{1\cdot234}^2 - R_{1\cdot34}^2}{1 - R_{1\cdot34}^2}$$

或写作：

$$R_{1\cdot234}^2 = R_{1\cdot34}^2 - r_{12\cdot34}^2(1 - R_{1\cdot34}^2) \qquad (4\text{-}71)$$

二、复相关与部分偏相关

有了本节第一部分中对复相关与偏相关的理解，就不难理解复相关与部分偏相关，当 $r_{23} \neq 0$，x_2 和 x_3 相交部分的解释力有重叠，这里也假定先由 x_3 对 x_1 进行解释，其解释力为 $R_{1\cdot3}^2$，与偏相关不同的是，进一步仍将由 x_2 对 x_1 进行解释，而不是对 x_1 的剩余部分 $(1-R_{1\cdot3}^2)$ 进行解释。

令 $R_{1\cdot23}^2$ 表示 x_2 和 x_3 共同对 x_1 的解释力，则 $\Delta = R_{1\cdot23}^2 - R_{1\cdot3}^2$，正是 x_2 对 x_1 新增加的解释力，增量 Δ 就是部分偏相关系数平方 $r_{1(2\cdot3)}^2$ 所解释掉的误差，于是得复相关与部分偏相关有如下关系式：

$$r_{1(2\cdot3)}^2 = R_{1\cdot23}^2 - R_{1\cdot3}^2 \qquad (4\text{-}72)$$

或写作：

$$R_{1\cdot23}^2 = R_{1\cdot3}^2 + r_{1(2\cdot3)}^2 \qquad (4\text{-}73)$$

同样，当控制变量增加为2个：x_3 和 x_4 时，部分偏相关系数平方 $r_{1(2\cdot34)}^2$ 与复相关的关系有：

$$r_{1(2\cdot34)}^2 = R_{1\cdot234}^2 - R_{1\cdot34}^2 \qquad (4\text{-}74)$$

或写作：

$$R_{1\cdot234}^2 = R_{1\cdot34}^2 + r_{1(2\cdot34)}^2 \qquad (4\text{-}75)$$

亦可写作：
$$R_{1\cdot234}^2 = R_{1\cdot2}^2 + (R_{1\cdot23}^2 - R_{1\cdot2}^2) + (R_{1\cdot234}^2 - R_{1\cdot23}^2)$$
$$= r_{1\cdot2}^2 + r_{1(3\cdot2)}^2 + r_{1(4\cdot23)}^2 \tag{4-76}$$

[例]17　接本章第二节[例]10。

表 4-16

	x_1	x_2	x_3
	1	3	3
	2	1	2
	3	2	1
	4	4	4
	5	5	5
$\sum$	15	15	15
$\bar{x}$	3	3	3

r_{ij} 有：

$$r_{12} = \frac{L_{12}}{\sqrt{L_{11}L_{22}}} = \frac{7}{\sqrt{10 \times 10}} = 0.7$$

$$r_{23} = \frac{L_{23}}{\sqrt{L_{22}L_{33}}} = \frac{9}{\sqrt{10 \times 10}} = 0.9$$

$$r_{13} = \frac{L_{13}}{\sqrt{L_{11}L_{33}}} = \frac{6}{\sqrt{10 \times 10}} = 0.6$$

求 $R_{1\cdot23}^2$ 的数值。[①]

[解]　根据本节复相关与偏相关公式(4-69)或本节复相关与部分偏相关公式(4-73)有：

$$R_{1\cdot23}^2 = R_{1\cdot3}^2 + r_{12\cdot3}^2(1 - R_{1\cdot3}^2) \tag{4-77}$$

$$R_{1\cdot23}^2 = R_{1\cdot3}^2 + r_{1(2\cdot3)}^2 \tag{4-78}$$

将本章第二节偏相关与零级相关公式(4-48)以及本章第三节部分偏相关与零级相关公式(4-66)、式(4-67)：

---

① E. J. Pedhazur, *Multiple Regression in Behavioral Research: Explanation and Prediction* (2nd Edition), p.107.

第四章 多元回归

$$r_{12\cdot3} = \frac{r_{12} - r_{13}r_{23}}{\sqrt{1-r_{13}^2}\sqrt{1-r_{23}^2}} \qquad (4-79)$$

$$r_{1(2\cdot3)} = \frac{r_{12} - r_{13}r_{23}}{\sqrt{1-r_{23}^2}} \qquad (4-80)$$

代入式(4-77)或式(4-78)得：

$$R_{1\cdot23}^2 = \frac{r_{12}^2 + r_{13}^2 - 2r_{12}r_{13}r_{23}}{1-r_{23}^2} \qquad (4-81)$$

将 r_{12},r_{13},r_{23} 的数值代入式(4-81)得：

$$R_{1\cdot23}^2 = \frac{r_{12}^2 + r_{13}^2 - 2r_{12}r_{13}r_{23}}{1-r_{23}^2}$$

$$= \frac{0.7^2 + 0.6^2 - 2(0.7)(0.6)(0.9)}{1-0.9^2} = \frac{0.094}{0.19} = 0.4947$$

三、复回归与部分偏相关检验

本章第三节给出了偏相关的检验公式，这里将给出部分偏相关的检验公式，实际上，通过第五章多重共线的讨论，我们将看到，从检验角度看，回归系数、偏相关以及部分偏相关三者是等效的，只要其中一个通过了检验，其他两个也一定可以通过检验。根据部分偏相关与复回归公式(4-72)：

$$r_{1(2\cdot3)}^2 = R_{1\cdot23}^2 - R_{1\cdot3}^2$$

回顾本章第三节在偏相关系数的检验公式中指出，回归和相关系数检验的一般原则是，用解释掉的平均误差与剩余平均误差进行比较，当解释掉的平均误差远比剩余平均误差要大，其数值大到由随机误差所形成，几乎是不可能的，那我们就确认其存在了，具体公式是：

$$F = \frac{对总体解释掉的平均误差}{对总体未能解释的平均剩余误差}$$

现在来讨论部分偏相关 $r_{1(2\cdot3)}$。

（1）先用 x_3 对 x_1 进行解释，总误差为 TSS，

$$x_3 \text{ 解释掉的误差} = r_{13}^2 TSS$$

（2）进一步由 x_2 对 x_1 进行解释，新增加解释的误差为：

$$(R_{1\cdot23}^2 - R_{1\cdot3}^2)TSS$$

（3）x_2、x_3 都未能解释的误差为：

$$(1 - R_{1\cdot23}^2)TSS$$

(4) 根据检验公式, F 值须计算出平均误差, 它是误差除以自由度所得的平均平方和, 表 4-17 是部分偏相关系数检验公式导出的一览表。

表 4-17　部分偏相关系数检验表

	平方和	自由度	方差估计量 (平均平方和)	F
总平方和	$TSS = \sum(x_1 - \bar{x}_1)^2$	$(n-1)$		
x_3 解释掉的误差	$R_{13}^2 TSS$	1		
x_2 解释掉的误差	$(R_{1\cdot23}^2 - R_{13}^2)TSS$	1	$(R_{1\cdot23}^2 - R_{1\cdot3}^2)TSS/1$	
未被 x_3、x_2 解释掉的误差	$(1 - R_{1\cdot23}^2)TSS$	$(n-1)-2$	$\dfrac{(1-R_{1\cdot23}^2)TSS}{[(n-1)-2]}$	

得部分偏相关 $r_{1(2\cdot3)}$ 检验公式:

$$F = \frac{(R_{1\cdot23}^2 - R_{1\cdot3}^2)TSS/1}{(1-R_{1\cdot23}^2)TSS/[(n-1)-2]} = \frac{(R_{1\cdot23}^2 - R_{1\cdot3}^2)(n-1-2)}{1 - R_{1\cdot23}^2}$$

$$\sim F(1, n-1-2)$$

(4-82)

根据以上分析, 如果是 2 个控制变量, 则 $r_{1(2\cdot34)}$ 的检验公式应该有:

$$F = \frac{(R_{1\cdot234}^2 - R_{1\cdot34}^2)TSS/1}{(1-R_{1\cdot234}^2)TSS/[(n-1)-3]} = \frac{(R_{1\cdot234}^2 - R_{1\cdot34}^2)(n-1-3)}{1 - R_{1\cdot234}^2}$$

$$\sim F(1, n-1-3)$$

(4-83)

[例]18　根据抽样结果, $R_{1\cdot23}^2 = 0.64647$, $R_{1\cdot3}^2 = 0.28302$, 求 $r_{1(2\cdot3)}$ 的数值; 是否可推论到总体($\alpha = 0.05$)?

[解]　根据式(4-72):

$$r_{1(2\cdot3)}^2 = R_{1\cdot23}^2 - R_{1\cdot3}^2 = 0.64647 - 0.28302 = 0.36345$$

$$r_{1(2\cdot3)} = \sqrt{0.36345} = 0.6027$$

检验:

$$H_0: \rho_{1(2\cdot3)} = 0(总体部分偏相关系数为0)$$

第四章 多元回归

$$H_1: \rho_{1(2\cdot 3)} \neq 0$$

$$F = \frac{(R_{1\cdot 23}^2 - R_{1\cdot 3}^2)(n-1-2)}{1 - R_{1\cdot 23}^2} = \frac{(0.64647 - 0.28302)(20-1-2)}{1 - 0.64647} = 17.47$$

$$F_{0.05}(1, 20-2-1) = F_{0.05}(1, 17) = 4.45^{①}$$

因为 $F > F_{0.05}(1,17)$，所以，拒绝原假设，$r_{1(2\cdot 3)}$ 可以推论到总体。

F 分布表

四、复偏相关及其检验[②]

以上讨论的偏相关，是在原有若干个解释变量（如 x_2、x_3、x_4）基础上，逐次递增一个变量，观察解释力的增加。现在推广到一次增加一组变量（x_5、x_6、x_7、x_8）时，这样形成的偏相关，称作复偏相关，设 x_2、x_3、x_4 对 x_1 的解释力为 $R_{1\cdot 234}^2$，增加一组变量（x_5、x_6、x_7、x_8）后的解释力为 $R_{1\cdot 2345678}^2$，解释力的增量 $\Delta = R_{1\cdot 23345678}^2 - R_{1\cdot 234}^2$，增量 Δ 占未被解释部分的比例，称作复偏相关：

$$r_{1(5678)\cdot 234}^2 = \frac{R_{1\cdot 2345678}^2 - R_{1\cdot 234}^2}{1 - R_{1\cdot 234}^2}$$

复偏相关系数 $r_{1(5678)\cdot 234}^2$ 的检验见表 4-18：

表 4-18 复偏相关系数检验表

	平方和	自由度	方差估计量（平均平方和）	F
总平方和	$TSS = \sum(x_1 - \bar{x}_1)^2$	$(n-1)$		
x_2、x_3、x_4 解释掉的误差	$R_{1\cdot 234}^2 TSS$	3		
x_2、x_3、x_4 未解释掉的误差	$(1 - R_{1\cdot 234}^2)TSS = TSS'$	$(n-1)-3$		
TSS' 再由 x_5、x_6、x_7、x_8 进行解释	$r_{1(5678)\cdot 234}^2 TSS'$	4	$r_{1(5678)\cdot 234}^2 TSS'/4$	
x_5、x_6、x_7、x_8 仍未解释掉的误差	$(1 - r_{1(5678)\cdot 234}^2)TSS'$	$(n-1)-7$	$\dfrac{(1 - r_{1(5678)\cdot 234}^2)TSS'}{(n-1)-7}$	

---

① 卢淑华编著：《社会统计学（第四版）》，第 491—499 页，附表 7。
② 〔美〕布莱洛克：《社会统计学》，第 483、501 页，及其 1984 年来华讲课内容。

$$F = \frac{r^2_{1(5678)\cdot 234}(n-1-7)}{(1-r^2_{1(5678)\cdot 234})4} \sim F(4, n-1-7)$$

其中 F 值的分子自由度是增加一组变量的个数,分母自由度是自变量的总数。

习　题

1. 设有二元线性回归方程 $\hat{y} = a + b_1 x_1 + b_2 x_2$,它的自变量分别是 x_1 和 x_2,问以下哪种结果是不可能的?为什么?

（1） $r_{y1} = 0.64$, $r_{y2} = 0.51$, $R = 0.65$；

（2） $r_{y1} = 0.01$, $r_{y2} = -0.75$, $R = 0.2$；

（3） $r_{y1} = 0.5$, $r_{y2} = 0.5$, $R = 0.71$。

2. 根据以下 20 个数据：

序号	X_1	X_2	Y	序号	X_1	X_2	Y
1	2	5	2	11	4	3	3
2	2	4	1	12	3	6	3
3	1	5	1	13	6	9	6
4	1	3	1	14	6	8	6
5	3	6	5	15	8	9	10
6	4	4	4	16	9	6	9
7	5	6	7	17	10	4	6
8	5	4	6	18	9	5	6
9	7	3	7	19	4	8	9
10	6	3	8	20	4	9	10

求：

（1）线性回归方程。

（2）相关系数 r_{12}, r_{y1}, r_{y2}。

（3）标准差 s_1, s_2, s_y。

（4）平方和 $RSSR, RSS$。

（5）判定系数 $R^2_{y\cdot 12}$ 及 F 值。

（6）标准回归方程。

（7）用 t 检验法及 F 检验法,对回归系数 b_1、b_2 进行检验,并比较两种检验是否相同。

3. 设有 A 样本和 B 样本,自变量都是 $K=2$,样本容量相同,$n=100$,自变量与因变量的相关系数相同:$r_{y1}=0.7$,$r_{y2}=0.6$,所不同的是:A 样本自变量之间相关系数 $r_{12}=0$,B 样本的自变量之间相关系数 $r_{12}=0.4$。

问:

(1) 哪个样本的 $R^2_{y\cdot 12}$ 大,为什么?

(2) A、B 样本的 $R^2_{y\cdot 12}$ 值是多少?

(3) A、B 样本的标准回归方程是什么?

(4) A、B 样本的 F 值是多少?

(注:本题用到的 F 临界值,可在书后本题答案中找到。)

第五章

多重共线与回归方程自变量的选择

第一节 多重共线

一、什么是多重共线

多重共线是指多元回归中的自变量存在高度的相关,这在社会经济生活中比较常见。例如一个人受教育程度(y)会受到家庭经济状况(x_1)、父母的文化程度(x_2)、居住环境(x_3)、学校的质量(x_4)等因素的影响。但很难说家庭的经济状况与父母的文化程度是没有关系的,同样,也很难说居住环境不会受家庭经济的影响,凡此种种现象,使所建立的回归方程:

$$\hat{y} = a + b_1 x_1 + b_2 x_2 + b_3 x_3 + \cdots \tag{5-1}$$

出现了自变量 $x_1, x_2, x_3 \cdots$ 间相关系数不等于零的情况。为了分析自变量多重线性对回归方程带来的影响,下面对比自变量无相关和有相关时回归方程的不同之处。

二、自变量独立、无相关的例子①

[例]1 设根据理论分析,企业员工的积极性 y 和收入 x_1 及人际关系 x_2 有关,表5-1是8名员工的调查结果:

---

① 〔美〕约翰·内特等:《应用线性回归模型》,第294页。

第五章 多重共线与回归方程自变量的选择

表 5-1

y	x_1	x_2	y^2	x_1^2	x_2^2	yx_1	yx_2	x_1x_2
42	4	2	1764	16	4	168	84	8
39	4	2	1521	16	4	156	78	8
48	4	3	2304	16	9	192	144	12
51	4	3	2601	16	9	204	153	12
49	6	2	2401	36	4	294	98	12
53	6	2	2809	36	4	318	106	12
61	6	3	3721	36	9	366	183	18
60	6	3	3600	36	9	360	180	18
$\sum$ 403	40	20	20721	208	52	2058	1026	100
均值 50.375	5	2.5						

为了计算变量之间的相关,代入式(4-11)至式(4-16)算出过渡式 L_{ij}:

$$L_{11} = \sum (x_1 - \bar{x}_1)^2 = \sum x_1^2 - \frac{\left(\sum x_1\right)^2}{n}$$
$$= 208 - \frac{(40)^2}{8} = 8$$

$$L_{22} = \sum (x_2 - \bar{x}_2)^2 = \sum x_2^2 - \frac{\left(\sum x_2\right)^2}{n}$$
$$= 52 - \frac{(20)^2}{8} = 2$$

$$L_{yy} = \sum (y - \bar{y})^2 = \sum y^2 - \frac{\left(\sum y\right)^2}{n}$$
$$= 20721 - \frac{(403)^2}{8} = 419.875$$

$$L_{1y} = \sum (x_1 - \bar{x}_1)(y - \bar{y}) = \sum x_1 y - \frac{\sum x_1 \sum y}{n}$$
$$= 2058 - \frac{40 \times 403}{8} = 43$$

$$L_{2y} = \sum (x_2 - \bar{x}_2)(y - \bar{y}) = \sum x_2 y - \frac{\sum x_2 \sum y}{n}$$

$$= 1026 - \frac{20 \times 403}{8} = 18.5$$

$$L_{12} = \sum (x_1 - \bar{x}_1)(x_2 - \bar{x}_2) = \sum x_1 x_2 - \frac{\sum x_1 \sum x_2}{n}$$

$$= 100 - \frac{40 \times 20}{8} = 0$$

将式(4-11)至式(4-13)代入式(4-48),得线性相关系数:

$$r_{1y} = \frac{L_{1y}}{\sqrt{L_{yy} L_{11}}} = \frac{43}{\sqrt{419.875 \times 8}} = 0.74$$

$$r_{2y} = \frac{L_{2y}}{\sqrt{L_{yy} L_{22}}} = \frac{18.5}{\sqrt{419.875 \times 2}} = 0.638$$

$$r_{12} = \frac{L_{12}}{\sqrt{L_{11} L_{22}}} = 0$$

可见,x_1 和 x_2 分别与 y 有关,但 x_1 和 x_2 之间不存在相关,因此有关系如图 5-1:

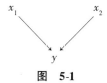

图 5-1

下面先看 x_1、x_2 分别加入方程的情况,然后再看同时加入方程的情况,并进行比较。

(1) 首先计算方程中只有 x_1 的情况,y 对 x_1 的回归方程有:

$$b = \frac{L_{1y}}{L_{11}} = \frac{43}{8} = 5.375$$

$$a = \bar{y} - b\bar{x}_1 = 50.375 - 5.375 \times 5 = 23.5$$

$$\hat{y} = 23.5 + 5.375 x_1$$

x_1 对 y 解释掉的误差 $RSSR(x_1)$①和剩余误差 $RSS(x_1)$ 都可以通过 L_{ij} 求得:

---

① $RSSR(x_1)$ 计算公式,见本书第一章第二节。

第五章 多重共线与回归方程自变量的选择

$$RSSR(x_1) = \frac{L_{1y}^2}{L_{11}} = \frac{43^2}{8} = 231.125$$

$$TSS = L_{yy} = 419.875$$

$$RSS(x_1) = TSS - RSSR(x_1) = 419.875 - 231.125 = 188.75$$

(2) 进一步再计算方程中只有 x_2 的情况，y 对 x_2 的回归方程：

$$b = \frac{L_{2y}}{L_{22}} = \frac{18.5}{2} = 9.25$$

$$a = \bar{y} - b\bar{x}_2 = 50.375 - 9.25 \times 2.5 = 27.25$$

$$\hat{y} = 27.25 + 9.25x_2$$

x_2 对 y 解释掉的误差 $RSSR(x_2)$ 和剩余误差 $RSS(x_2)$ 都可以通过 L_{ij} 求得：

$$RSSR(x_2) = \frac{L_{2y}^2}{L_{22}} = \frac{18.5^2}{2} = 171.125$$

$$TSS = L_{yy} = 419.875$$

$$RSS(x_2) = TSS - RSSR(x_2) = 419.875 - 171.125 = 248.75$$

(3) 最后再看 x_1、x_2 同时加入方程，代入式(4-8)至式(4-10)计算 y 对 x_1 和 x_2 的回归直线：

$$b_1 = \frac{L_{1y}L_{22} - L_{2y}L_{12}}{L_{11}L_{22} - L_{12}^2} = \frac{43 \times 2 - 185 \times 0}{8 \times 2 - 0} = 5.375$$

$$b_2 = \frac{L_{2y}L_{11} - L_{1y}L_{12}}{L_{11}L_{22} - L_{12}^2} = \frac{18.5 \times 8 - 43 \times 0}{8 \times 2 - 0} = 9.25$$

$$a = \bar{y} - b_1\bar{x}_1 - b_2\bar{x}_2 = 50.375 - 5.375 \times 5 - 9.25 \times 2.5 = 0.325$$

$$\hat{y} = 0.375 + 5.375x_1 + 9.25x_2$$

回归直线中的 b_1 和 b_2 代表了 x_1 和 x_2 对 y 的作用力的大小，将 x_1 和 x_2 代入式(4-36)，则共同对 y 的解释力 $RSSR(x_1, x_2)$，以及它们解释后剩余部分 $RSS(x_1, x_2)$ 有：

$$RSSR(x_1, x_2) = b_1 L_{1y} + b_2 L_{2y} = 5.375 \times 43 + 9.25 \times 18.5 = 402.25$$

$$TSS = L_{yy} = 419.875$$

$$RSS(x_1, x_2) = TSS - RSSR(x_1, x_2) = 419.875 - 402.25 = 17.625$$

现在把以上三个回归方程放在同一图5-2中：

```
┌─────────────────────────────────┐     ┌─────────────────────────────────┐
│ ① 回归线只包含自变量 $x_1$       │     │ ② 回归线只包含自变量 $x_2$       │
│   $\hat{y} = 23.5 + 5.375x_1$   │     │   $\hat{y} = 27.25 + 9.25x_2$   │
│   $RSSR(x_1) = 231.125$         │     │   $RSSR(x_2) = 171.125$         │
│   $TSS = 419.875$               │     │   $TSS = 419.875$               │
│   $RSS(x_1) = 188.750$          │     │   $RSS(x_2) = 248.750$          │
└─────────────────────────────────┘     └─────────────────────────────────┘
                       ↘                       ↙
                  ┌──────────────────────────────────────┐
                  │ ③ 回归线包含 2 个自变量 $x_1 x_2$    │
                  │   $r_{12} = 0$                       │
                  │   $\hat{y} = 0.375 + 5.375x_1 + 9.25x_2$ │
                  │   $RSSR(x_1, x_2) = 402.25$          │
                  │   $TSS = 419.875$                    │
                  │   $RSS(x_1, x_2) = 17.625$           │
                  └──────────────────────────────────────┘
```

图 5-2

图 5-2 表明,由于 x_1 和 x_2 之间相关 $r_{12} = 0$,所以 x_1 和 x_2 同时对 y 的作用的回归系数 b_1 和 b_2,与 x_1、x_2 分别对 y 作用的回归系数是相同的。①和③的回归方程中的 b_1 都等于 5.375,而②和③的回归方程中的 b_2 都等于 9.25,说明 x_1 和 x_2 对 y 的作用力是独立的,并不因相互的存在而改变。

同样从解释掉的回归平方和中可以发现,③的回归方程中 x_1 和 x_2 共同对 y 解释掉的回归平方和 $RSSR(x_1, x_2)$,是①和②的回归方程中各自对 y 解释掉的回归平方和 $RSSR$ 之和:

$$RSSR(x_1, x_2) = RSSR(x_1) + RSSR(x_2)$$
$$= 231.125 + 171.125 = 402.25$$

这三条回归线之间的关系是,从①中通过 x_1,y 未被解释的误差为 $RSS(x_1) = 188.75$,接着再由②,通过 x_2,y 被解释掉的误差回归平方和为 $RSSR(x_2) = 171.125$,于是从①中的 $RSS(x_1)$ 扣去②中 x_2 的回归平方和 $RSSR(x_2)$,恰好就是③中 x_1 和 x_2 共同对 y 未能解释掉的剩余平方和 $RSS(x_1, x_2)$:

$$RSS(x_1, x_2) = RSS(x_1) - RSSR(x_2)$$
$$= 188.75 - 171.125 = 17.625$$

同理,从②中通过 x_2,y 未被解释的误差为 $RSS(x_2) = 248.75$,接着再由①,通过 x_1,y 被解释掉的误差回归平方和为 $RSSR(x_1) = 231.125$,于是从②中 $RSS(x_2)$

中扣去①中 x_1 的回归平方和 $RSSR(x_1)$，恰好就是③中 x_1 和 x_2 共同对 y 未能解释掉的剩余平方和 $RSS(x_1,x_2)$：

$$RSS(x_1,x_2) = RSS(x_2) - RSSR(x_1)$$
$$= 248.75 - 231.125 = 17.625$$

即有：

$$RSS(x_1) - RSSR(x_2) = RSS(x_2) - RSSR(x_1) = RSS(x_1,x_2)$$

实例说明 x_1 和 x_2 同时对 y 作用的回归系数 b_1 和 b_2，与 x_1、x_2 分别对 y 作用的回归系数是相同的，x_1 和 x_2 同时对 y 与 x_1、x_2 解释掉的平方和 $RSSR(x_1,x_2)$ 是 x_1、x_2 分别对 y 解释掉的回归平方和的加总(图5-3)。

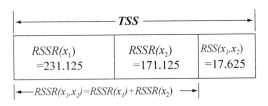

图 5-3

以上的关系，还可以用公式来说明，将二变量回归系数的公式(4-8)和式(4-9)经过简单的运算，可得到以下回归系数的表达式：

$$b_1 = \frac{L_{22}L_{1y} - L_{12}L_{2y}}{L_{11}L_{22} - L_{12}^2} = \frac{\dfrac{L_{1y}}{L_{11}} - \sqrt{\dfrac{L_{yy}}{L_{11}}}\, r_{y2} r_{12}}{1 - r_{12}^2} \tag{5-2}$$

$$b_2 = \frac{L_{11}L_{2y} - L_{12}L_{1y}}{L_{11}L_{22} - L_{12}^2} = \frac{\dfrac{L_{2y}}{L_{22}} - \sqrt{\dfrac{L_{yy}}{L_{22}}}\, r_{y1} r_{12}}{1 - r_{12}^2} \tag{5-3}$$

其中

$$r_{12} = \frac{L_{12}}{\sqrt{L_{11}L_{22}}}$$

当 $r_{12}=0$ 时，b_1、b_2 退化为一元回归系数相同的表达式：

$$b_i = \frac{L_{iy}}{L_{ii}} \quad i=1,2$$

或者说，在一元回归方程的基础上，再增加第二个自变量，原先一元回归方程的回归系数是不变的，因为第二个自变量与第一个自变量是无相关的。

三、自变量存在相关的例子

以上是自变量不存在相关的情况,如果自变量之间存在相关,则忽略了其中的自变量,将对回归线产生影响。下面用实例来说明。

[例]2 根据第四章[例]1,有:$L_{11}=134.95, L_{22}=59.20, L_{yy}=165.00$。$L_{1y}=100.50, L_{yy}=39.00, L_{12}=23.2$,试比较 $\hat{y}=a+bx_1$,$\hat{y}=a'+b'x_2$ 和 $\hat{y}=a_0+b_1x_1+b_2x_2$。

[解] 根据 $r_{12}=\dfrac{L_{12}}{\sqrt{L_{11}L_{22}}}=\dfrac{23.2}{\sqrt{134.95\times 59.20}}=0.2596$,可以认为:

自变量之间存在相关 $r_{12}=0.2596$,分析的模型如图 5-4:

图 5-4

和本章[例]1 的做法相同,先看 x_1、x_2 分别加入方程,然后再看同时加入方程的情况,并进行比较。

(1) 首先计算方程中只有 x_1 的情况,y 对 x_1 的回归方程有:

$$b=\frac{L_{1y}}{L_{11}}=\frac{100.50}{134.95}=0.745$$

$$a=\bar{y}-b\bar{x}_1=5.50-0.745\times 4.95=1.814$$

$$\hat{y}=1.814+0.745x_1$$

x_1 对 y 解释掉的误差 $RSSR(x_1)$ 和剩余误差 $RSS(x_1)$ 都可以通过 L_{ij} 求得:

$$RSSR(x_1)=\frac{L_{1y}^2}{L_{11}}=\frac{(100.5)^2}{134.95}=74.844$$

$$TSS=165.00$$

$$RSS(x_1)=90.16$$

(2) 进一步再计算方程中只有 x_2 的情况,y 对 x_2 的回归方程:

$$b=\frac{L_{2y}}{L_{22}}=\frac{39.00}{59.20}=0.659$$

$$a=\bar{y}-b\bar{x}_2=5.50-0.659\times 5.2=2.074$$

第五章　多重共线与回归方程自变量的选择

$$\hat{y} = 2.074 + 0.659x_2$$

及解释掉的误差 $RSSR(x_2)$：

$$RSSR(x_2) = \frac{L_{2y}^2}{L_{22}} = \frac{(39.00)^2}{59.2} = 25.693$$

$$TSS = 165.00$$

$$RSS(x_2) = TSS - RSSR(x_2) = 139.307$$

（3）最后再看 x_1、x_2 同时加入方程，计算 y 对 x_1 和 x_2 的回归直线。

由于 x_1、x_2 同时加入方程的情况，其回归方程在第四章[例]1 和[例]5 中已有，所以只抄写在图 5-5 的③中，现在把以上三个回归方程，都列在同一图 5-5 上：

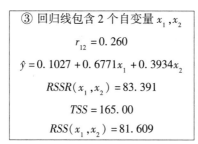

图 5-5

可以发现，由于 x_1 和 x_2 之间相关 $r_{12} \neq 0$，x_1 和 x_2 同时对 y 的作用的回归系数 b_1 和 b_2，与 x_1、x_2 分别对 y 作用的回归系数是不相同的。这点从式(5-2)和式(5-3)也可以得以说明：

$$b_1 = \frac{L_{22}L_{1y} - L_{12}L_{2y}}{L_{11}L_{22} - L_{12}^2} = \frac{\dfrac{L_{1y}}{L_{11}} - \sqrt{\dfrac{L_{yy}}{L_{11}}} r_{y2} r_{12}}{1 - r_{12}^2} \tag{5-4}$$

$$b_2 = \frac{L_{22}L_{2y} - L_{12}L_{1y}}{L_{11}L_{22} - L_{12}^2} = \frac{\frac{L_{2y}}{L_{22}} - \sqrt{\frac{L_{yy}}{L_{22}}} r_{y1} r_{12}}{1 - r_{12}^2} \quad (5-5)$$

其中

$$r_{12} = \frac{L_{12}}{\sqrt{L_{11}L_{22}}}$$

只要 $r_{12} \neq 0$,二元回归中的

$$b_1 \neq L_{1y}/L_{11}$$
$$b_2 \neq L_{2y}/L_{22}$$

因此也就不会等于一元回归系数。

也就是说,在一元回归方程基础上,增加为二元回归,原有一元回归方程的回归系数就会改变。

(4) 同样从解释掉的回归平方和可以发现,x_1 和 x_2 共同对 y 解释掉的回归平方和 $RSSR(x_1, x_2)$,不等于各自对 y 解释掉的回归平方和 $RSSR$ 之和:

$$RSSR(x_1, x_2) \neq RSSR(x_1) + RSSR(x_2) \quad (5-6)$$

且

$$RSS(x_1) - RSSR(x_2) \neq RSS(x_2) - RSSR(x_1) \neq RSS(x_1, x_2) \quad (5-7)$$

究其原因,因为当方程中只引入 x_1 时,其解释掉的方差为 $RSSR(x_1)$,但由于存在 $r_{12} \neq 0$,$RSSR(x_1)$ 中已不自觉地包含了部分 x_2 对 y 的解释,当方程再引入 x_2 时,只能是从未被 x_1 解释的部分 $RSS(x_1)$,再增加一部分解释,这部分方差写作 $RSSR(x_2|x_1)$,下面我们比较 $RSSR(x_2)$ 和 $RSSR(x_2|x_1)$ 的区别:

$RSSR(x_2)$:模型引进自变量 x_2,但没有引进其他变量,预测时对 y 解释掉的误差。

$RSSR(x_2|x_1)$:模型中已包含 x_1,再引进 x_2,作为第二个自变量对 y 解释掉误差的增加量。

同理,还有:

$RSSR(x_1)$:模型引进自变量 x_1,但没有引进其他变量,预测时对 y 解释掉的误差。

$RSSR(x_1|x_2)$:模型中已包含 x_2,再引进 x_1,作为第二个自变量对 y 解释掉误差的增加量。

下面用图 5-6 和图 5-7 说明以上两种情况:

第五章 多重共线与回归方程自变量的选择

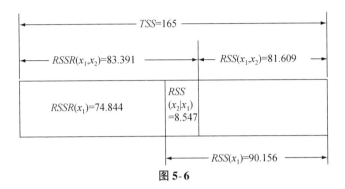

图 5-6

图 5-6 是图 5-5 中①的情况,是模型中先仅引进了 x_1,由 x_1 解释掉的误差为 $RSSR(x_1)=74.844$,剩余误差为

$$RSS(x_1) = TSS - RSSR(x_1) = 165 - 74.844 = 90.156$$

为了得出在 x_1 已经引入模型的情况下,再引进 x_2 所增加的误差解释量 $RSSR(x_2|x_1)$,我们把由 x_1 未能解释掉的剩余误差 $RSS(x_1)$ 减去 x_1、x_2 都引进模型后,最终的剩余误差 $RSS(x_1,x_2)$,见图 5-4 中③,两者差值就是引进 x_2 所增加的误差解释量,即

$$RSSR(x_2 \mid x_1) = RSS(x_1) - RSS(x_1,x_2) = 90.156 - 81.609 = 8.547$$

引进 x_2 附加的误差解释量 $RSSR(x_2|x_1)$ 和原有的 x_1 误差解释量 $RSS(x_1)$ 之和,即是模型引入 x_1、x_2 两个变量解释掉的总误差,如图 5-6:

$$RSSR(x_1) + RSSR(x_2 \mid x_1) = 74.844 + 8.547 = 83.391 = RSSR(x_1,x_2)$$

同理,图 5-7 中是图 5-5 中②的情况,是模型中先引进了 x_2,由 x_2 解释掉的误差为 $RSSR(x_2)=25.693$,剩余误差为

$$RSS(x_2) = TSS - RSSR(x_2) = 165 - 25.693 = 139.307$$

为了得出在 x_2 已经引入模型的情况下,再引进了 x_1 所增加的误差解释量 $RSSR(x_1|x_2)$,我们把由 x_2 未能解释掉的剩余误差 $RSS(x_2)$ 减去 x_1、x_2 都引进模型后,最终的剩余误差 $RSS(x_1,x_2)$,见图 5-5 中③,两者差值就是引进 x_1 所增加的误差解释量,即

$$RSSR(x_1 \mid x_2) = RSS(x_2) - RSS(x_1,x_2) = 139.307 - 81.609 = 57.698$$

引进 x_1 附加的误差解释量 $RSSR(x_1|x_2)$ 和原有的 x_2 误差解释量 $RSS(x_2)$ 之和,即是模型引入 x_1、x_2 两个变量解释掉误差的总误差,如图 5-7:

$$RSSR(x_2) + RSSR(x_1 \mid x_2) = 25.693 + 57.698 = 83.391 = RSSR(x_1,x_2)$$

以上解释,说明了在自变量间存在相关时,式(5-6)和式(5-7)的正确性。

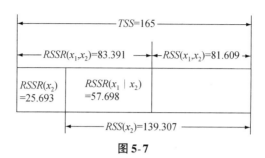

图 5-7

四、回归系数的检验

第四第一节曾给出用 $t_i = \dfrac{b_i}{s_{b_i}}$（式(4-46)）对回归系数 b_i 进行检验,这里再提供一个更直观、等效的 F 检验法。为了解释的方便,这里以二元回归为例,回归系数 b_1,是以 x_2 控制不变情况下,y 增量与 x_1 增量的比值。同理,b_2 是以 x_1 控制不变情况下,y 增量与 x_2 增量的比值,所以回归系数实际是偏回归、净回归系数。而所谓不变,可以理解为前一个自变量 x_1 已经在方程中,现在再增加一个自变量 x_2,看又能净增多少解释的方差,即 $RSSR(x_2|x_1)$,显然 $RSSR(x_2|x_1)$ 相比于剩余方差 $RSS(x_1,x_2)$ 越大,方程中增加解释变量 x_2 越有意义,于是 b_2 有以下偏 F^* 值的检验公式:

$$F^* = \frac{RSSR(x_2 \mid x_1)}{\dfrac{RSS(x_1,x_2)}{n-3}} \tag{5-8}$$

同埋 b_1 有以下偏 F^* 值的检验公式:

$$F^* = \frac{RSSR(x_1 \mid x_2)}{\dfrac{RSS(x_1,x_2)}{n-3}} \tag{5-9}$$

类比于本章第一节回归方程的检验,为了确定 F 的临界值,必须知道 F 分布的分子自由度 K_1 和分母自由度 K_2,对于偏 F^* 值,$K_1=1$,$K_2=n-3$。

五、复判定系数与偏判定系数[①]

第四章第一节介绍了复判定系数式(4-37),它是配置多元回归方程的总体

---

① 〔美〕约翰·内特等:《应用线性回归模型》,第 298—306 页。

第五章　多重共线与回归方程自变量的选择

效果,总体对预测误差的改善：

$$R^2 = \frac{RSSR(x_1, x_2)}{TSS} \tag{5-10}$$

而偏判定系数给出的是在其他变量已经包含在方程的情况下,所增加变量对误差的改善,因此对二元方程来说：

x_1 的偏判定系数

$$r_{y1\cdot2}^2 = \frac{RSS(x_2) - RSSR(x_1, x_2)}{RSS(x_2)} = \frac{RSSR(x_1 \mid x_2)}{RSS(x_2)} \tag{5-11}$$

同理,x_2 的偏判定系数

$$r_{y2\cdot1}^2 = \frac{RSS(x_1) - RSSR(x_1, x_2)}{RSS(x_1)} = \frac{RSSR(x_2 \mid x_1)}{RSS(x_1)} \tag{5-12}$$

复判定系数与偏判定系数的区别,除了分子不同外,分母也是不同的。复判定系数是 x_1、x_2 对 y 解释的总误差 $RSSR(x_1, x_2)$ 在总误差 TSS 中的比例,而偏判定系数是增加变量后减少的误差 $RSS(x_1) - RSSR(x_1, x_2)$ 在增加变量前误差 $RSS(x_1)$ 中的比例。

上述偏判定系数很容易推广到更多自变量的情况：

$$r_{y1\cdot23}^2 = \frac{RSSR(x_1 \mid x_2, x_3)}{RSS(x_2, x_3)} \tag{5-13}$$

$$r_{y2\cdot13}^2 = \frac{RSSR(x_2 \mid x_1, x_3)}{RSS(x_1, x_3)} \tag{5-14}$$

$$r_{y3\cdot12}^2 = \frac{RSSR(x_3 \mid x_1, x_2)}{RSS(x_1, x_2)} \tag{5-15}$$

偏判定系数的取值范围在$[0,1]$,因为偏判定系数的分子不可能大于分母值。

偏判定系数的平方根就是第二节所称的偏相关系数：

$$r_{y1\cdot2} = \sqrt{r_{y1\cdot2}^2} \tag{5-16}$$

$$r_{y2\cdot1} = \sqrt{r_{y2\cdot1}^2} \tag{5-17}$$

第四章第二节式(4-48)曾给出偏相关与零级相关有以下关系式：

$$r_{y1\cdot2}^2 = \frac{(r_{y1} - r_{12}r_{2y})^2}{(1 - r_{12}^2)(1 - r_{2y}^2)} \tag{5-18}$$

$$r_{y2\cdot1}^2 = \frac{(r_{y2} - r_{12}r_{1y})^2}{(1 - r_{12}^2)(1 - r_{1y}^2)} \tag{5-19}$$

下面将用实例说明,用式(5-11)、式(5-12)和用零级相关(式(5-18)、式(5-19))计算的偏相关是等效的。

[例]3 接本节[例]2,计算偏判定系数:

$$r_{y1\cdot2}^2 = \frac{RSSR(x_1 \mid x_2)}{RSS(x_2)} = \frac{57.698}{139.307} = 0.4141 \quad (5\text{-}20)$$

$$r_{y2\cdot1}^2 = \frac{RSSR(x_2 \mid x_1)}{RSS(x_1)} = \frac{8.547}{90.156} = 0.3078 \quad (5\text{-}21)$$

用第四章第一节五中给出的零级相关值,得:

$$r_{1y} = \frac{L_{1y}}{\sqrt{L_{yy}L_{11}}} = 0.6735$$

$$r_{2y} = \frac{L_{2y}}{\sqrt{L_{yy}L_{22}}} = 0.3946$$

$$r_{12} = \frac{L_{12}}{\sqrt{L_{11}L_{22}}} = 0.2596$$

代入式(5-18)得

$$r_{1y\cdot2}^2 = \frac{(r_{1y} - r_{12}r_{2y})^2}{(1 - r_{12}^2)(1 - r_{2y}^2)} = \frac{(0.6735 - 0.2596 \times 0.3946)^2}{(1 - 0.2596^2)(1 - 0.3946^2)}$$

$$= \frac{(0.6735 - 0.1024381)^2}{0.9325078 \times 0.8442908} = 0.4141 \quad (5\text{-}22)$$

代入式(5-19)得

$$r_{2y\cdot1}^2 = \frac{(r_{2y} - r_{12}r_{1y})^2}{(1 - r_{12}^2)(1 - r_{1y}^2)} = \frac{(0.3946 - 0.2596 \times 0.6735)^2}{(1 - 0.2596^2)(1 - 0.6735^2)}$$

$$= \frac{(0.3946 - 0.1748406)^2}{0.9326078 \times 0.5463977} = 0.3078499 \quad (5\text{-}23)$$

可见偏判定系数或偏相关系数,用式(5-20)、式(5-21)或用零级相关表示的式(5-22)、式(5-23)是等效的。

偏判定系数取值范围在[0,1],没有负值,但开方后的偏相关系数可以是负值,其符号取与回归系数 b_i 相同,取值范围在[-1,1]。

偏相关系数在建立多元回归方程中,可以作为自变量筛选的依据。

六、回归系数、偏相关系数和部分偏相关系数检验的关系[①]

在第一章一元回归的分析中,曾指出回归系数与相关系数的检验是相通的,只要检验其中的一个就可以了,因为不可能存在回归系数,而相关却不存在,反之亦然。[②] 对于多元回归,也存在回归系数与相关系数检验的对应关系,但在多元回归中,回归系数是在其他自变量不变情况下,因变量增量与自变量增量的比值,因此回归系数实际是偏回归系数:

$$\hat{y} = a + b_1 x_1 + b_2 x_2$$
$$b_1 = b_{y(1\cdot 2)}, \quad b_2 = b_{y(2\cdot 1)}$$

因此多元回归分析中,各回归系数对应的是其部分偏相关系数或偏相关系数的检验。下面将标准偏回归系数式(4-28)、部分偏相关系数式(4-67)和偏相关系数式(4-48),写作控制变量为 x_2 的形式:

$$B_{y(1\cdot 2)} = \frac{r_{y1} - r_{y2}r_{12}}{1 - r_{12}^2} \tag{5-24}$$

$$r_{y(1\cdot 2)} = \frac{r_{y1} - r_{y2}r_{12}}{\sqrt{1 - r_{12}^2}} \tag{5-25}$$

$$r_{y1\cdot 2} = \frac{r_{y1} - r_{y2}r_{12}}{\sqrt{1 - r_{y2}^2}\sqrt{1 - r_{12}^2}} \tag{5-26}$$

显然,它们是不相等的,但对式(5-24)、式(5-25)、式(5-26)的检验来看,却是相通的,它们都是讨论在已有自变量基础上,新增加变量的解释力是否比剩余误差足够大,从而有足够的把握,可以拒绝新增加变量的解释力来自抽样误差的原假设。实际上,三式的检验公式是相同的,为了说明这一点,现将回归系数 b_1 检验公式式(5-9)、部分偏相关 $r_{y(1\cdot 2)}$ 的检验公式式(4-82)、偏相关系数 $r_{y1\cdot 2}$ 的检验公式式(4-52)摘抄如下:

$$F^* = \frac{RSSR(x_1 \mid x_2)}{\frac{RSS(x_1, x_2)}{n-3}} = \frac{RSSR(x_1 \mid x_2)(n-3)}{RSS(x_1, x_2)} \tag{5-27}$$

$$F = \frac{(R_{y\cdot 12}^2 - R_{y\cdot 2}^2)(n-1-2)}{1 - R_{y\cdot 12}^2} \tag{5-28}$$

[①] E. J. Pedhazur, *Multiple Regression in Behavioral Research: Explanation and Prediction* (2nd Edition), p.123.

[②] 卢淑华编著:《社会统计学(第四版)》,第364页。

$$F = \frac{r_{y1\cdot 2}^2 (n - 2 - 1)}{(1 - r_{y1\cdot 2}^2)} \tag{5-29}$$

其中：

$$R_{y\cdot 12}^2 = \frac{RSSR(x_1, x_2)}{TSS} \tag{5-30}$$

$$R_{y\cdot 2}^2 = \frac{RSSR(x_2)}{TSS} \tag{5-31}$$

$$RSSR(x_1, x_2) - RSSR(x_2) = RSSR(x_1 \mid x_2) \tag{5-32}$$

$$R_{y\cdot 12}^2 - R_{y\cdot 2}^2 = \frac{RSSR(x_1, x_2) - RSSR(x_2)}{TSS} = \frac{RSSR(x_1 \mid x_2)}{TSS} \tag{5-33}$$

$$TSS - RSSR(x_1, x_2) = RSS(x_1, x_2) \tag{5-34}$$

$$1 - R_{y\cdot 12}^2 = \frac{TSS - RSSR(x_1, x_2)}{TSS} = \frac{RSS(x_1, x_2)}{TSS} \tag{5-35}$$

$$r_{y1\cdot 2}^2 = \frac{RSS(x_2) - RSSR(x_1, x_2)}{RSS(x_2)} = \frac{RSSR(x_1 \mid x_2)}{RSS(x_2)} \tag{5-36}$$

$$1 - r_{y1\cdot 2}^2 = \frac{RSS(x_2) - RSSR(x_1 \mid x_2)}{RSS(x_2)} = \frac{RSS(x_1, x_2)}{RSS(x_2)} \tag{5-37}$$

将式(5-30)和式(5-31)代入部分偏相关检验公式(5-28)，经过简单的运算，得出部分偏相关检验公式(5-28)与偏回归检验公式(5-27)是相同的：

$$F = \frac{(R_{y\cdot 12}^2 - R_{y\cdot 2}^2)(n - 1 - 2)}{1 - R_{y\cdot 12}^2} = \frac{RSSR(x_1 \mid x_2)(n - 3)}{RSS(x_1, x_2)} = F^*$$

将式(5-36)代入偏相关检验公式(5-29)，经过简单的运算，得出偏相关检验公式(5-29)与偏回归检验公式(5-27)是相同的：

$$F = \frac{r_{y1\cdot 2}^2 (n - 2 - 1)}{(1 - r_{y1\cdot 2}^2)} = \frac{RSSR(x_1 \mid x_2)(n - 3)}{RSS(x_1, x_2)} = F^*$$

以上是从公式上证明了三者的一致性，同理，如果控制 x_1，也可得出 $B_{y(2\cdot 1)}$，$r_{y(2\cdot 1)}$ 和 $r_{y2\cdot 1}$ 的一致性。实际上看，如果 $r_{y(1\cdot 2)}$，$r_{y(2\cdot 1)}$ 不存在，或 $r_{y1\cdot 2}$，$r_{y2\cdot 1}$ 不存在，但 $b_{y(1\cdot 2)}$，$b_{y(2\cdot 1)}$ 却是存在的，这是很难理解的，因此回归系数(标准回归系数)以及相应的偏相关系数、部分偏相关系数，只要检验其中的一个就可以了。

七、误差讨论

（一）模型误差

回归模型的建立必须要有充分的依据,绝不可轻建模、重处理。下面就模型中引进了无关变量或忽略了有关变量的影响进行讨论

1. 模型中引进了无关变量

设总体中真实的情况是,因变量 y 只与自变量 x_1 有关:

$$Y = \alpha + \beta_1 x_1 + \varepsilon \tag{5-38}$$

但建模时,增加了与 y 无关的 x_2,使用的模型是:

$$Y = \alpha + \beta_1 x_1 + \beta_2 x_2 + \varepsilon$$

通过样本数据,使用最小二乘法,得到了如下的无偏估计式:

$$\hat{y} = a + b_1 x_1 + b_2 x_2 \tag{5-39}$$

方程式(5-38)中的 b_1、b_2 回归系数的点估计值,其分布为[①]:

$$b_1 \sim N(\beta_1, S_{b_1})$$

$$b_2 \sim N(\beta_2, S_{b_2})$$

其中

$$S_{b_1} = \sqrt{\frac{\sum (y - \bar{y})^2 / (n-3)}{\sum (x_1 - \bar{x}_1)^2 (1 - r_{12}^2)}} \tag{5-40}$$

$$S_{b_2} = \sqrt{\frac{\sum (y - \bar{y})^2 / (n-3)}{\sum (x_2 - \bar{x}_2)^2 (1 - r_{12}^2)}} \tag{5-41}$$

当 $r_{12} \neq 0$ 时,S_{b_1}、S_{b_2} 都将增加,这对 x_1 来说,虽然不会改变 b_1 的无偏性,$E(b_1) = \beta_1$,但由于 $S_{b_1} \uparrow$,x_1 估计的有效性降低。对 x_2 来说,由于真实的情况与 y 无关,$E(b_2) = \beta_2 = 0$,但由于 $S_{b_2} \uparrow$,x_2 估计的有效性降低,从而导致一次调查结果,落入 $\beta_2 = 0$ 的概率下降,从而出现 $b_2 \neq 0$ 的情况。

同理,如果增加的无关变量不止一个,且都与 x_i 有关,则变量 x_i 估计的标准差 S_{b_i} 有:

$$S_{b_i} = \sqrt{\frac{\sum (y - \bar{y})^2 / (n-k-1)}{\sum (x_i - \bar{x}_i)^2 (1 - R_i^2)}} \tag{5-42}$$

---

① E. J. Pedhazur, *Multiple Regression in Behavioral Research: Explanation and Prediction* (2nd Edition), p. 59, p. 235.

其中 R_i^2 是其他变量对 x_i 的复回归，$R_i^2 \neq 0$，$S_{b_i} \uparrow$，增加无关的变量会严重影响估计参数的有效性，除非无关变量所形成的 $R_i^2 = 0$。

2. 模型中引进了高度相关的自变量——多重共线的影响

这里讨论的情况和前一部分略有不同，这里引进的自变量和因变量 y 都是有关的，但自变量之间存在高度相关，本节六中所讨论的偏 F^* 式（5-27）说明，回归系数能否通过检验，依赖于在已有方程的回归平方和基础上，增加变量所引起回归平方和的增量，是否超过了偏 F^* 值所要求的值。

例如关于总体中 β_1 是否为零的检验，是在模型给定 x_2 的条件下，看增加了多少回归平方和 $RSSR(x_1|x_2)$，同理，关于总体中 β_2 是否为零的检验，是在模型给定 x_1 的条件下，看增加了多少回归平方和 $RSSR(x_2|x_1)$。

设想，如果 x_1 和 x_2 有很强的线性相关，当讨论 b_1 时，x_2 已先于 x_1 存在模型，因此 x_1 对 y 解释力的贡献，已通过 x_2 计算在 x_2 的份额上，随后引入 x_1，所增加的 x_1 对 y 解释力贡献 $RSSR(x_1|x_2)$ 可能所剩无几，甚至小到偏 F^* 值不能通过临界值，从而不能拒绝总体 $\beta_1 = 0$ 的原假设。同样，当进一步讨论 b_2 时，所剩的 $RSSR(x_2|x_1)$ 也会很小，因此当 x_1 和 x_2 有强相关 $r_{12} \approx 1$ 时，可能出现总体模型的回归方程通过了检验，确认了至少有一个 b_i 不为零，而分别检验单个 b_i 时，x_1 和 x_2 的回归系数却都不能通过，结果出现，总体 $R_{y\cdot 12}^2$ 是显著的，但 b_1、b_2 检验都不能通过，且由于 $r_{12} \neq 0$，回归系数 S_{b1}、S_{b2} 都将增加（式（5-40）和式（5-41）），r_{12} 越大，回归系数的标准差越大，因此如果对总体同时进行两次抽样，两次抽样所得回归系数，可能出现相差甚远的情况，以下是一个数字例子。

[例]4 设有同一总体，做了两次抽样，所得 Y 与自变量 X_1、X_2 的两次样本如下：

样本 1

Y:	10,	15,	20,	30,	35,	42,	55,	70,	81,	90
X_1:	05,	07,	09,	15,	18,	21,	26,	33,	39,	45
X_2:	4.9,	6.8,	8.7,	15.5,	17.4,	20.0,	25.0,	33.3,	39.2,	44.5

样本 2

Y:	10,	15,	20,	30,	35,	42,	55,	70,	81,	90
X_1:	05,	07,	09,	15,	18,	21,	26,	33,	39,	45
X_2:	4.9,	6.8,	8.7,	15.5,	17.4,	20.0,	25.0,	33.3,	44.5,	39.2

比较两次抽样的结果，可以看出，由于来自同一总体，两次样本数据基本相同，其中只有 X_2 的数据最后两项略有差别。下面首先，计算 x_1、x_2 和 y 的相关，

第五章 多重共线与回归方程自变量的选择

由于 $x_{yx_1} > 0.9, r_{yx_2} > 0.9$ 且都大于检验的临界度 $r_{0.05}^{(8)} = 0.63$①，所以将 x_1、x_2 引入回归方程，下面是分别用样本 1 和样本 2 所作的回归：

（1）样本 1：

$$\hat{y} = 0.4761 + 1.2615x_1 + 0.7814x_2$$

$$R^2 = 0.9970, \quad R_c^2 = 0.9962, \quad S_{b_1} = 1.1197, \quad S_{b_2} = 1.1194$$

检验：根据第四章第一节给出的复相关和回归系数检验公式(4-45)和式(4-46)有：

$$F = \frac{R^2(n-k-1)}{(1-R^2)k} = \frac{(0.9970)^2 7}{(1-0.9970^2)2} > F_{0.05}(2,7) = 4.74 \text{②}$$

相关系数检验表

F 分布表

总体回归方程通过了检验。

$$t_1 = b_1/S_{b_1} = 1.2615/1.1197 = 1.127 < t_{0.05/2}(7) = 2.3 \text{③}$$

回归系数 b_1 未通过检验。

$$t_2 = b_2/S_{b_2} = 0.7814/1.1194 = 0.698 < t_{0.05/2}(7) = 2.3$$

回归系数 b_2 未通过检验。

（2）样本 2：

$$\hat{y} = 0.2303 + 1.7555x_1 + 0.2926x_2$$

$$R^2 = 0.9926, \quad R_c^2 = 0.9909, \quad S_{b_1} = 0.1924, \quad S_{b_2} = 0.1923$$

t 分布表

检验：根据第四章第一节给出的复相关和回归系数检验公式(4-45)和式(4-46)有：

$$F = \frac{R^2(n-k-1)}{(1-R^2)k} = \frac{(0.9926)^2 7}{(1-0.9926^2)2} > F_{0.05}(2,7) = 4.74$$

总体回归方程通过了检验。

$$t_1 = b_1/S_{b_1} = 1.7555/0.1924 = 9.12 > t_{0.05/2}(7) = 2.3$$

回归系数 b_1 通过检验。

$$t_2 = b_2/S_{b_2} = 0.2926/0.1923 = 1.5 < t_{0.05/2}(7) = 2.3$$

回归系数 b_2 未通过检验。

通过样本 1 和样本 2 的比较，可以得出，由于自变量之间存在强相关，r_{12} 大

---

① 卢淑华编著：《社会统计学（第四版）》，第 500 页，附表 8。
② 同上书，第 491—499 页，附表 7。
③ 同上书，第 486—487 页，附表 5。

于0.9时,出现了总体回归方程通过了检验,而回归系数检验不稳定,全部(样本1)或部分回归系数(样本2)未能通过检验,从理论上分析,只要自变量之间相关大于0.8,就会出现结果不稳定,甚至检验结果反直观。这是由于自变量之间存在强相关,回归系数的标准差增大,因此样本的回归系数不稳定,差异大。为了更好地关注多重共线,统计处理的软件包(如SPSS)会给出测量多重共线的一个指标,称作容忍度(Tolerance):

$$\text{Tol}_i = 1 - R_i^2 \tag{5-43}$$

R_i^2是自变量x_i与方程中其他自变量复相关系数的平方,R_i^2的取值范围在$[0,1]$,R_i^2值越小,表示方程中其他变量与x_i的多重共线越小,当$\text{Tol}_i=0$时,则表示x_i可以完全地被方程中其他变量所解释,而$\text{Tol}_i=1$,则表示x_i是完全独立的,与方程中其他变量无相关。除了容忍度,有时也可用它的倒数方差膨胀因子(VIF):

$$\text{VIF}_i = 1/\text{Tol}_i \tag{5-44}$$

来表示,这时取值范围为$[1,\infty]$。

3. 模型中忽略了有关变量[①]

设总体中真实的情况是,因变量y与自变量x_1、x_2都有关:

$$Y = \alpha + \beta_1 x_1 + \beta_2 x_2 + \varepsilon \tag{5-45}$$

但建模时,忽略了x_2,使用的模型是:

$$Y = \alpha + \beta_1 x_1 + \varepsilon$$

当$r_{12} \neq 0$,就形成本章七所解释的情况,忽略变量x_2会通过已引入模型变量x_1的传递,隐匿的影响因变量y,其结果是歪曲了已引入变量x_1的作用。

实际上,当我们忽略了与y有关的x_2时,是将x_2归入了误差项$\varepsilon(x_2)$:

$$Y = \alpha + \beta_1 x_1 + \varepsilon(x_2) \tag{5-46}$$

由于误差项$\varepsilon(x_2)$与x_1有关,协方差$\text{Cov}(x_1,\varepsilon) \neq 0$,这时通过样本数据,使用最小二乘法,得到了如下的回归系数b_1是有偏的:

$$\hat{y} = a + b_1 x_1 \tag{5-47}$$

$$E(b_1) = \beta_1 + \beta_2 b_{21} \tag{5-48}$$

b_{21}是x_1对x_2的回归系数:

$$\hat{x}_2 = a_2 + b_{21} x_1$$

进一步地,如果忽略的有关变量还不止一个:$x_3, x_4, \cdots, x_i$,则

[①] E. J. Pedhazur, *Multiple Regression in Behavioral Research: Explanation and Prediction* (2nd Edition), p.226.

第五章 多重共线与回归方程自变量的选择

$$E(b_1) = \beta_1 + \sum \beta_i b_{i1} \tag{5-49}$$

b_{i1} 是 x_1 对 x_i 的回归系数：

$$\hat{x}_i = a_i + b_{i1} x_1 \tag{5-50}$$

这样的结果，不仅会改变原有 β_1 数量大小，甚至方向都可能改变。

说明

当自变量之间存在相关 $r_{12} \neq 0$，对回归系数或回归平方和的解释必须慎重，回归系数不仅受模型已引入变量的影响，同时还会受到被模型遗漏变量的影响，当遗漏的变量和已引入模型的变量，存在 $r_{ij} \neq 0$，遗漏变量会通过已引入模型变量的传递，隐匿的影响因变量 y，其结果是歪曲了已引入变量的作用。这点对因果研究是很有启发的。例如人们对长寿的研究，虽然找到了一些长寿因子，但并不排除还有很多影响长寿的因子未被找到，而这些没找到、被遗漏的因子只要与找到的因子存在相关，它就会潜在地起作用，但这些作用却被归结到已找到的因子名下，这就是为什么有时会有结论被夸大的原因。更有甚者，对于一个原本复杂的因果联系，如果忽略了若干重要的变量，由于忽略变量 b_{i1} 的方向可正可负，这样的结果，不仅会改变原有 β_1 数量大小，甚至方向都可能改变（式(5-50)），结果简化模型对真实的因果关系出现了误导。

通过以上三种情况的讨论，说明这些结果都是由于自变量间存在多重共线（包括自变量存在线性组合）引起的，而多重共线却是社会研究中变量的特征，很难想象社会研究中的因素、变量是孤立的，它们或多或少都存在千丝万缕的联系，同时也很难想象，只研究少数几个因素就可以把一个社会现象解释清楚，因此回归分析一定要有理论依据，绝不可轻率地设计问卷，把计算机处理的结果当作正确的结论。

另外需要指出的是，多重共线对预测的影响并不太大，但从社会研究来看，人们更关心有哪些因素以及哪些因素更为重要，而不是预测。例如，人们关心有哪些重要的因素影响寿命，而不是奢望通过回归能预测到人的寿命。因此讨论多重共线对回归方程中回归系数的影响，在社会研究中是很重要的。

除了以上的讨论外，模型误差还应该包括模型中变量不存在线性可加性，由于非线性含义太广，这部分从略。

（二）测量误差[①]

在讨论回归分析时，我们假定自变量是没有测量误差的，实际上，任何测量

---

① 〔美〕布莱洛克：《社会统计学》，第 426—427 页。

都不可能没有误差,但对定类、定序变量,由于分类粗糙,误差的影响不及定距变量那么明显,因此很少谈及测量误差。方差分析和回归都用到精确测量的定距变量,因此有必要简单讨论测量误差的影响,须强调的是,我们讨论的误差指的是随机误差,不包括非随机的系统误差,如登录错误、隐瞒真相等,因为这些人为因素,一方面是可以通过主观努力克服的,另一方面也是无法估计的。

对于方差分析来说①,组内平方和 RSS 是测量值相对于组内平均值离差平方之和:

$$RSS = \sum \sum (y - \bar{y}_i)^2$$

对于随机误差,它只会影响测量值 y,不会影响平均值 $\bar{y}_i$,因此 RSS 将增大。而组间平方和 BSS 是测量值的组平均值与总平均值的离差平方之和:

$$BSS = \sum \sum (\bar{y}_i - \bar{y})^2$$

由于随机误差并不影响均值,因此 BSS 不改变,因此,对于检验公式

$$F = \frac{BSS/m - 1}{RSS/n - m}$$

F 值将减少,如果测量值的随机误差很大,则有可能使 F 值减少至接受原假设,从而无法判断类别之间存在差异。

对于相关与回归,任何变量的测量误差,都将增大数值的分散性,因此相关系数都会减少,而对于前面回归的讨论,是假定自变量没有随机误差,只有因变量 y 有随机误差 e,因此有回归方程:

$$y = a + bx + e, \tag{5-51}$$

但即便 e 很大,预测 y 的点估计值并不会改变,因为 e 的平均效果为零,因而总体回归系数 β 的估计值 b 并不会改变,能引起改变的是预测变量 y 的标准差 S,它与剩余误差 RSS 有关,近似地写作:②

$$S = \sqrt{\frac{RSS}{n-2}} = \sqrt{\frac{(y-\hat{y})^2}{n-2}}, \tag{5-52}$$

而 y 的区间估计为 $[\hat{y} - Z_{\alpha/2}S, \hat{y} + Z_{\alpha/2}S]$,因此,可以说,如果只有 y 有误差,回归系数(斜率 b)不变,y 的点估计值不变,但由于 S 变大,估计区间变宽,估计的精度下降了。

如果 x 和 y 都有误差,又将如何呢?

---

① 见本书第二章第二节。
② 见本书第一章第四节。

第五章 多重共线与回归方程自变量的选择

设自变量的真值是 x,由于有测量误差,测到值是 x',两者的关系是:$x' = x + u$,当 u 是随机误差时,其平均值为 0:$E(u) = 0$,设误差 u 与 x 是独立的,不存在相关,因此方差有如下关系:

$$\sigma_{x'}^{'2} = \sigma_x^2 + \sigma_u^2,$$

而 y 对实测 x' 的回归系数 β' 与 y 对真值 x 回归系数 β 则有如下关系式:

$$\beta' = \beta \frac{\sigma_x^2}{\sigma_{x'}^{'2}} = \beta \frac{\sigma_x^2}{\sigma_x^2 + \sigma_u^2} = \beta \frac{1}{1 + \sigma_u^2/\sigma_x^2}$$

由此可见,当自变量存在测量误差时,实测的回归系数会变小,变小的程度取决于误差项的方差 σ_u^2 与真值方差 σ_x^2 的比较,例如,如果误差项的方差 σ_u^2 大于真值方差 σ_x^2,是它的 2 倍:$\sigma_u^2/\sigma_x^2 = 2$,则 β' 是 β 的 1/3,反之,如果真值方差远大于误差项的方差 σ_u^2,则 σ_u^2/σ_x^2 可忽略不计,这时测量误差可忽略不计。

或许有人会问,这里的讨论是否有意义?因为如果真值不知道,无论 σ_x^2 还是 σ_u^2 我们都不知道,唯一能知道的是 $\sigma_{x'}^{'2}$,但这无助于得出 σ_u^2/σ_x^2。实际上,这样的讨论,对深入理解和谨慎做出结论是很有好处的,例如对于比较研究,当出现总体不同的回归系数时,它既可以确是事物本质不同的 β,也可能是测量误差所致,甚至即便是相同的测量误差,由于原有真值方差的不同,造成的影响还不相同。例如对不同地区作比较研究,如果甲地的同质性好,变量的方差 σ_x^2 小,测量误差的影响就大些,因此,虽然两地真实的 β 和测量的精度 σ_u^2 相同,但呈现的 β' 并不相同。这样的问题,同样存在于变迁研究,例如研究"态度"问题时,如果不同时段 σ_u^2/σ_x^2 不同,那么不同时段测得的差异,就未必意味着态度真正有了变化。

(三)量度误差理论

一般说来,测量的可靠性越差,多重共线越强,测量误差对回归系数的影响越大,其中包括某些自变量。

一般人认为误差就是由于测不准引起的,也就是统计中所讨论的随机误差,但实际上还有另一部分误差,那就是量度本身也会引起误差,因为变量的量度,往往是通过指标进行间接测量,因此在变量测量之前,必须先建立变量与指标之间的辅助理论。例如犯罪率的测量,是通过间接的登录在案的犯罪率获得的,设 x 表示实际的犯罪律,x' 表示登录在案的犯罪率,于是有:

$$x' = a + bx + e$$

b 为报案率,其中各种类型的犯罪报案率是不同的,强奸案的报案率就要低于谋杀案,同时还可能和地域、风俗习惯等有关。可见,看似是个测量问题,实际上由于测量往往是间接的,因此测量前必须要有用以表达指标和变量之间关系的辅助理论,而辅助理论的核心就是因果关系,例如用一系列的数学试题来测试学生的数学能力,这是用试题的成绩作为数学能力的果来测量变量,因为学生数学能力反映在试题的解题能力上;此外也有用变量的因作为测量的指标,如一个人的社会身份可用年龄、文化、职业来衡量。

由于社会学研究内容的复杂,量度之前,必须对研究的概念要有明确的定义,有了明确定义,才能建立要研究的实质性理论假设,这些都是社会学研究方法所涉及的内容,而这里所说的量度理论,是指变量和用以测量变量的替代物之间的关系,首先它和替代物之间必须有因果联系,其次,这样的关系模型是正确可靠、经得起质疑的。例如为了研究 x 与 y 的关系,我们引入 x 的替代物 z,z 是 x 的原因变量如图5-8:

$$z \rightarrow x \rightarrow y$$

图 5-8

但这样的关系模型,隐含着一个条件,即 z 不能同时对 y 有影响,如果 z 同时对 y 有影响,则 x 和 y 之间将形成虚假相关,那么是否可以通过控制 x 来检验 z 和 y 之间有关系呢?实际当 x 测量存在误差时,测得的是带有误差的 x',而不是 x,见图5-9:

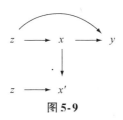

图 5-9

对于这种情况,正如布莱洛克所告诫的,如果你对理论信心足,虽然不能检验,但能确认 z 对 y 没有影响,还是可以引入 z(手段变量)的,但如果对 y 是否有影响,并不敢肯定,但能确定 x' 的量度误差不大,那最好不要引进手段变量了。实质性的理论越不能肯定,量度就越要仔细,如果实质性理论和量度理论都把握不大,面对这样的复杂问题,就要对自己的成果谦虚点儿,或索性带点儿幽默感,承认一时半会儿解决不了。[①]

最后归纳一下回归分析在非实验性设计中运用的问题。

回归分析无论在自然科学中还是在社会科学中都得到了广泛的运用。但

[①] 布莱洛克1984年来华讲课。

第五章 多重共线与回归方程自变量的选择

应该看到在非实验性设计中,例如社会调查,它的变量在测量中是无法控制的。所谓控制只是用纸和笔进行分类。而在自然科学中,由于变量可以通过实验条件的控制和反复测量,因此变量测量的精度是比较高的,但在社会调查中,由于变量本身的概念,以及社会、心理等因素的影响,根据国外介绍,其可靠性只能达到真值的 0.5—0.8。那么这些变量测量中的误差是怎样影响回归分析的呢?

首先因变量的测量误差,可以导致估计中标准差的增加,其结果是减少显著性差异,但不会导致回归系数的偏估。

对于自变量的测量,根据回归假定是要求没有测量误差的。而实际自变量测量误差的存在,它可以导致回归系数的低估。这对单总体来说,问题还不大,因为至多只是估计得保守一些而已。但问题如果是回归系数的比较,那么由于变量测量误差的不同,会导致回归系数比较的错误结论。同样,如果自变量不止一个,而每个自变量的测量误差又不同的话,其结果也会变得十分复杂。

同时在回归假定中,要求误差项 e 与自变量是相互独立无关的。这一点在实验性设计中也比较容易满足,但对社会调查收集的资料来说,必须慎重考虑其独立性是否得到了满足。特别是那些判定系数 r^2 很小的情况,例如只有 10%,那就很难保证剩下的 90% 误差是否确与自变量是无关的。正如国外社会学家所指出的[①],应该清醒地看到,目前很多基于回归的因果分析,其结论很可能是歪曲了实际情况的。这向人们敲响了警钟,在运用回归分析的同时,必须注意自己的假定和测量。

以上是从使用回归方法本身来看,另外还可以从更广泛的非实验性研究的角度来看,社会调查属非实验性设计,其特点是研究现象的形成过程是研究者无法干预的,这点与实验性设计有很大不同。且不说自然科学中的实验,就以社会科学中的实验性研究,也是除了要研究的因素外,把其他干扰因素统统控制,或随机化,然后干预所要研究的因素,看它对因变量的影响。例如我们要研究不同教学方法的效果,但认为不同的年龄、性别、智商、家庭背景也会影响或干扰教学效果,那我们可以选择相同的年龄、性别、智商、家庭背景,或者采用随机抽取的方法确定每组的人选,以期使干扰因素随机化。最后让各组采用不同的教学方法,观察教学效果是否有所不同。但遗憾的是,在社会研究中这样的实验设计往往是不可行的。例如我们不能像实施不同教学方法那样,指定一部分人吸烟、另一部分人不吸烟,以便进行吸烟对健康危害的研究。研究者只能从既成的、不同健康水平的人群中了解他们是否抽烟。类似的非实验性设计在

---

① E. J. Pedhazar, *Multiple Regression in Behavioral Research: Explanation and Prediction* (2nd Edition), p.36.

社会研究中比比皆是。例如研究婚姻问题,我们只能在已经是婚姻美满或不美满的人群中寻找哪些因素影响婚姻的美满,同样我们也只能在长寿老人中探索长寿的奥秘。由于这是回溯性的探讨,不免见仁见智,从而出现同样的资料会有不同的模型和不同的解释。而各种模型的解释力(判定系数 R^2)又都不很高,一般都在30%。难怪有国外的社会学大师都感叹,社会研究要找到真正的因果关系是很难的。或许有人说,这都是做定量的人想出来的,这种看法是不对的,应该看到这是研究中的一大进步,正如社会学大师布莱洛克来华讲学时所指出的,定性研究实际也同样存在这类问题,只是还没有意识到罢了。

回归分析中有关误差的归纳[①]:一般说来,测量的可靠性越差,多重共线越强,测量误差对回归系数的影响越大。回归分析中假定自变量测量是无误差的,但实际还是有误差的,一般测量误差分作三类:(1)概念性错误:当研究变量直接测量有困难时,所用的替代物,例如用掌握词汇量多少来代表智力,显然这样的智力测量是有偏估的。但回归系数偏估的数量大小并无法知道。(2)系统误差:如被访人回答错误,这里可能是有意识的,也可能是无意识的,各种访问环节都可能出错,由此引起的偏估的数量大小也是无法知道。(3)随机误差:这是较多研究的,但仍有很多人并不重视,简单地说,对一元回归,因变量的测量误差将归入剩余误差项,不影响非标准化回归系数 b,而标准化回归系数 β 将减小,而自变量的测量误差使 b、β 都减小。但对多变量回归,自变量测量误差导致回归系数偏估的方向是不定的。其中不排除偏估的结果,导致完全失真的情况,例如当 x_1 和 x_2 测量无误差时,标准回归系数 $\beta_1 > \beta_2$,当 x_1 和 x_2 测量有误差时,标准回归系数 $\beta_1' < \beta_2'$,完全歪曲了变量之间的关系。

第二节 回归方程自变量的选择

一、回归方程的建立过程

回归模型是因果分析的基础工具,也是其他多元分析方法的基础。因此在多元分析中,特别重视多元回归方程。通过上节内容的介绍,说明在回归模型中,无论是引进了无关的变量或忽略了重要的自变量,都会影响正确地建立回归方程,因此要重视建立回归方程的每一个环节,为此在收集资料之前,要做好理论上的准备工作,主观上必须先有一系列有待检验的看法,要有的放矢,否则

[①] E. J. Pedhazar, *Multiple Regression in Behavioral Research: Explanation and Prediction* (2nd Edition), p. 230

盲目收集资料,必然丢三落四,出现资料不全或资料冗余的情况,对正确建立回归方程都是不利的。

回归方程的建立过程就是回归方程中自变量的引进和筛选过程,对于一个因变量多元复回归的情况,收集到的因素或自变量,其中可能有些对因变量的重要性并不很高,有些可能相互多重共线,有些测量误差可能很大,但借助统计软件(如SAS,SPSS)的操作,都可以在众多的自变量中筛选出少而精的自变量。但需要指出的是,筛选的方法,并非只有一种,根据关注的重点不同,最终的回归方程可能会有所不同。例如气象学中的回归,重在预测,因此回归预测的精度很重要。而在另外一些领域,重在描述因素的重要性,因此关注回归方程中的回归系数,这样所选到的自变量可能会有所差别。

自变量的筛选,既要剔除一些必要性不大的变量,同时也不能一味追求简化,以至于把关键的变量精简掉。整个筛选过程是主观判断与资料统计处理相结合的过程。下面根据SPSS统计包,介绍几种自变量的筛选方法:

(一)前进法(FORWARD)

(1)建立 $y 、 x_1 、 x_2 、 x_3 \cdots$ 相关系数矩阵表,找出 y 和 x_i 中相关系数最大的一个,设 x_1 与 y 相关系数最大,因此 x_1 首先进入方程:

$$\hat{y} = a + b_1 x_1 \tag{5-53}$$

进入后进行检验,通过检验后才能确认方程的建立,如果不能通过检验,则建立过程终止。设式(5-53)通过了检验,则继续以下过程。

(2)将余下的自变量分别与 x_1 求偏相关系数:

$$r_{yi \cdot 1}^2 = \frac{R_{y \cdot 1i}^2 - R_{y \cdot 1}^2}{1 - R_{y \cdot 1}^2}, \quad i = 2, 3, \cdots \tag{5-54}$$

由于偏相关系数反映了增加新变量后的相对解释力,挑选其中最大者入方程,设 $r_{y2 \cdot 1}^2$ 最大,x_2 进入方程:

$$\hat{y} = a + b_1 x_1 + b_2 x_2$$

进入后进行检验,通过检验后,才能确认方程的建立。

(3)将余下的自变量与 $x_1 、 x_2$ 分别求偏相关系数 $r_{yi \cdot 12}^2$:

$$r_{yi \cdot 12}^2 = \frac{R_{y \cdot 12i}^2 - R_{y \cdot 12}^2}{1 - R_{y \cdot 12}^2}, \quad i = 3, 4 \tag{5-55}$$

将其最大者对应的自变量进入方程,并进行检验,依此类推,不断重复,直至再没有新的变量可以通过检检为止。

(二) 后退法(BACKWARD)

(1) 将全部自变量全部加入方程,并对方程进行检验,如果 F 值通过了检验,则说明方程的建立可以确认:

$$\hat{y} = a + b_1x_1 + b_2x_2 \cdots b_kx_k \tag{5-56}$$

(2) 检验回归系数 b_1、$b_2\cdots b_k$,将其中未能通过检验的 b 剔除,如果同时有若干个 b 值未能通过,则将其中 t 值(或 F 值)最小的变量先剔除。设 t_1 值最小,所以先剔除 x_1。

(3) 在自变量之间有相关的情况下,剔除某个变量后,剩余变量建立的回归方程将有变化,因此必须重新建立方程:

$$\hat{y} = a + b_2x_2 \cdots b_kx_k \tag{5-57}$$

(4) 对新建的方程建行检验,再次剔除未能通过检验的变量,依此类推,不断重复,直至方程中所有变量都是通过检验的。

(三) 逐步回归法(STEPWISE)

逐步回归法是将前进法和后退法结合起来,前进法是变量不断地进入方程,变量一旦进入方程就不会被剔除,但变量间往往存在多重共线,因此增加新变量后,等于对回归系数增加了新变量的控制,例如当方程只有 2 个自变量时,其回归系数是 $b_{y(1\cdot2)}$ 和 $b_{y(2\cdot1)}$,但方程引入 3 个变量时,其回归系数就变为 $b_{y(1\cdot23)}$ 和 $b_{y(2\cdot13)}$,$b_{y(3\cdot12)}$,其中有可能并不显著,因此用后退法,对变量进行剔除,因此变量筛选过程是:前进法——后退法——前进法……不断重复,直至方程中所有变量都通过检验。具体是在逐步筛选变量之前,先要确定引进变量的显著性水平 α_{in} 和剔除变量的显著性水平 α_{out},一般情况下 $\alpha_{in} < \alpha_{out}$。例如,当检验的统计量 F 值对应概率为 p,当 $p \leq \alpha_{in}$,则引进该变量,否则不引进。$P \geq \alpha_{out}$,则剔除该变量,否则不剔除。有了引进与剔除变量的检验标准,下面是具体的逐步筛选的步骤:

(1) 按前进法。

选第一变量,并检验;选第二变量,并检验。

(2) 按后退法。

作 2 个自变量回归方程,并检验是否有未能通过检验需要剔除的变量。

(3) 按前进法。

余下的自变量分别与选入方程的自变量作偏相关,挑选偏相关系数最大的引入方程。

第五章　多重共线与回归方程自变量的选择

(4) 按后退法。

检查新建立的回归方法,并检验是否有未能通过检验需要剔除的变量。

依此类推,不断重复,反复按这样的"进"和"退",直到方程包含了全部通过显著性检验的自变量。以上的循环步骤,可概括为以下的流程示意图5-10:

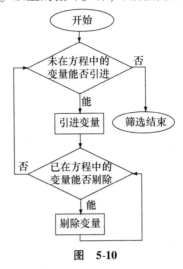

图　5-10

(四) 其他还有两种不常用的方法

主观输入法(ENTER),研究者根据研究的需要以及已有的经验、理论,自行决定引入一个或一组自变量并建立回归方程。

主观退出法(REMOVE),研究者根据研究的需要以及已有的经验、理论,自行决定在回归方程中剔除一个或一组自变量。

二、回归方程建立过程实例介绍

回归方程的建立都是由统计包完成的,下面通过 SPSS 的实例输出,介绍逐步回归建立的过程。

[例]5　根据样本,找到影响因变量 Y 的可能因素有 4 个:x_1、x_2、x_3、x_4,试用逐步回归方法建立回归方程。①

第一步,首次挑选自变量方法。作 y 与 x_1、x_2、x_3、x_4 零级相关,结果有:

$$r_{y1} > r_{y2} > r_{y3} > r_{y4}$$

---

① 阮桂海主编:《数据统计与分析——SPSS 应用教程》,北京大学出版社 2005 年版,第 187—202 页,这里为了便于叙述数字之间关系,略去了变量名称的具体内容和原始数据。

r_{y1} 最大,$r_{y1} = 0.263$,因此首先 y 与 x_1 作回归:

$$\hat{y} = a + bx_1$$

SPSS 给出三张表,表 5-2、表 5-3 和表 5-4:

表 5-2　Model 1

Multiple R	0.263
R Square	0.069
Adjusted R Square	0.060
Standard error	6.17

表 5-3　ANOVA

Analysis of variance	DF	Sum of Square	Mean	F	Sig.
Regression	1	295.114	295.114	7.756	0.006
Residual	104	3957.424	38.052		
Total	105	4252.538			

表 5-4　Variables in the equation

Variable	B	SEB	Beta	t	Sig.
constant	53.980	10.8		4.989	0.000
x_1	0.372	0.134	0.263	2.785	0.006

1. 表 5-2 中的名词解释

(1) R Square 为判定系数:

$$R^2 = \frac{TSS - RSS}{TSS} = \frac{RSSR}{TSS} = 1 - \frac{RSS}{TSS} \tag{5-58}$$

它是自变量对因变量解释力的标志,数值越大,解释力越强,将表 5-3 各值代入式(5-58),$R^2 = \frac{295.114}{4252.538} \approx 0.06$,$R^2$ 只有 6%,说明仅用 x_1 对应变量进行解释,还是很弱的。

(2) Multiple R 为复相关系数,是判定系数的开方:$R = \sqrt{R^2}$。

(3) Adjusted R Square 为修正判定系数:

$$R_c^2 = 1 - \frac{\overline{RSS}}{\overline{TSS}} = R^2 - \frac{k}{n-k-1}(1 - R^2) \tag{5-59}$$

k 为自变量数目,n 为样本容量。R_c^2 是将 R^2 中的 RSS 和 TSS 取为平均 RSS 和平

第五章　多重共线与回归方程自变量的选择

均 TSS，对于样本数据，修正的判定系数更能反映增加变量的功效。

（4）Standard error 为估计的标准误差：

$$S_e = \sqrt{\overline{RSS}} = \sqrt{\frac{RSS}{n-k-1}}$$

它是多元回归作区间估计的重要指标。

2. 表 5-3 中的名词解释

（1）Regression 指回归平方和 $RSSR$：

$$RSSR = \sum (\hat{y} - \bar{y})^2$$

它是回归方程所能解释的方差。对应的 DF 是指回归平方和的自由度，它等于自变量数，$DF = k$，这里是首先引入的自变量，所以 $DF = 1$，Mean 是平均回归平方和 $RSSR/k$，k 为自变量数目，这里 $k = 1$。

（2）Residual 指回归方程还不能解释的剩余平方和 RSS：

$$RSS = \sum (y - \hat{y})^2$$

DF 是指剩余平方和的自由度，对应的 DF 是指剩余平方和的自由度，$DF = n - k - 1$，Mean 是平均剩余平方和 $RSS/[n-k-1]$，它的开方正是表 5-2 中作为预测用的区间估计标准误差

$$S_e = \sqrt{38.052} = 6.17$$

（3）Total 指总平方和 TSS：

$$TSS = \sum (y - \bar{y})^2, \quad TSS = RSSR + RSS$$

（4）表 5-3 的平方和用来对引入方程作检验用：

$$F = \frac{\frac{RSSR}{k}}{\frac{RSS}{n-k-1}} = \frac{\overline{RSSR}}{\overline{RSS}} \sim F(k, n-k-1) \tag{5-60}$$

用表 5-3 中 Regression、Residual 的 Mean 代入式(5-60)：

$$F = 295.114/(38.052) = 7.756$$

正是表 5-3 中所给出的 F 值，它对应的显著性，表 5-3 中给出 Sig. = 0.006，因此引入的第一个变量是成立的。

3. 表 5-4 中的名词解释

表 5-4 是回归系数及其检验，其中常数项及所挑选的 x_1 显著性水平远远小于 0.000，而一般只要求达到 $\alpha < 0.05$，即可认为其回归系数通过了检验，因此常数项及 x_1 可以保留在回归方程。

第二步,用前进法挑选第二个入选的自变量。为此要计算控制 x_1 之后,每个自变量与 y 的偏相关系数 $r_{y2\cdot 1}^2$、$r_{y3\cdot 1}^2$、$r_{y4\cdot 1}^2$,挑出其中最大值,并检验之。结果表明 x_2 的偏相关系数最大,$r_{y2\cdot 1}^2 = 0.292(\alpha < 0.05)$,因此取 x_2 引入方程,得表 5-5、表 5-6、表 5-7:

表 5-5　Model 2

Multiple R	0.386
R Square	0.149
Adjusted R Square	0.132
Standard error	5.93

表 5-6　ANOVA

Analysis of variance	DF	Sum of Square	Mean	F	Sig.
Regression	2	633.469	316.734	9.014	0.000
Residual	103	3619.069	35.137		
Total	105	4252.538			

表 5-7　Variables in the equation

Variable	B	SEB	Beta	t	Sig.
constant	46.046	10.7		4.301	0.000
x_1	0.407	0.129	0.288	3.161	0.002
x_2	3.843	1.238	0.283	3.103	0.002

表 5-5 至表 5-7 表明,引入 x_2 后,无论是作为整体方程 R^2 的 F 值和 x_1、x_2 的回归系数 t 值都通过了检验标准 $\alpha < 0.05$,因此 x_2 可以保留在回归方程。

第三步,用后退法进行淘汰。为了防止变量重复选入或反复消去,选入的标准定作 $\alpha < 0.05$,而淘汰的标准,定得低一些,凡 $\alpha < 0.10$ 都被保留,只有 $\alpha > 0.1$ 的变量才被淘汰[①],表 5-7 中的 x_1、x_2 都不会被淘汰。

第四步,重复第二步、第三步直至没有新入选的变量可以进入方程。

第五步,表 5-8 至表 5-11 是逐次建立回归方程的一览表:

---

① 变量选入和淘汰的标准是可以自行规定的。在没有自行规定的情况下,SPSS 统计程序给出默认的选入概率值 P_{in}(或 F_{in})和淘汰概率值 P_{out}(或 F_{out})是:$P_{in} = 0.05$,$P_{out} = 0.01$ 或 $F_{in} = 3.84$,$F_{out} = 2.71$。

第五章 多重共线与回归方程自变量的选择

表 5-8 Model Summary

Model	R	R Squan	Adjusted R Square	Std. Error of the Estimate
1	0.263[a]	0.069	0.060	6.17
2	0.386[b]	0.149	0.132	5.93
3	0.426[c]	0.181	0.157	5.84

a. Predictors: (Constant), x_1
b. Predictors: (Constant), x_1, x_2
c. Predictors: (Constant), x_1, x_2, x_3

表 5-9 ANOVA[a]

Model		Sum of Squares	df	Mean Square	F	Sig.
1	Regression	295.114	1	295.114	7.756	0.006[a]
	Residual	3957.424	104	38.052		
	Total	4252.538	105			
2	Regression	633.469	2	316.734	9.014	0.000[b]
	Residual	3619.069	103	35.137		
	Total	4252.538	105			
3	Regression	771.373	3	257.124	7.534	0.000[c]
	Residual	3481.165	102	34.129		
	Total	4252.538	105			

a. Dependent Variable: y

表 5-10 Coefficients[a]

Model		Unstandardized Coefficients		Standardized Coefficients	t	Sig.
		B	Std. Error	Beta		
1	(Constant)	53.980	10.820		4.989	0.000
	x_1	0.372	0.134	0.263	2.785	0.006
2	(Constant)	46.046	10.707		4.301	0.000
	x_1	0.407	0.129	0.288	3.161	0.002
	x_2	3.843	1.238	0.283	3.163	0.002
3	(Constant)	43.619	10.621		4.107	0.000
	x_1	0.391	0.127	0.277	3.072	0.003
	x_2	4.184	1.232	0.308	3.395	0.001
	x_3	2.361	1.175	0.182	2.010	0.047

a. Dependent Variable: y_1

表 5-11 Excluded Variables^d

Model		Beta In	t	Sig.	Partial Correlation	Collinearity Statistics Tolerance[①]
1	x_3	0.140^a	1.483	0.141	0.145	0.994
	x_4	-0.053^a	-0.554	0.581	-0.055	0.999
	x_2	0.283^a	3.103	0.002	0.292	0.992
2	x_3	0.182^b	2.010	0.047	0.195	0.975
	x_4	-0.070^b	-0.772	0.442	-0.076	0.995
3	x_4	-0.048^c	0.441	0.660	0.044	0.670

a. Predictors：(Constant)，x_1
b. Predictors：(Constant)，x_1，x_2
c. Predictors：(Constant)，x_1，x_2，x_3
d. Dependent Variable：y

表 5-8 至表 5-11 中第一列为模型，其中 1、2、3 表示逐次建立起的模型，表 5-8 表示逐次模型所能解释的判定系数、复相关系数、修正判定系数及用于区间估计的标准误差，表 5-9 是逐次回归方程的回归平方和(Regression)、剩余平方和(Residual)、总平方和(Total)以及对应的 F 值和显著性水平，每个模型所包含的变量用 a、b、c、d 注明。表 5-10 是逐次模型所包含变量的回归系数及其标准误差、标准回归系数以及对应的 t 检验值和显著性水平，和它相对的表 5-11，是逐次模型中删除变量所对应的回归系数、t 检验值和显著性水平、偏相关系数和容忍度。其中第三次，剩下的 x_4，由于显著性水平 $\alpha = 0.66 > 0.1$，未能保留在回归方程中，从而使逐次回归终止。

表 5-8 至表 5-11 的最终结果，可表达为回归方程：

$$\hat{y} = 43.619 + 0.391x_1 + 4.184x_2 + 2.361x_3 \quad (5\text{-}61)$$
$$\phantom{\hat{y} =\ } (10.621) \quad (0.127) \quad (1.232) \quad (1.175)$$

$$\hat{z}_y = 0.277z_{x_1} + 0.308z_{x_2} + 0.182z_{x_3} \quad (5\text{-}62)$$

$$R^2 = 0.181, \quad R_c^2 = 0.157 \quad (5\text{-}63)$$

式(5-61)每项下面括号内的值，是根据表 5-10 模型 3 对应的标准误，式(5-62)是式(5-61)的标准回归方程，R^2 和 R_c^2 是根据表 5-8 模型 3 给出的。

当给定了 x_1、x_2、x_3 或 z_{x_1}、z_{x_2}、z_{x_3}，就可以得到因变量的预测值 $\hat{y}$ 或 $\hat{z}_y$，但这都是预测的点估计值，要想得到预测的区间估计，除了与 SPSS 所给出的估计标

---

① 容忍度解释见本章[例]4。

第五章　多重共线与回归方程自变量的选择

准误差有关外,还与样本容量、距离均值的远近有关,鉴于社会学的回归方程很少能达到有效的预测,因此有关预测的区间估计问题从略。

根据表 5-8 中模型 3 的 R^2 值,表明 x_1、x_2、x_3 仅解释了 y 误差的 18%,还有 82% 的因素没有找到,这除了表示本身的解释力偏低外,还意味着存在有更大的风险,因为在高达 82% 的未知因素归入误差后,是否还能满足回归方程所要求满足的,误差与自变量间相互独立性的假定,如果不能满足的话,那建立的方程就是错误的。本章所引用的[例]5,只是作为介绍逐步回归方法用的,类似的解释力很低的结果,在社会学的研究中非常普遍,应该说,对于判定系数太低的结果,没有太多的学术价值,模型须进一步修改才是。

习　题

设样本容量 $n=200$,通过 SPSS 有如下处理结果(表 5-12 至表 5-15):

表 5-12　相关系数

	X_1	X_2	Y
X_1	1.0	0.4	0.5
X_2	0.4	1.0	0.6
Y	0.5	0.6	1.0
均值	50.0	80.0	100.0
标准差 s	8.50	10.25	12.75

表 5-13　Model

Multiple R	a
R Square	0.44048
Adjusted R Square	b
Standard error	c

表 5-14　ANOVA

Analysis of variance	DF	Sum of Square	Mean	F	Sig.
Regression	2	14249.37723	7124.68862	f	0.000
Residual	197	18100.56027	91.88102		
Total		d	e		

表 5-15　Variables in the equation

Variable	B	SEB	Beta	F	Sig.
constant	29.39895				
X_1	0.46429	0.08722	0.30952	g	0.00
X_2	0.59233	0.07233	0.47619	h	0.00

问：

(1) 求表 5-12 至表 5-15 中 a,b,c,d,e,f,g,h 的数值大小。

(2) 计算在方程已经引入 X_2 情况下，再引入 X_1 所增加解释的平方和 RSSR$(x_1|x_2)$ 及占总误差的比例。

(3) 计算在方程已经引入 X_1 情况下，再引入 X_2 所增加解释的平方和 RSSR$(x_2|x_1)$ 及占总误差的比例。

(4) 试按本节图 5-6 的形式，作各方差值 TSS, RSSR(x_1x_2), RSSR(x_1), RSSR$(x_2|x_1)$, RSS(x_1x_2), RSS(x_1) 示意图。

提示：回归系数检验 F 值，既可用表 5-15，$t^2=F$；也可用表 5-12、表 5-14 所得本题(2)和(3)的计算结果，代入式(5-27)。

第六章

混合型自变量的多元分析

前面介绍的多元回归要求因变量和自变量都具有定距以上的层次,但社会研究中的变量,往往包含有低层次的变量,例如收入不仅和文化、工龄等定距变量有关,同时与地区、行业等定类变量有关。因此,很多情况中自变量是混合型的。对于自变量为混合型的多变量分析,一般有两种方法,一种称协方差分析法,它是以方差分析为主,通过各类均值差异的形式,给出自变量对因变量的影响。但和第二章方差分析不同之处在于,各类均值的差异,不仅考虑了定类变量还要考虑定距变量对因变量的影响,因此是修正了的各类均值差异。定距型自变量在方差分析中称协变量,其含义是通过定距型自变量的协助,使得方差分析的结果有了修正。另一种称虚拟变量法,它是以回归分析方法为主,是通过回归方程的形式,给出自变量对因变量的影响,但和传统回归方程的不同之处是,自变量不仅包括定距型也包括定类型自变量。下面分述这两种方法。

第一节 协方差分析法

第二章介绍了方差分析法,它用于自变量为定类变量,因变量为定距变量的研究,其基本内容是按自变量分类,比较各类因变量均值之差异。而协方差分析法,则是在原有方法基础上,增加了定距型自变量,又称协变量,因此在处理方法上,除了用到原有方差分析的均值比较外,还要用到定距变量的回归分析法,它是两种方法的混合使用。为了避免抽象,便于理解,下面将通过包含两类自变量的数字例子,演绎协方差分析的思路及处理方法。

[例]1 设住房满意度 y(0—120 分)与人均面积 z、住房类型 A 有关,住房

类型分三类：A_1 = 平房；A_2 = 别墅；A_3 = 居民楼，每种类型住房各调查了 8 户，表 6-1 是各户人均住房面积与满意度的数据。[1]

表 6-1

A_1	z	15	13	11	12	12	16	14	17	$\bar{z}_1 = 13.75$
	y	85	83	65	76	80	91	84	90	$\bar{y}_1 = 81.75$
A_2	z	17	16	18	18	21	22	19	18	$\bar{z}_2 = 18.625$
	y	97	90	100	95	103	106	99	94	$\bar{y}_2 = 98$
A_3	z	22	24	20	23	25	27	30	32	$\bar{z}_3 = 25.375$
	y	89	91	83	95	100	102	105	110	$\bar{y}_3 = 96.875$

一、比较各类 A_i 的平均值

F 分布表

表 6-1 中除列有调查的原始数据外，各行右侧还给出各类 A_i 的 Z 和 Y 的平均值，它表示各类 A_i 的住房满意度是不同的，当数据来自抽样时，为了确认满意度 y 的差异，还须进行必要的检验，这里检验计算过程从略（详见本书第二章），只给出结果见表 6-2。表 6-2 表明，通过住房类型可以解释了住房满意度的方差为 1317.583，不能解释的方差为 1238.375。两者均方的比值 $F = 11.17$，$F > F_{0.01} = 5.8$[2]，因此，住房满意度均值具有显著性差异 $\alpha < 0.01$，也就是说，样本中满意度均值的比较是可以确认的（$\alpha < 0.01$）。

表 6-2 方差分析表

方差来源	平方和	自由度	均方	F	临界值
住房类型	1317.583	2	658.792	11.17**	$F_{0.01} = 5.8$
组内	1238.375	21	58.970		
总和	2555.958	23			

原始数据中，住房类型中以别墅 $\bar{y}_2$ 最高，居民楼 $\bar{y}_3$ 次之，平房 $\bar{y}_1$ 最低：

$$A_2: \quad \bar{y}_2 = 98$$

$$A_3: \quad \bar{y}_3 = 96.875$$

---

[1] 本数据摘自中国科学院数学研究所统计组编：《方差分析》，科学出版社 1977 年版，第 170—182 页，但对原书 A 和 z 的代表的内容上，改成了接近社会学的内容。

[2] 卢淑华编著：《社会统计学（第四版）》，第 491—499 页，附表 7。

第六章 混合型自变量的多元分析

$$A_1: \quad \bar{y}_1 = 81.75$$

因此,结论是别墅满意度最高,居民楼次之,平房满意度最差。

二、对每类 A_i 作回归,分别讨论住房满意度和人均住房面积的关系

或许大家已注意到,用表 6-1 所得各类满意度作比较是不全面的,因为各类满意度均值,没有考虑各类住房的人均面积,而住房满意度和人均住房面积是有关的。为此,对每类 A_i 作满意度 y 和人均面积 z 的回归直线,运用书中第一章一元回归的公式,计算出各类 A_i 的 L_{zz}、L_{zy} 和 L_{yy}:

(1) 对于 A_1:

$$L_{zz} = (15-13.75)^2 + (13-13.75)^2 + (11-13.75)^2$$
$$+ (12-13.75)^2 + (12-13.75)^2 + (16-13.75)^2$$
$$+ (14-13.75)^2 + (17-13.75)^2 = 31.5$$

$$L_{zy} = (15-13.75)(85-81.75) + (13-13.75)(83-81.75)$$
$$+ \cdots + (14-13.75)(84-81.75) + (17-13.75)(90-81.75)$$
$$= 110.5$$

$$L_{yy} = (85-81.75)^2 + (83-81.75)^2 + (65-81.75)^2$$
$$+ (76-81.75)^2 + (80-81.75)^2 + (91-81.75)^2$$
$$+ (84-81.75)^2 + (90-81.75)^2 = 487.5$$

$$b = L_{zy}/L_{zz} = 110.5/31.5 = 3.508$$

$$a = \bar{y} - b\bar{z} = 81.75 - 3.508 \times 13.75 = 33.516$$

(2) A_2 和 A_3 的 L_{zz}、L_{zy}、L_{yy}、b 和 a,计算方法与(1)相同,结果见表 6-3:

表 6-3

	$L_{zz} = \sum(z-\bar{z})^2$	$L_{yz} = \sum(y-\bar{y})(z-\bar{z})$	$L_{yy} = \sum(y-\bar{y})^2$	$b = \dfrac{L_{yz}}{L_{zz}}$	$a = \bar{y} - b\bar{z}$
A_1	31.5	110.5	487.5	3.508	33.516
A_2	27.875	65	184	2.332	54.570
A_3	115.875	245.375	566.875	2.118	43.141

对应的三个回归方程为:

$$\hat{y} = 33.516 + 3.508z \quad (6\text{-}1)$$

$$\hat{y} = 54.570 + 2.332z \quad (6\text{-}2)$$

$$\hat{y} = 43.141 + 2.118z \quad (6\text{-}3)$$

作成的图形见图 6-1：

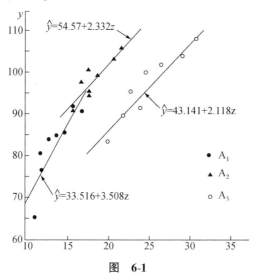

图 6-1

三、用全部信息估计斜率 b

图 6-1 中的三条回归线近似平行，但还是有一些差异，而这些差异不能排除是由于分类后观测点太少引起的，因此把三类的 L_{zz}、L_{zy} 加总求斜率会更精确：

$$TL_{zz} = 31.5 + 27.875 + 115.875 = 175.25$$

$$TL_{zy} = 110.5 + 65 + 245.375 = 420.875$$

$$b = TL_{zy}/TL_{zz} = 420.875/175.25 = 2.40$$

把 b 代入各类 A_i 中，求出 a，最后得三类回归直线及图 6-2：

$$\hat{y} = 48.75 + 2.4z \tag{6-4}$$

$$\hat{y} = 53.30 + 2.4z \tag{6-5}$$

$$\hat{y} = 35.975 + 2.4z \tag{6-6}$$

图 6-1 和图 6-2 的区别是，图 6-2 中的回归线具有相同的斜率 b，而图 6-1 的斜率是不同的。

通过回归分析，确认了住房满意度与住房面积有关，而总满意度中既包括了因素住房类型，也包括了住房面积，因此方差分析表中，必须扣除协变量住房面积的影响。以下讨论扣除住房面积 z 的方法：

（1）计算剩余平方和。为了扣除 z 的影响，用每类中各点的残差 $L_i = \hat{y}_i - y_i$ 代替 y_i，图 6-2 中三条回归线的残差见表 6-4：

第六章 混合型自变量的多元分析

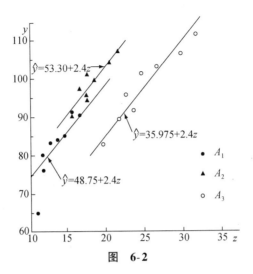

图 6-2

表 6-4

A_1	-0.25	-3.05	10.15	1.55	-2.45	-3.85	-1.65	-0.45
A_2	-2.90	1.70	-3.50	1.50	0.70	0.10	-0.10	2.50
A_3	-0.225	2.575	0.975	-3.825	-4.025	-1.225	2.975	2.775

将表 6-4 作一元方差分析,求出净剩余平方和。根据表 6-4 计算出,$A_1:\bar{y}_1=0$;$A_2:\bar{y}_2=0$;$A_3:\bar{y}_3=0$。所以净 RSS 是表 6-4 中 24 个残差值平方后再相加,净 $RSS=227.615$。由于该数据既计及了住房类型,又作了分类后住房面积和满意度的回归,因此是住房类型 A 和住房面积 z 两者都不能解释的方差,因此是净剩余平方和。

(2) 计算 z 的剩余平方和。将三组数据混在一起,求出不计及住房类型时,住房满意度与住房面积的回归直线式(6-7)和图形(图 6-3):

$$\bar{z} = \frac{15+13+\cdots+17+\cdots+22+\cdots+32}{24} = 19.25$$

$$\bar{y} = \frac{85+83+\cdots+97+\cdots+89+\cdots+110}{24} = 92.208$$

$$L_{zz} = (15-19.25)^2 + (13-19.25)^2 + \cdots + (17-19.25)^2$$
$$+ \cdots + (22-19.25)^2 + \cdots + (32-19.25)^2 = 720.5$$

$$L_{zy} = (15-19.25)(85-92.208) + (13-19.25)(83-92.208)$$

$$+ \cdots + (17 - 19.25)(97 - 92.208) + (22 - 19.25)(89 - 92.208)$$
$$+ \cdots + (32 - 19.25)(110 - 92.208) = 1080.75$$
$$L_{yy} = (85 - 92.208)^2 + (83 - 92.208)^2 + \cdots + (97 - 92.208)^2$$
$$+ \cdots + (89 - 92.208)^2 + \cdots (110 - 92.208)^2$$
$$= 2555.958$$
$$b = L_{zy}/L_{zz} = 1080.75/720.5 = 1.5$$
$$a = \bar{y} - b\bar{z} = 92.208 - 1.5 \times 19.25 = 63.333$$
$$\hat{y} = 63.3336 + 1.5z$$

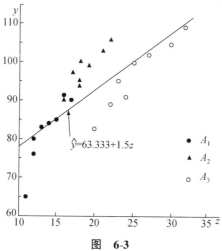

图 6-3

对应回归直线图 6-3 和它相应的残差 $y - \hat{y}$ 有表 6-5：

表 6-5

A_1	-0.833	0.167	-14.833	-5.333	-1.333	3.667	-0.333	1.167
A_2	8.167	2.667	9.667	4.667	8.167	9.667	7.167	3.667
A_3	-7.333	-8.333	-10.333	-2.833	-0.833	-1.833	-3.333	-1.333

把表 6-5 中 24 个残差值平方后再相加，得回归直线的剩余平方和 $RSS = 934.833$，由于这里的回归线是不计及分类的，因此 $RSS >$ 净 RSS，或者说，住房类型所解释掉的方差，包含在未被解释的误差 RSS 里了。那么，两个剩余平方和的差值，就是住房类型解释掉的方差 BSS：

$$BSS = RSS - 净 RSS = 934.833 - 227.615 = 707.218$$

第六章 混合型自变量的多元分析

由此得扣除协变量 z 的方差分析表 6-6,其中组内方差为净 RSS,住房类型解释掉的方差为 BSS。表 6-6 比表 6-2 组内平方和的自由度少去了一个,这是因为协变量 z 扣去了一个的缘故。同时,表 6-6 中住房类型所能解释掉的方差降至 707.218,但却更真实,因为扣除了混杂在 A 中 z 的效应。表中两项的均方比值

$$F = 353.609/11.381 = 31.07 > F_{0.01} = 5.9,$$

因此平均满意度的比较是有意义的 $(\alpha < 0.01)$。

表 6-6 扣除协变量 z 影响后的方差分析表

方差来源	平方和	自由度	均方	F	临界值
住房类型	707.218	2	353.609	$31.07^{\times\times}$	$F_{0.01}=5.9$①
组内	227.615	20	11.381		
总和	934.833	22			

(3) 对平均满意度 $\bar{y}$ 的修正。

本节第一部分"比较各类 A_i 的平均值"中给出了在不考虑协变量情况下,三类住房的平均满意度,其中以平房最差,$\bar{y}_1 = 81.75$,居民楼次之,$\bar{y}_3 = 96.875$,别墅最高,$\bar{y}_2 = 98$,但由于有对满意度有影响的协变量 z 存在,真实的平均住房满意度 $\bar{y}_i'$ 必须要在各类

F 分布表

原有平均满意度 $\bar{y}_i$ 基础上扣除协变量的影响 Δ_i:

$$\bar{y}_i' = \bar{y}_i - \Delta_i = \bar{y}_i - b(\bar{z}_i - \bar{z}), \quad i=1,2,3 \qquad (6\text{-}7)$$

Δ_i 将由"用全部信息估计斜率 b"部分中式(6-4)至式(6-6)回归线给出:

$$\Delta_1 = 2.4(13.75 - 19.25) = -13.2$$

$$\Delta_2 = 2.4(18.625 - 19.25) = -1.5$$

$$\Delta_3 = 2.4(25.375 - 19.25) = 14.7$$

将 $\bar{y}_i$、Δ_i 值代入式(6-7)得:

$$\bar{y}_1' = 81.75 + \Delta_1 = 94.95$$

$$\bar{y}_2' = 98 + \Delta_2 = 99.5$$

$$\bar{y}_3' = 96.875 + \Delta_3 = 82.175$$

---

① 卢淑华编者:《社会统计学(第四版)》,第 491—499 页,附表 7。

可见修正后的住房平均满意度,住房类型的排序有了变化,其中别墅仍然最高,达 99.5,但平房为 94.95,从第三位上升为第二位,而居民楼为 82.175,排名从第二位降到第三位。①

实际这样的结果,从图 6-2 中就可以看得很清楚,三个类别是三条平行的回归直线,因此三类截距 a 之相对大小,就决定了三类修改均值之相对大小。原始数据之所以出现平房类的平均满意度 $\bar{y}_1 = 81.75$,小于居民楼的 $\bar{y}_3 = 96.875$,是因为平房类的平均住房面积过小,为了比较仅仅由房屋类型对住房满意度的影响,应该取相同的住房面积,以便除去 z 的影响,例如取住房面积的总均值 $\bar{z} = 19.25$,代入三类的回归直线式(6-4)至式(6-6),其预测值 $\hat{y}_i$ 正是点 $\bar{z} = 19.25$ 的 $\bar{y}_i'$:

$$\bar{y}_1 = \hat{y}_1 = 48.75 + 2.4 \times 19.25 = 94.95$$

$$\bar{y}_2 = \hat{y}_2 = 53.30 + 2.4 \times 19.25 = 99.50$$

$$\bar{y}_3 = \hat{y}_3 = 35.975 + 2.4 \times 19.25 = 82.175 \;①$$

第二节 虚拟变量法

通过以上协方差分析法的介绍,可知方法的思路是以定类为基础的方差分析,增加了协变量,然后再讨论增加协变量后,各类修正的平均值有什么变化,所以仍然是均值比较的方差分析。可以说,协方差分析法是以方差分析为基础的方法,是方差分析法的延伸。

下面介绍的虚拟变量法,则是以回归分析法为基础,将定类型变量赋予特殊的数值,转化为虚拟变量,由于虚拟变量是有数值的,因此它将与定距型的自变量一样进入方程、求解,得出回归方程中有关的系数。

一、虚拟变量赋值方法

定类变量的取值如果有 K 类,则虚拟变量的数目将为 K-1 个,其中必有一类是虚拟变量全为零,但选择哪一类是虚拟变量全为零是任意的。虚拟变量的赋值是特定的,只有 0 和 1 两种取值。

[例]2 试将变量"性别"赋值为虚拟变量。

---

① 本例题的 SPSS 处理,见薛薇编著:《统计分析与 SPSS 的应用(第二版)》,第 194—203 页。

第六章 混合型自变量的多元分析

[**解**] 性别分男、女两类,$K=2$,所以只需要立一个虚拟变量 d,可有 2 种赋值方式:

$$d=\begin{cases}1, & 男 \\ 0, & 女\end{cases} \quad 或 \quad d=\begin{cases}1, & 女 \\ 0, & 男\end{cases}$$

[**例**]3 试将变量"地区"(东部、中部和西部)赋值为虚拟变量。

[**解**] 变量"地区"分东部、中部和西部,共 3 类,$K=3$,所以需要设立 2 个虚拟变量 d_1 和 d_2,可有 3 种赋值方式:

1. $d_1=\begin{cases}1, & 东部 \\ 0, & 其他\end{cases}$ $d_2=\begin{cases}1, & 中部 \\ 0, & 其他\end{cases}$ $d_1=d_2=0$ 西部

2. $d_1=\begin{cases}1, & 东部 \\ 0, & 其他\end{cases}$ $d_2=\begin{cases}1, & 西部 \\ 0, & 其他\end{cases}$ $d_1=d_2=0$ 中部

3. $d_1=\begin{cases}1, & 中部 \\ 0, & 其他\end{cases}$ $d_2=\begin{cases}1, & 西部 \\ 0, & 其他\end{cases}$ $d_1=d_2=0$ 东部

以上虽有多种赋值方式,但最终结果是一样的。

[**例**]4 设职工收入 y 除了和受教育年限 X 有关外,还与地区有关,设地区分东部、中部、西部三类,试作图表示。

[**解**] 由于地区分 3 类,所以赋值 2 个虚拟变量,d_1 和 d_2。于是,在 y 对 x 回归直线的基础上,还要增加地区的 2 个虚拟变量 d_1 和 d_2:

$$\hat{y}=a+bX+c_1d_1+c_2d_2$$

设 $d_1=1$,为东部;$d_2=1$,为中部;$d_1=d_2=0$,为西部,当变量间无交互作用时,实际为 3 条平行的回归线(图 6-4):

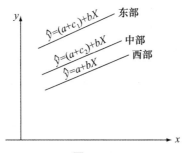

图 6-4

东部:$\hat{y}=(a+c_1)+bX$

中部：$\hat{y} = (a + c_2) + bX$

西部：$\hat{y} = a + bX$

3 条平行线中的斜率 b 是相同的，只是截距 a 有所不同，其中对应 $d_1 = d_2 = 0$ 时，回归线的截距 a，是其他回归线截距的参照值，其他回归线的截距，都是在 a 基础上，增加相应的 $c_i (i = 1, 2)$。

二、具有虚拟变量的多元回归

当定类变量通过赋值，转化为有数量大小(0,1)的虚拟变量之后，进一步建立回归方程、求解、检验，都和前面介绍的多元回归法完全相同。下面将介绍一个由 SPSS 统计包处理的兼有虚拟变量的统计结果。

[例]5 表6-7是企业类型(国营、民营)、资金投入 x 对采用革新措施所需平均时间 y 的调查，试用虚拟变量作回归分析。

表 6-7

公司 i	革新改造所需时间(月) y_i	投入资金 (百万元) x_i	企业类型
1	17	151	民企
2	26	92	民企
3	21	175	民企
4	30	31	民企
5	22	104	民企
6	0	277	民企
7	12	210	民企
8	19	120	民企
9	4	290	民企
10	16	238	民企
11	28	164	国企
12	15	272	国企
13	11	295	国企
14	38	68	国企
15	31	85	国企
16	21	224	国企
17	20	166	国企
18	13	305	国企
19	30	124	国企
20	14	246	国企

第六章 混合型自变量的多元分析

设模型为线性、变量间无交互作用：

$$\hat{y} = a + bx + cd \tag{6-8}$$

国企：$d=1$；民企：$d=0$。表6-8是SPSS统计包对原始数据运算的结果[①]：

表6-8

(1) 回归系数			
回归系数	估计回归系数	估计标准差	t^*
a	33.87407	1.81386	18.68
b	-0.10174	0.00889	-11.44
c	8.05547	1.45911	5.52
(2) 方差分析			
变差来源	平方和	自由度	均方
回归	1504.41	2	752.20
误差	176.39	17	10.38
总和	1680.80	19	

写成回归方程有：

$$\hat{y} = 33.87407 - 0.10174x + 8.05547d \tag{6-9}$$

将 $d=0$ 代入式(6-9)，得民企的回归方程：

$$\hat{y} = 33.87407 - 0.10174x \tag{6-10}$$

同理，将 $d=1$ 代入式(6-9)，得国企的回归方程：

$$\hat{y} = (33.87407 + 8.05547) - 0.10174x = 41.92954 - 0.10174x \tag{6-11}$$

可见，式(6-10)和式(6-11)是两条平行线，它们截距的差值，就是虚拟变量 d 的系数。本例题给出的结果是，国企采用革新措施所需时间比民企平均要多 (41.92954—33.87407=)8.05547个月，资金投入可以减少革新措施实现的时间，两者呈负相关。采用虚拟变量，可以把式(6-10)和式(6-11)写成一个回归方程式(6-9)。

三、具有虚拟变量的多元回归和协方差分析法的比较

从处理的结果来看，具有虚拟变量的多元回归和协方差分析法是完全一致

[①] 原始数据取自〔美〕约翰·内特等：《应用线性回归模型》，第359—363页。

的。下面不妨用协方差分析法对[例]5进行处理,以便说明两者结果是相同的。

(1) 对于方差分析法,首先要对数据进行分类,分类之后,同类的数据将没有类别的影响,即扣除了变量"类别"的影响。为此,将原始数据分为"民企"和"国企"两张表,并分别计算出均值、L_{xx}和L_{xy}。

对于民企有表6-9:

表6-9 民企

y	x	y^2	yx	x^2
17	151	289	2567	22801
26	92	676	2392	8464
21	175	441	3675	30625
30	31	900	930	961
22	104	484	2288	10816
0	277	0	0	76729
12	210	144	2520	44100
19	120	361	2280	14400
4	290	16	1160	84100
16	238	256	3808	56644
$\sum$	167	1688	3567	21620	349640
均值	16.7	168.8			

$$L_{xx} = \sum (x - \bar{x})^2 = \sum x^2 - \frac{1}{n}\left(\sum x\right)^2 = 349640 - \frac{1}{10}(1688)^2 = 64705.6$$

$$L_{xy} = \sum (x - \bar{x})(y - \bar{y}) = \sum xy - \frac{1}{n}\sum x \sum y$$

$$= 21620 - \frac{1}{10}(167 \times 1688) = -6569.6$$

对于国企有表6-10:

表6-10 国企

y	x	y^2	yx	x^2
28	164	784	4592	26896
15	272	225	4080	73984
11	295	121	3245	87025
38	68	1444	2584	4624
31	85	961	2635	7225
21	224	441	4704	50176
20	166	400	3320	27556
13	305	169	3965	93025
30	124	900	3720	15376
14	246	196	3444	60516
$\sum$ 221	1949	5641	36289	446403
均值 22.1	194.9			

$$L_{xx} = \sum(x-\bar{x})^2 = \sum x^2 - \frac{1}{n}\left(\sum x\right)^2 = 446403 - \frac{1}{10}(1949)^2 = 66542.9$$

$$L_{xy} = \sum(x-\bar{x})(y-\bar{y}) = \sum xy - \frac{1}{10}\sum x \sum y = 36289 - \frac{1}{10}(221 \times 1949)$$
$$= -6783.9$$

(2) 为了求出协变量 x "资金投入"对因变量 y 的影响,假定它在两类中具有相同的影响,即具有相同的斜率 b,因此将两类有关数据加总起来,这样估计的 b 更为精确:

$$\sum L_{xx} = 64705.6 + 66542.9 = 131248.5$$
$$\sum L_{xy} = -(6569.6 + 6783.9) = -13353.5$$
$$b = \sum L_{xx}/\sum L_{xy} = 131248.5/(-13353.5) = -0.10174$$

(3) 根据各类 $\bar{y}$ 和 $\bar{x}$,代入 b 值,计算出各类的截距 a 和回归方程,
民企:

$$a = \bar{y} - b\bar{x} = 16.7 - (-0.10174) \times 168 \cdot 8 = 33.87407$$
$$\hat{y} = 33.87407 - 0.10174x \tag{6-12}$$

国企：
$$a = \bar{y} - b\bar{x} = 22.1 - (-0.10174) \times 194.9 = 41.92954$$
$$\hat{y} = 41.92954 - 0.10174x \qquad (6\text{-}13)$$

它们的图形如图6-5：

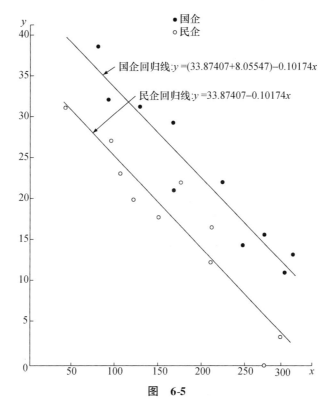

国企回归线：$y = (33.87407 + 8.05547) - 0.10174x$

民企回归线：$y = 33.87407 - 0.10174x$

图 6-5

比较式(6-10)、式(6-11)与式(6-12)、式(6-13)，可见两种方法得出的结果是相同的。

四、有交互作用的模型

图6-5呈现的是两条平行的回归线，它表示资金投入对采用革新措施所需的平均时间的影响，不因企业类型之不同而有所不同，这是自变量间没有交互作用的情况；但如果两类投入对采用革新措施所需的平均时间的影响有所不同，也就是说，不同类型的企业，它们的影响是不同的，这称作变量间存在交互作用，也就是非加性，为此，对影响 y 的因素，除了 x 和 d 外，还要增加

xd 项,于是有回归线:

$$\hat{y} = a + bx + cd + gxd \qquad (6\text{-}14)$$

对于国企:$d=1$,代入方程式(6-14)有:

$$\hat{y} = (a+c) + (b+g)x \qquad (6\text{-}15)$$

对于民企:$d=0$,代入方程式(6-14)有:

$$\hat{y} = a + bx \qquad (6\text{-}16)$$

比较式(6-15)和式(6-16),由于交互项 xd 的存在,两类回归线斜率不同,因此不再平行(图 6-6),并出现交叉,交叉点的左方,资金投入较少时,国企的革新措施所需的平均时间比民企长,但在交叉点的右方,随着资金投入的增多,国企规模大的优势得以发挥,所以革新措施所需的平均时间反倒比民企短,这从事实上阐明了企业革新措施所需的平均时间与资金投入的关系。这种回归线的交叉,原则上总是会出现的,但如果交互项出现在远端,在回归线 x 取值范围之外,那么两条回归线相对位置将没有改变(图 6-7),一般说,交互作用的存在,必须通过检验,方可得以确认。

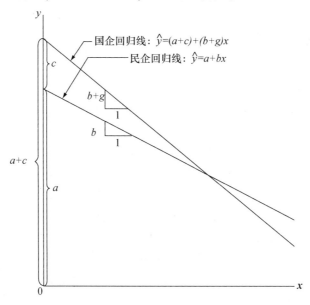

图 6-6

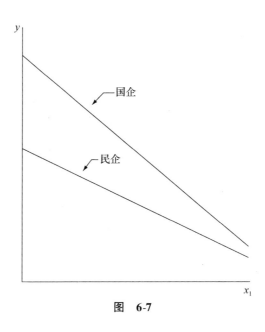

图 6-7

五、两种方法的比较和讨论

通过协方差法和虚拟变量法的计算,比较了用协方差所得的式(6-12)、式(6-13)和用虚拟变量计算的结果式(6-10)、式(6-11),发现最终结果是完全一致的,由此说明,对混合有定距和定类两种类型的自变量,两种方法都是可用的。实际上,如果自变量仅有虚拟变量,回归处理的结果,就是方差分析。但两种方法还是有细微的差别,反映在两种方法关注角度有所不同,协方差法由于是方差分析法的延伸,所以最终是以各类均值给出结果,而虚拟变量是使定类变量转化为适合回归分析的需要,所以最终以回归方程的形式出现,正如一般多元回归,人们通过回归系数,评价变量的重要性,虚拟变量的回归系数,也反映了定类变量各类的差异。但这是形式上的差别,实际上,协方差所要的结果,带有虚拟变量的回归方程也都可以给出。虚拟变量的回归法由于结果简练,一个回归方程既包括了各平方和分析,又包括了各变量的检验,虚拟变量的系数又反映了相对于参照类系数的差值,因此当定类型变量不多,每一个定类型变量的分类又不多时,多用虚拟变量法。若定类型变量的数目和分类过多,特别还要考虑交互作用时,多采用协方差分析法。

第六章　混合型自变量的多元分析

习　题

1. 试将以下某企业抽样 41 名员工的家庭赡养人数统计：

管理人员： 3;5;0;5;4;4;2;3;1;3;2;3;3;2;4;2;6;1

工人： 1;3;4;4;6;2;3;4;3;5;2;4

技术员： 6;4;2;2;3;0;5;3;1;2;1

用虚拟变量建立回归方程。

2. 设工资收入(y)除与受教育年限(X)有关外，还和地区有关，现将地区分为 3 部分：东部、中部、西部，根据 80 人的调查，有以下回归方程：

$$\hat{y}(千元) = -7.8 + 2.2X - 5.4Z_1 - 2.5Z_2$$

$$Z_1 = 1, 西部；\quad Z_2 = 1, 中部；\quad Z_1 = Z_2 = 0, 东部$$

问：

（1）写出三个地区的回归方程，并作图。

（2）受教育年限与地区是否有交互作用？从图形上看有什么特点？

（3）中部和东部相差多少？西部和东部相差多少？西部和中部相差多少？它们与受教育年限有关吗？

3. 设工资收入(y)除与受教育年限(X)有关外，还和地区有关，现将地区分为 3 部分：东部、中部、西部，根据 80 人的调查，有以下回归方程：

$$\hat{y}(千元) = -12.9 + 2.6X + 9.7Z_1 + 4.6Z_2 - 1.2(XZ_1) - 0.6(XZ_2)$$

$$Z_1 = 1, 西部；\quad Z_2 = 1, 中部；\quad Z_1 = Z_2 = 0, 东部$$

问：

（1）写出三个地区的回归方程，并作图。

（2）这里受教育年限与地区是否有交互作用？从图形上看有什么特点？

（3）中部和东部相差多少？西部和东部相差多少？西部和中部相差多少？它们与受教育年限有关吗？

4. 设土地的出售价，除了和面积 X 有关外，还和是否是城市有关，现根据 93 户抽样数据，$SPSS$ 有如下输出表 6-11：

表 6-11

R Square	0.8675
Adjusted R Square	0.8630
Standard Error	16.3509

Analysis of Variance

	DF	Sum of squares	Mean square
Regression	3	155811.60588	51937.20196
Residual	89	23794.26079	267.35124

$F = $ 194.26579　　　　　　　　　　Signif　$F = 0.0006$

Variables in the Equation

Variable	B	SE B	Bata	T	Sig T
z	−31.826	14.818	−0.332	−2.148	0.0344
x	66.604	3.694	0.792	18.033	0.0000
zx	29.392	8.195	0.571	3.587	0.0005
(Constant)	−16.600	6.210		−2.673	0.0089

说明：(1) 近郊 $Z=1$；远郊 $Z=0$；(2) 为了简化书写，Constant 和 Z 的单位都是千元；(3) X 的单位为元/平方米。

问：

(1) R^2 是多少？解释其含义。交互作用是否被确认？

(2) 写出回归方程。

(3) 设土地为 3000 平方米，近郊和远郊总价格各是多少？

(4) 如果土地面积为 1500 平方米，近郊和远郊总价格各是多少？与(3)比较面积对近郊和远郊价格的影响。

第七章

主成分分析

第一节 矩阵知识预备

主成分分析主要用于指标的综合,它在日常生活中可以说是随处可见,例如高考的总分,就是各科考分的综合指标,又如成衣的标号、鞋子的尺码,无不都是综合指标的结果。本章介绍用于指标综合的主成分分析法,由于它涉及的矩阵知识比较多,所以在介绍主成分方法之前,就矩阵知识做一些介绍,读者在阅读了这些矩阵知识后,就可以清楚地理解主成分分析方法的原理。

一、矩阵

(一) 矩阵的定义

$n \times m$ 个数排成 n 行 m 列的数表称作 $n \times m$,写作:

$$A = \begin{bmatrix} a_{11} & a_{12} & \cdots & a_{1m} \\ a_{21} & a_{22} & \cdots & a_{2m} \\ \vdots & \vdots & & \vdots \\ a_{n1} & a_{n2} & \cdots & a_{nm} \end{bmatrix} = (a_{ij})_{nm}$$

其中 a_{ij} 为元素,nm 下标分别表示总行数、总列数、所在列、所在行。

或写作:

$$A = (a_{ij})_{nm}$$

若矩阵 A 有 n 行 m 列,则称矩阵 A 的阶是 $n \times m$,阶是面积的含义,所以 n

×m 和 m×n 并不相同,前者是 n 行 m 列的矩阵,而后者是 m 行 n 列的矩阵。矩阵用粗体字母表示。a_{ij} 称作矩阵 **A** 中的元素。

矩阵是社会调查结果最基本的表达形式。例如一张问卷表,调查了 50 户,共有 10 个问题,就可以将结果写作阶为 50×10 的矩阵,矩阵中的每一个元素对应的是各户对各问题的回答,这样的元素共有 $50 \times 10 = 500$ 个(表 7-1):

表 7-1

问题 序号	1	2	3 … 10
1	×	×	× … ×
2	×	×	× … ×
⋮			
50	×	×	× … ×

(二) 几个重要的矩阵

1. 方阵

行数与列数相等的矩阵:

$$A = (a_{ij})_{nn}$$

称 $n \times n$ 阶矩阵或 n 阶方阵。

方阵的迹:方阵从左上角到右下角主对角线各元素之和。

$$\mathrm{tr}(A) = a_{11} + a_{22} + \cdots + a_{nn}$$

例如以下矩阵 **B**:

$$B = \begin{bmatrix} 21 & 7 & 17 \\ 24 & 8 & 20 \\ 36 & 12 & 29 \end{bmatrix}$$

称作 3×3 阶的矩阵或 3 阶的方阵。它的迹为:

$$\mathrm{tr}(B) = 21 + 8 + 29 = 58$$

2. 转置矩阵

将原矩阵中所有元素所在行、所在列对换

$$a_{ij} \to a_{ji} = a'_{ij}$$

$$A = (a_{ij})_{nm}, \quad A' = (a'_{ij})_{mn}$$

第七章 主成分分析

$$A = \begin{bmatrix} 3 & 2 \\ 1 & 5 \\ 9 & 4 \end{bmatrix}$$

则：

$$A' = \begin{bmatrix} 3 & 1 & 9 \\ 2 & 5 & 4 \end{bmatrix}$$

A' 有时也写作 A^T。显然，转置矩阵再次转置，则将还原为原矩阵：$(A')' = A$。

3. 对称矩阵

若 $A = A'$，则称对称矩阵。相关系数矩阵为对称矩阵，这时可将主对角线之外右上角各元素略去不写。

例如以下的相关系数矩阵 R：

$$R = \begin{bmatrix} 1.00 & & & \\ 0.68 & 1.00 & & \\ -0.23 & 0.37 & 1.00 & \\ 0.59 & -0.44 & 0.79 & 1.00 \end{bmatrix}$$

由于 x_1, x_2 的相关系数 r_{12} 和 x_2, x_1 的相关系数 r_{21} 相等：$r_{12} = r_{21}$，所以只要写下三角各元素即可。显然，对称矩阵转置后与原矩阵相同：$R' = R$。

4. 对角线矩阵

除主对角线各元素外，其余元素均为 0 的方阵。

$$D = \begin{bmatrix} a_{11} & & & 0 \\ & a_{22} & & \\ & & \ddots & \\ 0 & & & a_{nn} \end{bmatrix}$$

例如以下矩阵为对角线矩阵：

$$D = \begin{bmatrix} 8 & 0 & 0 \\ 0 & 5 & 0 \\ 0 & 0 & 12 \end{bmatrix}$$

对角线矩阵可简写作：

$$\text{diag}[8, 5, 12]$$

5. 单元矩阵

当对角线矩阵中主对角线各元素均为 1 时，称单元矩阵。例如以下是 3 阶的单元矩阵：

$$E_3 = \begin{bmatrix} 1 & 0 & 0 \\ 0 & 1 & 0 \\ 0 & 0 & 1 \end{bmatrix}$$

6. 三角矩阵

三角矩阵分上三角矩阵和下三角矩阵。

上三角矩阵:主对角线的左下各元素均为0,如:

$$\begin{bmatrix} 5 & 1 & 2 \\ 0 & 3 & 5 \\ 0 & 0 & 1 \end{bmatrix}$$

下三角矩阵:主对角线的右上各元素均为0,如:

$$\begin{bmatrix} 5 & 0 & 0 \\ 1 & 2 & 0 \\ 3 & 4 & 5 \end{bmatrix}$$

二、向量

(一) 向量的定义

只有一行或一列的矩阵称向量,分作:

列向量:只有一列,如:

$$X = \begin{bmatrix} 4 \\ 3 \\ 2 \end{bmatrix}$$

行向量:只有一行,$X' = \begin{bmatrix} 4 & 3 & 2 \end{bmatrix}$。

向量一般指列向量,但也可用行向量,如 $X' = \begin{bmatrix} 4 & 3 & 2 \end{bmatrix}$,以节省地方。

(二) 向量的维度

向量有几个元素,就称作几维。

(三) 几个特殊的向量

单元向量:是所有元素均为1的向量,以下是4维的单元向量:$\mathbf{1}'_4 = \begin{bmatrix} 1 & 1 & 1 & 1 \end{bmatrix}$。

零向量:是所有元素均为0的向量,以下是4维的零向量:$\mathbf{0}'_4 = \begin{bmatrix} 0 & 0 & 0 & 0 \end{bmatrix}$。

三、矩阵和向量的运算

(一) 加减法

矩阵或向量进行加减的条件是,矩阵的阶数必须相同,或向量的维数必须相同。

矩阵或向量进行加减的方法是,将相应位置的元素进行加减,成为阶数或维数相同的矩阵或向量。

[例]1

$$\begin{bmatrix} 2 & 3 & 4 \\ 3 & 2 & 1 \end{bmatrix} + \begin{bmatrix} 4 & 3 & 2 \\ 6 & 7 & 2 \end{bmatrix} = \begin{bmatrix} 2+4 & 3+3 & 4+2 \\ 3+6 & 2+7 & 1+2 \end{bmatrix} = \begin{bmatrix} 6 & 6 & 6 \\ 9 & 9 & 3 \end{bmatrix}$$

加法运算规则:

(1) 交换律:$A + B = B + A$;

(2) 结合律:$(A + B) + C = A + (B + C)$;

(3) 矩阵和的转置等于矩阵转置之和:$(A + B)' = A' + B'$。

(二) 乘法

1. 乘法的条件

必须是左乘矩阵的列数等于右乘矩阵的行数:

$$AB = C$$

$$\underset{n \times k}{A} \quad \underset{k \times p}{B} = \underset{n \times p}{C}$$

相等

2. 方法

A 矩阵的第 i 行与 B 之第 j 列相乘得矩阵 C 之第 i 行第 j 列之元素值 C_{ij}。

[例]2

$$\underset{3 \times 2}{A} \underset{2 \times 3}{B} = \begin{bmatrix} 1 & 4 \\ 9 & 0 \\ 3 & 5 \end{bmatrix} \begin{bmatrix} 2 & 5 & 7 \\ 3 & 8 & 4 \end{bmatrix}$$

$$= \begin{bmatrix} (1)(2)+(4)(3) & (1)(5)+(4)(8) & (1)(7)+(4)(4) \\ (9)(2)+(0)(3) & (9)(5)+(0)(8) & (9)(7)+(0)(4) \\ (3)(2)+(5)(3) & (3)(5)+(5)(8) & (3)(7)+(5)(4) \end{bmatrix}$$

$$= \begin{bmatrix} 14 & 37 & 23 \\ 18 & 45 & 63 \\ 21 & 55 & 41 \end{bmatrix}$$

3. 乘法运算规则(假设运算是可行的)

(1) 结合律:

$$(AB)C = A(BC)$$

（2）分配律：
$$A(B + C) = AB + AC$$
$$(B + C)A = BA + CA$$

（3）矩阵乘积的转置等于转置矩阵交换的乘积：
$$(AB)' = B'A', \quad (ABC)' = C'B'A'$$

注意：矩阵乘法不存在交换律，$AB \neq BA$。

4. 常见的几种矩阵乘

（1）常数与矩阵相乘是矩阵中每一个元素都乘以该常数，如：

$$3A = 3\begin{bmatrix} a_{11} & a_{12} \\ a_{21} & a_{22} \end{bmatrix} = \begin{bmatrix} 3a_{11} & 3a_{12} \\ 3a_{21} & 3a_{22} \end{bmatrix}$$

[例]3 $0A = O\begin{bmatrix} \end{bmatrix} = \begin{bmatrix} 0 & 0 \\ 0 & 0 \end{bmatrix}$

（2）矩阵及其转置矩阵相乘。由于矩阵不存在交换律，所以右乘和左乘转置矩阵的结果是不同的。

[例]4 设矩阵 X 有：

$$X = \begin{bmatrix} X_{11} & X_{12} \\ X_{21} & X_{22} \\ X_{31} & X_{32} \end{bmatrix}$$

右乘转置矩阵 X'：

$$\underset{3\times 3}{A} = \underset{3\times 2}{X}\underset{2\times 3}{X'} = \begin{bmatrix} X_{11} & X_{12} \\ X_{21} & X_{22} \\ X_{31} & X_{32} \end{bmatrix}\begin{bmatrix} X_{11} & X_{21} & X_{31} \\ X_{12} & X_{22} & X_{32} \end{bmatrix}$$

$$= \begin{bmatrix} X_{11}^2 + X_{12}^2 & X_{11}X_{21} + X_{12}X_{22} & X_{11}X_{31} + X_{12}X_{32} \\ X_{21}X_{11} + X_{22}X_{12} & X_{21}^2 + X_{22}^2 & X_{21}X_{31} + X_{22}X_{32} \\ X_{31}X_{11} + X_{32}X_{12} & X_{31}X_{21} + X_{32}X_{22} & X_{31}^2 + X_{32}^2 \end{bmatrix}$$

$$= \begin{bmatrix} a_{11} & a_{12} & a_{13} \\ a_{21} & a_{22} & a_{23} \\ a_{31} & a_{32} & a_{33} \end{bmatrix} \quad (7-1)$$

第七章　主成分分析

左乘转置矩阵：

$$\underset{2\times2}{B} = \underset{2\times3}{X'}\underset{3\times2}{X} = \begin{bmatrix} X_{11} & X_{21} & X_{31} \\ X_{12} & X_{22} & X_{32} \end{bmatrix}\begin{bmatrix} X_{11} & X_{12} \\ X_{21} & X_{22} \\ X_{31} & X_{32} \end{bmatrix}$$

$$= \begin{bmatrix} X_{11}^2 + X_{21}^2 + X_{31}^2 & X_{11}X_{12} + X_{21}X_{22} + X_{31}X_{32} \\ X_{12}X_{11} + X_{22}X_{21} + X_{32}X_{31} & X_{12}^2 + X_{22}^2 + X_{32}^2 \end{bmatrix}$$

$$= \begin{bmatrix} b_{11} & b_{12} \\ b_{21} & b_{22} \end{bmatrix} \tag{7-2}$$

可见，右乘转置矩阵所得 A 是 3 阶方阵，而左乘转矩阵 B 却是 2 阶方阵，$XX' \neq X'X$。

（3）矩阵与单元矩阵相乘。若矩阵 A 为 $n \times m$ 阶矩阵，则左乘单元矩阵必须是 n 阶的，其结果不变，若右乘单元矩阵，则矩阵必须是 m 阶的，其结果不变。

$$E_n A_{n \times m} = A_{n \times m}; \quad A_{n \times m} E_m = A_{n \times m} \tag{7-3}$$

若矩阵 A 是方阵，则无论左乘单元矩阵或右乘单元矩阵，其结果都不变。

$$E_n A_{n \times n} = A_{n \times n} E_n = A_{n \times n} \tag{7-4}$$

可见，单元矩阵在矩阵乘法中的作用，类似于 1 在数量乘法中的作用。

（4）向量及其转置向量相乘。

外积：若维度为 n 的向量，右乘其转置向量，则得 n 阶方阵。

内积：若维度为 n 的向量，左乘其转置向量，则得一数。

[**例**]5　设向量：

$$X = \begin{bmatrix} 2 \\ 3 \\ 1 \end{bmatrix}$$

右乘转置向量：

$$XX' = \begin{bmatrix} 2 \\ 3 \\ 1 \end{bmatrix}\begin{bmatrix} 2 & 3 & 1 \end{bmatrix} = \begin{bmatrix} 2 \times 2 & 2 \times 3 & 2 \times 1 \\ 3 \times 2 & 3 \times 3 & 3 \times 1 \\ 1 \times 2 & 1 \times 3 & 1 \times 1 \end{bmatrix}$$

$$= \begin{bmatrix} 4 & 6 & 2 \\ 6 & 9 & 3 \\ 2 & 3 & 1 \end{bmatrix}$$

左乘转置向量：

$$X'X = \begin{bmatrix} 2 & 3 & 1 \end{bmatrix} \begin{bmatrix} 2 \\ 3 \\ 1 \end{bmatrix} = 14 \qquad (7\text{-}5)$$

（5）矩阵与对角线矩阵相乘。若矩阵 A 右乘对角线矩阵，可达到各列乘以不同系数。若矩阵 A 左乘对角线矩阵，可达到各行乘以不同系数。

[例]6　右乘：

$$AD = \begin{bmatrix} a_{11} & a_{12} & a_{13} \\ a_{21} & a_{22} & a_{23} \\ a_{31} & a_{32} & a_{33} \end{bmatrix} \begin{bmatrix} k_1 & 0 & 0 \\ 0 & k_2 & 0 \\ 0 & 0 & k_3 \end{bmatrix} = \begin{bmatrix} k_1 a_{11} & k_2 a_{12} & k_3 a_{13} \\ k_1 a_{21} & k_2 a_{22} & k_3 a_{23} \\ k_1 a_{31} & k_2 a_{32} & k_3 a_{33} \end{bmatrix}$$

左乘：

$$DA = \begin{bmatrix} k_1 & 0 & 0 \\ 0 & k_2 & 0 \\ 0 & 0 & k_3 \end{bmatrix} \begin{bmatrix} a_{11} & a_{12} & a_{13} \\ a_{21} & a_{22} & a_{23} \\ a_{31} & a_{32} & a_{33} \end{bmatrix} = \begin{bmatrix} k_1 a_{11} & k_1 a_{12} & k_1 a_{13} \\ k_2 a_{21} & k_2 a_{22} & k_2 a_{23} \\ k_3 a_{31} & k_3 a_{32} & k_3 a_{33} \end{bmatrix} \qquad (7\text{-}6)$$

四、行列式、逆矩阵、正交标准化

（一）行列式的计算方法

（1）若矩阵 A 为 n 阶方阵，则其行列式也是 n 阶，用 $|A|$ 表示，计算方法见示意图 7-1。其中以 3 阶方阵 A_3 为例，实线所构成的三个数乘积取正号，虚线所构成的三个数乘积取负号，计算结果见[例]7。

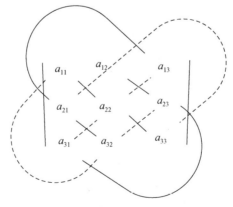

图 7-1

第七章 主成分分析

[例]7 计算下列方阵的行列式：

$$|A| = \begin{vmatrix} 2 & 6 & 3 \\ 5 & 1 & 7 \\ 8 & 4 & 9 \end{vmatrix}$$

$$= (2)(1)(9) + (5)(4)(3) + (8)(7)(6) - (3)(1)(8)$$
$$- (7)(4)(2) - (9)(5)(6) = 64$$

(2) 用代数余子式方法计算行列式。把 n 阶行列式中元素 a_{ij} 所在第 i 行第 j 列划去后,余下的元素按原来位置构成 $n-1$ 阶行列式,这个 $n-1$ 阶的行列式乘以 $(-1)^{i+j}$ 称作 a_{ij} 的代数余子式,记作 $|M_{ij}|$。行列式 $|A|$ 也可通过代数余子式算得：

$$|A| = \sum_{j=1}^{n} a_{ij} |M_{ij}|, \quad i = 1, 2, \cdots, n \text{ 任取一行都可以。} \quad (7-7)$$

[例]8 将[例]6 中 A 用代数余子式计算其行列式：

$$|A| = \begin{vmatrix} 2 & 6 & 3 \\ 5 & 1 & 7 \\ 8 & 4 & 9 \end{vmatrix}$$

$a_{11} = 2$, $|M_{11}| = \begin{vmatrix} 1 & 7 \\ 4 & 9 \end{vmatrix} \xrightarrow{\text{其代数余子式为}} (-1)^{1+1} \begin{vmatrix} 1 & 7 \\ 4 & 9 \end{vmatrix} = \begin{vmatrix} 1 & 7 \\ 4 & 9 \end{vmatrix}$

$a_{12} = 6$, $|M_{12}| = \begin{vmatrix} 5 & 7 \\ 8 & 9 \end{vmatrix} \xrightarrow{\text{其代数余子式为}} (-1)^{1+2} \begin{vmatrix} 5 & 7 \\ 8 & 9 \end{vmatrix} = -\begin{vmatrix} 5 & 7 \\ 8 & 9 \end{vmatrix}$

$a_{13} = 3$, $|M_{13}| = \begin{vmatrix} 5 & 1 \\ 8 & 4 \end{vmatrix} \xrightarrow{\text{其代数余子式为}} (-1)^{1+3} \begin{vmatrix} 5 & 1 \\ 8 & 4 \end{vmatrix} = \begin{vmatrix} 5 & 1 \\ 8 & 4 \end{vmatrix}$

代入式(7-3),得：

$$|A| = 2\begin{vmatrix} 1 & 7 \\ 4 & 9 \end{vmatrix} - 6\begin{vmatrix} 5 & 7 \\ 8 & 9 \end{vmatrix} + 3\begin{vmatrix} 5 & 1 \\ 8 & 4 \end{vmatrix}$$
$$= 2(9 - 28) - 6(45 - 56) + 3(20 - 8) = 64$$

计算结果与[例]6 相同。

(二) 逆矩阵及其算法

1. 逆矩阵

若某一方阵左乘及右乘 A 之后,都是单元矩阵,则称此矩阵是 A 矩阵的逆矩阵,记作 A^{-1}。

$$A^{-1}A = AA^{-1} = E \quad (7-8)$$

2. 逆矩阵的计算方法

逆矩阵的计算方法有很多种，这里介绍用伴随矩阵求逆矩阵：

$$A^{-1} = \frac{C'}{|A|} \qquad (7\text{-}9)$$

C' 是 C 的转置矩阵，而 C 矩阵是由 A 矩阵的代数余子式所构成的矩阵。$|A|$ 是矩阵 A 的行列式，可见，为了求得逆矩阵，要求 $|A| \neq 0$。

[例]9 求以下矩阵 A 的逆矩阵：

$$A = \begin{bmatrix} 6 & 3 & 7 \\ 1 & 4 & 0 \\ 5 & 2 & 8 \end{bmatrix}$$

$$|A| = 6\begin{vmatrix} 4 & 0 \\ 2 & 8 \end{vmatrix} - 3\begin{vmatrix} 1 & 0 \\ 5 & 8 \end{vmatrix} + 7\begin{vmatrix} 1 & 4 \\ 5 & 2 \end{vmatrix} = 42$$

$$C = \begin{bmatrix} \begin{vmatrix} 4 & 0 \\ 2 & 8 \end{vmatrix} & -\begin{vmatrix} 1 & 0 \\ 5 & 8 \end{vmatrix} & \begin{vmatrix} 1 & 4 \\ 5 & 2 \end{vmatrix} \\ \begin{vmatrix} 3 & 7 \\ 2 & 8 \end{vmatrix} & -\begin{vmatrix} 6 & 7 \\ 5 & 8 \end{vmatrix} & \begin{vmatrix} 6 & 3 \\ 5 & 2 \end{vmatrix} \\ \begin{vmatrix} 3 & 7 \\ 4 & 0 \end{vmatrix} & -\begin{vmatrix} 6 & 7 \\ 1 & 0 \end{vmatrix} & \begin{vmatrix} 6 & 3 \\ 1 & 4 \end{vmatrix} \end{bmatrix} = \begin{bmatrix} 32 & -8 & -18 \\ -10 & 13 & 3 \\ -28 & 7 & 21 \end{bmatrix}$$

将伴随矩阵 C 求转置矩阵 C'，并代入式(7-9)，得逆矩阵 A^{-1}：

$$A^{-1} = C'/|A| = \begin{bmatrix} 32 & -10 & -28 \\ -8 & 13 & 7 \\ -18 & 3 & 21 \end{bmatrix} \times \frac{1}{42}$$

$$= \begin{bmatrix} 0.7619 & -0.2381 & -0.6667 \\ -0.1905 & 0.3095 & 0.1667 \\ -0.4286 & 0.0714 & 0.5000 \end{bmatrix}$$

现在来验证所求得的 A^{-1} 是否确为矩阵 A 之逆矩阵。为此先将 A 右乘 A^{-1}，再将 A 左乘 A^{-1}：

$$AA^{-1} = \begin{bmatrix} 6 & 3 & 7 \\ 1 & 4 & 0 \\ 5 & 2 & 8 \end{bmatrix}\begin{bmatrix} 32 & -10 & -28 \\ -8 & 13 & 7 \\ -18 & 3 & 21 \end{bmatrix} \times \frac{1}{42}$$

$$= \begin{bmatrix} 42 & 0 & 0 \\ 0 & 42 & 0 \\ 0 & 0 & 42 \end{bmatrix} \times \frac{1}{42} = \begin{bmatrix} 1 & 0 & 0 \\ 0 & 1 & 0 \\ 0 & 0 & 1 \end{bmatrix} = E$$

第七章 主成分分析

$$A^{-1}A = \frac{1}{42}\begin{bmatrix} 32 & -10 & -28 \\ -8 & 13 & 7 \\ -18 & 3 & 21 \end{bmatrix}\begin{bmatrix} 6 & 3 & 7 \\ 1 & 4 & 0 \\ 5 & 2 & 8 \end{bmatrix}$$

$$= \frac{1}{42}\begin{bmatrix} 42 & 0 & 0 \\ 0 & 42 & 0 \\ 0 & 0 & 42 \end{bmatrix} = \begin{bmatrix} 1 & 0 & 0 \\ 0 & 1 & 0 \\ 0 & 0 & 1 \end{bmatrix} = E$$

所得结果,都是与 A 同阶的单元矩阵,满足了逆矩阵的要求(式(7-8)),因此 A^{-1} 确为矩阵 A 之逆矩阵。

(三) 标准化向量、正交向量与正交标准化矩阵

1. 标准化向量是长度为 1 的向量

$\|B\|^2 = B'B = $ 数,是向量 B 的内积,又称向量 B 之模,若向量 B 之模不等于1,可用 $1/\|B\|$ 乘以矩阵 B,所得：

$$B^* = (1/\|B\|)B = \frac{B}{\sqrt{B'B}} \tag{7-10}$$

2. 正交向量

如果有两个向量 V 与 W,它们的内积为 0：

$$V'W = 0 \tag{7-11}$$

或：

$$W'V = 0 \tag{7-12}$$

则称此两向量正交,从图形看,此两向量相互垂直。

[例]10 试问以下向量 A,B,C 是否是标准化向量?

$$A' = [0.5 \quad 0.5 \quad 0.5 \quad 0.5]$$
$$B' = [-3\sqrt{5}/10 \quad -\sqrt{5}/10 \quad \sqrt{5}/10 \quad 3\sqrt{5}/10]$$
$$C' = [0.5 \quad -0.5 \quad -0.5 \quad 0.5]$$

[解] 将向量 A,B,C 代入式(7-5),求内积长度：

$$A'A = [0.5 \quad 0.5 \quad 0.5 \quad 0.5]\begin{bmatrix} 0.5 \\ 0.5 \\ 0.5 \\ 0.5 \end{bmatrix} = 4 \times 0.25 = 1$$

$$B'B = [-3\sqrt{5}/10, \; -\sqrt{5}/10, \; \sqrt{5}/10, \; 3\sqrt{5}/10]\begin{bmatrix} -3\sqrt{5}/10 \\ -\sqrt{5}/10 \\ \sqrt{5}/10 \\ 3\sqrt{5}/10 \end{bmatrix} = 1$$

$$C'C = [0.5, -0.5, -0.5, 0.5]\begin{bmatrix} 0.5 \\ -0.5 \\ -0.5 \\ 0.5 \end{bmatrix} = 1$$

结果内积长度都是 1，因此 A,B,C 都是标准化向量。

[例]11　接上题，以上向量是否相互都是正交向量？

[解]　将以上向量，两两代入式(7-11)或式(7-12)：

$$A'B = [0.5 \quad 0.5 \quad 0.5 \quad 0.5]\begin{bmatrix} -3\sqrt{5}/10 \\ -\sqrt{5}/10 \\ \sqrt{5}/10 \\ 3\sqrt{5}/10 \end{bmatrix} = \frac{1}{2}[1 \quad 1 \quad 1 \quad 1]\frac{\sqrt{5}}{10}\begin{bmatrix} -3 \\ -1 \\ 1 \\ 3 \end{bmatrix}$$

$$= \frac{\sqrt{5}}{20}(-3-1+1+3) = 0$$

$$B'C = \left[-\frac{3\sqrt{5}}{10} \quad -\frac{\sqrt{5}}{10} \quad \frac{\sqrt{5}}{10} \quad \frac{3\sqrt{5}}{10}\right]\begin{bmatrix} 0.5 \\ -0.5 \\ -0.5 \\ 0.5 \end{bmatrix} = \frac{\sqrt{5}}{10}[-3 \quad -1 \quad 1 \quad 3]\frac{1}{2}\begin{bmatrix} 1 \\ -1 \\ -1 \\ 1 \end{bmatrix}$$

$$= \frac{\sqrt{5}}{20}(-3+1-1+3) = 0$$

$$A'C = [0.5 \quad 0.5 \quad 0.5 \quad 0.5]\begin{bmatrix} 0.5 \\ -0.5 \\ -0.5 \\ 0.5 \end{bmatrix} = 0.25 - 0.25 - 0.25 + 0.25 = 0$$

结果是两两向量的内积都是 0，满足正交向量的要求，因此它们之间都是正交的。

3. 正交、标准化矩阵

若矩阵中每一个向量都是标准化的，向量与向量都是正交的，则该矩阵称正交、标准化矩阵。例如，[例]10 中的向量 A,B,C 已证明了，它们分别是标准化向量，相互间是正交的。现在将此 3 个向量结合在一起，所组成的矩阵 $X_{4\times 3}$，就是正交、标准化矩阵：

第七章 主成分分析

$$X = \begin{bmatrix} 0.5 & -3\sqrt{5}/10 & 0.5 \\ 0.5 & -\sqrt{5}/10 & -0.5 \\ 0.5 & \sqrt{5}/10 & -0.5 \\ 0.5 & 3\sqrt{5}/10 & 0.5 \end{bmatrix}$$

如果将 $X_{4\times 3}$ 左乘转置矩阵 $X_{3\times 4}$，根据式(7-2)，将是单元矩阵 E，也就是说，对于正交、标准化矩阵 X，必有：

$$\underset{3\times 4}{X'} \underset{4\times 3}{X} = \underset{3}{E} = \begin{bmatrix} 1 & 0 & 0 \\ 0 & 1 & 0 \\ 0 & 0 & 1 \end{bmatrix}$$

如果是正交方阵 A，则有：$AA' = A'A = E$ \hfill (7-13)

五、特征值和特征向量

(一) 线性变换

为了对线性变换有形象的理解，下面通过二维平面上的例子来解释。

如图7-2：设在坐标 $(\overline{X}_1, \overline{X}_2)$ 中有点 M，它的向量是 $X = \begin{bmatrix} X_1 \\ X_2 \end{bmatrix}$，现在将坐标旋转 θ 角成为新坐标 (Y_1, Y_2)。

问：向量 X 在新坐标里将怎样？

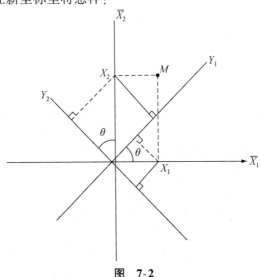

图 7-2

为此,要计算原有向量中 X_1 和 X_2 在新坐标中的投影:

$$y_1 = \underbrace{X_1\cos\theta}_{x_1在y_1上的投影} + \underbrace{X_2\sin\theta}_{x_2在y_1上的投影}$$

$$y_2 = \underbrace{-X_1\sin\theta}_{x_1在-y_1上的投影} + \underbrace{X_2\cos\theta}_{x_2在y_2上的投影}$$

写成矩阵有:

$$\begin{bmatrix} y_1 \\ y_2 \end{bmatrix} = \begin{bmatrix} \cos\theta & \sin\theta \\ -\sin\theta & \cos\theta \end{bmatrix} \begin{bmatrix} X_1 \\ X_2 \end{bmatrix}$$

一般式有:

$$y = AX$$

可见,从一个坐标系转换到另一个坐标系,只需将原有的向量乘以矩阵,矩阵元素值就代表了转动的角度。由于其结果,只是原有向量乘以一系数,是线性变换,所以称是坐标的线性变换,对应向量值也只是作线性变换。线性变换中的 **A** 矩阵都是标准、正交化矩阵,这点只需将上例中的 **A** 乘以它的转置矩阵 **A′** 就可证明了:

$$\begin{bmatrix} \cos\theta & \sin\theta \\ -\sin\theta & \cos\theta \end{bmatrix} \begin{bmatrix} \cos\theta & -\sin\theta \\ \sin\theta & \cos\theta \end{bmatrix} = \begin{bmatrix} 1 & 0 \\ 0 & 1 \end{bmatrix} = E_2$$

$$\begin{bmatrix} \cos\theta & -\sin\theta \\ \sin\theta & \cos\theta \end{bmatrix} \begin{bmatrix} \cos\theta & \sin\theta \\ -\sin\theta & \cos\theta \end{bmatrix} = \begin{bmatrix} 1 & 0 \\ 0 & 1 \end{bmatrix} = E_2$$

(二) 矩阵的特征值和特征向量

1. 定义

上面的例子说明,虽然在空间的向量,其绝对位置不变,都是 M 点,但随着坐标系的改变,向量的元素值在改变,对于旋转了 θ 角的坐标系,新向量 **Y** 须将原向量 **X** 左乘相应的线性变换矩阵 $A:Y = AX$,矩阵 **A** 的元素值取决于旋转角度 θ。

以上是从向量的角度来讨论,当坐标系变动(旋转)后,相应的向量值须乘以线性变换矩阵 **A**。现在换个角度来考虑,对于一定的矩阵 **A**,在对应众多的向量中,可以找到某些特殊的向量,该向量经过矩阵 **A** 的线性变换后,该向量元素间的比例不变,仅是原有向量简单乘以一个系数 λ:

$$AX = \lambda X \tag{7-14}$$

满足关系式(7-14)的向量 **X**,称矩阵 **A** 的特征向量,λ 称矩阵 **A** 的特征值,特征值 λ 有时不止一个。可见,特征值、特征向量都是对一定矩阵 **A** 而言的。

第七章 主成分分析

2. 特征值和特征向量的求法

特征值和特征向量的求法,一般要用电脑逐步逼近法来处理,这里根据特征值和特征向量定义式(7-14):

$$AX = \lambda X$$

在等式右边增加与 A 等阶的单元矩阵 E,以便取得等式两边的一致:

$$AX = \lambda X = \lambda EX$$
$$(A - \lambda E)X = O \tag{7-15}$$

这里 O 是向量,维度与 X 相同。

等式两边同乘逆矩阵 $(A - \lambda E)^{-1}$:

$$(A - \lambda E)^{-1}(A - \lambda E)X = (A - \lambda E)^{-1}O$$

根据逆矩阵定义式(7-8)有:

$$EX = X = (A - \lambda E)^{-1}O$$

再根据逆矩阵计算方法式(7-9)有:

$$X = \frac{(A - \lambda E) \text{ 的伴随矩阵}}{|A - \lambda E|} O$$

为了求得向量的非零解,必须有:

$$|A - \lambda E| = 0 \tag{7-16}$$

根据式(7-16)可以求得特征值 λ,然后再用 λ 值,代入式(7-15),可以进一步确定特征向量。一般来说,当矩阵的阶很大时,要用电脑逐步逼近法求得特征值和特征向量。这里为了便于读者的理解,下面用低阶的矩阵 A 为例,给出特征值和特征向量求解的示意,以及引申出进一步的公式。

[例]12 试对以下矩阵 A,求其特征值和特征向量。

$$A = \begin{bmatrix} 7 & 0 & 1 \\ 0 & 7 & 2 \\ 1 & 2 & 3 \end{bmatrix}$$

[解] 将 A 代入式(7-16):

$$A - \lambda E = \begin{bmatrix} 7 & 0 & 1 \\ 0 & 7 & 2 \\ 1 & 2 & 3 \end{bmatrix} - \begin{bmatrix} \lambda & 0 & 0 \\ 0 & \lambda & 0 \\ 0 & 0 & \lambda \end{bmatrix}$$

$$|A - \lambda E| = \begin{vmatrix} 7-\lambda & 0 & 1 \\ 0 & 7-\lambda & 2 \\ 1 & 2 & 3-\lambda \end{vmatrix} = 0$$

根据行列式计算有:

$$(7-\lambda)(7-\lambda)(3-\lambda)-(7-\lambda)5=0$$
$$-\lambda^3+17\lambda^2-86\lambda+112=0$$
$$(\lambda-8)(\lambda-7)(\lambda-2)=0$$

方程式共有 3 个根,也就是矩阵 A 有 3 个特征值,依数值大小排列的特征值有:

$$\lambda_1=8,\quad \lambda_2=7,\quad \lambda_3=2$$

以下根据特征值 λ 求特征向量 K。将 $\lambda_1=8$,代入式(7-15):

$$(A-\lambda E)K_1=0$$

$$\begin{bmatrix} 7-8 & 0 & 1 \\ 0 & 7-8 & 2 \\ 1 & 2 & 3-8 \end{bmatrix}\begin{bmatrix} k_1 \\ k_2 \\ k_3 \end{bmatrix}=\begin{bmatrix} 0 \\ 0 \\ 0 \end{bmatrix}$$

$$\begin{bmatrix} -1 & 0 & 1 \\ 0 & -1 & 2 \\ 1 & 2 & -5 \end{bmatrix}\begin{bmatrix} k_1 \\ k_2 \\ k_3 \end{bmatrix}=\begin{bmatrix} 0 \\ 0 \\ 0 \end{bmatrix}$$

$$\begin{cases} -k_1+k_3=0 \\ -k_2+2k_3=0 \\ k_1+2k_2-5k_3=0 \end{cases}$$

整理后有:

$$\begin{cases} k_1=k_3 \\ k_2=2k_3 \\ k_3+4k_3-5k_3=0 \end{cases}$$

由于向量是根据 $|A-\lambda E|=0$ 求得,不能得到唯一解,只能给出向量元素间的比。例 $k_1:k_2:k_3$ 为 $1:2:1$,即 $K_1=\begin{bmatrix} 1 \\ 2 \\ 1 \end{bmatrix}$ 及其倍数。

为了求得向量唯一解,增加约束条件,要求向量标准化式(7-10):

$$K_1'K=\begin{bmatrix} 1 & 2 & 1 \end{bmatrix}\begin{bmatrix} 1 \\ 2 \\ 1 \end{bmatrix}=6$$

$$\|K_1\|=\sqrt{K_1'K}=\sqrt{6}$$

第七章　主成分分析

所以 K_1 标准化长度为 1 的特征向量 K_1^*：

$$K_1^* = \frac{1}{\sqrt{6}}\begin{bmatrix} 1 \\ 2 \\ 1 \end{bmatrix} = \begin{bmatrix} \frac{1}{\sqrt{6}} \\ \frac{2}{\sqrt{6}} \\ \frac{1}{\sqrt{6}} \end{bmatrix}$$

同理将特征值 λ_2, λ_3 代入式(7-15)：

$\lambda_2 = 7$：
$$K_2 = \begin{bmatrix} -2 \\ 1 \\ 0 \end{bmatrix} \text{及其倍数，}$$

$$K_2^* = \frac{1}{\sqrt{5}}\begin{bmatrix} -2 \\ 1 \\ 0 \end{bmatrix} = \begin{bmatrix} -\frac{2}{\sqrt{5}} \\ \frac{1}{\sqrt{5}} \\ 0 \end{bmatrix}$$

$\lambda_3 = 2$：
$$K_3 = \begin{bmatrix} 1 \\ 2 \\ -5 \end{bmatrix} \text{及其倍数}$$

$$K_3^* = \frac{1}{\sqrt{30}}\begin{bmatrix} 1 \\ 2 \\ -5 \end{bmatrix} = \begin{bmatrix} \frac{1}{\sqrt{30}} \\ \frac{2}{\sqrt{30}} \\ -\frac{5}{\sqrt{30}} \end{bmatrix}$$

可以简单地验证，上述 $\lambda_1, \lambda_2, \lambda_3$ 和 K_1^*, K_2^*, K_3^* 是矩阵 $A = \begin{bmatrix} 7 & 0 & 1 \\ 0 & 7 & 2 \\ 1 & 2 & 3 \end{bmatrix}$ 的 3 个特征值和特征向量，满足式(7-14)：

$$AX = \lambda X$$

$\lambda_1 = 8$:

$$\begin{bmatrix} 7 & 0 & 1 \\ 0 & 7 & 2 \\ 1 & 2 & 3 \end{bmatrix} \begin{bmatrix} \dfrac{1}{\sqrt{6}} \\ \dfrac{2}{\sqrt{6}} \\ \dfrac{1}{\sqrt{6}} \end{bmatrix} = 8 \begin{bmatrix} \dfrac{1}{\sqrt{6}} \\ \dfrac{2}{\sqrt{6}} \\ \dfrac{1}{\sqrt{6}} \end{bmatrix}$$

$\lambda_2 = 7$:

$$\begin{bmatrix} 7 & 0 & 1 \\ 0 & 7 & 2 \\ 1 & 2 & 3 \end{bmatrix} \begin{bmatrix} -\dfrac{2}{\sqrt{5}} \\ \dfrac{1}{\sqrt{5}} \\ 0 \end{bmatrix} = 7 \begin{bmatrix} -\dfrac{2}{\sqrt{5}} \\ \dfrac{1}{\sqrt{5}} \\ 0 \end{bmatrix}$$

$\lambda_3 = 2$:

$$\begin{bmatrix} 7 & 0 & 1 \\ 0 & 7 & 2 \\ 1 & 2 & 3 \end{bmatrix} \begin{bmatrix} \dfrac{1}{\sqrt{30}} \\ \dfrac{2}{\sqrt{30}} \\ -\dfrac{5}{\sqrt{50}} \end{bmatrix} = 2 \begin{bmatrix} \dfrac{1}{\sqrt{30}} \\ \dfrac{2}{\sqrt{30}} \\ -\dfrac{5}{\sqrt{30}} \end{bmatrix}$$

3. 特征向量矩阵和特征值矩阵

将矩阵 A 的特征向量和特征值组合在一起，就组成了特征向量矩阵 K^* 和特征值矩阵 Λ：

$$K^* = \begin{bmatrix} \dfrac{1}{\sqrt{6}} & -\dfrac{2}{\sqrt{5}} & \dfrac{1}{\sqrt{30}} \\ \dfrac{2}{\sqrt{6}} & \dfrac{1}{\sqrt{5}} & \dfrac{2}{\sqrt{30}} \\ \dfrac{1}{\sqrt{6}} & 0 & -\dfrac{5}{\sqrt{30}} \end{bmatrix}$$

$$\Lambda = \begin{bmatrix} 8 & 0 & 0 \\ 0 & 7 & 0 \\ 0 & 0 & 2 \end{bmatrix}$$

特征向量矩阵 K^* 是正交标准化矩阵：

(验算)：

$$K^{*'}K^* = K^*K^{*'} = E \tag{7-17}$$

$$K^{*'}K^* = \begin{bmatrix} \frac{1}{\sqrt{6}} & \frac{2}{\sqrt{6}} & \frac{1}{\sqrt{6}} \\ -\frac{2}{\sqrt{5}} & \frac{1}{\sqrt{5}} & 0 \\ \frac{1}{\sqrt{30}} & \frac{2}{\sqrt{30}} & -\frac{5}{\sqrt{30}} \end{bmatrix} \begin{bmatrix} \frac{1}{\sqrt{6}} & -\frac{2}{\sqrt{5}} & \frac{1}{\sqrt{30}} \\ \frac{2}{\sqrt{6}} & \frac{1}{\sqrt{5}} & \frac{2}{\sqrt{30}} \\ \frac{1}{\sqrt{6}} & 0 & -\frac{5}{\sqrt{30}} \end{bmatrix} = \begin{bmatrix} 1 & 0 & 0 \\ 0 & 1 & 0 \\ 0 & 0 & 1 \end{bmatrix} = E_3$$

$$K^*K^{*'} = \begin{bmatrix} \frac{1}{\sqrt{6}} & -\frac{2}{\sqrt{5}} & \frac{1}{\sqrt{30}} \\ \frac{2}{\sqrt{6}} & \frac{1}{\sqrt{5}} & \frac{2}{\sqrt{30}} \\ \frac{1}{\sqrt{6}} & 0 & -\frac{5}{\sqrt{30}} \end{bmatrix} \begin{bmatrix} \frac{1}{\sqrt{6}} & \frac{2}{\sqrt{6}} & \frac{1}{\sqrt{6}} \\ -\frac{2}{\sqrt{5}} & \frac{1}{\sqrt{5}} & 0 \\ \frac{1}{\sqrt{30}} & -\frac{2}{\sqrt{30}} & -\frac{5}{\sqrt{30}} \end{bmatrix} = \begin{bmatrix} 1 & 0 & 0 \\ 0 & 1 & 0 \\ 0 & 0 & 1 \end{bmatrix} = E_3$$

类似于特征值、特征向量和矩阵 A 的关系式(7-14)，特征值矩阵 Λ、特征向量矩阵 K^* 与矩阵 A 也有如下关系式：

$$AK^* = K^*\Lambda \tag{7-18}$$

根据式(7-18)可以得出 Λ, A 以下诸式：

（1）式(7-18)左乘 $K^{*'}$ 得：

$$K^{*'}AK^* = K^{*'}K^*\Lambda = \Lambda \tag{7-19}$$

式(7-19)表示特征值矩阵 Λ 是 $K^{*'}AK^*$ 的乘积，或可以说，特征值矩阵 Λ 分解为 $K^{*'}AK^*$ 的乘积。

（2）式(7-18)右乘 $K^{*'}$ 得：

$$AK^*K^{*'} = K^*\Lambda K^{*'} = A \tag{7-20}$$

式(7-20)表示矩阵 A 是 $K^*\Lambda K^{*'}$ 的乘积，或可以说，矩阵 A 分解为 $K^*\Lambda K^{*'}$ 的乘积。这些公式，下面都将会用到。

[例]13　试对以下 5 对数据(1,2)(4,7)(7,3)(8,9)(10,9)，用特征值和特征向量法转轴，并比较数据在新旧轴上方差的变化。

[解]　（1）为了求出数据在原轴(X_1, X_2)的方差，将数据减去均值，也就

是将坐标移到均值点(表7-2),再代入方差、协方差公式[①]:

表 7-2

	X_1(原始分)	X_2(原始分)	$x_1 = X_1 - \overline{x_1}$	$x_2 = X_2 - \overline{x_2}$	$x_1 x_2$
A	1	2	-5	-4	20
B	4	7	-2	1	-2
C	7	3	1	-3	-3
D	8	9	2	3	6
E	10	9	4	3	12
$\sum$	30	30			33
$\overline{X}$	6	6			

X_1 方差:$\sigma_{x_1}^2 = \dfrac{\sum (x_1 - \overline{x_1})^2}{n} = \dfrac{\sum x_1^2}{n} = \dfrac{(-5)^2 + (-2)^2 + (1)^2 + (2)^2 + (4)^2}{5}$
$= 10.0$

X_2 方差:$\sigma_{x_2}^2 = \dfrac{\sum (x_2 - \overline{x_2})^2}{n} = \dfrac{\sum x_2^2}{n} = \dfrac{(-4)^2 + (1)^2 + (-3)^2 + (3)^2 + (3)^2}{5}$
$= 8.8$

协方差:$\sigma_{x_1 x_2} = \dfrac{\sum (x_1 - \overline{x_1})(x_2 - \overline{x_2})}{n} = \dfrac{\sum x_1 x_2}{n} = \dfrac{20 - 2 - 3 + 6 + 12}{5}$
$= 6.6$

将数据在坐标轴(x_1, x_2)的方差—协方差值,写成矩阵有:

$$\boldsymbol{\sigma}_x = \frac{1}{n} \boldsymbol{x}' \boldsymbol{x} = \begin{pmatrix} \sigma_{x_1}^2 & \sigma_{x_1 x_2} \\ \sigma_{x_1 x_2} & \sigma_{x_2}^2 \end{pmatrix} = \begin{pmatrix} 10.0 & 6.6 \\ 6.6 & 8.8 \end{pmatrix} \quad (7\text{-}21)$$

由于$\sigma_{x1}^2 = 10.0$,$\sigma_{x2}^2 = 8.8$,数据在X_1, X_2轴上的总投影长度是很接近的(图7-3),它表示数据在两轴上的分散程度是差不多的。

(2) 运用和[例]12相同的计算方法,计算协方差矩阵$\boldsymbol{\sigma}_x$的特征值和特征向量:

① 特征值。将矩阵值式(7-21)代入式(7-16):

$$|\boldsymbol{\sigma} - \lambda \boldsymbol{E}| = \begin{vmatrix} 10.0 - \lambda & 6.6 \\ 6.6 & 8.8 - \lambda \end{vmatrix} = 0$$

[①] 本书第一章第三节。

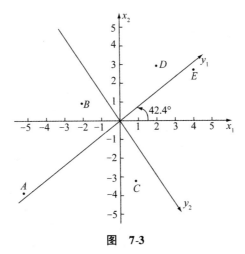

图 7-3

$$\lambda^2 - 18\lambda + 44.44 = 0$$

得特征值：

$$\lambda_1 = 16.027; \lambda_2 = 2.773$$

写成矩阵为：

$$\boldsymbol{\Lambda} = \begin{pmatrix} \lambda_1 & 0 \\ 0 & \lambda_2 \end{pmatrix}$$

② 特征向量。将特征值代入式(7-15)：

$$\lambda_1: \begin{pmatrix} 10 - 16.027 & 6.6 \\ 6.6 & 8.8 - 16.027 \end{pmatrix} \begin{pmatrix} k_1 \\ k_2 \end{pmatrix} = 0$$

$$k_2 = 0.9132 k_1$$

$$\boldsymbol{k} = \begin{pmatrix} 1 \\ 0.9132 \end{pmatrix}$$

标准化式(7-10)：

$$\boldsymbol{K}_1^* = \begin{pmatrix} 0.7384 \\ 0.6743 \end{pmatrix}$$

同理，λ_2 得：

$$\boldsymbol{K}_2^* = \begin{pmatrix} 0.6743 \\ -0.7384 \end{pmatrix}$$

写成特征向量矩阵：

$$K^* = \begin{pmatrix} 0.7384 & 0.6743 \\ 0.6743 & -0.7384 \end{pmatrix}$$

③ 计算数据在坐标轴(y_1, y_2)的得分。将坐标轴(x_1, x_2)的原数据乘以特征向量,也可看作是坐标轴(x_1, x_2)进行了以特征向量为大小的线性变换,成了新坐标轴(y_1, y_2),数据在新坐标轴(y_1, y_2)上的得分是原数据乘以特征向量:

$$y = xk^* = \begin{pmatrix} -5 & -4 \\ -2 & 1 \\ 1 & -3 \\ 2 & 3 \\ 4 & 3 \end{pmatrix} \begin{pmatrix} 0.7384 & 0.6743 \\ 0.6743 & -0.7384 \end{pmatrix} = \begin{pmatrix} -6.3892 & -0.4179 \\ -0.8025 & -2.0870 \\ -1.2843 & 2.8895 \\ 3.4997 & -0.8666 \\ 4.9765 & 0.4820 \end{pmatrix}$$

下面是原有5对数据点A, B, C, D, E在坐标轴(x_1, x_2)和坐标轴(y_1, y_2)的比较(图7-3)。对于5个点来说,它们的相对位置并没改变,但在新旧坐标轴上的值改变了。例如点A,在坐标轴(x_1, x_2)上是$(-5, -4)$,而在坐标轴(y_1, y_2)则是$(-6.3892, -0.4179)$,余类推。

根据本节线性变换的原理,特征向量矩阵也可写作坐标角度转换的形式:

$$K^* = \begin{pmatrix} 0.7384 & 0.6743 \\ 0.6743 & -0.7384 \end{pmatrix} = \begin{pmatrix} \cos 42.4° & \sin 42.4° \\ \sin 42.4° & -\cos 42.4° \end{pmatrix}$$

对于本题来说,则是x_1依特征向量K_1^*值,对应地逆时针转$42.4°$,成了y_1,而x_2依特征向量K_2^*,对应地逆时针转$-42.4°$,成了y_2(图7-3)。

④ 计算数据在坐标轴(y_1, y_2)的方差。将数据写作5×2阶的矩阵y,数据在坐标轴(y_1, y_2)的方差是:

$$\sigma_y = \frac{1}{n} y'y$$

$$= \begin{pmatrix} -6.3892 & -0.8025 & -1.2843 & 3.4997 & 4.9765 \\ -0.4179 & -2.0870 & 2.8895 & 0.8666 & 0.4820 \end{pmatrix} \begin{pmatrix} -6.3892 & -0.4179 \\ -0.8025 & -2.0870 \\ -1.2843 & 2.8895 \\ 3.4997 & -0.8666 \\ 4.9765 & 0.4820 \end{pmatrix}$$

$$\sigma_{y_1}^2 = \frac{(-6.3892)^2 + (-0.8025)^2 + (-1.2843)^2 + (3.4997)^2 + (4.9765)^2}{5}$$

$$= 16.026$$

$$\sigma_{y_2}^2 = \frac{(-0.4179)^2 + (-2.0870)^2 + (2.8895)^2 + (-0.8666)^2 + (0.4820)^2}{5}$$

第七章 主成分分析

$$= 2.773$$
$$\boldsymbol{\sigma}_{y_1y_2} = 0$$

将数据在坐标轴(y_1, y_2)的方差—协方差阵写成矩阵有：

$$\boldsymbol{\sigma}_y = \frac{1}{n}\boldsymbol{y}'\boldsymbol{y} = \begin{pmatrix} \sigma_{y_1}^2 & \sigma_{y_1y_2} \\ \sigma_{yy_2} & \sigma_{y_2}^2 \end{pmatrix} = \begin{pmatrix} 16.026 & 0 \\ 0 & 2.773 \end{pmatrix} \quad (7-22)$$

根据图 7-3，原数据在坐标轴(x_1, x_2)上，x_1和x_2在两轴上的分散程度是较均匀的，$\sigma_{x1}^2 = 10.0$，$\sigma_{x2}^2 = 8.8$。但在坐标轴(y_1, y_2)上，y_1轴的$\sigma_{y1}^2 = 16.026$，$\sigma_{y1}^2 > \sigma_{x1}^2$，分散程度增加了，也就是点与点的差异或区别增大了。相反的，在y_2轴，$\sigma_{y2}^2 = 2.773$，$\sigma_{y2}^2 < \sigma_{x2}^2$，分散程度减少了，这也是必然的，因为点与点之间总距离没有变，在某些轴上方差增大，必然伴随着在另一些轴上方差减少，也就是说，点与点之间的差异，现在只是更多地集中在y_1轴上了。

这样的结果，正是下一节主成分分析法所期待的，由于方差向某个轴上集中，使我们可以舍去某些方差小的坐标，以牺牲少量方差为代价，达到降维的目的。例如，本题如果精度要求不高，可将y_2轴舍去，只考虑y_1轴。

⑤ 特征值和方差的关系。本题以特征向量转轴后，可以发现，数据在坐标轴(y_1, y_2)上，只有方差，没有协方差，方差矩阵是对角线矩阵，且对角线上的方差值正是特征值：

$$\sigma_{y1}^2 = \lambda_1 = 16.027$$
$$\sigma_{y2}^2 = \lambda_2 = 2.773$$

这并不是巧合。实际上由于数据在坐标轴(y_1, y_2)上，坐标是数据在坐标轴(x_1, x_2)上坐标乘以特征向量$\boldsymbol{k}^*$：$\boldsymbol{y} = \boldsymbol{x}\boldsymbol{k}^*$，数据在坐标轴$(y_1, y_2)$的方差是$\boldsymbol{\sigma}_y = (1/n)\boldsymbol{y}'\boldsymbol{y}$，将两式结合起来：

$$\boldsymbol{\sigma}_y = (1/n)\boldsymbol{y}'\boldsymbol{y} = (1/n)(\boldsymbol{x}\boldsymbol{k}^*)'\boldsymbol{x}\boldsymbol{k}^* = \boldsymbol{k}^{*'}(\boldsymbol{x}'\boldsymbol{x}/n)\boldsymbol{k}^*$$

该式左边是数据在坐标轴(y_1, y_2)的方差$\boldsymbol{\sigma}_y$(式(7-22))，而右边中$\boldsymbol{x}'\boldsymbol{x}/n$正是数据在坐标轴$(x_1, x_2)$上的方差$\boldsymbol{\sigma}_x$(式(7-21))，而两边乘以它的特征向量，根据式(7-18)和式(7-19)转轴后的方差$\boldsymbol{\sigma}_y$等于特征值：

$$\boldsymbol{\sigma}_y = \boldsymbol{\Lambda} = \boldsymbol{k}^{*'}(\boldsymbol{x}'\boldsymbol{x}/n)\boldsymbol{k}^* = \boldsymbol{k}^{*'}\boldsymbol{\sigma}_x\boldsymbol{k}^* = \boldsymbol{\Lambda} \quad (7-23)$$

其中矩阵$\boldsymbol{\Lambda}$是方差矩阵$\boldsymbol{\sigma}_x$的特征值矩阵，矩阵$\boldsymbol{k}^*$是方差矩阵$\boldsymbol{\sigma}_x$的特征向量矩阵。

式(7-23)表明，只要知道数据在坐标轴(x_1, x_2)上的方差$\boldsymbol{\sigma}_x$和它的特征向量$\boldsymbol{k}^*$，也可直接计算出特征值$\boldsymbol{\Lambda}$：

$$\boldsymbol{\Lambda} = \boldsymbol{k}^{*\prime}\boldsymbol{\sigma}_x\boldsymbol{k}^{*} = \begin{pmatrix} 0.7384, & 0.6743 \\ 0.6743, & -0.7384 \end{pmatrix}\begin{pmatrix} 10.0 & 6.6 \\ 6.6 & 8.8 \end{pmatrix}\begin{pmatrix} 0.7384 & 0.6743 \\ 0.6743 & -0.7384 \end{pmatrix}$$

$$= \begin{pmatrix} 10.026 & 0 \\ 0 & 2.773 \end{pmatrix}$$

第二节 主成分分析法

一、引言

主成分分析主要用于指标的综合,例如社会发展程度,一般有高达数十个指标,但如果要对社会进行比较,则不可能将数十个指标进行对比,只能是将数十个指标综合成一个或少数几个进行比较。如高考的总分,就是将若干门分数加总的综合指标。综合指标中关键的问题是,怎样把指标加总起来。最简单的方法,就是所有指标一视同仁,也就是平权的方法。但指标的重要性,往往是不相等的,例如,从一个社会来看,儿童的入学率显然比儿童能否看上儿童剧重要,因此更普遍的情况是,根据一定准则,对指标赋予不同权数再加总。常见的加权是主观评定法,是根据主观判断,决定加总的权重,例如高考总分,有的科目满分是100分,而有的科目满分是150分,就是不同的权重。

除了主观判断法,还有一种非主观判断法是统计中常用的指标综合方法——主成分分析法,它是指标的压缩和降维,是把高维转化为少数几个综合指标的多元统计分析方法,能否实现高维数据的压缩和降维,取决于数据是否能较好地集中在一个或几个少量的维度上,只有这样,才能做到压缩后,信息损失不致太多。

二、主成分分析的几何解释

第一节我们介绍了特征值和特征向量的求法,并以二维的数据例子,形象地展示了转轴后数据在新旧轴上方差的变化,但转轴本身并不能降低维度、简化指标,对于完全的保留信息来说,原有几维的数据,转轴后仍然是几维。而主成分分析法,则是运用特征向量计算的结果,在保留信息与降低维度之间进行平衡,以期在可以容忍的信息损失条件下,达到最佳的降低维度、简化指标效果。为了解释方便,我们仍以二维数据为例。设某班学生共有 N 名,期中考试共2门:数学 X_1 和语文 X_2,每个学生的成绩在二维平面 (X_1, X_2) 将占有一个点, N 名学生共有 N 个点,如图7-4:

第七章　主成分分析

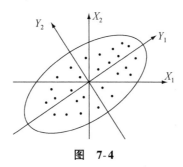

图　7-4

图 7-4 分布呈椭圆形,现在把坐标转动 θ 角,使新坐标(Y_1,Y_2)中的 Y_1 与图形椭圆的长轴重叠,那么,会出现什么情况呢?

(1) 各点在新坐标 Y_1 上的投影将增大,N 个学生的成绩离散程度增大,统计上称为在 Y_1 轴上方差增大,而方差增大的指标正是人们所希望寻找的,因为方差大的指标,意味着能更好地区分个体。

(2) 在各点在新坐标 Y_1 上的投影增大的同时,各点在新坐标 Y_2 上的投影将减小,也就是在 Y_1 变量方差增大的同时,Y_2 变量方差将减小,这点可通过图 7-5 来解释。

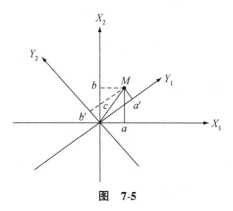

图　7-5

设观测点 M,距离原点的长度为 C,M 点在原坐标轴(X_1,X_2)上的投影为(a,b),在新坐标轴(Y_1,Y_2)上的投影为(a',b'),由于坐标的转换仅是转轴,因此 M 点到原点的距离 C 是不变的:

$$a^2 + b^2 = (a')^2 + (b')^2$$

将二维平面上,N 个点的距离加总,并除以总数 N:

$$\sum C = \Sigma a^2/N + \Sigma b^2/N = \Sigma(a')^2/N + \Sigma(b')^2/N$$

则 $\sum a^2/N$、$\sum b^2/N$ 分别是观测值在原坐标 X_1 和 X_2 上的方差,而 $\sum(a')^2/N$、$\sum(b')^2/N$ 则分别是观测值在新坐标 Y_1 和 Y_2 上的方差。可见,在 $\sum C$ 一定的情况下,当观测值在新坐标 Y_1 的方差增加时,观测值在新坐标 Y_2 的方差必然减少了。同样的,如果是 n 维空间,其总长也是不变的,转轴后,有的变量方差增加时,必然就有变量的方差是减少的。

(3) 坐标转轴后,能否使方差更集中在某个轴上,取决于图形的分布。如果图形分布呈圆形,数据的变量间无相关性,那无论怎样旋转,其分布都是均匀地分布在四个相限,因此转轴无助于指标的改善。如果情况相反,数据的变量间有完全的相关,例如,假设学生的数学与语文考试之间有完全的相关性,那么只要知道了每个学生的数学分数,也等于知道了语文分数,这种情况下,就没有必要设置两个变量,一维变量就够了。

一般情况下,变量间有一定的相关,图形分布呈椭圆形,如果长轴越长,转轴到长轴 Y_1 后,浓缩的信息越多,Y_1 方差越大,因此舍去 Y_2 后,将使个体间在 Y_2 的有差异当成了无差异,也就是损失了一部分信息,但由于 Y_2 方差很小,因此损失的信息很有限,从而达到降维的目的。

以上是从几何学意义上的理解,回到代数上来看(如前图7-2),Y_1 和 Y_2 无非是 X_1 和 X_2 的线性组合,只是对线性组合有一定的要求,例如,X_1,X_2 组合的 Y_1 和 Y_2,要求方差达到极值,组合的系数平方和为1,实际上,满足这些要求的 Y_1 和 Y_2,正是主成分分析中所要求的主成分。

三、综合指标选择的准则

设观测数据原有指标为 $X_1,X_2,\cdots,X_p$。

(1) 选择这样的综合指标 y_1:

$$Y_1 = a_{11}X_1 + a_{21}X_2 + \cdots + a_{p1}X_p = \sum_{i=1}^{p} a_{i1}X_i$$

为原有指标综合后的第一主成分,如果 Y_1 的方差 $\sigma_{y_1}^2$ 为最大,且满足 $\sum_{i=1}^{p} a_{i1}^2 = 1$。

(2) 如果仅保留第一主成分,信息损失太多,可按同样的原则,选择综合指标 y_2:

$$Y_2 = a_{12}X_1 + a_{22}X_2 + \cdots + a_{p2}X_p = \sum_{i=1}^{p} a_{i2}X_i$$

为原有指标综合后的第二主成分,Y_2 要满足以下三个条件:

① Y_2 的方差 $\sigma_{Y_2}^2$ 为次大；② 满足 $\sum_{i=1}^{p} a_{i2}^2 = 1$；③ $r_{y_1 y_2} = 0$。

（3）同理，如果还要选择第三主成分：

$$Y_3 = a_{13}X_1 + a_{23}X_2 + \cdots + a_{p3}X_p = \sum_{i=1}^{p} a_{i3}X_i$$

Y_3 要满足以下三个条件：

① Y_3 的方差 $\sigma_{Y_3}^2$ 为第三大；② 满足 $\sum_{i=1}^{p} a_{i3}^2 = 1$；③ $r_{y_1 y_2} = r_{y_2 y_3} = r_{y_3 y_1} = 0$。

（4）按以上准则，继续选出第三、第四主成分等，如果希望保留100%的信息，只有取主成分的个数与原变量 X 个数 p 相等，但指标综合的意义是要压缩指标，所以主成分的个数一般小于 p，它的代价是要损失一部分信息，至于允许多少信息损失，要根据具体情况而定。

四、主成分求解方法

（1）先看第一主成分求解方法，设第一主成分为：

$$Y_1 = a_{11}X_1 + a_{21}X_2 + \cdots + a_{p1}X_p \tag{7-24}$$

每一个个案观测了 p 个变量 $X_1, X_2, \cdots, X_p$，这样的个案共有 n 个，现在把 n 个个案的全部观测值代入（式7-24）：

$$Y_{11} = a_{11}X_{11} + a_{21}X_{21} + \cdots + a_{p1}X_{p1}$$
$$Y_{12} = a_{11}X_{12} + a_{21}X_{22} + \cdots + a_{p1}X_{p2}$$
$$\cdots\cdots\cdots\cdots\cdots\cdots\cdots\cdots\cdots\cdots$$
$$Y_{1n} = a_{11}X_{1n} + a_{21}X_{2n} + \cdots + a_{p1}X_{pn}$$

假设所有变量 $Y_1, X_1, X_2, \cdots, X_p$ 都是减去了各自的均值，坐标的原点已移到了均值。写成矩阵的形式有：

$$\begin{bmatrix} Y_{11} \\ Y_{12} \\ \vdots \\ Y_{1n} \end{bmatrix} = \begin{bmatrix} X_{11} & X_{21} & \cdots & X_{p1} \\ X_{12} & X_{22} & \cdots & X_{p2} \\ \vdots & \vdots & & \vdots \\ X_{1n} & X_{2n} & \cdots & X_{pn} \end{bmatrix} \begin{bmatrix} a_{11} \\ a_{21} \\ \vdots \\ a_{p1} \end{bmatrix}$$

简写为：

$$\boldsymbol{Y}_1 = \boldsymbol{XA}^{(1)} \tag{7-25}$$

将式(7-25)转置并根据矩阵乘法规则：

$$Y_1' = (XA^{(1)})' = (A^{(1)})'X' \tag{7-26}$$

式(7-26)左乘式(7-25):

$$Y_1'Y_1 = (A^{(1)})'X'XA^{(1)} \tag{7-27}$$

式(7-27)的展式是:

$$= A^{(1)'} \begin{bmatrix} Y_{11} & Y_{12} & \cdots & Y_{1n} \end{bmatrix} \begin{bmatrix} Y_{11} \\ Y_{12} \\ \vdots \\ Y_{1n} \end{bmatrix}$$

$$= A^{(1)'} \begin{bmatrix} X_{11} & X_{12} & \cdots & X_{1n} \\ X_{21} & X_{22} & \cdots & X_{2n} \\ \vdots & \vdots & & \vdots \\ X_{p1} & X_{p2} & \cdots & X_{pn} \end{bmatrix} \begin{bmatrix} X_{11} & X_{21} & \cdots & X_{p1} \\ X_{12} & X_{22} & \cdots & X_{p2} \\ \vdots & \vdots & & \vdots \\ X_{1n} & X_{2n} & \cdots & X_{pn} \end{bmatrix} A^{(1)}$$

将式(7-27)除以观测总数n,对于样本数据,则除以$(n-1)$,以满足估计的无偏性。由于一般都是样本数据,所以式(7-27)写成:左边是y_1的样本方差$S_{y_1}^2$,右边中间两项$X'X$是观测数据形成的样本方差—协方差矩阵:

$$S = \begin{bmatrix} S_{x_1}^2 & S_{x_1 x_2} & \cdots & S_{x_1 x_p} \\ S_{x_2 x_1} & S_{x_2}^2 & \cdots & S_{x_2 x_p} \\ \vdots & \vdots & & \vdots \\ S_{x_p x_1} & S_{x_p x_2} & \cdots & S_{xp}^2 \end{bmatrix}$$

$$S_{y_1}^2 = A^{(1)'} S A^{(1)} \tag{7-28}$$

现在对式(7-28)的要求是$S_{y_1}^2$达最大值,同时$A^{(1)}$不能任意增大,要满足约束条件,也就是向量标准化条件$A^{(1)'}A^{(1)} = 1$,也可写成:

$$g = A^{(1)'}A^{(1)} - 1 = 0 \tag{7-29}$$

第七章 主成分分析

把式(7-28)和式(7-29)结合起来,形成拉格朗子算子①:

$$F = \mathbf{A}^{(1)'}\mathbf{S}\mathbf{A}^{(1)} - \lambda(\mathbf{A}^{(1)'}\mathbf{A}^{(1)} - 1) \quad (7\text{-}30)$$

式(7-30)求极值:

$$\frac{\partial F}{\partial \mathbf{A}^{(1)}} = \frac{\partial \mathbf{A}^{(1)'}\mathbf{S}\mathbf{A}^{(1)}}{\partial \mathbf{A}^{(1)}} - \lambda \frac{\partial(\mathbf{A}^{(1)'}\mathbf{A}^{(1)} - 1)}{\partial \mathbf{A}^{(1)}}$$

因为:

$$\frac{\partial \mathbf{A}^{(1)'}\mathbf{S}\mathbf{A}^{(1)}}{\partial \mathbf{A}^{(1)}} = 2\mathbf{S}\mathbf{A}^{(1)}②, \quad \frac{\partial(\mathbf{A}^{(1)'}\mathbf{A}^{(1)} - 1)}{\partial \mathbf{A}^{(1)}} = \frac{\partial \mathbf{A}^{(1)'}\mathbf{E}\mathbf{A}^{(1)}}{\partial \mathbf{A}^{(1)}} = 2\mathbf{E}\mathbf{A}^{(1)}$$

所以:

$$\frac{\partial F}{\partial \mathbf{A}^{(1)}} = 2\mathbf{S}\mathbf{A}^{(1)} - 2\lambda\mathbf{A}^{(1)} = 0$$

即

$$\mathbf{S}\mathbf{A}^{(1)} = \lambda\mathbf{A}^{(1)} \quad (7\text{-}31)$$

对比特征值和特征向量的定义式(7-14),式(7-31)中的 S 是式(7-14)中的矩阵 A,而 $\mathbf{A}^{(1)}$ 和 λ 就是方差—协方差矩阵 $\mathbf{S}$ 的第一特征向量 $\mathbf{A}^{(1)}$ 和第一特征值 $\lambda_1$③。

---

① 这里用到线性规划中的概念。例如经济发展要求增加 GDP,但为此不能以牺牲环境为代价,因此只有将 GDP(目标函数,$y = f(x_1 x_2 \cdots x_n)$)和环境因素(约束条件 $g(x_1 x_2 \cdots x_n) = 0$)结合起来,形成算子:

$$F = y - mg$$

称拉格朗日算子,并求 F 的极值,才是最终要求的结果。

② 该式的成立,可用一个二维向量来验算:

$$X = \begin{pmatrix} x_1 \\ x_2 \end{pmatrix}, X' = (x_1, x_2), A = \begin{pmatrix} a_{11} & a_{12} \\ a_{21} & a_{22} \end{pmatrix} (A \text{ 为对称矩阵})$$

$$F = X'AX = (x_1 \ x_2)\begin{pmatrix} a_{11} & a_{12} \\ a_{21} & a_{22} \end{pmatrix}\begin{pmatrix} x_1 \\ x_2 \end{pmatrix} = a_{11}x_1^2 + 2a_{12}x_1x_2 + a_{22}x_2^2$$

$$\begin{cases} \frac{\partial F}{\partial x_1} = 2a_{11}x_1 + 2a_{12}x_2 \\ \frac{\partial F}{\partial x_2} = 2a_{21}x_1 + 2a_{22}x_2 \end{cases} \quad \frac{\partial F}{\partial x} = \begin{pmatrix} \frac{\partial F}{\partial x_1} \\ \frac{\partial F}{\partial x_2} \end{pmatrix} = \frac{\partial x'Ax}{\partial x} = \begin{pmatrix} 2a_{11}x_1 + 2a_{12}x_2 \\ 2a_{21}x_2 + 2a_{22}x_2 \end{pmatrix}$$

$$= 2\begin{pmatrix} a_{11} & a_{12} \\ a_{21} & a_{22} \end{pmatrix}\begin{pmatrix} x_1 \\ x_2 \end{pmatrix}$$

即对于对称矩阵 A 有:

$$\frac{\partial X'AX}{\partial X} = 2AX$$

③ 由于一般矩阵用字母"A"或"B"表示,所以上节用矩阵 A 进行讨论。本节矩阵特指协方差阵,而协方差阵一般用 S 表示,所以本节的 S 相当于上节的矩阵 A。

(2) 第二主成分求法与第一主成分相同：

$$Y_2 = a_{12}X_1 + a_{22}X_2 + \cdots + a_{p2}X_p \tag{7-32}$$

每一个个案观测了 p 个变量 $X_1, X_2, \cdots, X_p$，变量坐标原点已移到了均值点，这样的个案共有 n 个，现在把 n 个个案的全部观测值代入式(7-32)：

$$Y_{21} = a_{12}X_{11} + a_{22}X_{21} + \cdots + a_{p2}X_{p1}$$

$$Y_{22} = a_{12}X_{12} + a_{22}X_{22} + \cdots + a_{p2}X_{p2}$$

$$\cdots\cdots\cdots\cdots\cdots\cdots\cdots\cdots\cdots\cdots\cdots\cdots$$

$$Y_{2n} = a_{12}X_{1n} + a_{22}X_{2n} + \cdots + a_{p2}X_{pn}$$

类似于式(7-24)至式(7-30)，可求得：

$$SA^{(2)} = \lambda A^{(2)} \tag{7-33}$$

S 的第二特征向量 $A^{(2)}$ 和第二特征值 λ_2。

(3) 比较式(7-30)和式(7-32)，发现它们都是对同一方差—协方差矩阵 S 求特征向量和特征值，这样的特征值共有 p 个，依大小排列有：

$$\lambda_1 > \lambda_2 > \cdots > \lambda_p$$

对应的特征向量有：

$$A^{(1)}, \quad A^{(2)}, \quad \cdots, \quad A^{(p)}$$

(4) 将式(7-31)中 $\lambda_1, \lambda_2, \cdots, \lambda_p$ 代入式(7-28)，$\lambda_1, \lambda_2, \cdots, \lambda_p$ 对应的是各主成分的方差：

$$S_{y_1}^2 = A^{(1)'}SA^{(1)} = A^{(1)'}\lambda_1 A^{(1)} = \lambda_1$$

$$S_{y_2}^2 = A^{(2)'}SA^{(2)} = A^{(2)'}\lambda_2 A^{(2)} = \lambda_2$$

$$\cdots\cdots\cdots\cdots\cdots\cdots\cdots\cdots\cdots\cdots\cdots\cdots$$

$$S_{y_p}^2 = A^{(p)'}SA^{(p)} = A^{(p)'}\lambda_p A^{(p)} = \lambda_p$$

$$S_{y_1}^2 > S_{y_2}^2 > \cdots > S_{y_p}^2$$

(5) 合并 p 个主成分：

$$\begin{cases} Y_1 = a_{11}X_1 + a_{21}X_2 + \cdots + a_{p1}X_p \\ Y_2 = a_{12}X_1 + a_{22}X_2 + \cdots + a_{p2}X_p \\ \cdots\cdots\cdots\cdots\cdots\cdots\cdots\cdots\cdots\cdots \\ Y_p = a_{1p}X_1 + a_{2p}X_2 + \cdots + a_{pp}X_p \end{cases} \tag{7-34}$$

写成矩阵有：

$$Y = A'X$$

或写作：

$$\begin{bmatrix} Y_1 \\ Y_2 \\ \vdots \\ Y_p \end{bmatrix} = \begin{bmatrix} a_{11} & a_{21} & \cdots & a_{p1} \\ a_{12} & a_{22} & \cdots & a_{2p} \\ \vdots & \vdots & & \vdots \\ a_{p1} & a_{p2} & \cdots & a_{pp} \end{bmatrix} \begin{bmatrix} X_1 \\ X_2 \\ \vdots \\ X_p \end{bmatrix}$$

$$A = \begin{bmatrix} a_{11} & a_{12} & \cdots & a_{1p} \\ a_{21} & a_{22} & \cdots & a_{2p} \\ \vdots & \vdots & & \vdots \\ a_{p1} & a_{p2} & \cdots & a_{pp} \end{bmatrix} = \begin{bmatrix} A^{(1)} & A^{(2)} & \cdots & A^{(p)} \end{bmatrix}$$

$$A^{(1)} = \begin{bmatrix} a_{11} \\ a_{21} \\ \vdots \\ a_{p1} \end{bmatrix}, \quad A^{(2)} = \begin{bmatrix} a_{12} \\ a_{22} \\ \vdots \\ a_{p2} \end{bmatrix}, \quad \cdots, \quad A^{(p)} = \begin{bmatrix} a_{1p} \\ a_{2p} \\ \vdots \\ a_{pp} \end{bmatrix}$$

$$S_{y_1}^2 = \lambda_1, \quad S_{y_2}^2 = \lambda_2, \quad \cdots, \quad S_{y_p}^2 = \lambda_p$$

$$S_{y_i}^2 = \lambda_i$$

$S_{y_i}^2 = $ 第 i 个主成分方差，$\lambda_i = $ 第 i 个特征值

（6）以上特征值和特征向量都是根据方差—协方差矩阵 S 求得的。当变量单位不同时，可将数据先转换为标准分，然后用相关系数矩 R 阵求其特征值和特征向量。当同一组数据同时用方差矩阵 S 和相关系数矩阵 R 求特征值和特征向量时，两者的特征值和特征向量并不相同。

五、主成分性质

（1）特征向量矩阵 A 是正交、标准化矩阵。
（2）特征值矩阵 Λ 为对角线矩阵。
（3）主成分与原变量 $X_1, X_2, \cdots, X_p$ 之间的相关：
① 对于用 S 矩阵形成的特征值和特征向量，由于主成分与原变量都没有标准化，所以要经过以下的变换，首先从式(7-34)开始，将式(7-34)重写如下：

$$\begin{cases} Y_1 = a_{11}X_1 + a_{21}X_2 + \cdots + a_{p1}X_p \\ Y_2 = a_{12}X_1 + a_{22}X_2 + \cdots + a_{p2}X_p \\ \cdots\cdots\cdots\cdots\cdots\cdots\cdots\cdots\cdots\cdots \\ Y_p = a_{1p}X_1 + a_{2p}X_2 + \cdots + a_{pp}X_p \end{cases}$$

因为 $X_1, X_2, \cdots, X_p$ 之间不是相互独立的，但 Y_i 之间是相互独立的。为此，要将式(7-34)的矩阵式：

$$Y = A'X \tag{7-35}$$

两边共乘 A：

$$AY = AA'X$$

因为 A 是标准、正交矩阵，得：

$$AY = EX = X \tag{7-36}$$

或写作：

$$\begin{cases} X_1 = a_{11}Y_1 + a_{12}Y_2 + \cdots + a_{1p}Y_p \\ X_2 = a_{21}Y_1 + a_{22}Y_2 + \cdots + a_{2p}Y_p \\ \cdots\cdots\cdots\cdots\cdots\cdots\cdots\cdots\cdots\cdots \\ X_p = a_{p1}Y_1 + a_{p2}Y_2 + \cdots + a_{pp}Y_p \end{cases} \tag{7-37}$$

进一步，式(7-37)的两边还必须标准化，由于方差矩阵 S 中的原始数据已经移到了均值点，经过转轴主成分的 y_i 也移动了均值点，因此只需将式(7-34)两边除以标准差，其中主成分的标准差为 $\sqrt{\lambda_i}$，因此有：

$$\frac{Y_i}{\sqrt{\lambda_i}} = z_{y_i}, \quad Y_i = \sqrt{\lambda_i}\, z_{y_i}$$

$$\frac{X_i}{S_i} = z_{x_i}, \quad X_i = S_i z_{x_i}$$

代入方程组(7-37)有：

第七章 主成分分析

$$\begin{cases} z_{x_1} = \dfrac{\sqrt{\lambda_1}}{S_1}a_{11}z_{y_1} + \dfrac{\sqrt{\lambda_2}}{S_1}a_{12}z_{y_2} + \cdots + \dfrac{\sqrt{\lambda_p}}{S_1}a_{1p}z_{y_p} \\ z_{x_2} = \dfrac{\sqrt{\lambda_1}}{S_2}a_{21}z_{y_1} + \dfrac{\sqrt{\lambda_2}}{S_2}a_{22}z_{y_2} + \cdots + \dfrac{\sqrt{\lambda_p}}{S_2}a_{2p}z_{y_p} \\ \cdots\cdots\cdots\cdots\cdots\cdots\cdots\cdots \\ z_{x_p} = \dfrac{\sqrt{\lambda_1}}{S_p}a_{p1}z_{y_1} + \dfrac{\sqrt{\lambda_2}}{S_p}a_{p2}z_{y_2} + \cdots + \dfrac{\sqrt{\lambda_p}}{S_p}a_{pp}z_{y_p} \end{cases} \quad (7\text{-}38)$$

于是得主成分 y_i 与原变量 x_j 间的相关系数为：

$$r_{y_i x_j} = \frac{\sqrt{\lambda_i}}{S_j} a_{ji}, \quad i,j = 1,2,\cdots,p \quad (7\text{-}39)$$

② 对于用相关系数 R 矩阵所求的特征向量，由于原变量已转换为标准分 Z，所以只须将主成分转换为标准分，即将 y_i 用 $\sqrt{\lambda_i} z_{y_i}$ 代入，所以主成分 y_i 与原变量 X_j 的相关系数为：

$$r_{y_i x_j} = \sqrt{\lambda_i}\, a_{ji}$$

主成分 y_i 与原变量 X_j 的相关系数 $r_{y_i x_j}$ 称"因子负荷量"，它在因子分析中还要涉及。

（4）方差—协方差 S 对角线元素之和等于特征值矩阵 Λ 对角线元素之和

$$S_{x_1}^2 + S_{x_2}^2 + \cdots + S_{x_p}^2 = \lambda_1 + \lambda_2 + \cdots + \lambda_p \quad (7\text{-}40)$$

（5）第 i 个主成分的方差占总方差的比例，称作第 i 个主成分的贡献率：

$$\text{第 } i \text{ 个主成分的贡献率} = \frac{\lambda_i}{\lambda_1 + \lambda_2 + \cdots + \lambda_p} \quad (7\text{-}41)$$

（6）前 k 个主成分 $y_1, y_2, \cdots, y_k$ 的累积贡献率：

$$\text{累积贡献率} = \frac{\lambda_1 + \lambda_2 + \cdots + \lambda_k}{\sum\limits_{i=1}^{p} \lambda_i} \quad (7\text{-}42)$$

（7）主成分保留的个数，将根据累积贡献率而定，一般从特征值最大的开始保留，直到累积贡献率达到 70% 以上或更多，具体数值根据具体需要而定。

六、主成分求解步骤归纳

（1）根据数据得出方差—协方差矩阵 S 或相关系数矩阵 R。

如果是总体数据，则用总体方差阵 Σ（或 R 矩阵），对于样本数据，则用样本方差矩阵 S（或 R 矩阵）：

$$S = \begin{bmatrix} S_{x_1}^2 & S_{x_1 x_2} & \cdots & S_{x_1 x_p} \\ S_{x_2 x_1} & S_{x_2}^2 & \cdots & S_{x_2 x_p} \\ \vdots & \vdots & & \vdots \\ S_{x_p x_1} & S_{x_p x_2} & \cdots & S_{x_p}^2 \end{bmatrix}$$

(2) 用 $|S - \lambda E| = 0$ 求出：$\lambda_1 > \lambda_2 > \cdots > \lambda_p$。

(3) 根据特征值 λ，代入式(7-14)求出特征向量 A：

$$\lambda_1: 求(S - \lambda_1 E)A^{(1)} = 0, 得 A^{(1)} = \begin{bmatrix} a_{11} \\ a_{21} \\ \vdots \\ a_{p1} \end{bmatrix},$$

第一主成分：

$$Y_1 = a_{11}X_1 + a_{21}X_2 + \cdots + a_{p1}X_p$$

$$\lambda_2: 求(S - \lambda_2 E)A^{(2)} = 0, 得 A^{(2)} = \begin{bmatrix} a_{12} \\ a_{22} \\ \vdots \\ a_{p2} \end{bmatrix},$$

第二主成分：

$$Y_2 = a_{12}X_1 + a_{22}X_2 + \cdots + a_{p2}X_p$$

$$X_p: 求(S - \lambda_p E)A^{(p)} = 0, 得 A^{(p)} = \begin{bmatrix} a_{1p} \\ a_{2p} \\ \vdots \\ a_{pp} \end{bmatrix},$$

第 p 个主成分：

$$Y_p = a_{1p}X_1 + a_{2p}X_2 + \cdots + a_{pp}X_p$$

(4) 将特征值按大小排列，并计算出累积贡献率，以备选取主成分个数：

$$\lambda_1 > \lambda_2 > \cdots\cdots > \lambda_p$$

第七章 主成分分析

$$累积贡献率 = \frac{\lambda_1 + \lambda_2 + \cdots + \lambda_k}{\sum_{i=1}^{p} \lambda_i}$$

（5）根据保留的特征值对应的特征向量，写出主成分。

[**例**]14 某中学对 12 岁女生进行体检。测量 4 个变量：X_1 = 身高，X_2 = 体重，X_3 = 胸围，X_4 = 坐高。以下是根据 58 人调查的平均值与标准差（原始数据略）：①

	平均值	标准差
$X_1(cm)$	149.06	4.47
$X_2(kg)$	40.26	4.85
$X_3(cm)$	73.98	4.58
$X_4(cm)$	80.02	2.75

试用主成分法对上述变量进行综合。

[**解**] 首先用原始数据计算出样本方差—协方差矩阵，由于矩阵是对称的，所以只写了下三角部分：

$$S = \begin{bmatrix} 19.94 & & & \\ 10.50 & 23.56 & & \\ 6.59 & 19.71 & 20.95 & \\ 8.63 & 7.97 & 3.93 & 7.55 \end{bmatrix}$$

根据式(7-15)，$|S - \lambda E| = 0$，求 S 的特征值和特特向量，一般对于矩阵的阶大于 4 的情况，特征值的计算将由电脑完成，以下是电脑给出的特征值，进一步根据式(7-37)得累积贡献率，见表 7-3：

表 7-3

主成分	y_1	y_2	y_3	y_4
特征值	50.46	16.65	3.88	1.00
累积贡献率	70%	93%	98%	100%

根据表 7-3，只要前面 2 个主成分，累积贡献率就够了，对应特征值 λ_1 和 λ_2 的特征向量 $A^{(1)}$ 和 $A^{(2)}$ 是：

---

① 姜炳麟、袁峻编著：《现代管理中的数理统计方法》，人民邮电出版社 1993 年版，第 462—465 页。

$$A^{(1)} = \begin{bmatrix} 0.42 \\ 0.66 \\ 0.57 \\ 0.26 \end{bmatrix}, \quad A^{(2)} = \begin{bmatrix} 0.78 \\ -0.23 \\ -0.47 \\ 0.34 \end{bmatrix}$$

从而得第一、第二主成分为：

$$y_1 = 0.42x_1 + 0.66x_2 + 0.57x_3 + 0.26x_4$$
$$y_2 = 0.78x_1 - 0.23x_2 - 0.47x_3 + 0.34x_4$$

讨论

Y_1 的系数都是正值，是全面综合学生的高矮（X_1、X_4）和胖瘦（X_2、X_3）。而 Y_2 对应 X_1 和 X_4 系数为正，X_2 和 X_3 系数为负，所以 Y_2 越大，体形越瘦，Y_2 越小，体形越胖。由于 Y_1 和 Y_2 是正交的，在 Y_1 相同的情况下，由 Y_2 就可以区别学生的体形。

由于4个变量测量的单位不同，所以可先将数据转化为标准分，得样本的相关系数矩阵：

$$R = \begin{bmatrix} 1 & & & \\ 0.484 & 1 & & \\ 0.322 & 0.887 & 1 & \\ 0.703 & 0.597 & 0.313 & 1 \end{bmatrix}$$

然后计算相关系数矩阵 R 的特征值如表7-4：

表 7-4

主成分	y_1^*	y_2^*	y_3^*	y_4^*
特征值	2.67	0.96	0.31	0.06
累积贡献率	67%	91%	99%	100%

根据表7-3，也选择了2个特征值，对应的特征向量 $A^{(1)}$ 和 $A^{(2)}$ 是：

$$A^{(1)} = \begin{bmatrix} 0.46 \\ 0.56 \\ 0.48 \\ 0.49 \end{bmatrix}, \quad A^{(2)} = \begin{bmatrix} 0.54 \\ -0.34 \\ -0.60 \\ 0.48 \end{bmatrix}$$

由此，得第一、第二主成分为

$$y_1^* = 0.46x_1 + 0.56x_2 + 0.48x_3 + 0.49x_4$$
$$y_2^* = 0.54x_1 - 0.34x_2 - 0.60x_3 + 0.48x_4$$

可见，由方差—协方差矩阵 S 所得的主成分和由相关系数 R 所得的主成分，二者并不相等。一般可用两种方法都计算，进行比较，最后选其中的一种方法。

主成分分析只是从统计的方差方面来考虑，但方差大、差异大也并不能完全代表最重要，例如离婚率在家庭研究中差异很大，但并不能因为它的差异大，就可排在重要的位置，还要参考定性的评估，才能作出合理的结论。

习　题

设有以下主成分分析表（用 R 矩阵）：

主成分 原有变量	1	2	3	4
X_1	0.149	0.954	0.252	−0.061
X_2	0.574	−0.098	0.773	0.252
X_3	0.558	0.270	−0.559	0.551
X_4	0.581	0.082	−0.162	−0.793
λ_i	2.920	1.024	0.049	0.007
贡献率				
累积贡献率				

试问：

（1）算出表中的 λ_i 的贡献率和累积贡献率。

（2）如果希望信息保留不少于 85%，应选择几个主成分？

（3）写出你所选择主成分的表达式。

第八章

因子分析

第一节 因子分析概述

一、引言

因子分析起源于20世纪初 Karl Pearson 和 Charles Spearmen 等人对于智力测验的统计分析,他们发现学生考试的科目众多,但每个学生各科成绩往往具有相关性,数学成绩好的学生,物理、化学成绩也好些,语文成绩好的,历史、地理成绩也会好些。同样在其他领域也存在这类现象,如生命科学中,父母长寿者,子女长寿的也偏多,很自然会想到,这种现象之间的相关,必然存在着一些共性的因子在支配着它们。例如,数学成绩好的学生,必然存在某些数理能力强的因子,从而导致他们的数学、物理、化学成绩都会好些。父母长寿者,必然也存在长寿因子,从而导致子女长寿者较多。

社会研究中收集到的众多资料,难免存在若干相关的变量,如果不加分析就进行处理,不仅变量太多,费时费工,如果变量中存在多重共线,其结果将严重失真。为了压缩变量的数目,多元分析一般有两种方法,一是主成分分析法,它是指标的综合。例如社会发展中列举的指标,可以高达数十个,但用于社会发展的比较,只能有几个综合指标,甚至只能有一个综合指标。综合指标要解决的是综合指标和原有指标关系式中的系数即权重,它除了有主观的专家确定法外,通过统计的主成分分析法,也可以确定综合指标的权重,它的优点是,在定量给出综合指标的同时,还给出采用指标后,保留或损失了多少信息,这是专

第八章　因子分析

家确定法所无法办到的。另一个是因子分析法,它的目的是寻找相关变量背后所隐藏的公共因子,由于是共因,显然比原有变量数目要少,因此压缩了变量的数目,达到了降维的目的。

二、因子分析的数学模型

设以下 p 个变量 $X_1, X_2, \cdots, X_p$ 具有相关性,所以每一个变量可以分解为两部分:

$X_1 = X_1$ 与其他变量的共性部分 $+ X_1$ 的独立性部分

$X_2 = X_2$ 与其他变量的共性部分 $+ X_2$ 的独立性部分

$\cdots\cdots\cdots\cdots\cdots\cdots\cdots\cdots\cdots\cdots\cdots\cdots\cdots\cdots\cdots\cdots\cdots\cdots\cdots\cdots\cdots\cdots\cdots\cdots$

$X_p = X_p$ 与其他变量的共性部分 $+ X_p$ 的独立性部分

如果 X_i 与其他变量共性部分所提取的共性因子 F 不止一个,设有 m 个:$F_1, F_2, \cdots, F_m$,则上式写作:

$$\begin{cases} X_1 = a_{11}F_1 + a_{12}F_2 + \cdots + a_{1m}F_m + v_1 u_1 \\ X_2 = a_{21}F_1 + a_{22}F_2 + \cdots + a_{2m}F_m + v_2 u_2 \\ \cdots\cdots\cdots\cdots\cdots\cdots\cdots\cdots\cdots\cdots\cdots\cdots\cdots\cdots \\ X_i = a_{i1}F_1 + a_{i2}F_2 + \cdots + a_{im}F_m + v_i u_i \\ X_p = a_{p1}F_1 + a_{p2}F_2 + \cdots + a_{pm}F_m + v_p u_p \end{cases}$$

写成矩阵有:

$$X = AF + \varepsilon \tag{8-1}$$

F 称公共因子,A 称因子负荷矩阵,式(8-1)表示,每一个被测量的 X_i,可以分解为两部分,一部分是和其他变量共有的因子,称共性因子,共性因子与所有的变量 X_i 都有关,设这样的共性因子共有 m 个:$F_1, F_2, \cdots, F_m$,式中为了醒目,共性因子部分加上了虚框,另一部分是每个 X_i 都有它区别于其他变量的独立因子 u_i,独立因子 u_i 只与它所在方程的 X_i 有关。

因子模型式(8-1)还可用图 8-1 来表示。

从形式上来看,似乎因子模型中的每一个方程都相当于一个多元回归方程,共性因子所在的位置,就是多元回归中的自变量,但实际是完全不同的,多元回归中的自变量是根据事先确定的数目和内容,通过调查(观察)测量出的具体值,而因子分析中的共性因子,不仅数目是需要估计的未知数,其数量大小也不是通过具体的测量,甚至连共性因子的命名和解释也是因子分析结果所赋予

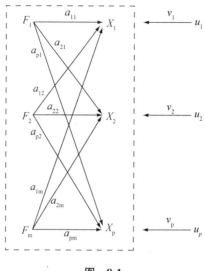

图 8-1

的。这样的表达式,要满足以下的条件:

(1) 因子 F 的个数 $m \leq p$,但一般情况是 m 小于变量 X 的个数 p：$m < p$,否则,因子分析将失去意义。

(2) 变量 X 为标准化变量,无单位,均值为 0,方差为 1,否则 X_i 单位不同,处理结果也会不同。同时设共性因子 F_i 及独立因子 u_i 也标准化均值为 0,方差为 1。

(3) 共性因子 F_i 之间可以相关,也可以不相关,这里讨论 F_i 之间不相关的情况,数学上称这样的因子为正交因子,这样的模型为正交因子模型,同时设共性因子与独立因子之间也不相关。

写成矩阵有：$Cov(F, \boldsymbol{\varepsilon}) = 0$,$F$ 和 $\boldsymbol{\varepsilon}$ 是不相关的;

$$D(F) = \begin{bmatrix} 1 & & & 0 \\ & 1 & & \\ & & \ddots & \\ 0 & & & 1 \end{bmatrix} = E_m, F_1, F_2, \cdots, F_m \text{ 是不相关的,且方差都是 } 1$$

$$D(\boldsymbol{\varepsilon}) = \begin{bmatrix} \sigma_1^2 & & & 0 \\ & \sigma_2^2 & & \\ & & \ddots & \\ 0 & & & \sigma_p^2 \end{bmatrix} = \boldsymbol{\psi}, \boldsymbol{\psi} \text{ 是对角线矩阵}$$

三、因子分析中的几个重要概念

（一）因子负荷系数

第一章回归分析中指出，当回归方程两端为标准化变量时，回归系数等于自变量对因变量的相关系数。式(8-1)两边变量都已标准化，所以 F_j 的系数就是 F_j 和 X_i 的相关系数：

$$r_{x_i F_j} = a_{ij}$$

a_{ij} 称 X_i 在共性因子 F_j 上的负荷系数，它等于 X_i 和 F_j 的相关系数 $r_{x_i F_j}$。

（二）变量的公共性 h^2

式(8-1)中 X_i 的方差 $\sigma_{x_i}^2$ 由两部分组成，一部分是共性因子所形成的 h_i^2，另一部分是独立因子所形成的 v_i^2：

$$\sigma_{x_i}^2 = h_i^2 + v_i^2 = 1$$

其中：

$$h_i^2 = a_{i1}^2 + a_{i2}^2 + \cdots + a_{im}^2, \quad 0 \leqslant h_i^2 \leqslant 1$$

h_i^2 为 X_i 的共性方差，简称公共性，v_i^2 是 X_i 中唯一性部分的方差。

h_i^2 越大，说明因子全体的方差占 X_i 总方差的比例越大，也就是因子全体对变量 x_i 的解释力越强，或者说，用因子全体的方差 h_i^2 代替 X_i 的总方差 $\sigma_{x_i}^2$ 损失的信息越少。如果原有变量 $X_1, X_2, \cdots, X_p$ 中的大多数，其公共性 h^2 均较高，如 $h^2 > 0.8$，则表明提取的因子，保留了80%以上信息。因此公共性 h^2 是衡量因素提取效果的重要指标。

（三）因子的方差贡献率

式(8-1)中因子的方差贡献，是指单个因子对变量全体的方差总和，因子 F_j 的方差贡献 S_j^2 是将变量全体中所有 F_j 的系数加总：

$$S_j^2 = a_{1j}^2 + a_{2j}^2 + \cdots + a_{pj}^2 = \sum_{i=1}^{p} a_{ij}^2$$

因子的方差贡献反映了因子对原有变量总方差的解释能力，而因子方差贡献率则是 S_j^2 在变量总体方差中所占的百分比，由于原有变量已标准化，方差为1，所以总方差等于原有变量总数 p，因子 F_j 的方差贡献率为：

$$F_j \text{ 的贡献率} = \frac{S_j^2}{p} = \frac{\sum_{i=1}^{p} a_{ij}^2}{p} \tag{8-2}$$

四、因子分析步骤

(一) 计算原有变量间的相关

由于因子分析的目的是压缩变量的数目,而能够压缩的前提是变量间有较强的相关,所以在因子提取之前,必须计算出与变量相关的有关指标,以便评估压缩的可能性。最简单的方法就是给出相关系数的矩阵 R(图 8-2),它是 $p\times p$ 阶的方阵,由于变量已标准化,所以方阵的对角线全为 1,方阵中的每一个格值是所在行、所在列变量的相关系数,同时由于相关系数的对称性,$r_{xy}=r_{yx}$,方阵只须给出上三角或下三角。一般地说,如果矩阵中的值大部分都在 0.3 以下,则表示变量之间的相关很弱,就没必要进行因素分析了。

$$
\begin{array}{c}
\begin{array}{cccccccccc} X_1 & X_2 & X_3 & X_4 & \cdot & \cdot & \cdot & \cdot & X_p & \end{array}\\
R=\left[\begin{array}{ccccccccc}
1 & r_{12} & r_{13} & r_{14} & \cdot & \cdot & \cdot & \cdot & r_{1p}\\
 & 1 & r_{23} & r_{24} & \cdot & \cdot & \cdot & \cdot & r_{2p}\\
 & & 1 & r_{34} & \cdot & \cdot & \cdot & \cdot & r_{3p}\\
 & & & 1 & \cdot & \cdot & \cdot & \cdot & r_{4p}\\
 & & & & 1 & \cdot & \cdot & \cdot & \cdot\\
 & & & & & 1 & \cdot & \cdot & \cdot\\
 & & & & & & 1 & \cdot & \cdot\\
 & & & & & & & 1 & \cdot\\
 & & & & & & & & 1
\end{array}\right]
\begin{array}{l} X_1\\ X_2\\ X_3\\ X_4\\ \cdot\\ \cdot\\ \cdot\\ \cdot\\ X_p \end{array}
\end{array}
$$

图 8-2

(二) 因子提取

因子提取的方法不止一种,在用户不指定选用方法时,统计包会提供默认的因子提取方法是主成分分析法,本章第二节将根据主成分法介绍因子提取方法。

(三) 因子的解释

由于因子并非实测的变量,它是人们推理相关变量群背后隐藏的变量,是虚构的,为了更好地理解虚构的因子,对因子要有合理的解释,明确因子到底代表了什么?一般对因子的解释,应取它与原有变量相关系数最大的原有变量的意义为参考。例如,对于因子 F_j,则在 j 列 $a_{1j},a_{2j},\cdots,a_{pj}$ 中挑选最大值,设其中 a_{ij} 为最大,则因子 F_j 的解释可参考原有变量 x_i 的意义。如果 $a_{1j},a_{2j},\cdots,a_{pj}$ 比较均匀,没有明显的最大值,则还要进一步技术处理,例如旋转坐标轴,以期因子代表的内容更明确,这些都将由电脑来完成。

(四) 因子得分

原始变量经因子提取后,压缩了信息,形成了新的变量,称作因子,当因子确定后,可通过原变量计算出因子得分,因子得分将作为原有变量的替代物,参与更复杂的模型研究。

[例]1 以下是某地对理科和文科同学,各科成绩所作的相关系数矩阵(图8-3、图8-4):

	政治	语文	数学	物理	化学	生物	外语	
	1.000	0.592	0.658	0.649	0.733	0.733	0.473	政治
		1.000	0.515	0.543	0.547	0.574	0.500	语文
			1.000	0.766	0.778	0.688	0.504	数学
				1.000	0.789	0.711	0.485	物理
					1.000	0.764	0.510	化学
						1.000	0.546	生物
							1.000	外语

图8-3 理科类相关系数矩阵

	政治	语文	数学	历史	地理	外语	
	1.000	0.606	0.627	0.803	0.763	0.393	政治
		1.000	0.470	0.574	0.539	0.433	语文
			1.000	0.598	0.632	0.421	数学
				1.000	0.841	0.380	历史
					1.000	0.362	地理
						1.000	外语

图8-4 文科类相关系数矩阵

可以发现,某些科目成绩之间存在高度的相关,如数学、物理、化学等,因此可以认为,这些高度相关的科目,背后一定为某些共同的因子所主宰,而通过本章所介绍的统计方法,可以寻找和确定这些共同因子。下面直接给出计算机处理的结果:

1. 理科因子分析的结果

表 8-1　理科类因子分析

科目	因子		公共性 h^2
	因子 1	因子 2	
政治	0.7303	0.1485	0.5554
语文	0.6110	0.3341	0.4849
数学	0.8621	0.0665	0.7476
物理	0.8885	0.0000	0.7894
化学	0.8885	0.0502	0.7920
生物	0.8001	0.2192	0.6882
外语	0.5463	0.4978	0.5459
七科平方和	4.1670	0.4365	$\sum h^2 = 4.6035$
贡献率	59.53%	6.24%	65.77%

表 8-1 也可写成式(8-3)：

$$\begin{cases} X_1(政治) = 0.7303F_1 + 0.1485F_2 + v_1 u_1 \\ X_2(语文) = 0.6110F_1 + 0.3341F_2 + v_2 u_2 \\ X_3(数学) = 0.8621F_1 + 0.0665F_2 + v_3 u_3 \\ X_4(物理) = 0.8885F_1 + 0.0000F_2 + v_4 u_4 \\ X_5(化学) = 0.8885F_1 + 0.0502F_2 + v_5 u_5 \\ X_6(生物) = 0.8001F_1 + 0.2192F_2 + v_6 u_6 \\ X_7(外语) = 0.5463F_1 + 0.4978F_2 + v_7 u_7 \end{cases} \qquad (8\text{-}3)$$

由式(8-3)可以看出：

(1) 式(8-3)中因子 1 和因子 2 对应各科的格值为因子负荷，也就是因子分析模型中式(8-1)共性因子 a_{ij} 的具体值：

F_1 的系数是因子 F_1 与对应所在行变量的相关系数，它的平方就是 F_1 对相应变量所解释掉的方差。例如：F_1 对化学考试的相关系数为 0.8885，它的平方 $(0.8885)^2 = 0.7894$，它表示在 X_5(化学)总方差($\sigma^2 = 1$)中，F_1 提供了 78.94%，同理，F_2 提供了 $(0.0502)^2 = 0.0025 = 0.25\%$。

(2) 公共性 h^2。把因子负荷按行相加总，就得到共性因子对变量的总解释力，例如：

政治：$h^2 = (0.7303)^2 + (0.1485)^2 = 0.5554$

语文：$h^2 = (0.6110)^2 + (0.3341)^2 = 0.4849$

它表示 F_1 和 F_2 两个因子对政治考试的总解释力为 55.54%，同理，可得 F_1 和 F_2 两个因子对语文考试的总解释力为 48.49%。

(3) 贡献率。根据式(8-2)，因子对原有变量总方差的解释能力称因子贡献率，由于原有变量为 7，所以总方差为 7，因子的贡献率分别为：

$$F_1 \text{贡献率} = \frac{(0.7303)^2 + (0.6110)^2 + \cdots + (0.5463)^2}{7}$$

$$= \frac{4.1670}{7} = 0.5953 = 59.53\%$$

$$F_2 \text{贡献率} = \frac{(0.1485)^2 + (0.3341)^2 + \cdots + (0.4978)^2}{7}$$

$$= \frac{0.4365}{7} = 0.0624 = 6.24\%$$

它表示 F_1 对原有总变量提供了 59.53% 的解释力，F_2 对原有总变量提供了 6.24% 的解释力。而两个因子总起来对总变量提供的解释力为 F_1 和 F_2 解释力的总和：

$(F_1 + F_2)$ 贡献率 $= 0.5953 + 0.0624 = 0.6577 = 65.77\%$

可见，提取的因子 F_1 和 F_2 已经可以解释掉 7 科考试方差的 65.77%，而剩余的 34.23% 将是各科独立因子作用的结果。

以上结果都已归纳在表 8-1 中。

(4) 因子的解释和命名。为了赋予因子以实际的内容和解释，要分析因子负荷主要集中在哪些变量上。

例如 F_1 的因子负荷在数学、物理、化学、生物 4 科上的数值比其他 3 科要高，因子负荷都在 0.8 以上，而 F_2 在这 4 科上的因子负荷则很小，因此 F_1 的解释侧重数学、物理、化学所包含的推理能力，这里不妨命名其为"数理能力"。余下的 3 科在 F_2 上的负荷，明显高于数学、物理、化学、生物 4 科，其中语文和外语的因子负荷在 0.3 以上，因此应是语言表达能力的体现，这里不妨命名其为"语词能力"。

总结起来，理科虽然有 7 门考试，但主要测试的，是考生的相互独立的数理能力和语词能力的差异，它占总方差的 66%，其余的 34% 方差，由其他各科独立的因子和误差所形成。

2. 文科因子分析的结果

表 8-2　文科类因子分析

科目	因子		公共性 h^2
	因子 1	因子 2	
政治	0.8721	0.0931	0.7692
语文	0.6229	0.3641	0.5206
数学	0.6398	0.3207	0.5122
历史	0.9164	0.0356	0.8411
地理	0.9176	0.0000	0.8420
外语	0.3940	0.5317	0.4376
七科平方和	3.3949	0.5281	$\sum h^2 = 3.9230$
贡献率	56.58	8.80	65.38

由表 8-2 可以看出：

(1) 提取的因子 F_1 和 F_2 可以解释掉 6 科考试方差的 65.38%，而剩余的 34.62% 将是各科独立因子进行解释。

(2) 因子解释和命名。F_1 因子在历史、地理 2 科中的因子负荷高达 0.9 以上，因此 F_1 的解释应接近历史、地理科目的特点，显然对这 2 门科目，记忆力是十分重要的，因此不妨称其为"记忆能力"。F_2 因子在外语和语文 2 科目中因子负荷最大，这点和理科因子分析的结果相同，所以也称作"语词能力"。

总结起来，理科虽然有 6 门考试，但主要测试的是考生的相互独立的记忆能力和语词能力的差异，它占总方差的 66%，其余 34% 的方差，由其他各科独立的因子和误差所形成。

第二节　因子分析方法简介

一、因子提取方法

因子提取方法有很多种，例如主成分分析法（Principal Components）, 主轴因子法（Principal Axis Factoring）, 最大似然法（Maximum Likelihood）, α 因子法（Alpha Factoring）, 形心法（Centroid Method）, 拉奥典型抽因法（Rao's Squares Method）, 影像抽因法（Image Factoring）, 最小平方法（Least Squares Method）等。

其中主成分分析法是统计包(如 SPSS)默认情况下的方法,即在提取方法不特殊指定情况下,统计包会自动用主成分分析法提取因子。

(一) 主成分分析法

首先依相关系数矩阵 R(图 8-2),求出主成分分析法的特征值 λ_i 和特征向量 $k^{(i)}$,建立主成分方程组:

$$\begin{cases} y_1 = k_{11}z_{x_1} + k_{21}z_{x_2} + \cdots\cdots k_{p1}z_{x_p} \\ y_2 = k_{12}z_{x_1} + k_{22}z_{x_2} + \cdots\cdots k_{p2}z_{x_p} \\ \cdots\cdots\cdots\cdots\cdots\cdots\cdots\cdots\cdots \\ y_p = k_{1p}z_{x_1} + k_{2p}z_{x_2} + \cdots\cdots k_{pp}z_{x_p} \end{cases} \quad (8\text{-}4)$$

或写成矩阵:

$$\boldsymbol{y} = \boldsymbol{k}'Z_x \quad (8\text{-}5)$$

式(8-4)或式(8-5)表示观测到的指标 x_i(或 z_{x_i})可以用一组综合指标 y_i 来表示,反之,经过简单的线性转换,也可将一组 y_i 写成一组综合指标 x_i,为此将式(8-5)两端同乘以 $\boldsymbol{k}$:

$$\boldsymbol{k}\boldsymbol{y} = \boldsymbol{k}\boldsymbol{k}'Z_x \quad (8\text{-}6)$$

而 $\boldsymbol{k}$ 是标准、正交矩阵,因此有:

$$\boldsymbol{k}\boldsymbol{k}' = E \quad (8\text{-}7)$$

将式(8-7)代入式(8-6)有:

$$Z_x = \boldsymbol{k}\boldsymbol{y} \quad (8\text{-}8)$$

具体方程组有:

$$\begin{cases} Z_{x_1} = k_{11}y_1 + k_{12}y_2 + \cdots k_{1p}y_p \\ Z_{x_2} = k_{21}y_1 + k_{22}y_2 + \cdots k_{2p}y_p \\ \cdots\cdots\cdots\cdots\cdots\cdots\cdots\cdots\cdots \\ Z_{x_p} = k_{p1}y_1 + k_{p2}y_2 + \cdots k_{pp}y_p \end{cases} \quad (8\text{-}9)$$

比较式(8-4)和式(8-9),可以发现,式(8-4)的右边是观测值 z_{x_i},而左边是综合指标 y_i,y_i 是观测不到的。而式(8-9)正相反,左边是观测到的 z_{x_i},而右边是观测不到的 y_i,y_i 在因子分析中,被看作是引起 z_x 背后的因,正如一切回归分析一样,把因都写在方程的右边,果放在方程的左边,y_i 虽然观测不到,但在因子分析中,就是要寻找产生 z_{x_i} 的因,又称因子。同时,式(8-4)和式(8-9)方程组的个数是相同的,也就是说观测到的变量 z_{x_i} 和观测不到的变量(因子)p_i,数目是相等的,为了选取(抽取)一部分因子,需要根据特征值大小,舍去特征值小的因子,从而找出隐藏在观测变量背后的主要因子。

由于 R 矩阵中只是原变量标准化了，而 y 并未标准化，但特征值 λ_i 等于 y_i 的方差 S^2，因此有：

$$Z_{y_i} = \frac{y_i}{\sqrt{\lambda_i}} \text{ 或 } y_i = \sqrt{\lambda_i}\, Z_{y_i} \tag{8-10}$$

将式(8-10)代入方程组(8-9)有：

$$\begin{cases} Z_{x_1} = k_{11}\sqrt{\lambda_1}Z_{y_1} + k_{12}\sqrt{\lambda_2}Z_{y_2} + \cdots + k_{1p}\sqrt{\lambda_p}Z_{y_p} \\ Z_{x_2} = k_{21}\sqrt{\lambda_1}Z_{y_1} + k_{22}\sqrt{\lambda_2}Z_{y_2} + \cdots + k_{2p}\sqrt{\lambda_p}Z_{y_p} \\ \cdots\cdots\cdots\cdots\cdots\cdots\cdots\cdots\cdots\cdots\cdots\cdots\cdots\cdots\cdots\cdots\cdots\cdots \\ Z_{x_p} = k_{p1}\sqrt{\lambda_1}Z_{y_1} + k_{p2}\sqrt{\lambda_2}Z_{y_2} + \cdots k_{pp}\sqrt{\lambda_p}Z_{y_p} \end{cases} \tag{8-11}$$

式(8-11)中两边的变量都标准化了，其系数就构成了因子负荷矩阵(图 8-5)：

$$\begin{pmatrix} k_{11}\sqrt{\lambda_1} & k_{12}\sqrt{\lambda_2} \cdots k_{1p}\sqrt{\lambda_p} \\ k_{21}\sqrt{\lambda_1} & k_{22}\sqrt{\lambda_2} \cdots k_{2p}\sqrt{\lambda_p} \\ k_{p1}\sqrt{\lambda_1} & k_{p2}\sqrt{\lambda_2} \cdots k_{pp}\sqrt{\lambda_p} \end{pmatrix}$$

图 8-5

图 8-5 是 p 个变量中包含了 p 个因子，而因子分析是要减少变量数目，为此，将根据特征值 $\lambda_1 > \lambda_2 > \lambda_3 \cdots > \lambda_k \cdots > \lambda_p$，选取其中一部分：$\lambda_1, \lambda_2, \lambda_3 \cdots \lambda_k$，其中，$k<p$，由 k 个因子负荷所组成的因子负荷矩阵如图 8-6：

$$\begin{pmatrix} k_{11}\sqrt{\lambda_1} & k_{12}\sqrt{\lambda_2} \cdots k_{1k}\sqrt{\lambda_k} \\ k_{21}\sqrt{\lambda_1} & k_{22}\sqrt{\lambda_2} \cdots k_{2k}\sqrt{\lambda_k} \\ k_{p1}\sqrt{\lambda_1} & k_{p2}\sqrt{\lambda_2} \cdots k_{pk}\sqrt{\lambda_k} \end{pmatrix}$$

图 8-6

图 8-6 将是最终确定的因子负荷矩阵。

那么，如何确定因子数 k？一般有两个方法：

(1) 根据因子累计贡献率确定因子数

根据式(8-2)，前 k 个因子的累计贡献率为：

$$\frac{\sum_{i=1}^{k} S_i^2}{P} = \frac{\sum_{i=1}^{k} \lambda_i}{\sum_{i=1}^{p} \lambda_i} \tag{8-12}$$

当式(8-12)达 0.85 以上时，特征值的个数就是因子确定的个数。

(2) 陡阶检验

除了用因子贡献率确定因子数外,还有提出用特征值不得小于 1 来筛选因子的,但有时会遇到特征值小于 1 的数目过少、有时数目又过多的情况,因此有人提出将特征值做成碎石图图示:以图 8-7 为例,其中纵轴代表特征值 λ_i 大小,横轴为按特征值大小排列的序号 i,当 $i=2$ 增为 $i=3$ 时,相邻因子特征值 $\triangle \lambda$ 的幅度出现了陡变,而后 $i=3,4,5\cdots$ 虽然个数不少,但 λ_i 值甚微,可以忽略,因此特征值只取 λ_1 和 λ_2 即可。

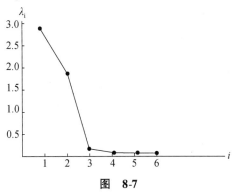

图 8-7

(二) 主因子方法

主成分方法中,我们是用观测变量的相关系数矩阵 R,求出因子数和变量数相等的负荷矩阵,然后删去特征值小的最后几个因子,形成最终保留的几个因子。

而主因子方法是从开始的相关系数矩阵中就剔除掉特殊因子,因此对角线不再是 1,而是要扣除特殊因子的方差 φ^2,共同度的初始估计用 $h_i^2 = 1 - \varphi^2$ 取代原有相关系数矩阵 R 中的主对角线 1,这样的矩阵称约化相关系数矩阵 R^*:

$$R^* = \begin{pmatrix} h_1^2 & & & \\ r_{21} & h_2^2 & & \\ \vdots & \vdots & & \\ r_{p_1} & r_{p_2} & & h_p^2 \end{pmatrix}$$

有了约化矩阵 R^*,后续的计算步骤就和主成分分析法相同了。但约化矩阵的具体数值,也就是怎样确定 h_i^2,成了主因子法的关键。

下面介绍几种确定 h_i^2 的方法。

1. PAF 法

先用 R 矩阵求出它的逆矩阵 R^{-1},再用逆矩阵对角线元素,求其倒数 $1/r^{ii}$,用 $1 - (1/r^{ii})$ 作为公共度 h_i^2。

[例]2 设已有相关系数矩阵 R：

$$R = \begin{bmatrix} 1 & 0.7409 & 0.2626 & 0.1002 \\ 0.7409 & 1 & 0.4610 & 0.1256 \\ 0.2626 & 0.4610 & 1 & 0.8003 \\ 0.1002 & 0.1256 & 0.8003 & 0.1 \end{bmatrix}$$

求其逆矩阵：

$$R^{-1} = \begin{bmatrix} 2.3824 & -2.0865 & 0.8833 & -0.6836 \\ -2.0865 & 3.4330 & -2.3830 & 1.6855 \\ 0.8833 & -2.3836 & 4.7233 & -3.5692 \\ -0.6836 & 1.6855 & -3.5692 & 3.7132 \end{bmatrix}$$

再根据 $1 - \text{ding}[R^{-1}]^{-1}$ 这公式可知：

$h_1^2 = 1 - 1/2.3824 = 0.5803$

$h_2^2 = 1 - 1/3.4330 = 0.7087$

$h_3^2 = 1 - 1/4.7233 = 0.7883$

$h_4^2 = 1 - 1/3.7132 = 0.7317$

最后得约化相关系数矩阵 R^*：

$$R^* = \begin{pmatrix} 0.5803 & 0.7409 & 0.2626 & 0.1002 \\ 0.7409 & 0.7087 & 0.4610 & 0.1256 \\ 0.2626 & 0.4610 & 0.7883 & 0.8003 \\ 0.1002 & 0.1256 & 0.8003 & 0.7317 \end{pmatrix}$$

有了约化相关系数矩阵 R^* 后步骤与主成分分析方法相同。[①]

2. SMC 法

用变量 X_i 和剩下其余变量的判定系数 R^2 作为 h_i^2 代入，即用

$R_{1 \cdot 23 \ldots p}^2$ 代替 h_1^2；

$R_{2 \cdot 13 \ldots p}^2$ 代替 h_2^2

$\vdots$ $\vdots$

$R_{p \cdot 123 \ldots (p-1)}^2$ 代替 h_p^2

这种方法估计的公共性，将是公共性的下限，实际的公共性可能会大一些。

---

① 林清山：《多变项分析统计法——社会及行为科学研究适用》，东华书局（台湾）1983 年版，第 357 页。

3. 最大相关系数法

由于某一变量的公共性绝不可能小于该变量与其他变量的相关系数,因此用该变量与其他变量最大的相关系数作为该变量的公共性 h_i^2。

二、因子旋转

根据以上方法所抽取的因子,最终我们希望对因子代表的内容有一解释,当多维中的某些变量大部分负荷在一些因子,而另一些变量负荷在另一些因子时,因子的解释就可以参照所负荷的变量的实际内容。例如[例]1中,对理科抽取的因子,解释为数理能力和语词能力,而文科抽取的因子则解释为记忆能力和语词能力,这些都是参照变量的因子负荷量得出的。但如果各变量的因子负荷量数值都差不多,就很难说明因子的实际意义了。为此,我们很自然地就想到可以通过转轴来解决。例如图8-8,各变量在因素 F_1 和 F_2 上的投影并不集中,但转轴 θ 角后,一部分变量的投影集中在 F_1',而一部分变量的投影集中在 F_2',于是新因素 F_1',F_2' 就可以参照变量内容进行解释了,这正是因子旋转所要达到的目的。

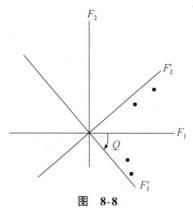

图 8-8

需要解释的是,在主成分分析中每一个主成分的系数 a_{ij} 都是确定的,这点在前面一系列的求解过程中,已是很清楚的。但每个因子相应的系数不是唯一的,即因子负荷矩阵不是唯一的。因子的模型是 $X = AF + \varepsilon$,根据正交方阵的性质(式(7-13)),若 Γ 为任一个 $m \times m$ 阶正交阵,则 $\Gamma\Gamma' = E$,因子模型可写成 $X = (A\Gamma)(\Gamma'F) + \varepsilon$,将 $\Gamma'F$ 看作新的因子,$A\Gamma$ 看作新的负荷阵,新的因子同样满足因子模型的约束要求:$D(\Gamma'F) = (\Gamma'F)(\Gamma'F)' = \Gamma'FF'\Gamma = \Gamma'D(F)\Gamma = \mathbf{1}_m$,cov $(\Gamma'F, \varepsilon) = \Gamma'\text{cov}(F, \varepsilon) = 0$,因子负荷阵的不唯一性,使我们在因子的意义不够

明确时,可以通过转轴,使新的负荷阵达到我们的要求。因子旋转有两种方式:正交旋转和斜交旋转,下面介绍正交旋转中的方差极大法。

设两因子的负荷矩阵为:

$$A = \begin{bmatrix} a_{11} & a_{12} \\ a_{21} & a_{22} \\ \vdots & \vdots \\ a_{p1} & a_{p2} \end{bmatrix}$$

取旋转正交阵:

$$\Gamma = \begin{pmatrix} \cos\phi & -\sin\phi \\ \sin\phi & \cos\phi \end{pmatrix},$$

于是旋转后的负荷矩阵为:

$$B = A\Gamma = \begin{bmatrix} a_{11}\cos\phi + a_{12}\sin\phi & -a_{11}\sin\phi + a_{12}\cos\phi \\ a_{21}\cos\phi + a_{22}\sin\phi & -a_{21}\sin\phi + a_{22}\cos\phi \\ \vdots & \vdots \\ a_{p1}\cos\phi + a_{p2}\sin\phi & -a_{p1}\sin\phi + a_{p2}\cos\phi \end{bmatrix}$$

$$= \begin{bmatrix} b_{11} & b_{12} \\ b_{21} & b_{22} \\ \vdots & \vdots \\ b_{p1} & b_{p2} \end{bmatrix}$$

旋转的目的,是希望变量 X_1、X_2,…,X_p 中一部分因子负荷集中在第一因子,另一部分集中在第二因子,因此要求 $(b_{11}^2, b_{21}^2, \cdots, b_{p1}^2)$ 和 $(b_{12}^2, b_{22}^2, \cdots, b_{p2}^2)$ 两组的方差尽可能大,为此要求式(8-13)达最大[①]:

$$G = \frac{1}{p^2}\left[p\sum_{i=1}^{p}\left(\frac{b_{i1}^2}{h_i^2}\right)^2 - \left(\sum_{i=1}^{p}\frac{b_{i1}^2}{h_i^2}\right)^2\right] + \frac{1}{p^2}\left[p\sum_{i=1}^{p}\left(\frac{b_{i2}^2}{h_i^2}\right)^2 - \left(\sum_{i=1}^{p}\frac{b_{i2}^2}{h_i^2}\right)^2\right] \quad (8\text{-}13)$$

式(8-13)中的 h_i^2 是公共性。当因子数目不止2个时,要求每次取2个旋转,如果有 k 个主成分,则轮完一圈需要 C_k^2 次,这还不够,还要第二圈、第三圈……直到 G 基本不变或达到指定的迭代次数。因此这一切都有赖于电脑的帮助。

[例]3 表8-3给出同一样本作因子分析时,旋转前后公共性和特征值的比较,其结果是公共性(度)h_i^2 并不改变,但因素的特征值不同了。

---

① 薛薇编著:《统计分析与SPSS的应用(第二版)》,中国人民大学出版社2008年版,第364页。

表 8-3　因子负荷矩阵①

因子负荷＼变量	未旋转的因子		旋转后的因子		公共度 h_1^2	特殊方差 ϕ_i
	F_1	F_2	F_1^*	F_2^*		
语言考试						
X_1	0.272	0.293	0.135	0.376	0.16	0.84
X_2	0.409	0.439	0.204	0.564	0.36	0.64
X_3	0.477	0.513	0.238	0.659	0.49	0.51
数字考试						
X_4	0.926	−0.179	0.922	0.198	0.89	0.11
X_5	0.848	0.031	0.768	0.361	0.72	0.28
X_6	0.843	0.172	0.708	0.489	0.74	0.26
方差贡献率	45.9%	10.1%	34.3%	21.7%	56.0%	44.0%
累计贡献率	45.9%	45.9%	34.3%	56.0%		

因子旋转的目的，重在旋转后的因子可以赋予更明确、更归纳的解释。下面用社会调查中的实例，说明旋转因子的意义。

[例]4　根据一项对国企 500 个职工参股动机的调查②，运用因子分析，将问卷中的 8 个问题，抽取了 3 个因子，由于原始的因子，意义不够清晰，再将因子进行了旋转(表 8-4)，试对 3 个因子作归纳性解释。

表 8-4　职工入股动机的因素分析(旋转后的因子负荷矩阵)

变量	因子1	因子2	因子3	共同度
我是否入股从个人经济考虑	−0.05370	0.22253	0.76280	0.63427
入股后在机场工作更稳定	0.55650	0.27179	0.27758	0.46061
入股增强职工在企业的主人翁地位	0.90921	−0.06851	0.05770	0.83468
入股激发自己的工作热情	0.89774	−0.2191	−0.11278	0.81914
入股是企业给予职工的一项福利	0.11975	−0.2191	0.79262	0.64307
如果单位大多数人入股我就入股	−0.7258	0.84073	0.5606	0.71523
如果单位领导入股我就入股	−0.05243	0.87979	0.05959	0.78033
单位领导入股越多我越放心	0.23525	0.61936	0.14328	0.45948
累计解释方差(R^2)	28.7%	52.9%	66.8%	66.8%

---

① 柯惠新等编著：《调查研究中的统计分析法》，北京广播学院出版社 1992 年版，第 514 页。
② 本例取自谢万玲：《国企改革背景下职工态度研究》，北京大学硕士论文，2000 年 6 月(导师卢淑华)。

[解] 表8-4给出了最大方差旋转后的因子负荷矩阵。保留3个公共因子,累计方差贡献率为66.8%,每个变量的共同度几乎都在0.50以上。其中,因子1在"入股后在机场工作更稳定""入股增强职工在企业的主人翁地位"和"入股激发自己的工作热情"三个变量上有较大的负荷,我们命名为"非物质动机",该因子可以解释方差的28.7%;因子2在"如果单位大多数人入股我就入股""如果单位领导入股我就入股"等指标上有较大的负荷,我们命名为"从众动机";因子3在"我是否入股从个人经济考虑"和"入股是企业给予职工的一项福利"两项指标上有较大的负荷,我把它命名为"物质动机"。三种动机因子结构代表了职工不同层次的需要:物质性需要和非物质性需要。非物质性需要主要体现一种"精神"偏好和"社会关系"偏好,即职工购买本企业股票不仅想追求物质上的收益,而且需要从中获得诸如"安全感"的保障和"精神"的激励,以及"人际关系的协调"。

三、因子得分

因子分析模型是(式(8-1)或式(8-2)):$X = AF + \varepsilon$,如果不考虑特殊因子的作用,因子模型将是:

$$\begin{bmatrix} X_1 \\ X_2 \\ \vdots \\ X_p \end{bmatrix} = \begin{bmatrix} a_{11} & a_{12} & \cdots & a_{1m} \\ a_{21} & a_{22} & \cdots & a_{am} \\ \vdots & \vdots & & \vdots \\ a_{p1} & a_{p2} & \cdots & a_{pm} \end{bmatrix} \begin{bmatrix} F_1 \\ F_2 \\ \vdots \\ F_m \end{bmatrix} \quad (8\text{-}14)$$

当因子提取后,一个很自然的想法是,既然找到了隐藏在观测值 x_i 背后的原因(因子) F_j,何不进一步直接用因子来讨论呢? 因此在有些情况下,因子成了进一步讨论的新变量,如果是这样的话,那么就需要知道每一个个案的因子得分是多少,但因子是不能直接测量的,而是要通过 X_i 原始得分,计算出因子得分是多少。一般用 X_i 原始得分的线性组合来表示 F_j,当因子不止一个时,由一组变量 X_i 线性组合成一组因子 F_j:

$$\begin{aligned} F_1 &= b_{11}X_1 + b_{12}X_2 + b_{13}X_3 + \cdots b_{1p}X_p \\ F_2 &= b_{21}X_1 + b_{22}X_2 + b_{23}X_3 + \cdots b_{2p}X_p \\ F_3 &= b_{31}X_1 + bw_{32}X_2 + b_{33}X_3 + \cdots b_{3p}X_p \\ &\cdots\cdots\cdots\cdots\cdots\cdots\cdots\cdots\cdots\cdots\cdots\cdots\cdots \\ &\cdots\cdots\cdots\cdots\cdots\cdots\cdots\cdots\cdots\cdots\cdots\cdots\cdots \\ F_m &= b_{m1}X_1 + b_{m2}X_2 + b_{m3}X_3 + \cdots b_{mp}X_p \end{aligned} \quad (8\text{-}15)$$

缩写为：
$$F_j = b_{j1}X_1 + b_{j2}X_2 + b_{j3}X_3 + \cdots b_{jp}X_p(j=1,2,3,\cdots m) \quad (8\text{-}16)$$

式(8-14)或式(8-15)都没有常数项,这里假定因子和原变量都已经标准化了。

因子得分式(8-15)或式(8-16)看上去,似乎是因子表达式(8-14)中自变量和因变量互换位置,就像主成分分析那样,从式(8-5)互换为式(8-8),但这只存于一种情况下,那就是如果因子数目 m 与原变量数目 p 相等的话。[①] 但一般情况下,因子数目 m 总是小于变量 x_i 的数目 p,所以它是不可逆的,因为方程组的数目 m 小于变量数 p,因此不能得出式(8-14)的精确解,只能求出式(8-15)或式(8-16)中的估计值,常用的有加权最小二乘法和回归法(Thomson 回归法)。下面介绍 Thomson 回归法。

Thomson 假设公共因子可以对 p 个变量作回归,于是因子 F 的估计值 $\hat{F}$ 有[②]:

$$\hat{F}_j = b_{j1}X_1 + \cdots + b_{jp}X_p(j=1,\cdots m) \quad (8\text{-}17)$$

令

$$B = \begin{bmatrix} b_1 \\ b_2 \\ \vdots \\ b_m \end{bmatrix} = \begin{bmatrix} b_{11} & b_{12} & \cdots & b_{1p} \\ b_{21} & b_{22} & \cdots & b_{2p} \\ \vdots & \vdots & & \vdots \\ b_{m1} & b_{m2} & \cdots & b_{mp} \end{bmatrix}$$

则:

$$\hat{F} = BX \quad (8\text{-}18)$$

式(8-17)或式(8-18)从形式上看,很像第四章的多元线性回归方程,但它并不能用多元线性回归方程求解,因为多元线性回归方程的两端,无论自变量或因变量都是实测的观测值,只有回归系数是要求的。而式(8-17)或式(8-18)左边的因子是未知的,因此不能用经典的回归法求解,但另一方面,因子虽然无法实测,但又不是与实测的原始数据没有关系,在本章第一节因子模型式(8-1)就给出,当方程两边都标准化后,因子的系数就是因子和原变量的相关系数,因此可以利用相关系数求出因子得分[③]:

$$a_{ij} = \text{cov}(X_i, F_j) = r_{X_iF_j} = E(X_iF_j) = E[X_i(b_{j1}X_1 + \cdots + b_{jp}X_p)]$$

[①] 管宇主编:《实用多元统计分析》,浙江大学出版社 2011 年版,第 221 页。
[②] 刘桂海、林伟然编著:《多元统计概论与实验》,浙江大学出版社 2013 年版,第 221 页。
[③] 任雪松、于秀林编著:《多元统计分析(第二版)》,中国统计出版社 2011 年版,第 228—230 页。

$$= b_{j1}r_{i1} + \cdots + b_{jp}r_{ip} = [r_{i1}r_{i2}\cdots r_{ip}]\begin{bmatrix} b_{j1} \\ b_{j2} \\ \vdots \\ b_{jp} \end{bmatrix} \qquad (8\text{-}19)$$

因子负荷 a_{ij} 中的 $i=1,2,\cdots,m, j=1,2,\cdots,p, m$ 和 p 不同的取值将组成 $m \times p$ 个方程,写成方程组有:

$$\begin{bmatrix} r_{11} & r_{12} & \cdots & r_{1p} \\ r_{21} & r_{22} & \cdots & r_{2p} \\ \vdots & \vdots & & \vdots \\ r_{p1} & r_{p2} & \cdots & r_{pp} \end{bmatrix} \begin{bmatrix} b_{j1} \\ b_{j2} \\ \vdots \\ a_{jp} \end{bmatrix} = \begin{bmatrix} a_{1j} \\ a_{2j} \\ \vdots \\ a_{pj} \end{bmatrix} \qquad (8\text{-}20)$$

式(8-20)写成矩阵有:

$$RB' = A \qquad (8\text{-}21)$$

通过式(8-21)进一步有:

$$B = A'R^{-1} \qquad (8\text{-}22)$$

将式(8-22)代入式(8-18)得因子得分估计值:

$$\hat{F} = A'R^{-1}X \qquad (8\text{-}23)$$

其中 **R** 为原变量的相关系数矩阵(8-24):

$$R = \begin{bmatrix} r_{11} & r_{12} & \cdots & r_{1p} \\ r_{21} & r_{22} & \cdots & r_{2p} \\ \vdots & \vdots & & \vdots \\ r_{p1} & r_{p2} & \cdots & r_{pp} \end{bmatrix} \qquad (8\text{-}24)$$

A 为因子载荷矩阵(8-25):

$$A = \begin{bmatrix} a_{11} & a_{12} & \cdots & a_{1m} \\ a_{21} & a_{22} & \cdots & a_{2m} \\ \vdots & \vdots & & \vdots \\ a_{p1} & a_{p2} & \cdots & a_{pm} \end{bmatrix} \qquad (8\text{-}25)$$

X 为原变量向量:

$$\boldsymbol{X} = (X_1, X_2, \cdots, X_p)'$$

$\hat{F}$ 为因子得分向量:

$$\hat{F} = (\hat{F}_1, \hat{F}_2, \cdots, \hat{F}_m)'$$

有了因子得分后,每个个案通过原有 p 个变量可得 m 个因子得分(式

(8-23)),于是对应于原有 n 行 p 列的原始观测数据,就转化为 n 行 m 列的因子得分清单(表8-5):

表 8-5

个案 \ F	F_1	F_2	F_3	……	F_m
1					
2					
3					
⋮					
⋮					
n					

电脑就会把因子得分作为新变量保存在数据文件中,作为新变量表8-4,供模型进一步使用。例如第十章模型中的潜变量,就是因子得分的具体应用,此外,得分值本身可作为进一步个案分类、比较的依据。

四、因子分析和主成分分析的比较

最后我们来总结一下主成分分析和因子分析的异同。首先,虽然它们都是为了从观测到的众多变量中,提炼出少而精的若干变量,从而达到降低维度的作用。都是基于众多变量之间存在相关性,因此两者相关性检验是相同的,一般来说,如果原变量的相关系数都小于0.3时,用以上方法不会取得很好效果。[①] 两者相同之处是,无论因子数目或主成分数目都是根据方差累计贡献或特征值下限来决定的,但在要达到的目标、方法和应用方面还是有一定差别的。

(1)首先,两者降维目标不同。因子分析的推理是这样的,既然原变量之间存在相关,那一定存在对原变量共同起作用的因,每一个真实存在的变量,一定是既有公共因子,又有只对本变量独立作用的独立因子共同作用的结果,而因子分析的目标,就是要寻找能对原变量群起共同解释作用的潜在公共因子群。而主成分分析的目标是通过线性变化,寻找能保存绝大部分原变量方差的新变量(综合变量)群,并要求建立的新变量是相互独立的,这些综合指标,它可以不代表什么实际意义,但它的数目比原变量数目要少,否则综合就失去了意

---

① 何晓群编著:《多元统计分析》,中国人民大学出版社2012年版,第126页。

义。但这样综合会失去一部分信息,也就是有代价的,要求保留的信息越多,所取的综合指标越多,如果要保留百分之百信息,那只在综合指标的数目与原变量数目相等的情况下。

(2) 在模型表达上,因子分析是把原变量看作公共因子的线性组合(式(8-1)),而主成分分析是把主成分看作原变量的线性组合(式(7-34))。

(3) 因子模型对因子有一系列要求,例如公共因子之间是不相关的,公共因子和独立因子也不相关,而独立因子之间也不相关。而主成分分析对线性组合部分的原变量并没有要求。

(4) 因子分析中因子的求解有若干方法,除本章介绍的主成分法、主因子法外,还有最大似然法、最小二乘法等,从这个角度看,主成分只是因子提取方法中的一种方法、一个特例,且各种提取方法的结果并不完全相同,需要进一步研究,而主成分分析法只有一种方法,那就是用方差—协方差矩阵或相关系数矩阵求特征值和特征向量的方法。

(5) 因子分析中的因子,有时实际意义不够明晰,需要通过旋转得到新的因子,因此因子分析中的因子并不固定,有时为了达到满意的因子分析,不仅要通过旋转,而且还要采用不同的解法进行比较,以期达到满意的结果,因此,当降维的目的是探索变量背后潜在的解释因子时,多用因子分析法。可以说,因子分析可以说是一种艺术,而且目前尚没有一种单一的策略可以获得完美的成功。[1] 而主成分法,对一定的方差—协方差矩阵或相关系数矩阵,只要给定了特征值,主成分也就固定了。

(6) 因子分析和主成分分析的因子数或主成分数都是根据特征值下限或累计贡献率确定的,有时也完全可以主观确定需要几个因子或主成分,对主成分来说,在选定主成分后,如果再增加一个主成分,不会影响前面已存有的主成分式。但对因子分析来说,因子数是人为指定的,例如特征值大于1或指定要几个因子,随着指定因子数目的改变,结果也会改变的。[2]

(7) 因子分析和主成分分析都可以压缩变量,简化数据,因此还可以用来进行后续研究,例如主成分分析的结果可以是进一步分类、聚类的依据,而因子得分作为潜变量在模型分析中也有很好的应用。

---

[1] [美]理查德·A.约翰逊等:《实用多元统计分析》,清华大学出版社2012年版,第403页。
[2] 何晓群编著:《多元统计分析》,第152页。

第八章 因子分析

习 题

1. 根据相关系数矩阵 R,在主成分分析法基础上,选择了 2 因子,以下是因子负荷表:

变量	因子负荷		共同性
	F_1	F_2	
X_1	0.601	0.377	
X_2	0.850	0.164	
X_3	0.693	0.335	
X_4	0.365	0.507	
X_5	0.208	0.883	
特征值			
贡献率			
累计贡献率			

（1）计算 F_1,F_2 对 X_1 至 X_5 的共同性,F_1,F_2 的特征值,贡献率,累计贡献率,并写在表中相应的位置。

（2）独立因子的贡献率是多少？

（3）$r_{X_1F_1}=$　　　　　$r_{X_1F_2}=$

$r_{x_2F_1}=$　　　　　$r_{x_2F_2}=$

$r_{x_3F_1}=$　　　　　$r_{x_3F_2}=$

$r_{x_4F_1}=$　　　　　$r_{x_4F_2}=$

$r_{x_5F_1}=$　　　　　$r_{x_5F_2}=$

2. 根据人体调查,共抽取 4 个变量:X_1 = 身高,X_2 = 坐高,X_3 = 体重,X_4 = 腰围,得如下相关系数表:

	X_1	X_2	X_3	X_4
X_1	1	0.7409	0.2626	0.1002
X_1	0.7409	1	0.4610	0.1256
X_3	0.2626	0.4610	1	0.8003
X_4	0.1002	0.1256	0.8003	1

通过相关系数,得如下二因子表:

变量	因子		共同性
	F_1	F_2	
身高	0.0727	0.7862*	
坐高	0.1786	0.8605*	
体重	0.8644*	0.2994	
腰围	0.8748*	0.0106	
平方和贡献率			

问:

(1) 因子1和因子2对每个变量的因子负荷是多少?

(2) 共性因子对变量的总解释力 h^2 是多少?

(3) 因子贡献率是多少?

(4) 对因子作出解释。

(5) 作因子与变量数量关系的示意图。

第九章

聚类分析与判别分析

聚类分析是应用统计的多元分析,是研究物以类聚的方法;而判别分析是研究对象所属的类别,聚类与判别往往在一起连用。例如先对典型样品或个案进行聚类,聚类的结果和主要特征,又可以进一步作为判别其他样品或个案归类的依据和方法。尽管它们在理论上还很不完善,但无论在自然科学还是在社会科学中都有广泛的应用,而且各种统计包都含有现成的软件,这给它们的运用带来了极大方便。本章简述聚类分析和判别分析。

第一节 聚 类 分 析

一、聚类分析概念

聚类(Cluster)分析,顾名思义就是指将研究的对象进行分类,这是人们认识世界最基本的方法。生物学家通过分类,区分了动物和植物,物理学分成了力、热、声、电,化学分成了有机和无机。古老的分类学,人们主要靠经验和专业知识实现分类,随着人类对自然的认识不断加深,仅靠经验和专业知识已不能准确分类,于是最早把数学工具引进了植物分类,出现了种、属、科、目、纲、门和界的自大而小的阶梯结构,一定程度上反映了种系发生和进化的规律。后来随着多元分析的引进,从植物分类学中逐渐分离出一个专门进行聚类分析的分支。

与多元分析的其他方法相比,聚类分析是很粗糙的,理论尚不完善,但由于它成功地应用于心理、经济、社会、管理、医学、地质、生态、地震、气象、考古、企业决策等,因此成了多元分析的重要方法,统计包中都有丰富的软件,对数据进行聚类处理。

聚类分析除了独立的统计功能外,还有一个辅助功能,就是和其他统计方法配合,对数据进行预处理。例如,当总体不清楚时,可对原始数据进行聚类,根据聚类后相似的数据,各自建立回归分析,分析的效果会更好。同时如果聚类不是根据个案,而是对变量先进行聚类,聚类的结果,可以在每一类推出一个最有代表性的变量,从而减少了进入回归方程的变量数。

聚类分析是研究按一定特征,对研究对象进行分类的多元统计方法,它并不关心特征及变量间的因果关系。分类的结果,应使类别间个体差异大,而同类的个体差异相对要小。例如,同学间会自然地形成一些小圈子,圈子内的人际关系比较密切,分析其原因,可能是爱好、家庭背景、性格、学习成绩相近等,这种物以类聚、人以群分的现象,在社会生活中是普遍存在的。分类法也是人类认识自然的一种古老和基本的方法。不仅很多学科的发展是从分类开始,而且分类对学科还起到了关键作用。

和聚类相近的,还有一种也是用于分类的统计分析方法,称判别分析,严格说,它不是分类方法,而是归类的方法。判别的分类,是根据外在事先导出的准则,分成了若干类别,然后将新的对象归入已知的类别。而聚类分析是所有研究的个案,它们之间的关系都是未知的,甚至连总共有几类都不知道。聚类分析是根据事物本身相似的程度进行分类的。但聚类分析与判别分析也可以是研究工作的两个阶段,首先通过样本的聚类,建立起科学的分类,然后,以此分类为依据,指导新的发现对象,判别它应该属于哪一类别。例如考古学家根据某地古人类颅骨的长、宽、高、额、鼻、眶、面、齿等22组指标,通过聚类分成了5类,这使以后发现的颅骨判别其属类有了依据。又如中国的传统医学,认为人的体质是不同的,同样的病症,对不同的体质,用药应有所不同,但为了弄清楚体质的不同,曾进行了近千人的调查,通过32个有关健康表相的问题,聚成了9类不同的体质,有了这9种体质的量表,可以准确地判别病人的体质,从而做到一人一方。所以在某些领域,如航空探矿、指纹识别、语音识别、文字识别等,判别分析的重要性与回归分析相当。

聚类分析之所以称作统计方法,是因为这些计算方法往往要用到统计学中的一些基本概念,如平均值、方差、相关系数等。但是聚类所处理的数据并不是统计意义下的样本,一般不要求随机抽样,研究结论也不要求外推,不涉及显著性检验等问题。

二、聚类分析概述

简单说,聚类分析就是研究物以类聚的多元统计分析方法。这里的物,就是我们所收集的样本,通过比较样本中各事物之间的性质,将性质相近的聚为一类,性质差别比较大的分在别的类。而所谓性质,是由一个或多个指标所组成的指标群来表达,因此如何选择指标(群)就成了研究事物的关键,特别要强调的是聚类统计分析,只是提供了数学工具,而统计包充其量只是代替人工进行繁琐的数学运算,所以聚类的结果、分类是否有效,关键在于指标的选择,它既要精炼又要没有重大的遗漏,而这些都是专业本身要解决的问题。例如研究城市归类,如果缺少了人均 GDP,或者研究人口素质,缺少了人均期望寿命,显然这样的归类都是虚假的或不成功的。

聚类分析分为两类。一类是对个案进行聚类,称作 Q 型聚类,另一类是对变量进行聚类,称作 R 型聚类。社会学研究一般都是大样本,由于个案多,常转化为变量间的相关,采用 R 型聚类。但随着社会学研究内容的扩大,其中也不乏小样本的研究。例如,对城市发展水平的分类,企业类型的评估等,研究的对象,仅限于有限的城市和企业,这时就需要用到 Q 型聚类分析。

聚类分析的基础数据,都是来源于原始的调查表,为了解释聚类分析的过程,这里虚拟了一份调查结果。

设调查了 7 个省份 12 项指标:人口、就业、教育、收入、住房、公共交通、闲暇、医疗、犯罪、平均绿地占有率、空气质量、饮用水。录入数据后,每个省份占据调查表的一行,第一列是省份名称(序号),第二列至第十三列,依次是该省份 12 项指标得分,最后得到了 7 个省份,共 7×13 的矩阵表 9-1:

表 9-1

省份名称	X_1(人口)	X_2(就业)	……	X_{12}(饮用水)
1	×	×	……	×
2	×	×	……	×
3	×	×	……	×
4	×	×	……	×
5	×	×	……	×
6	×	×	……	×
7	×	×	……	×

根据表 9-1 可以作两类聚类:一类是研究这 7 个省份中,哪几个省份更相

近,是否可以归成几类,因为它的分析单位是省份,每个省份就是一个个案,所以按省份归类,就是按个案归类,这类称 Q 型聚类。另一类是表 9-1 中所列的指标(变量),研究变量间是否是相互有关的,例如文化程度、收入、住房等之间,可能存在一定的相关,并按变量间相关程度,将变量(指标)聚合为若干类别,使得每类的内部,变量间相关性强,而类别的外部,变量间相关性弱,这类称作 R 型聚类。这两类看似有很大区别,实际如果把个案和变量都统一看作研究对象,那么,它们都是探讨研究对象之间的相似性,Q 型聚类研究的是个案之间的相似性,而 R 型聚类研究的是指标(变量)之间的相似性。当从一个个案或变量,过渡到由若干个个案或变量聚合成的小类,再由小类逐步聚合成更大的大类,其聚合的过程,都是根据个案之间或类与类之间的相似性进行的。因此如何度量相似性是聚类的核心问题,下面将讨论相似性的度量方法。

三、点与点的相似性度量

设调查的个案为 n 个,每一个个案都测量了 p 个指标(变量),于是有以下个案与指标的矩阵表 9-2:

表 9-2

指标(变量) 个案	X_1	X_2	…	X_j	…	X_p
1	X_{11}	X_{12}		X_{1j}	…	X_{1p}
2	X_{21}	X_{22}		X_{2j}	…	X_{2p}
⋮	⋮	⋮		⋮		⋮
n	X_{n1}	X_{n2}		X_{nj}	…	X_{np}
平均	$\bar{X}_1$	$\bar{X}_2$	…	$\bar{X}_j$	…	$\bar{X}_p$
标准差	S_1	S_2	…	S_j	…	S_p

下面根据表 9-2,讨论个案与个案、变量与变量之间的相似性。

(一) 点与点之间的距离

设个案有 p 个特征,每一个个案将是 p 维空间的一个点,个案 i 与个案 j 之间相似的程度,用点 i $\boldsymbol{X}_i = (X_{i1}, X_{i2}, \cdots X_{ip})'$ 和点 j $\boldsymbol{X}_j = (X_{j1}, X_{j2}, \cdots X_{jp})'$ 的距离来度量。

点与点间距离 d_{ij} 满足以下 3 个条件:

$d_{ij} \geq 0$ ($d_{ij} = 0$,仅当 $i = j$);

$d_{ij} = d_{ji}$;

$d_{ij} \leq d_{ik} + d_{kj}$(根据三角不等式:两边之和大于第三边)。

点与点间距离的计算方法有:

1. 定距型变量的距离

当个案的 p 个特征是用定距型变量表示时,距离计算的方法,常见的有:

(1) 明氏距离

$$d_{ij} = \left[\sum_{t=1}^{P} |X_{it} - X_{jt}|^q \right]^{1/q} \tag{9-1}$$

明氏距离中 q 是可以任意指定的,当 q 取不同值时,就出现以下几种不同的距离算法:

① 绝对值距离($q=1$):$d_{ij} = \sum_{t=1}^{P} |X_{it} - X_{jt}|$ (9-2)

② 欧式距离($q=2$):$d_{ij} = \sqrt{\sum_{t=1}^{P} (X_{it} - X_{jt})^2}$ (9-3)

也可以不开方,写成:$d_{ij} = \sum_{t=1}^{P} (X_{it} - X_{jt})^2$

③ 切比雪夫距离($q=\infty$):$d_{ij} = \text{Max}_t |X_{it} - X_{jt}|$ (9-4)

其中当 $q=1$ 时,明氏距离就是①绝对值距离;当 $q=2$ 时,明氏距离就是②欧式距离;当 $q=\infty$ 时,只有两点间差值最大项起作用,明氏距离就是切比雪夫距离③。因此可以说,无论是绝对值距离、欧式距离或切比雪夫距离都是明氏距离的特例。

[例]1 设有 a、b 两所学校,按教学质量和教学设备评分,a 校(73,68),b 校(66,64),试用以上各种算法,计算两校距离。

[解] 绝对值距离:$d_{ij} = |73 - 66| + |68 - 64|$

欧式距离:$d_{ij} = \sqrt{(73-66)^2 + (68-64)^2}$

切比雪夫距离:$d_{ij} = \text{Max}(|73-66|, |68-64|)$

明氏距离:$d_{ij} = \sqrt[q]{|73-66|^q + |68-64|^q}$

以上列举的各种距离中,以欧式距离最为常用,其优点是距离不受坐标平移或转轴的影响,但明氏距离中没有考虑到变量单位不同、方差不同和变量间相关对距离的影响。显然,方差大的变量在距离中的贡献就大,同样使用单位不同,也会影响距离值,例如,当个案是由多变量度量的,当其中某项变量的度量单位改变时,例如单位从公斤改为市斤,该变量方差就要增加4倍,其结果将改变个案相对的距离值。

为了解决以上的问题,最简单的方法就是将每一个变量先标准化为 $\frac{X-\overline{X}}{S}$ 再相减,其结果相当于距离公式中各变量加权,权重一般为方差值,所得距离称统计距离,其公式有:

$$d_{ij} = \sqrt{\sum_{t=1}^{P} \left(\frac{X_{it} - X_{jt}}{S_t}\right)^2} \quad (i,j = 1,2,\cdots n) \tag{9-5}$$

其中 p 为个案特征的变量数目,n 为个案数目,s 为变量的标准差。

同样要注意变量间不能有很强的相关,因为如果是线性相关很强,甚至可以相互替代,就等于一个特征(变量)在距离中重复使用、重复贡献,结果将给出错误的距离。

(2) 兰氏距离

$$d_{ij} = \frac{1}{P} \sum_{t=1}^{P} \frac{|X_{it} - X_{jt}|}{(X_{it} + X_{jt})} (i,j = 1,2,\cdots n) \tag{9-6}$$

兰式距离是没有单位的,从而克服了单位对计算距离的影响,但对变量间的相关性没有考虑。

(3) 马式距离

$$d_{ij} = (\boldsymbol{X}_{(i)} - \boldsymbol{X}_{(j)})' \boldsymbol{S}^{-1} (\boldsymbol{X}_{(i)} - \boldsymbol{X}_{(j)}) \tag{9-7}$$

这里粗体的 $\boldsymbol{X}$ 是个案坐标的向量表示,$\boldsymbol{S}^{-1}$ 是样本协方差的逆矩阵。

马式距离不受变量单位和变量相关的影响,但由于协方差矩阵难以确定,实际使用起来并不理想。

(4) 斜交空间距离

$$d_{ij} = \left[\frac{1}{P^2} \sum_{K=1}^{P} \sum_{L=1}^{P} (X_{ik} - X_{jk})(X_{iL} - X_{jL}) r_{kL}\right]^{1/2} (i,j = 1,2,\cdots n) \tag{9-8}$$

r_{kL} 是数据标准化情况下,变量 x_k 和 x_l 间的相关系数,由于考虑了变量间的相关,因此可用于计算变量存在相关的情况。

2. 定类型变量的距离

当个案的 p 个特征是用定类变量表示时,有以下几种计算距离的方法:

(1) 二分变量

① 匹配对法

由于定类变量没有数量大小,所以就用个案之间,同一个变量的变量值是否相同进行比较,如果变量值相同,称匹配对,如果变量值不同,则称不匹配对。设匹配对数为 m_1,不配匹对数为 m_2,则匹配系数:

$$C = m_2/(m_1 + m_2) \tag{9-9}$$

匹配系数取值范围在[0,1],数值越大,两个个案越疏远,差距远大,这点和定量型变量的距离含义相同。

[例]2 设有甲、乙两人,甲:男,高,瘦,亚洲人;乙:女,矮,瘦,非亚洲人。求甲、乙两人外部特征的匹配系数。

[解] 4个变量中有3个变量取不同值,所以甲、乙之间的匹配系数为:

$$d_{甲、乙} = \frac{3}{4}$$

其中4为变量总个数,3为不配匹的变量数。

② 虚拟变量法

如果定类变量是二分变量,可以将变量赋以虚拟值(0,1),这时,对任何2个个案 x_i 和 x_j,同一变量 x_t 的距离有:

$$(x_{it} - x_{jt})^2 = \begin{cases} 1, & 当 x_{it} \neq x_{jt} \\ 0, & 当 x_{it} = x_{jt} = 1,或 x_{it} = x_{jt} = 0 \end{cases}$$

个案 x_i 和 x_j 之间的欧式距离有:

$$d_{ij}^2 = \sum_{t=1}^{P} (X_{it} - X_{jt})^2 \tag{9-10}$$

[例]3 设 a、b 两个个案,分别有5个二分变量为指标(表9-3),试计算 a、b 之间的距离:

表 9-3

	1	2	3	4	5
a	1	0	0	1	1
b	1	1	0	1	0

[解] 将表9-3代入式(9-10):

$$d_{ab}^2 = \sum_{t=1}^{5}(X_{it} - X_{jt})^2$$

$$= (1-1)^2 + (0-1)^2 + (0-0)^2 + (1-1)^2 + (1-0)^2 = 2$$

式(9-10)是将(1—1)配对和(0—0)配对都等同的,在某些学科,比较个案时,将变量值都取0是忽略不计的,例如在医学界,比较两个病人:他们都不咳嗽;都不吸烟;都不饮酒,这些都取0的变量,对判定病人是否是相同的病,并没有太多功用,都增加了匹配对,降低了匹配系数,因此在统计总数时,式(9-9)的 m_1,只包括相同变量都取1的情况。

(2) 分类数多于2的定类变量

① χ^2 距离法

设有 i,j 两个个案,每个个案都有 p 个特征(变量),而每个特征的取值是频次。令 x_{it} 是第 i 个个案、第 t 个变量的变量值(频次),x_{jt} 是第 j 个个案、第 t 个变量的变量值(频次),则 i,j 两个个案 χ^2 距离为:

$$x_{ij}^2 = \sqrt{\sum_{t=1}^{P}\frac{(x_{it}-E(x_i))^2}{E(x_i)} + \sum_{t=1}^{P}\frac{(x_{jt}-E(x_j))^2}{E(x_j)}} \quad (9\text{-}11)$$

式(9-11)中的 $E(x_i)$ 和 $E(x_j)$ 是期望频次,是个案 i 和个案 j 无差异情况下的频次[①],显然,个案距离期望频次越大,个案间的距离也越大。

② ϕ^2 距离法

χ^2 距离的大小除了与期望频次有关,还和频次值有关,因此当比较个案距离时,虽然个案相似程度相同,但频次值增大,个案间距离也要增大,这点与列联表中频次增大,χ^2 值也随之增大,道理是一样的[②],为此,ϕ^2 距离法改为单位频次个案间的距离:

$$\phi_{ij}^2 = \sqrt{\frac{\sum_{t=1}^{P}\frac{(x_{it}-E(x_i))^2}{E(x_i)} + \sum_{t=1}^{P}\frac{(x_{jt}-E(x_j))^2}{E(x_j)}}{n}} \quad (9\text{-}12)$$

n 为调查总数。

[例]4 表9-4是A、B两名同学选修课程和参加社团数的比较。

表 9-4

	选修课门数 (期望频次)	专业课门数 (期望频次)	参加社团数 (期望频次)	边缘和
A	9(8.5)	6(6)	4(4.5)	19
B	8(8.5)	6(6)	5(4.5)	19
边缘和	17	12	9	38

试用 χ^2 距离法和 ϕ^2 距离法计算他们间的距离。

[解] 期望频次的计算是,所在行、所在列边缘和乘积除以总数,例如第一行、第一列的期望频次为 $(17 \times 19)/38 = 8.5$;第一行、第二列的期望频次为 $(12 \times 19)/38 = 6$,余类推,由此得表9-4中括号内的期望频次。实际上,如果不

---

① 卢淑华编著:《社会统计学(第四版)》,第284页。
② 同上书,第290页。

用列联表公式计算期望频次,对于只有两行的情况,也可推理出每个变量的期望值一定是两者的平均值的结论。

将表9-4中变量值和期望值分别代入式(9-11)和式(9-12),得:

$$\chi_{ij}^2 = \sqrt{\left(\frac{(9-8.5)^2}{8.5} + \frac{(6-6)^2}{6} + \frac{(4-4.5)^2}{4.5}\right) + \left(\frac{(8-8.5)^2}{8.5} + \frac{(6-6)^2}{6} + \frac{(5-4.5)^2}{4.5}\right)}$$

$$= 0.412$$

$$\phi_{ij}^2 = \sqrt{\frac{\left(\frac{(9-8.5)^2}{8.5} + \frac{(6-6)^2}{6} + \frac{(4-4.5)^2}{4.5}\right) + \left(\frac{(8-8.5)^2}{8.5} + \frac{(6-6)^2}{6} + \frac{(5-4.5)^2}{4.5}\right)}{38}}$$

$$= 0.047$$

(二)变量间的相似系数

社会现象的研究,很少通过测量一个指标就能满足要求,往往需要多个指标(变量),而这些指标之间往往都有一定的相关,相关越强,相似越大,通过变量间的相似系数,可以将相似的变量组合成类,探索和提升对同类变量更深层次的表述和认识,同时也可以压缩指标,达到降低维度、简化研究的目的。常用变量x_i和x_j间的相似系数用c_{ij}来表示,它应满足以下3个条件:

$C_{ij} = \pm 1$,   当且仅当$x_i = ax_j + b$,$a(\neq 0)$和b是常数;

$|C_{ij}| \leq 1$,   对一切i和j;

$C_{ij} = c_{ji}$,   对一切i和j。

1. 定距型变量之间的相似系数

常用于定距型变量之间的相似系数有两种:

(1)夹角余弦

$$(C_{ij}) = \cos\theta_{ij} = \frac{\sum_{t=1}^{n} x_{ti} x_{tj}}{\left[\left(\sum_{t=1}^{n} x_{ti}^2\right)\left(\sum_{t=1}^{n} x_{tj}^2\right)\right]^{1/2}} \quad (9\text{-}13)$$

(2)相关系数r_{ij}

$$C_{ij} = r_{ij} = \frac{\sum_{t=1}^{n}(x_{ti} - \bar{x}_i)(x_{tj} - \bar{x}_j)}{\left[\sum_{t=1}^{n}(x_{ti} - \bar{x}_i)^2\right]^{1/2}\left[\sum_{t=1}^{n}(x_{tj} - \bar{x}_j)^2\right]^{1/2}} \quad (9\text{-}14)$$

式(9-14)中的均值如表9-2所示:$\bar{x}_i = \frac{1}{n}\sum_{t=1}^{n} x_{ti}$,$\bar{x}_j = \frac{1}{n}\sum_{t=1}^{n} x_{tj}$,当$xi$和$xj$都已经标准化了,则夹角余弦式(9-13)也就是相关系数。

2. 定类型变量之间的相似系数

当表 9-4 的变量值只取 (0,1) 时,变量 x_i 和变量 x_j 的取值有以下列联表 9-5[①]:

表 9-5

x_i \ x_j	0	1	∑
0	a	b	a+b
1	c	d	c+d
∑	a+c	b+d	a+b+c+d=n

相似系数与距离相反,相同的匹配对越多,相似系数越大,因此相似系数与 ad 成正比,于是夹角余弦有:

(1) 夹角余弦

$$C_{ij} = \cos\theta_{ij} = \frac{ad}{\sqrt{(a+b)(c+d)(a+c)(b+d)}} \tag{9-15}$$

(2) 如果考虑到非匹配对的影响,分子修正为 $ad-bc$,得相关系数 C_{ij} 式 (9-16):

$$C_{ij} = r_{ij} = \frac{ad-bc}{\sqrt{(a+b)(c+d)(a+c)(b+d)}} \tag{9-16}$$

(三) 距离与相似系数的关系

为了计算上的方便,在实际聚类过程中,往往将相似系数转化为距离:

$$d_{ij} = 1 - |C_{ij}| \quad \text{或} \quad d_{ij}^2 = 1 - C_{ij}^2 \quad (i,j = 1,2 \cdots p) \tag{9-17}$$

用距离定义相似系数,统一成距离越近相似性越强,这样更符合人们对相似的直观看法。

一般来说,同一个样本采用不同的相似性度量,聚类结果不尽相同,为此,应比较不同的结果,结合定性分析,确定最终选取的结果。

四、类与类之间的距离

聚类的过程就是将个体不断聚合成类的过程,从最初的个案聚合成小类,进一步再用小类与小类比,或小类与个案比,由于小类中已包含不止一个个案,

---

[①] 卢淑华编著:《社会统计学(第四版)》,第 293 页。

于是就产生如何计算类与类之间距离的问题,下面介绍常见的几种方法。①

(一) 最短距离法

取 K 类 G_k 与 L 类 G_L 中个案最短距离作为 K 类和 L 类之间的距离:

$$D_{KL} = \operatorname*{Min}_{i \in G_k, j \in G_L} d_{ij} \qquad (9\text{-}18)$$

$i \in G_K$ 表示个案 i 属于 K 类,$j \in G_L$ 表示个案 j 属于 L 类。

当 G_K 和 G_L 合并为新类 $G_{(K,L)}$ 后,任一类 G_J 至新类 $G_{(KL)}$ 的距离,将取 D_{KJ} 和 D_{LJ} 中最短者:

$$D_{(KL)J} = \min\{D_{KJ}, D_{LJ}\} \qquad (9\text{-}19)$$

D_{KJ} 和 D_{LJ} 将依最短距离法即式(9-10)确定。

[例]5 设个案1和个案2属 K 类,个案3、个案4、个案5属 L 类,则按最短距离法,K 类和 L 类距离 $D_{KL} = d_{23}$(图9-1)。

图 9-1 最短距离法:$D_{KL} = d_{23}$

(二) 最长距离法

取 K 类 G_k 与 L 类 G_L 中个案最长距离作为 K 类和 L 类之间的距离:

$$D_{KL} = \operatorname*{Max}_{i \in G_K, j \in G_L} d_{ij} \qquad (9\text{-}20)$$

$i \in G_K$ 表示个案 i 属于 K 类,$j \in G_L$ 表示个案 j 属于 L 类。

当 G_K 和 G_L 合并为新类 $G_{(K,L)}$ 后,任一类 G_J 至新类 $G_{(KL)}$ 的距离,将取 D_{KJ} 和 D_{LJ} 中最长者:

$$D_{(KL)J} = \max\{D_{KJ}, D_{LJ}\} \qquad (9\text{-}21)$$

D_{KJ} 和 D_{LJ} 将依最长距离法即式(9-12)确定。

[例]6 设个案1和个案2属 K 类,个案3、个案4、个案5属 L 类,则按最长距离法,K 类和 L 类距离 $D_{KL} = d_{15}$(图9-2)。

---

① 这里先介绍各种方法的原理及公式,后面的[例]8将用数字例子,一一给出各种方法的计算过程。

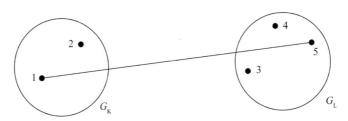

图 9-2 最长距离法:$D_{KL} = d_{15}$

(三) 类平均法

由于最短距离法与最长距离法都是只取类中的一个极端的个案值来代表一类,没有考虑一类中全部个案的信息,因此会出现低估或夸大类间的距离的情况。而类平均法则是将两类之间所有个案距离加总,再求平均距离。距离一般采用欧氏距离,以图 9-3 为例,将 K 类中的每一个个案分别与 L 类中每一个个案求出距离:

$$d_{13}^2, d_{14}^2, d_{15}^2, d_{23}^2, d_{24}^2, d_{25}^2$$

然后将所有距离加总,再求平均,即为 K 类与 L 类的距离(图 9-3):

$$D_{KL}^2 = (d_{13}^2 + d_{14}^2 + d_{15}^2 + d_{23}^2 + d_{24}^2 + d_{25}^2) / 6$$

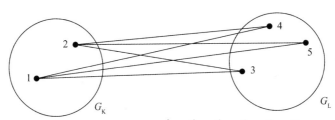

图 9-3 类平均法:$D_{KL}^2 = \dfrac{d_{13}^2 + d_{14}^2 + d_{15}^2 + d_{23}^2 + d_{24}^2 + d_{25}^2}{6}$

一般式有:

$$D_{KL}^2 = \frac{1}{n_K n_L} \sum_{i \in G_K, j \in G_L} d_{ij}^2 \tag{9-22}$$

当 K 类 G_K 和 L 类 G_L 已合并为新类 $G_{(K,L)}$,则任 J 类 G_J 到该新类 $G_{(K,L)}$ 的距离为:

$$D_{(K,L)J}^2 = \frac{n_K}{n_{(K+L)}} D_{KJ}^2 + \frac{n_L}{n_{(K+L)}} D_{LJ}^2 \tag{9-23}$$

其中 n_K 为 G_K 的个案数,n_L 为 G_L 的个案数,$n_{(K+L)} = n_K + n_L$,是新类 $G_{(K,L)}$ 的个案数。

D_{KJ}^2 和 D_{LJ}^2 将依类平均法即式(9-22)确定。

（四）重心法

重心法是用重心即均值来代表一类，类与类的距离就是重心与重心之间的距离（图9-4），显然这样比最短距离法或最长距离法要合理。

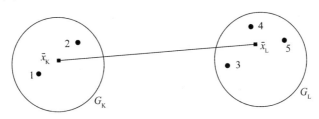

图 9-4　重心法 $D_{KL} = d_{\bar{x}_K \bar{x}_L}$

其中 K 类的平均值为 $\bar{\boldsymbol{x}}_K$，L 类的平均值为 $\bar{\boldsymbol{x}}_L$，K 类和 L 类的距离为：

$$D_{KL} = d_{\bar{x}_K \bar{x}_L} \tag{9-24}$$

重心法定义类与类之间的距离，采用欧氏距离，它是式（9-24）的平方：

$$D_{KL}^2 = d_{\bar{x}_K \bar{x}_L}^2 = (\bar{\boldsymbol{x}}_K - \bar{\boldsymbol{x}}_L)'(\bar{\boldsymbol{x}}_K - \bar{\boldsymbol{x}}_L) \tag{9-25}$$

设 K 类有 n_K 个个案，L 类有 n_L 个个案，K 类 G_K 与 L 类 G_L 合并之后的新类 $G_{(K,L)}$ 则共有 $n_{(K+L)} = n_K + n_L$ 的重心是：

$$\bar{\boldsymbol{x}}_{(K+L)} = \frac{n_K \bar{\boldsymbol{x}}_K + n_L \bar{\boldsymbol{x}}_L}{n_{(K+L)}}$$

当 K 类 G_k 和 L 类 G_L 已合并为新类 $G_{(K,L)}$，则任 J 类 G_J 到该新类 $G_{(K,L)}$ 的距离为：

$$D_{(K,L)J}^2 = \frac{n_K}{n_{(K+L)}} D_{KJ}^2 + \frac{n_L}{n_{(K+L)}} D_{LJ}^2 - \frac{n_K n_L}{n_{(K+L)}^2} D_{KL}^2 \tag{9-26}$$

（五）中间距离法

重心法由于是类内个数的平均，因此当两类大小差异较大时，新类的重心就会偏向较大类的重心，为此采用两类的中间值，不计及类中的个案数，式（9-26）取相同的权重：

$$\frac{n_K}{n_{(K+L)}} = \frac{n_L}{n_{(K+L)}} = \frac{1}{2}$$

当 K 类 G_k 和 L 类 G_L 已合并为新类 $G_{(K,L)}$，则任 J 类 G_J 到该新类 $G_{(K,L)}$ 的距离为：

$$D_{(K,L)J}^2 = \frac{1}{2} D_{KJ}^2 + \frac{1}{2} D_{LT}^2 + \beta D_{KL}^2 \quad -\frac{1}{4} \leq B \leq 0 \tag{9-27}$$

当 $\beta = -\frac{1}{4}$ 时，$D_{(K,L)J}$ 就是初等几何中三角形的中线(图9-5)。

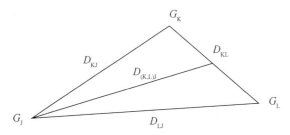

图9-5 中间距离法的几何表示

式(9-27)简化为：

$$D^2_{(K,L)J} = \frac{1}{2}D^2_{KJ} + \frac{1}{2}D^2_{LJ} - \frac{1}{4}D^2_{KL} \tag{9-28}$$

(六) 离差平方和法(Ward 法)

该法是由 Ward 提出的，基本思想源于方差分析，它表示如果分类正确，同类中个案的离差平方和应比不同类之间个案的离差平方和小。设 K 类 G_K 和 L 类 G_L 以及合并后新类 $G_{(K,L)}$ 的离差平方和分别是：

$$W_K = \sum_{i \in G_K} (\boldsymbol{x}_i - \bar{\boldsymbol{x}}_K)'(\boldsymbol{x}_i - \bar{\boldsymbol{x}}_K)$$

$$W_L = \sum_{i \in G_L} (\boldsymbol{x}_i - \bar{\boldsymbol{x}}_L)'(\boldsymbol{x}_i - \bar{\boldsymbol{x}}_L)$$

$$W_{(K,L)} = \sum_{i \in G_{(K,L)}} (\boldsymbol{x} - \bar{\boldsymbol{x}}_{(K,L)})'(\boldsymbol{x}_i - \bar{\boldsymbol{x}}_{(K,L)})$$

如果 G_K 和 G_L 相距较近，则合并后新类 $G_{(K,L)}$ 新增加的离差平方和 $W_{(K,L)} - W_K - W_L$ 应较小，否则应较大。由此我们定义 G_K 和 G_L 相互之间的平方距离为：

$$D_{KL}^2 = W_{(K,L)} - W_K - W_L \tag{9-29}$$

也可写作：

$$D_{KL}^2 = \frac{n_K n_L}{n_{(K+L)}}(\bar{\boldsymbol{x}}_K - \bar{\boldsymbol{x}}_L)'(\bar{\boldsymbol{x}}_K - \bar{\boldsymbol{x}}_L) \tag{9-30}$$

其中 n_K 为 G_K 的个案数，n_L 为 G_L 的个案数，$n_{(K+L)} = n_K + n_L$，是新类 $G_{(K,L)}$ 的个案数。

式(9-29)和式(9-30)是等效的，可以用一个实例来验证。

[例]7 设有3个个案，它们的取值为1,2,3.5,试计算个案间的距离。

第九章 聚类分析与判别分析

个案名	1	2	3
取值	1	2	3.5

(1) 先用式(9-29)计算 (1,2)、(1,3)和(2,3)之间的距离,由于每个个案只有一个,所以离方差 $W_1 = W_2 = W_3 = 0$:

$$\bar{x}_{1,2} = \frac{1+2}{2} = 1.5, W_{(1,2)} = (1-1.5)^2 + (2-15)^2 = 0.5$$

代入式(9-29):

$$D_{12}^2 = W_{(1,2)} - W_1 - W_2 = 0.5$$

$$\bar{x}_{1,3} = \frac{1+3.5}{2} = 2.25, W_{(1,3)} = (1-2.25)^2 + (3.5-2.25)^2 = 3.125, D_{13}^2 = W_{(1,3)} - W_1 - W_3 = 3.125$$

$$\bar{x}_{2,3} = \frac{2+3.5}{2} = 2.75, W_{(2,3)} = (2-2.75)^2 + (3.5-2.75)^2 = 1.125, D_{23}^2 = W_{(2,3)} - W_2 - W_3 = 1.125$$

(2) 再用式(9-30)计算 (1,2)、(1,3)和(2,3)之间的距离,由于每个个案只有一个,所有均值与取值相同,

$$n_1 = 1, n_2 = 1, n_{(1+2)} = 2$$

代入式(9-30):

$$D_{12}^2 = (1/2)(1-2)^2 = 0.5$$

$$D_{13}^2 = (1/2)(1-3.5)^2 = 3.125$$

$$D_{23}^2 = (1/2)(2-3.5)^2 = 1.125$$

可见,用式(9-29)和式(9-30)的计算结果是一样的。

同理,当两类合并为新类 $G_{(K,L)}$ 后,任何一类 G_J 至新 $G_{(K,L)}$ 的距离,既可计算 G_J、$G_{(K,L)}$ 以及 G_J、$G_{(K,L)}$ 再合并后,三类的离差平方和,代入式(9-29),求得 $D_{(k,L)J}^2$。也可计算 G_J 和 $G_{(K,L)}$ 的平均值,代入式(9-30),求得 $D_{(k,L)J}^2$。但更常用的方法,是用式(9-31),计算任何一类 G_J 至新 $G_{(K,L)}$ 的距离①:

$$D_{(K,L)J}^2 = \frac{n_J + n_K}{n_J + n_{(K+L)}}D_{KJ}^2 + \frac{n_J + n_L}{n_J + n_{(K+L)}}D_{LJ}^2 - \frac{n_J}{n_J + n_{(K+L)}}D_{KL}^2 \quad (9\text{-}31)$$

其中 n_J 为 G_J 的个案数。

式(9-31)的优点是免去了计算合并新类的均值或离差平方和,简化了

---

① 推导见王学民编著:《应用多元分析(第四版)》,上海财经大学出版社 2014 年版,第 165 页。

运算。

具体操作时,先将 n 个个案各自看成一类,然后每次缩小一类,每缩小一类,离差平方和就要增大,选择使方差增加最小的两类合并,直至所有个案归为一类为止。离差平方和法分类效果较好,应用也广泛,但对异常值较敏感。

五、谱系聚类法

以上介绍了点与点、类与类各种距离的计算方法,下面将运用这些距离来进行聚类。聚类方法很多,大致可分为两类,谱系聚类和迭代分块聚类,下面介绍常用的谱系聚类法。

(一) 谱系聚类法的分类

谱系聚类法又分为两类。一为凝聚法,首先把每个个案都看作一类,然后根据个案距离(或最相似)归成小类,小类再按类与类距离合并成较大的类,进一步再按距离合并成更大的类,依此类推,直到所有个案凝聚成一大类为止。二为分解法,它的做法和凝聚法正相反,首先把所有个案看作一大类,然后按照某种方法,将度量出最"疏远"的个案分离出来,形成一类,其他个案包括在另一类中,依此类推,每次都分离出最疏远者,直至所有个案都自成一类为止。最终分类的谱系如图9-6所示,其中图(a)为凝聚法谱系,图(b)为分解法谱系。

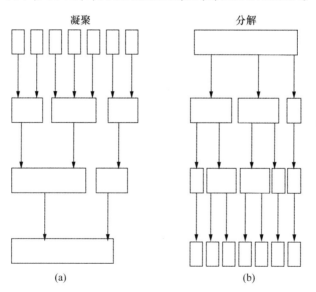

图9-6 谱系图

(二)凝聚法(系统聚类法)步骤

凝聚法又称系统聚类法,是凝聚型谱系聚类法的简称,它是聚类分析法中应用最广的,具体步骤为以下流程(图9-7):

(1) 将 n 个个案都看作 n 类,每类只含一个个案;
(2) 计算所有类与类之间距离;
(3) 合并距离最近的两类为一新类;
(4) 计算新类与当前各类的距离;
(5) 再次合并距离最近的两类为一新类;
(6) 如此重复,直至所有个案凝聚为一大类;
(7) 根据最终的聚类图,决定个案的分类个数和类别。

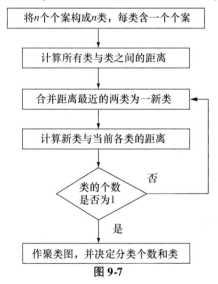

图 9-7

下面用实例介绍以上6种类与类之间距离方法的聚类过程。

[例]8 设有5个个案,它们的取值为1,2,3.5,7,9(表9-6)。试用这6种距离法分别作聚类图。

表 9-6

个案名	1	2	3	4	5
取值	1	2	3.5	7	9

[解]
1. 最短距离法

(1) 首先把5个个案看作5类,计算出所有类与类之间的距离,列成矩阵表9-7,由于距离的对称性 $D_{12} = D_{21}$,所以只列出矩阵表的下三角值:

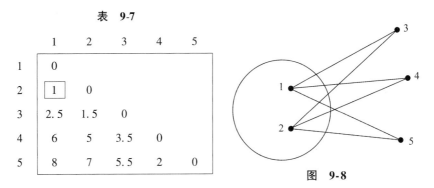

表 9-7

	1	2	3	4	5
1	0				
2	1	0			
3	2.5	1.5	0		
4	6	5	3.5	0	
5	8	7	5.5	2	0

图 9-8

(2) 根据式(9-18),表9-7中距离最小的是 $D_{12} = 1$,因此首先将1,2合并为新类(1,2),新类(1,2)到3,4,5的距离如图9-8,根据最短距离法中式(9-19),应取3,4,5分别至1或2的最小值。例如根据表9-7,$D_{13} = 2.5$,$D_{23} = 1.5$,$D_{13} > D_{23}$,所以新类(1,2)至3的距离为1.5,实际操作时,是同一行中,比较合并类的距离,余类推,得新类(1,2)和3,4,5距离的矩阵(表9-8):

表 9-8

	(1,2)	3	4	5
(1,2)	0			
3	1.5	0		
4	5	3.5	0	
5	7	5.5	2	0

图 9-9

(3) 进一步,根据表9-8,距离最小为 $D_{(1,2)3} = 1.5$,因此将(1,2)与3合并为新类(1,2,3),而新类(1,2,3)到4,5的距离如图9-9,应取4,5分别至(1,2)或3的最小值。根据表9-8,当 $x = 4$ 时,同行中 $D_{4(1,2)} = 5$,$D_{43} = 3.5$,$D_{4(1,2)} > D_{43}$,所以新类(1,2,3)至4的距离为3.5,余类推,得新类(1,2,3)和4,5的距离矩阵(表9-9):

表 9-9

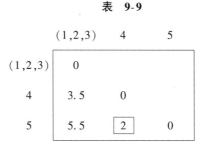

(4) 再根据表9-9,距离最小为 $D_{45}=2$,因此将4,5合并为新类(4,5)(图9-10):

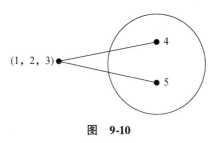

图 9-10

新类(4,5)至类(1,2,3)的距离应比较类(1,2,3)至4和类(1,2,3)至5的距离(图9-10),取其小者。根据表(9-9),应取 $D_{(1,2,3)4}=3.5$,最终得表9-10:

表 9-10

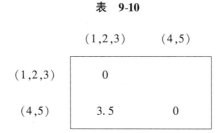

(5) 至此,所有个案已合并为一类,得最短距离法的聚类图9-11:

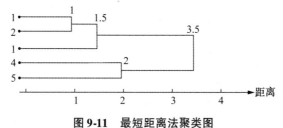

图9-11 最短距离法聚类图

2. 最长距离法

(1) 首先把 5 个个案看作 5 类,计算出所有类与类之间的距离,由于各类都只有一个个案,所以列成矩阵表 9-11:

表 9-11

	1	2	3	4	5
1	0				
2	1	0			
3	2.5	1.5	0		
4	6	5	3.5	0	
5	8	7	5.5	2	0

(2) 表 9-11 中距离最小的是 $D_{12} = 1$,因此首先将 1,2 合并为新类 (1,2),新类 (1,2) 到 3,4,5 的距离如图 9-12:

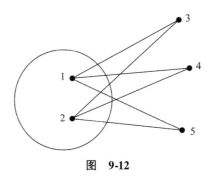

图 9-12

根据最长距离法中式 (9-21),应取 3,4,5 分别至 1 或 2 的最大值。根据表 9-11,当 $x = 3$ 时,同行中 $D_{13} = 2.5, D_{23} = 1.5, D_{13} > D_{23}$,所以新类 (1,2) 至 3 的距离为 2.5,余类推,得新类 (1,2) 和 3,4,5 距离的矩阵表 9-12:

表 9-12

	(1,2)	3	4	5
(1,2)	0			
3	2.5	0		
4	6	3.5	0	
5	8	5.5	2	0

(3) 进一步根据表 9-12,距离最小为 $D_{45}=2$,因此将 4,5 合并为新类(4,5)。新类(4,5)至类(1,2)及 3 的距离应比较类(1,2),3 至 4 和类(1,2),3 至 5 的距离(图 9-13),取其大者。

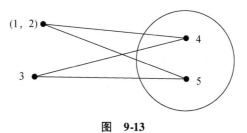

图 9-13

根据表 9-12,应取 $D_{(1,2)5}=8$ 和 $D_{35}=5.5$,得表 9-13:

表 9-13

	(1,2)	3	(4,5)
(1,2)	0		
3	2.5	0	
(4,5)	8	5.5	0

(4) 再根据表 9-13,距离最小为 $D_{(1,2)3}=2.5$,因此将(1,2)与 3 合并为新类(1,2,3)。而新类(1,2,3)到(4,5)的距离应取(4,5)分别至(1,2)或 3 的最大值(图 9-14)。

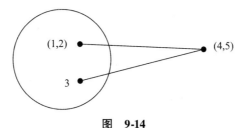

图 9-14

根据表 9-13,$D_{(45)(1,2)}=8$,$D_{(45)3}=5.5$,$D_{(45)(1,2)}>D_{(45)3}$,所以新类(1,2,3)至(4,5)的距离为 8,最终得表 9-14:

表 9-14

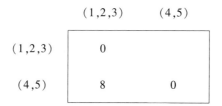

（5）至此，所有个案已合并为一类，得最长短距离法的聚类图9-15：

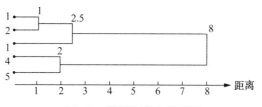

图 9-15　最长距离法聚类图

3. 类平均法

（1）首先把5个个案看作5类，计算出所有类与类之间的欧式距离，即将表9-7中距离取平方值，得表9-15：

表 9-15

	1	2	3	4	5
1	0				
2	1	0			
3	6.25	2.25	0		
4	36	25	12.25	0	
5	64	49	30.25	4	0

（2）表9-15中距离最小的是$D_{12}^2=1$，因此首先将1,2合并为新类(1,2)。

第九章　聚类分析与判别分析

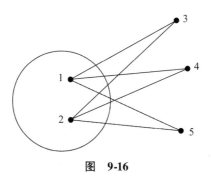

图 9-16

新类(1,2)到3,4,5的距离如图9-16,根据类平均法式(9-23),应取3,4,5分别至1或2的平均值：

$$n_1 = n_2 = n_3 = n_4 = n_5 = 1 \qquad n_{(1,2)} = 2$$

$$D^2_{(1,2)3} = \frac{n_1}{n_{(1,2)}}D^2_{(1,3)} + \frac{n_2}{n_{(1,2)}}D^2_{(2,3)} = \frac{1}{2}(6.25) + \frac{1}{2}(2.25) = 4.25$$

$$D^2_{(1,2)4} = \frac{n_1}{n_{(1,2)}}D^2_{(1,4)} + \frac{n_2}{n_{(1,2)}}D^2_{(2,4)} = \frac{1}{2}(36) + \frac{1}{2}(25) = 30.5$$

$$D^2_{(1,2)5} = \frac{n_1}{n_{(1,2)}}D^2_{(1,5)} + \frac{n_2}{n_{(1,2)}}D^2_{(2,5)} = \frac{1}{2}(64) + \frac{1}{2}(49) = 56.5$$

得新类(1,2)和3,4,5距离的矩阵表9-16：

表 9-16

	(1,2)	3	4	5
(1,2)	0			
3	4.25	0		
4	30.5	12.25	0	
5	56.5	30.25	4	0

(3) 进一步根据表9-16,距离最小为$D_{45}^2 = 4$,因此将4,5合并为新类(4,5)。

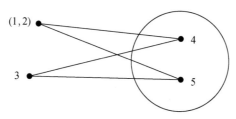

图 9-17

新类(4,5)至类(1,2)及3的距离应是(1,2),3分别至类(4,5)的距离(图9-17),根据式(9-23):

$$n_{(1,2)} = n_{(4,5)} = 2 \quad n_3 = n_4 = n_5 = 1$$

$$D^2_{(4,5)(1,2)} = \frac{n_4}{n_4+n_5}D^2_{4(1,2)} + \frac{n_5}{n_4+n_5}D^2_{5(1,2)} = \frac{1}{2}(30.5) + \frac{1}{2}(56.5) = 43.5$$

$$D^2_{(4,5)3} = \frac{n_4}{n_4+n_5}D^2_{43} + \frac{n_5}{n_4+n_5}D^2_{53} = \frac{1}{2}(12.25) + \frac{1}{2}(30.25) = 21.25$$

得矩阵表9-17:

表 9-17

	(1,2)	3	(4,5)
(1,2)	0		
3	4.25	0	
(4,5)	43.5	21.25	0

(4) 再根据表9-17,距离最小为 $D_{(1,2)3}{}^2 = 4.25$,因此将(1,2)与3合并为新类(1,2,3)。

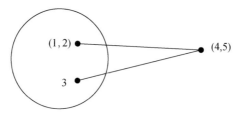

图 9-18

而新类(1,2,3)到(4,5)的距离如图9-18,根据式(9-15)有:

$$D^2_{(1,2,3)(4,5)} = \frac{n_{(1,2)}}{n_{(1,2)} + n_3} D^2_{(1,2)(4,5)} + \frac{n_3}{n_{(1,2)} + n_3} D^2_{3(4,5)}$$

$$= \frac{2}{3}(43.5) + \frac{1}{3}(21.25) = 36.08$$

实际上,如果运用式(9-22),计算类与类之间个案距离的平均值,也可得:

$$D_{(1,2,3)(4,5)}^2 := (36 + 64 + 25 + 49 + 12.25 + 30.25)/6 = 36.08$$

最终得矩阵表9-18:

表　9-18

	(1,2,3)	(4,5)
(1,2,3)	0	
(4,5)	36.08	0

(5)至此,所有个案已合并为一类,得类平均法的聚类图9-19:

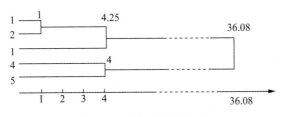

图9-19　类平均法聚类图

4. 重心法

(1)首先把5个个案看作5类,计算出所有类与类之间的欧式距离,即将表9-7中距离取平方值,得表9-19:

表 9-19

	1	2	3	4	5
1	0				
2	1	0			
3	6.25	2.25	0		
4	36	25	12.25	0	
5	64	49	30.25	4	0

(2) 表9-19中距离最小的是 $D_{12}^2 = 1$，因此首先将1,2合并为新类(1,2)，新类(1,2)到3,4,5的距离如图9-20：

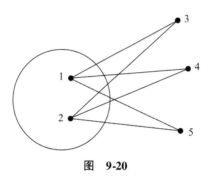

图 9-20

根据重心法，$n_K = 1, n_L = 1, n_{(K+L)} = 2$，代入式(9-26)有：

$$n_1 = n_2 = n_3 = n_4 = n_5 = 1, n_{(1,2)} = 2$$

$$D^2_{(1,2)3} = \frac{n_1}{n_1+n_2}D^2_{13} + \frac{n_2}{n_1+n_2}D^2_{23} - \frac{n_1 n_2}{n^2_{(1,2)}}D^2_{12}$$

$$= \frac{1}{2}(6.25) + \frac{1}{2}(2.25) - \frac{1}{4}(1)^2 = 4$$

$$D^2_{(1,2)4} = \frac{n_1}{n_1+n_2}D^2_{14} + \frac{n_2}{n_1+n_2}D^2_{24} - \frac{n_1 n_2}{n^2_{(1,2)}}D^2_{12}$$

$$= \frac{1}{2}(36) + \frac{1}{2}(25) - \frac{1}{4}(1)^2 = 30.25$$

$$D^2_{(1,2)5} = \frac{n_1}{n_1+n_2}D^2_{15} + \frac{n_2}{n_1+n_2}D^2_{25} - \frac{n_1 n_2}{n^2_{(1,2)}}D^2_{12}$$

$$= \frac{1}{2}(64) + \frac{1}{2}(49) - \frac{1}{4}(1)^2 = 56.12$$

得矩阵表 9-20：

表 9-20

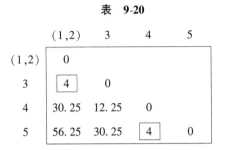

(3) 表 9-20 有 2 个最小值,我们既可先将 (1,2) 与 3 合并为 (1,2,3)（图 9-21），也可将 4 与 5 先合并为 (4,5)（图 9-22）：

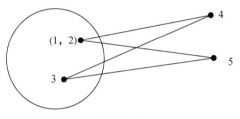

图 9-21

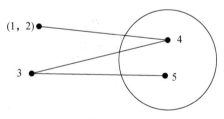

图 9-22

这里采用先合并 (1,2) 和 3，代入式 (9-26) 得：

$$D^2_{(1,2,3)4} = \frac{n_{(1,2)}}{n_{(1,2)}+n_3}D^2_{(1,2)4} + \frac{n_3}{n_{(1,2)}+n_3}D^2_{34} - \frac{n_{(1,2)}n_3}{(n_{(1,2)}+n_3)^2}D^2_{(1,2)3}$$

$$= \frac{2}{3}(30.25) + \frac{1}{3}(12.25) - \frac{2}{3} \times \frac{1}{3}(4) = 23.36$$

$$D^2_{(1,2,3)5} = \frac{n_{(1,2)}}{n_{(1,2)}+n_3}D^2_{(1,2)5} + \frac{n_3}{n_{(1,2)}+n_3}D^2_{35} - \frac{n_{(1,2)}n_3}{n_{(1,2)}+n_3}D^2_{(1,2)3}$$

$$= \frac{2}{3}(56.25) + \frac{1}{3}(30.25) - \frac{2}{3} \times \frac{1}{3}(4) = 46.69$$

得矩阵表 9-21：

表 9-21

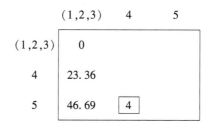

（4）根据矩阵表 9-21，进一步将合并 4 和 5（图 9-23）：

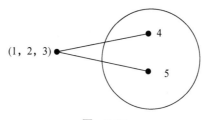

图 9-23

根据式（9-18），类（1,2,3）至类（4,5）的距离有：

$$n_{(1,2,3)} = 3, n_4 = 1, n_5 = 1$$

$$D^2_{(1,2,3)(4,5)} = \frac{n_4}{n_4 + n_5}D^2_{(1,2,3)4} + \frac{n_5}{n_4 + n_5}D^2_{(1,2,3)5} - \frac{n_4 n_5}{(n_4 + n_5)^2}D^2_{45}$$

$$= \frac{1}{2}(23.36 + 46.69) - \frac{1}{4}(2)^2 = 34.03$$

得最终得矩阵表 9-22：

表 9-22

	(1,2,3)	(4,5)
(1,2,3)	0	
(4,5)	34.03	0

（5）至此，所有个案已合并为一类，得重心法的聚类图9-24：

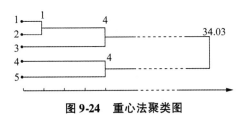

图9-24　重心法聚类图

5. 中间距离法

（1）首先把5个个案看作5类，计算出所有类与类之间的欧式距离，即将表9-7中距离取平方值，得表9-23：

表　9-23

	1	2	3	4	5
1	0				
2	1	0			
3	6.25	2.25	0		
4	36	25	12.25	0	
5	64	49	30.25	4	0

（2）表9-23中距离最小的是$D_{12}^2=1$，因此首先将1、2合并为新类(1,2)，新类(1,2)到3,4,5的距离如图9-25：

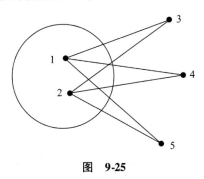

图　9-25

根据中间距离法，代入式(9-28)有：

$$n_1 = n_2 = n_3 = n_4 = n_5 = 1 \quad n_{(1,2)} = 2$$

$$D^2_{(1,2)3} = \frac{n_1}{n_1+n_2}D^2_{13} + \frac{n_2}{n_1+n_2}D^2_{23} - \frac{1}{4}D^2_{12}$$

$$= \frac{1}{2}(6.25) + \frac{1}{2}(2.25) - \frac{1}{4}(1)^2 = 4$$

$$D^2_{(1,2)4} = \frac{n_1}{n_1+n_2}D^2_{14} + \frac{n_2}{n_1+n_2}D^2_{24} - \frac{1}{4}D^2_{12}$$

$$= \frac{1}{2}(36) + \frac{1}{2}(25) - \frac{1}{4}(1)^2 = 30.25$$

$$D^2_{(1,2)5} = \frac{n_1}{n_1+n_2}D^2_{15} + \frac{n_2}{n_1+n_2}D^2_{25} - \frac{1}{4}D^2_{12}$$

$$= \frac{1}{2}(64) + \frac{1}{2}(49) - \frac{1}{4}(1)^2 = 56.12$$

得矩阵表9-24：

表 9-24

	(1,2)	3	4	5
(1,2)	0			
3	4	0		
4	30.25	12.25	0	
5	56.25	30.25	4	0

（3）表9-24有2个最小值，我们既可先将(1,2)与3合并为(1,2,3)(图9-26)，也可先将4与5合并为(4,5)(图9-27)：

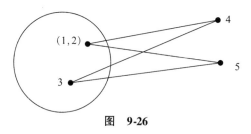

图 9-26

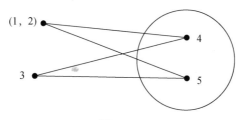

图 9-27

我们取先将(1,2)与3合并为(1,2,3)代入式(9-28)得：

$$D^2_{(1,2,3)4} = \frac{1}{2}(D^2_{(1,2)4} + D^2_{34}) - \frac{1}{4}D^2_{(1,2)3}$$

$$= \frac{1}{2}(30.25 + 12.25) - \frac{1}{4}(4) = 20.25$$

$$D^2_{(1,2,3)5} = \frac{1}{2}(D^2_{(1,2)5} + D^2_{35}) - \frac{1}{4}D^2_{(1,2)3}$$

$$= \frac{1}{2}(56.25 + 30.25) - \frac{1}{4}(4) = 42.25$$

得矩阵表 9-25：

表 9-25

	(1,2,3)	4	5
(1,2,3)	0		
4	20.25	0	
5	42.25	4	0

(4) 根据矩阵表 9-25，进一步将合并 4 和 5（图 9-28）：

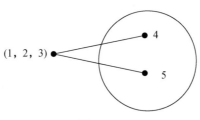

图 9-28

根据式(9-28)，类(1,2,3)至类(4,5)的距离有：

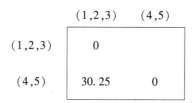

$$D^2_{(1,2,3)(4,5)} = \frac{1}{2}(D^2_{(1,2,3)4} + D^2_{(1,2,3)5}) - \frac{1}{4}D^2_{45}$$
$$= \frac{1}{2}(20.25 + 42.25) - 1 = 30.25$$

得最终得矩阵表9-26：

表 9-26

	(1,2,3)	(4,5)
(1,2,3)	0	
(4,5)	30.25	0

（5）至此，所有个案已合并为一类，得中间距离法的聚类图9-29：

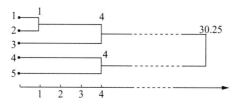

图9-29 中间距离法聚类图

6. 离差平方和法

（1）首先把5个个案看作5类，由于每类只有一个个案，离差平方和为零，因此所有类别两两合并后的离差平方和，就是所增加的离差平和，即式(9-29)所示类与类的距离。

例如，1,2合并为(1,2)，均值为$(1+2)/2 = 1.5$，离差平方和为$W(1,2) = (1-1.5)^2 + (2-1.5)^2 = 0.5$，余类推，得表(9-27)：

表 9-27

合并类	均值	离差平方和
(1,2)	1.5	0.5
(1,3)	2.25	3.125
(1,4)	4	18
(1,5)	5	32

(续表)

合并类	均值	离差平方和
(2,3)	2.75	1.125
(2,4)	4.5	12.5
(2,5)	5.5	24.5
(3,4)	5.25	6.125
(3,5)	6.25	15.125
(4,5)	8	2

写成矩阵表 9-28：

表 9-28

	1	2	3	4	5
1	0				
2	0.5	0			
3	3.125	1.125	0		
4	18	12.5	6.125	0	
5	32	24.5	15.125	2	0

类与类距离的矩阵表 9-28，也可通过式(9-30)获得，这时只需将所有类与类之间的欧式距离矩阵表 9-15 或表 9-19 乘以系数 $n_K n_L / n_{(K+L)} = 1/2$ 即可。

(2) 表 9-28 中距离最小的是 $D_{12}^2 = 0.5$，因此首先将 1,2 合并为新类(1,2)，新类(1,2)到 3,4,5 的距离如图 9-30：

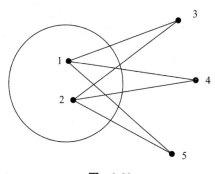

图 9-30

图 9-30 中只有新类(1,2)至 3,4,5 之间的距离需要计算,而 3,4,5 之间距离不变。

运用式(9-31),计算得:

$$D_{(1,2)3}^2 = \frac{2}{3}D_{13}^2 + \frac{2}{3}D_{23}^2 - \frac{1}{3}D_{12}^2$$

$$= \frac{2}{3}(3.125) + \frac{2}{3}(1.125) - \frac{1}{3}(0.5) = 2.667$$

$$D_{(1,2)4}^2 = \frac{2}{3}D_{14}^2 + \frac{2}{3}D_{24}^2 - \frac{1}{3}D_{12}^2$$

$$= \frac{2}{3}(18) + \frac{2}{3}(12.5) - \frac{1}{3}(0.5) = 20.667$$

$$D_{(1,2)5}^2 = \frac{2}{3}D_{15}^2 + \frac{2}{3}D_{25}^2 - \frac{1}{3}D_{12}^2$$

$$= \frac{2}{3}(32) + \frac{2}{3}(24.5) - \frac{1}{3}(0.5) = 37.5$$

$D_{(1,2)3}^2, D_{(1,2)4}^2, D_{(1,2)5}^2$ 的计算也可通过合并后新类的均值和离差平方和(表 9-29),代入式(9-29)得:

表 9-29

合并类	均值	离差平方和
(1,2,3)	2.167	3.167
(1,2,4)	3.333	20.167
(1,2,5)	4	38

$$D_{(1,2)3}^2 = W_{(1,2,3)} - W_{(1,2)} - W_3 = 3.167 - 0.5 - 0 = 2.667$$

$$D_{(1,2)4}^2 = W_{(1,2,4)} - W_{(1,2)} - W_4 = 20.667 - 0.5 - 0 = 20.167$$

$$D_{(1,2)5}^2 = W_{(1,2,5)} - W_{(1,2)} - W_5 = 38 - 0.5 - 0 = 37.5$$

其结果与运用式(9-31)两者结果相同。但运用式(9-29),每次须重新计算新类的均值和离差平方和,比较麻烦,但优点是,计算的道理易于理解,而不是死记公式。

最终得 1,2 类合并后的矩阵表 9-30:

表 9-30

	(1,2)	3	4	5
(1,2)	0			
3	2.667	0		
4	20.167	6.125	0	
5	37.5	15.125	2	0

（3）进一步根据表 9-30，距离最小为 $D_{45}^2 = 2$，因此将 4,5 合并为新类（4,5），新类（4,5）至类（1,2）及 3 的距离应是（1,2），3 分别至类（4,5）的距离（图 9-31）。

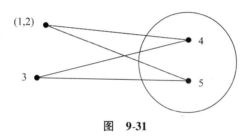

图 9-31

根据式（9-31）或式（9-29），将表 9-30 及表 9-28 有关值代入有：

$$D_{(1,2)(4,5)}^2 = \frac{3}{4}D_{(1,2)4}^2 + \frac{3}{4}D_{(1,2)5}^2 - \frac{2}{4}D_{(4,5)}^2$$

$$= \frac{3}{4}(20.167 + 37.5) - \frac{2}{4}(2) = 42.25$$

$$D_{3(4,5)}^2 = \frac{2}{3}D_{34}^2 + \frac{2}{3}D_{35}^2 - \frac{1}{3}D_{(4,5)}^2$$

$$= \frac{2}{3}(6.125 + 15.125) - \frac{2}{3} = 13.5$$

得矩阵表 9-31：

表 9-31

	(1,2)	3	(4,5)
(1,2)	0		
3	2.667	0	
(4,5)	42.25	13.5	0

(4) 根据表9-31,距离最小为 $D^2_{(1,2)3} = 2.667$,因此将(1,2),3合并为新类(1,2,3)(图9-32):

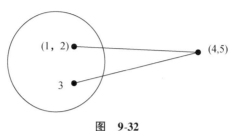

图 9-32

新类(1,2,3)至类(4,5)的距离根据式(9-31)有(表9-32):

$$D^2_{(1,2,3)(4,5)} = \frac{3}{5}(13.5) + \frac{4}{5}(42.25) - \frac{2}{5}(2.667)$$
$$= 40.83$$

表 9-32

	(1,2,3)	(4,5)
(1,2,3)	0	
(4,5)	40.83	

(5) 至此,所有个案已合并为一类,得离差平方和法的聚类图9-33:

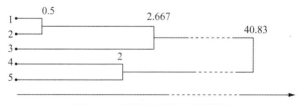

图9-33 离差平方和法聚类图

以上用6种聚类方法所得结果,它们是相同的,但有时也可以不完全相同,如何评价它们的结果？这一般没有统一的标准,要与实际情况结合来讨论,或把各种方法分类结果都相同的类别先肯定下来,不同的地方作进一步研究。

[例]9 以下是5所学校的评比得分(表9-33),试用类平均法进行聚类。

第九章 聚类分析与判别分析

表9-33 各校评比得分

校名	教学质量(x_1)	教学设备(x_2)
a	73	68
b	66	64
c	84	82
d	91	88
e	94	90

[**解**] 由于本例有2个指标,和[例]8不同的,这是二维空间,每个学校是由"教学质量"和"教学设备"两个指标所组成平面上的一个点(图9-34)。

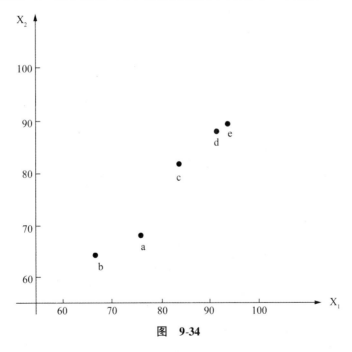

图 9-34

聚类步骤:

(1) 学校之间的距离用欧氏距离法,由于有5个个案,因此组合出10个学校间的距离:

$$D_{ab} = \sqrt{(73-66)^2 + (68-64)^2} = \sqrt{7^2 + 4^2} = 8.062$$

$$D_{ac} = \sqrt{(73-84)^2 + (68-82)^2} = \sqrt{11^2 + 14^2} = 17.805$$

$$D_{ad} = \sqrt{(73-91)^2 + (68-88)^2} = \sqrt{18^2 - 20^2} = 26.907$$

$$D_{ae} = \sqrt{(73-94)^2 + (68-90)^2} = \sqrt{21^2 + 22^2} = 30.414$$

$$D_{bc} = \sqrt{(66-84)^2 + (64-82)^2} = \sqrt{18^2 + 18^2} = 25.456$$

$$D_{bd} = \sqrt{(66-91)^2 + (64-88)^2} = \sqrt{25^2 + 24^2} = 34.655$$

$$D_{be} = \sqrt{(66-94)^2 + (64-90)^2} = \sqrt{28^2 + 26^2} = 38.210$$

$$D_{cd} = \sqrt{(84-91)^2 + (82-88)^2} = \sqrt{7^2 + 6^2} = 9.220$$

$$D_{ce} = \sqrt{(84-94)^2 + (82-90)^2} = \sqrt{10^2 + 8^2} = 12.806$$

$$D_{de} = \sqrt{(91-94)^2 + (88-90)^2} = \sqrt{3^2 + 2^2} = 3.606$$

把距离列成矩阵表9-34，可以发现，它和[例]8的表9-7的意义是相同的。所不同的是，本题的距离是用二维空间的距离计算出来的。

表 9-34

	a	b	c	d	e
a	0	8.062	17.804	26.907	30.414
b		0	25.456	34.655	38.210
c			0	9.220	12.806
d				0	3.606
e					0

推广之，任何k维$(n=1,2,\cdots,k)$空间的点与点距离，最终都将以表9-7或表9-34形式给出。进一步，类与类距离的计算，将从前面介绍的6种方法中进行选择。

根据表9-34中以d和e距离最短，$D_{de}=3.606$，所以，第一步将d和e合并为一类。

(2) d,e组成新一类(d,e)后，进一步将在a,b,c和新一类(d,e)4者间进行比较，由于a,b,c未归入类，所以它们之间的距离不变，须重新计算的是新一类(d,e)至a,b,c的距离。本题计算类与类距离采用类平均法，又称组间平均法，它是SPSS统计包在用户不指明选择方法时，统计包自动选用的缺省操作。组间平均法是组内各点到组外点距离的平均式(9-23)：

$$D_{(d,e)a} = (D_{da} + D_{ea})/2 = (26.907 + 30.414)/2 = 28.661$$
$$D_{(d,e)b} = (D_{db} + D_{eb})/2 = (34.655 + 38.210)/2 = 36.433$$
$$D_{(d,e)c} = (D_{dc} + D_{ec})/2 = (9.220 + 12.806)/2 = 11.013$$

得矩阵表9-35：

表 9-35

	a	b	c	(d,e)
a	0	8.062	17.804	28.661
b		0	25.456	36.433
c			0	11.013
(d,e)				0

表9-32中，以 b 和 a 之间距离为最短，$D_{ba} = 8.062$，所以进一步把 a 和 b 合并为一类 (a,b)。

(3) 剩下的三类：(a,b)，c，(d,e)，共组成三个距离：(a,b) 与 c，(a,b) 与 (d,e) 和 c 与 (d,e)，其中 c 与 (d,e) 未参与 a 和 b 的合并，所以距离不变，所以只要计算两项，运用式(9-22)或式(9-23)有：

$$D_{(a,b)c} = (D_{ac} + D_{bc})/2$$
$$= (17.804 + 25.456)/2 = 21.628$$
$$D_{(a,b)(d,e)} = \frac{1}{2}D_{(d,e)a} + \frac{1}{2}D_{(d,e)b} = (D_{ad} + D_{ae} + D_{bd} + D_{be})/4$$
$$= (26.907 + 30.414 + 34.655 + 38.210)/4 = 32.547$$

得矩阵表9-36：

表 9-36

	(a,b)	c	(d,e)
(a,b)	0	21.628	32.547
c		0	11.013
(d,e)			0

三个距离以 (d,e) 与 c 最短，$D_{(d,e)c} = 11.013$，所以进一步将 c 和 (d,e) 合并成类 (d,e,c)。

(4) 把 (a,b) 和 (d,e,c) 两类再合成一大类，运用式(9-22)或式(9-23)，两类间的距离等于：

$$D_{(ab)[(de)c]} = \frac{2}{3}D_{(a,b)(d,e)} + \frac{1}{3}D_{(a,b)c} = (D_{ad} + D_{ae} + D_{ac} + D_{bd} + D_{be} + D_{bc})/6$$
$$= (26.907 + 30.414 + 17.804 + 34.655 + 38.210 + 25.456)/6$$
$$= 28.908$$

以下是聚类过程总结(表 9-37):

表 9-37

合并步骤	组1	组2	聚合水平	聚合后的分类数
(1)	d	e	3.606	4
(2)	a	b	8.062	3
(3)	c	(d,e)	11.013	2
(4)	(a,b)	(d,e,c)	28.908	1

下面是用表 9-34 做成的等级聚类分析的树形图 9-35:

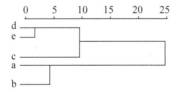

图 9-35 等级聚类分析树形图[1]

讨论

Q 型聚类分析方法的特点是,通过个案间特征相似程度的比较,进行分类的,如果个案进行比较时,选取的变量(指标)单位不同,那么,对于数值小的变量,往往容易被忽略。为此,在聚类分析之前,可先进行预处理,以便将原始数据转化为无量纲的变量。常用的方法,除了标准分外,还可以用变量值除以全距(最大值减去最小值);变量值减去最小值再除以全距;变量值除以最大值等,其结果都是将变量取值都归一化在[0,1]或[-1,1],避免了变量的畸重畸轻。

(三) 分类数的确定

以上聚类的方法,只是根据距离将所有个案做成了树状结构图,但并未给出应该分作几类。但对于分类数的确定至今还没有令人满意的方法,一般来说,要结合理论分析、实际需要和过往经验来确定分类数。

1972 年 Bemirmen 提出,参考实际问题,根据聚类图分类应有以下准则:

---

[1] 薛薇编著:《统计分析与 SPSS 的应用(第二版)》,第 322—337 页。

第九章 聚类分析与判别分析

准则一,各类重心之间距离必须很大。
准则二,各类所包含的元素都不应太多。
准则三,分类的数目必须符合使用的目的。
准则四,若采用几种不同的聚类方法,则在各自的聚类图上应发现相同的类。

实际操作时,可参考聚类图每次合并的距离值,因为系统聚类中每次合并时,都是按类与类距离最小的先合并,因此不断合并的过程,就是类与类最小距离增大的过程,据此可以给出适当的阈值 T 去分剖聚类图,以确定分类数。

六、动态聚类法

以上介绍的是系统聚类法,它是将样本当作一无所知,聚类是从每个个案当作一类开始的,当样本容量很大时,计算的工作量很大,因此系统聚类法只适合样本不太大的情况。

实际上,对于样本中的个案,有很多先验的信息和知识是可以利用的。例如,研究全国哪些省份可以归为一类?显然一开始就可以将沿海各省归为一类,并不需要逐次聚类,这样的结果,可以大大减少计算的工作量。这对大样本的情况就十分重要了。

下面介绍的动态聚类法,其思路不同于系统聚类法,它是根据对样本已有信息的了解,先粗略地分为若干类,然后根据一定的准则,修正初始的分类,并不断反复迭代,直至分类合理为止(图9-36)。此外,对于系统聚类法来说,每个个案一旦聚入一类后,就不允许再改变了,而动态聚类法中的个案,是随着修正所属类别可以变动的。但动态聚类法中的分类数,从初始分类就确定不变了,因此先验的经验就显得十分重要,有时为了确定分类数目,可以先通过一部分代表性个案用系统聚类法来确定。

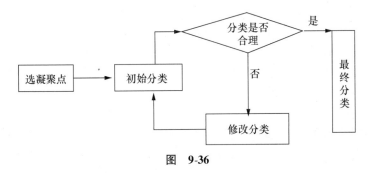

图 9-36

图9-36中凝聚点是一类的代表值或代表点,它的选择不仅影响初始分类,

也影响最终分类,凝聚点一般有以下几种选择方法:

(1) 人为选择。根据先验知识,确定每一类的凝聚点值。

(2) 重心法。用每一类的均值作为凝聚点值。

(3) 随机法。从每一类中随机选出。

(4) 密度法。所谓密度法,就是以给定的正数 d 为半径,以个案为球心,除去球心的个案外,落在此球内的个案数,就称作此球心个案的密度。显然密度越大,越应首先归为一类,对于球体以外的个案,如果距离 d 很远,一般取大于 $2d$,则应设为另一类。下面用一维的数据作为解释。

[例]10 设有 5 个个案:1,4,5,7,11,$d=2$。试用密度法分类。

[解] 由于个案取值是一维的,我们将取值作图在一条直线上(图 9-37):

图 9-37

下面将依次用个案值为圆心,2 为半径,用密度法分类。

首先用第一个个案变量值 1 为圆心,2 为半径,显然,其他 4 个个案值都没能套进它的圆圈中,因此第一个个案的密度为 0。再用第二个个案变量值 4 为圆心,2 为半径,这时第三个个案被套入它的圆圈,因此第二个个案的密度为 1。依此法,再对第三、第四、第五个个案求出密度,得表 9-38:

表 9-38

个案的变量值	1	4	5	7	11
密度	0	1	2	1	0

进一步,根据密度的大小,首先选中了密度为 2、变量值为 5 的第三个个案为凝聚点,而变量值为 4 和变量值为 7,密度为 1 的个案,由于它们与已选中的凝聚点距离(取欧式距离)都小于 4,所以只能与 5 分作一类,而变量值为 1 的第一个个案和变量值为 11 的第五个个案,它们与已选中的凝聚点距离大于或等于 4,因此另为第二个和第三个凝聚点,最终分 3 类:{1},{4,5,7},{11}。

通过以上的例子,可以看出,凝聚点的个数与所取 d 有关,d 的选择要合适,太大了会使凝聚点个数太少,不利于分类,太小了凝聚点的个数则太多了。

下面用实例介绍,当分类数已确定后,用 K 一均值法,是怎样进行动态聚类的。它是由 MacQueen 于 1967 年提出的。

[例]11 设有 5 个个案:1,2,6,8,11,试用动态聚类法聚类,分类数指定 $k=2$。

[解]

（1）初始分类可以是随机的，也可以是根据先验的知识，假定确定为$\{1,6,8\}$为第一类G_1^0；$\{2,11\}$为第二类G_2^0，并计算出两类的平均值，如图9-38，第一次分类（初始分类）：

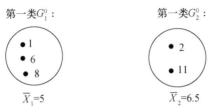

图 9-38

（2）计算各个案到两类的绝对距离：

$d(1, G_1^0) = |1-5| = 4$ $d(1, G_2^0) = |1-6.5| = 5.5$

$d(6, G_1^0) = |6-5| = 1$ $d(6, G_2^0) = |6-6.5| = 0.5$

$d(8, G_1^0) = |8-5| = 3$ $d(8, G_2^0) = |8-6.5| = 1.5$

$d(2, G_1^0) = |2-5| = 3$ $d(2, G_2^0) = |2-6.5| = 4.5$

$d(11, G_1^0) = |11-5| = 6$ $d(11, G_2^0) = |11-6.5| = 4.5$

比较每个个案到两类的距离，并选择距离短的，重新归类（表9-39）：

表 9-39

个案	到G_1^0凝聚点距离	到G_2^0凝聚点距离	选择类别
1	4	5.5	1
6	1	0.5	2
8	3	1.5	2
2	3	4.5	1
11	6	4.5	2

（3）根据表9-39的第二次分类结果，作图9-39，并计算出新的各类平均值：

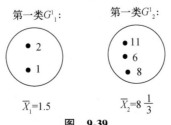

图 9-39

(4) 计算各个案到新的两类的绝对距离,并再次选择类别(表9-40):

表 9-40

个案	到 G_1^1 凝聚点距离	到 G_2^1 凝聚点距离	选择类别
1	0.5	$7\frac{1}{3}$	1
2	0.5	$6\frac{1}{3}$	1
6	4.5	$2\frac{1}{3}$	2
8	6.5	$\frac{1}{3}$	2
11	9.5	$2\frac{2}{3}$	2

由于表9-39重新选择类别的结果与表9-40相同,因此修改分类结束;反之,如果结果与前次结果有不同,则将继续重新归类,直至结果相同为止。

七、R 型聚类

通过本节第三部分中距离与相似系数 c_{ij} 的讨论,我们可以用式(9-32)

$$d_{ij} = 1 - |c_{ij}| \tag{9-32}$$

将相似系数转化为距离,这样相似系数越大,距离越小,符合人们距离越短,关系越近的概念。同时 Q 型聚类方法也都适用于 R 型数据处理。但聚类方法目前与其他多元分析的方法相比,仍是比较粗糙的,但其用途很广,受到了实际工作者的重视。下面用实例介绍简易的 R 型分类,再介绍评价分类的方法。

[例]12 某居民小区进行了生活调查,其中共有8个问题:X_1职业;X_2文化程度;X_3收入;X_4居住面积;X_5是否拥有汽车;X_6邻里之间孩子是否串门玩耍;X_7家中有困难,是否有邻里帮助;X_8对小区的公共绿地是否爱护。通过问卷的回答,计算出两两变量间的相关系数(表9-41)。

第九章 聚类分析与判别分析

表 9-41

	X_1	X_2	X_3	X_4	X_5	X_6	X_7	X_8
X_1	1	0.60	0.75	0.52	0.46	0.28	0.35	0.40
X_2		1	0.82	0.50	0.65	0.42	0.45	0.25
X_3			1	0.48	0.71	0.15	0.20	0.33
X_4				1	0.58	0.26	0.41	0.18
X_5					1	0.40	0.38	0.21
X_6						1	0.66	0.55
X_7							1	0.84
X_8								1

经过简单的分析,将相关系数较大的分在一类,即将 1,2,4,7,8 共 5 个变量分作一类,另外 3 个变量 3,5,6 分作一类。为了更清晰地表达类内的相关大于类外的相关,将表 9-41 按相关系数大小重新排列为表 9-42,并将同类框在一起。

表 9-42

项目	1	2	4	7	8	3	5	6
1		0.60	0.75	0.52	0.46	0.28	0.35	0.40
2			0.82	0.50	0.65	0.42	0.45	0.25
4				0.48	0.71	0.15	0.20	0.33
7					0.58	0.26	0.41	0.18
8						0.40	0.38	0.21
3							0.66	0.55
5								0.84
6								

显然,这样的聚类具有一定的主观性,为了客观地评价归类效果,应该要求归类的结果中,组内(即同类)的平均相关系数要大于组外的平均相关系数。大得越多,表示分组越有效。归类效果通常用归类系数 B 来表示,它是组内外平均相关系数的比值:

$$B = \frac{\text{组内平均相关系数}}{\text{组外平均相关系数}}$$

现在来计算两组的归类系数。

(1) 第一组

组内平均相关系数

$= (0.60 + 0.75 + 0.82 + 0.52 + 0.50 + 0.48 + 0.46$
$+ 0.65 + 0.71 + 0.58)/10 = 0.607$

组外平均相关系数

$= (0.28 + 0.42 + 0.15 + 0.26 + 0.40 + 0.35 + 0.45$
$+ 0.20 + 0.41 + 0.38 + 0.66 + 0.40 + 0.25 + 0.33$
$+ 0.18 + 0.21)/15 = 0.311$

第一组的归类系数：

$$B_1 = 0.607/0.311 = 1.95$$

(2) 第二组的归类系数

$$B_2 = 0.683/0.311 = 2.20$$

一般来说，归类系数要求至少在1.30以上。分组才有意义。[①] 本例中，由于两组的归类系数都远大于1.30，所以分组是有效的。

对于以上数据分析的结果，还要进一步作出社会学的归纳与解释，例如，本例统计给出的第一类，实际反映的是居民当前的物质生活，而第二类是小区居民的精神文明面貌。

相关系数的聚类，并不要求变量一定在定距以上，对于定类或定序变量，它们所计算出的相关系数，同样也可用 R 型聚类进行讨论。[②] 这点是和 Q 型聚类不同的。

第二节　判别分析

判别分析与聚类分析是不同的，聚类分析是事先并不知道样本或总体要分几类，分类是聚类分析的结果，而判别分析是根据某些判别准则，识别一个新的观测对象，应归入已知类型中的哪一类的问题。

判别分析在很多领域有着广泛的应用，例如经济学中根据某些社会发展指标，判定一个国家发展的程度，是属于发达国家？还是发展中国家？抑或是欠发达国家？在医学领域，根据血液中的某些标志物指标，可以判断患者是否患有癌症。在文物鉴定中，根据古瓷的特征，可以鉴定一件未知来源的瓷器是属

[①] 李沛良：《社会研究的统计应用》，社会科学文献出版社2002年版，第333—334页。
[②] 同上。

第九章 聚类分析与判别分析

于哪个朝代。在考古学中,根据一系列颅骨特征测量,可以判断新发现地区人种的来源。文学中,利用词频特征来判别《红楼梦》后四十回的作者是否与前八十回的相同。同样,在航测中,根据反射波的不同,可以探测到地下的矿藏。虽然在很多领域,判别分析已是不可或缺的重要分析工具,但应该说,在社会学领域,时下的应用还不是很多。但鉴于判别分析和聚类分析、回归分析一起被称作多元分析的三大方法,下面将对判别分析作简单的介绍。

一、判别分析的基本原理

为了阐明判别分析的基本原理,先看最简单的情况。设原有两个总体 A 和 B,它们都是二维(x_1, x_2)的,每个总体包含若干个个体(个案),因此形成了一个分布(图9-40),假定两个总体的分布都接近正态分布,方差也相近,现在对二维数据作一线性变换:

$$z = a_1 x_1 + a_2 x_2$$

于是每一个体 i,通过原始坐标(x_1, x_2),都可以得到一个 z_i:

$$z_i = a_1 x_{i1} + a_2 x_{i2}$$

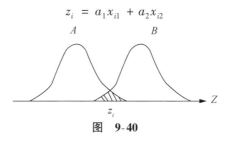

图 9-40

我们希望根据一维的数据 z_i 来判定个体应属于 A 和 B 中的哪一类,显然选择不同的系数 a_1 和 a_2,z_i 也就不同,判别分析就是要寻找能对个体最佳归类的函数 z,z 称为判别函数,a_1 和 a_2 是判别函数的系数,z_i 是个体的判别得分。

如果个体的判别得分处于图9-40的阴影部分,就可能把原该属于 B 总体的个体判成属于 A 总体,反之亦然,阴影部分越大,误判的概率越大,误判概率的大小,一方面和选取的判别函数有关,因此误判率是判别函数有效的重要标准;另一方面对总体也提出要求,它要求总体信息应尽量完备,且分类的两个总体不能靠得太近,只有当两个总体的均值有显著性差异时[1],判别分析才有意义,否则无论用何种方法,误判的概率都会很大,判别分析就没有意义。对于总体的检验,以下面Bayes方法最为严格,它要求变量服从多元正态分布和协方差

---

[1] 刘桂梅、林伟然编著:《多元统计概论与实验》,第46页以及第三章。

矩阵相等,其他几种方法只要求检验总体均值向量有显著性差异。

除了以上有关判别分析的基本思路之外,对每一类中包含的个体,还要求测量的数据必须是定距以上的,只有这样,才能计算出各类的均值和方差,当个体是用若干指标(变量)测量时,各变量不能是其他变量的线性组合或高度相关。

判别最后还要求各指标(变量)在其他变量不变情况下都近似是正态分布,如果偏离太远,应事先将偏离太远的点剔除掉。

二、判别分析的方法

下面介绍几种常见的判别方法,每种方法只介绍其中最简单的情况,如分类数只有 2 类,协方差矩阵是相等的情况。更复杂的情况,虽然原理相同,但公式更为复杂,这里从略。

(一) 距离判别法

距离判别的原则是样本离哪个总体的均值距离小,就判它归哪个总体。人们习惯上采用欧氏距离,但因欧氏距离与单位有关,选取不同单位,比较会出现不同的结果,因此判别分析采用马式距离。马式距离的优点是不受变量单位和变量相关的影响。马式距离在本章第一节聚类分析中介绍过,式(9-7)就给出了马式距离的公式,现写作平方:

$$d_{ij}^2 = (\pmb{x}_{(i)} - \pmb{x}_{(j)})^T \pmb{S}^{-1}(\pmb{x}_{(i)} - \pmb{x}_{(j)}) \tag{9-33}$$

这里粗体 x 表示个案是多维的,所以个案坐标用向量表示,$\pmb{S}^{-1}$ 是样本协方差的逆矩阵。

设总体有两个:G_1 和 G_2,满足正态总体和协方差相等:

$$G_1 \sim N(\pmb{\mu}_1, \pmb{\Sigma}_1), \ G_2 \sim N(\pmb{\mu}_2, \pmb{\Sigma}_2)$$

那么,个体 x 到总体 G_1 和 G_2 的马式距离为:

$$d^2(\pmb{x}, G_1) = (\pmb{x} - \pmb{\mu}_1)^T \pmb{\Sigma}_1^{-1}(\pmb{x} - \pmb{\mu}_1)$$

$$d^2(\pmb{x}, G_2) = (\pmb{x} - \pmb{\mu}_2)^T \pmb{\Sigma}_2^{-1}(\pmb{x} - \pmb{\mu}_2)$$

$d^2(\pmb{x}, G_1)$,$d^2(\pmb{x}, G_2)$ 具有相同的二次项 $\pmb{x}'\pmb{\Sigma}^{-1}\pmb{x}$,在协方差 $\pmb{\Sigma}_1 = \pmb{\Sigma}_2 = \pmb{\Sigma}$ 时,

$$d^2(\pmb{x}, G_1) - d^2(\pmb{x}, G_2) = (\pmb{x} - \pmb{\mu}_1)^T \pmb{\Sigma}^{-1}(\pmb{x} - \pmb{\mu}_1) - (\pmb{x} - \pmb{\mu}_2)^T \pmb{\Sigma}^{-1}(\pmb{x} - \pmb{\mu}_2)$$

$$= -2\left(\boldsymbol{x} - \frac{\boldsymbol{\mu}_1 + \boldsymbol{\mu}_2}{2}\right)^T \boldsymbol{\Sigma}^{-1}(\boldsymbol{\mu}_1 - \boldsymbol{\mu}_2)①$$

设判别函数 $w(\boldsymbol{x})$ 为：

$$w(\boldsymbol{x}) = \left(\boldsymbol{x} - \frac{\boldsymbol{\mu}_1 + \boldsymbol{\mu}_2}{2}\right)^T \boldsymbol{\Sigma}^{-1}(\boldsymbol{\mu}_1 - \boldsymbol{\mu}_2)$$

则 $d^2(\boldsymbol{x}, G_1) - d^2(\boldsymbol{x}, G_2) = -2w(\boldsymbol{x})$

于是，距离判别法的判别规则可表述为：

(1) 若 $w(\boldsymbol{x}) > 0$，则 $\boldsymbol{x}$ 属于 G_1；

(2) 若 $w(\boldsymbol{x}) < 0$，则 $\boldsymbol{x}$ 属于 G_2；

(3) 若 $w(\boldsymbol{x}) = 0$，则待判。

记 $a = \boldsymbol{\Sigma}^{-1}(\boldsymbol{\mu}_1 - \boldsymbol{\mu}_2)$，$\bar{\boldsymbol{\mu}} = \frac{\boldsymbol{\mu}_1 + \boldsymbol{\mu}_2}{2}$，则 $w(x)$ 为线性差别函数，因为它是 $\boldsymbol{x}$ 的线性函数。a 称判别系数，它类似于回归系数。

若 $\boldsymbol{\mu}_1, \boldsymbol{\mu}_2, \boldsymbol{\Sigma}$ 未知，用样本的均值与协方差作为总体均值与协方差的估计值。

(二) Fisher 判别法

Fisher 判别法②来自于方差分析的原理，即组间的方差要比组内方差大，比值越大，两组的差异越大。但这只是对于一维的数据而言，对于多元的情况，离差平方和已经不是一个数，而是一个矩阵，因此方差分析的方法，并不能直接用上，而是要将高维数据降到一维(或低维)，并且个体的分布在一维轴上得到很好的区分。

以图 9-41 为例，原本个体在二维 (X_1, X_2) 空间，分作 G_1 和 G_2 两个总体，现在要构造一个线性转换 $y_i = a_1 x_{i1} + a_2 x_{i2}$，从几何投影来说，就是找到一个合适的投影轴，使个体的观测值投影到 Y 轴，如果所形成的组间方差与组内方差之比为最大，所找的 Y 轴就是要找的判别函数，也就是要找判别函数的系数，即判别系数 a_1 和 a_2。

对于 p 维空间也是一样，寻找一个线性判别函数 y，使原有 p 维空间的点 $x = (x_1, x_2, \cdots, x_p)$ 能降为一维：

$$y = c_1 x_1 + c_2 x_2 + \cdots + c_p x_p \tag{9-34}$$

其中 $c_1, c_2, \cdots, c_p$ 为待求判别函数的系数，判别系数的要求是使投影在一维

---

① 公式推导见汪冬华编著：《多元统计分析与SPSS应用》，华东理工大学出版社2010年版，第172页。

② [美]理查德·A.约翰逊等：《实用多元统计分析》，第11章"判别与分类"。

空间 y，应有组间方差与组内方差之比为最大。有了判别函数，对于任何一个待判的新个体，将 p 个变量值代入式(9-34)，就可得出新个体的 y 值，然后与判别的临界值比较，以判定其属于哪一类。

下面设在 p 维空间，有两个类别 G_1 和 G_2，分别抽出个体数为 n_1 和 n_2，每个个体有 p 个变量值：$x_1, x_2, \cdots, x_p$（图9-41）。

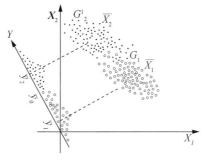

图 9-41

总体 G_1 的样本数据为：

$$\begin{matrix} X_1^{(1)} \\ X_2^{(1)} \\ \vdots \\ X_{n_1}^{(1)} \end{matrix} \begin{bmatrix} x_{11}^{(1)} & x_{12}^{(1)} & \cdots & x_{1p}^{(1)} \\ x_{21}^{(1)} & x_{22}^{(1)} & \cdots & x_{2p}^{(1)} \\ \cdots & \cdots & & \cdots \\ x_{n_11}^{(1)} & x_{n_12}^{(1)} & \cdots & x_{n_1p}^{(1)} \end{bmatrix}$$

总体 G_1 的样本指标平均值为：

$$\overline{X}^{(1)} = (\overline{x}_1^{(1)}, \overline{x}_2^{(1)}, \cdots, \overline{x}_p^{(1)})'$$

总体 G_2 的样本数据为：

$$\begin{matrix} X_1^{(2)} \\ X_2^{(2)} \\ \vdots \\ X_{n_2}^{(2)} \end{matrix} \begin{bmatrix} x_{11}^{(2)} & x_{12}^{(2)} & \cdots & x_{1p}^{(2)} \\ x_{21}^{(2)} & x_{22}^{(2)} & \cdots & x_{2p}^{(2)} \\ \cdots & \cdots & & \cdots \\ x_{n_21}^{(2)} & x_{n_22}^{(2)} & \cdots & x_{n_2p}^{(2)} \end{bmatrix}$$

总体 G_2 的样本指标平均值为：

$$\overline{X}^{(2)} = (\overline{x}_1^{(2)}, \overline{x}_2^{(2)}, \cdots, \overline{x}_p^{(2)})'$$

设判别函数

$$y(x) = c_1 x_1 + c_2 x_2 + \cdots + c_p x_p$$

则 G_1 的数据对应的判别值为：

$$\begin{cases} y_1^{(1)} = c_1 x_{11}^{(1)} + c_2 x_{12}^{(1)} + \cdots + c_p x_{1p}^{(1)} \\ y_2^{(1)} = c_1 x_{21}^{(1)} + c_2 x_{22}^{(1)} + \cdots + c_p x_{2p}^{(1)} \\ \quad\quad\quad\quad\quad\quad \vdots \\ y_{n_1}^{(1)} = c_1 x_{n_1 1}^{(1)} + c_2 x_{n_1 2}^{(1)} + \cdots + c_p x_{n_1 p}^{(1)} \end{cases}$$

则 G_2 的数据对应的判别值为：

$$\begin{cases} y_1^{(2)} = c_1 x_{11}^{(2)} + c_2 x_{12}^{(2)} + \cdots + c_p x_{1p}^{(2)} \\ y_2^{(2)} = c_1 x_{21}^{(2)} + c_2 x_{22}^{(2)} + \cdots + c_p x_{2p}^{(2)} \\ \quad\quad\quad\quad\quad\quad \vdots \\ y_{n_2}^{(2)} = c_1 x_{n_2 1}^{(2)} + c_2 x_{n_2 2}^{(2)} + \cdots + c_p x_{n_2 p}^{(2)} \end{cases}$$

令

$$\bar{y}^{(1)} = \frac{1}{n_1} \sum_{i=1}^{n_1} y_i^{(1)}, \quad \bar{y}^{(2)} = \frac{1}{n_2} \sum_{i=1}^{n_2} y_i^{(2)}$$

根据 Fisher 判别准则，应使组间方差为最大，组内方差为最小，则判别系数应使 I 取得最大值。

$$I = \frac{(\bar{y}^{(1)} - \bar{y}^{(2)})^2}{\sum_{i=1}^{n_1} (y_i^{(1)} - \bar{y}^{(1)})^2 + \sum_{i=1}^{n_2} (y_i^{(2)} - \bar{y}^{(2)})^2} \tag{9-35}$$

将式(9-34)代入式(9-35)，根据微积分的知识，$c_1, c_2, \cdots, c_p$ 为方程组

$$\frac{\partial I}{\partial c_i} = 0, i = 1, 2, \cdots, p$$

的解，最终得：

$$\begin{bmatrix} c_1 \\ c_2 \\ \vdots \\ c_p \end{bmatrix} = \begin{bmatrix} s_{11} & s_{12} & \cdots & s_{1p} \\ s_{21} & s_{22} & \cdots & s_{2p} \\ \vdots & \vdots & & \vdots \\ s_{p1} & s_{p2} & \cdots & s_{pp} \end{bmatrix}^{-1} \begin{bmatrix} \bar{x}_1^{(1)} - \bar{x}_1^{(2)} \\ \bar{x}_2^{(1)} - \bar{x}_2^{(2)} \\ \vdots \\ \bar{x}_p^{(1)} - \bar{x}_p^{(2)} \end{bmatrix}$$

确定了判别函数以后，还需要确定判别临界值（分界点）y_0，在两总体先验概率相等的假设下，一般常取

$$y_0 = \frac{n_1 \bar{y}^{(1)} + n_2 \bar{y}^{(2)}}{n_1 + n_2}$$

若有一待判个体，其数据为 $(x_{01}, x_{02}, \cdots, x_{0p})$，则其判别值为

$$y = c_1 x_{01} + c_2 x_{02} + \cdots + c_p x_{0p}$$

（1）当 $\bar{y}^{(1)} > \bar{y}^{(2)}$ 时，若 $y > y_0$，判别该个体属于 G_1，若 $y < y_0$，判别该个体属于 G_2；

（2）当 $\bar{y}^{(2)} > \bar{y}^{(1)}$ 时，若 $y > y_0$，判别该个体属于 G_2，若 $y < y_0$，判别该个体属于 G_1。[①]

以上寻找判别函数的方法，是组间方差与组内方差之比为最大，这是相对于其他比值而言，是次佳选择，它和回归中的最小二乘法是一样的，最终对判别函数还要进行检验。

（三）Bayes 判别法

前面介绍的两种判别方法，都比较直观易懂，但却忽略了人们对待判对象已有的认识。例如人们出现了发烧、咳嗽，首先想到的一定是感冒，而不会想到是肺癌，这是因为根据人们已有的经验，感冒出现的概率最大，因此人们按概率大的事件来判别，这样判错的可能性最小，这就是首先要考虑各总体原有概率或称先验概率，对于待判样本，总是首先判入先验概率高的总体。

其次是错判与错判损失。任何判别都不可能百分之百的正确，但错判所造成的损失却并不相同，例如，一个无效的新药判错后，造成对生命的危害，远比有效的新药判其无效造成的危害大，因此判别分析，不仅要关注判对的概率及错判的概率，还要关注错判的损失。综上所述，Bayes 判别法与前面两种判别法的不同是，增加了先验概率和错判损失对判别的影响，下面分述之。

1. 最大后验概率法——仅考虑先验概率的影响

如果不考虑错判损失，仅考虑先验概率的影响，根据 Bayes 理论，待判个体 x 来自 G_i 类的后验概率 $P(G_i/x)$ 是[②]：

$$P(G_i/x) = \frac{P(G_i)f_i(x)}{\sum_{i}^{n} P(G_i)f_i(x)} \quad i = 1,2\cdots i \cdots n \quad (9\text{-}36)$$

设总体共分 n 类，$P(G_i)$ 是第 i 类的先验概率，它是根据历史资料或类别含有的个体数目事先确定的。$f_i(x)$ 是第 i 类的概率密度（图9-42），对离散变量就是概率分布。

[①] 刘桂梅、林伟然编著：《多元统计概论与实验》，第42—44页。
[②] 高惠璇编著：《应用多元统计分析》，第185页。

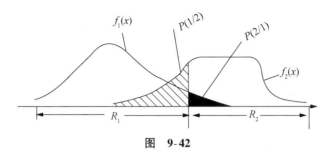

图 9-42

通过式(9-36)可以看出,所谓后验概率,就是对各类在先验认识 $P(G_i)$ 的基础上,用待估样本的测量 $f_i(x)$ 对先验概率的修正。Bayes 判别的原则是,将待判 x 值,代入式(9-36),由于式(9-36)是 n 个公式的压缩写法,于是得出 n 个不同类别的后验概率值:

$$P(G_1/x), P(G_2/x), \cdots P(G_i/x), \cdots P(G_n/x),$$

比较所有类别的后验概率值,最大后验概率值对应的类别,就判作待判个体的类别。

对于离散变量,总体分作 n 类:$G_1, G_2 \cdots G_i \cdots G_n$,待判个体 x 属于 G_i 的后验概率 $P(G_i/x)$ 是①:

$$P(G_i/X) = \frac{P(G_i)P(x/G_i)}{\sum_i^n P(G_i)P(x/G_i)} \tag{9-37}$$

其中 $P(G_i)$ 是 G_i 类的先验概率,$P(x/G_i)$ 是个体在 G_i 类出现的条件概率,$P(G_i/x)$ 是个体属于 G_i 类的后验概率。

2. 平均错判损失 ECM 达最小值法——兼顾先验概率和错判损失

除了先验概率影响判别外,还要考虑错判损失对判别的影响。

(1) 错判损失

图 9-43 表示判断时,可能出现的情况共有四种:$C(1/2)$ 表示来自 G_2 的个体被错判到 G_1 引起的损失;$C(2/1)$ 表示来自 G_1 的个体被错判到 G_2 引起的损失;而 $C(1/1)$ 和 $C(2/2)$ 是真正总体和判入总体相符,所以错判损失为 0。

---

① 卢淑华编著:《社会统计学(第四版)》,第三章第一节。

	真实总体	
	G_1	G_2
判入总体 G_1	0	$C(1/2)$
G_2	$C(2/1)$	0

图 9-43

（2）错判概率

$P(2/1)$是真实类别G_1的个体错判为G_2的条件概率；$P(1/2)$是真实类别G_2的个体错判为G_1的条件概率。$f_1(x),f_2(x)$是总体G_1和G_2分别具有的分布密度函数，以两个总体为例的图9-42中，当G_1和G_2的分布密度函数有重叠时，若根据某种准则进行判别时，相当于将空间划分为两块：R_1和R_2，任一个待判个体x落入R_1空间，则判为类别G_1，落入R_2空间，则判为类别G_2。但这样的判断，并不能保证真实总体G_1和G_2与根据判别准则划分的空间R_1和R_2百分之百地吻合，当G_1和G_2的分布密度函数有重叠时，真实G_1的个体，分布密度函数$f_1(x)$延伸到R_2的黑色部分，就是真实类别G_1的个体错判为G_2的条件概率。同样，真实G_2的个体，分布密度函数$f_2(x)$延伸到R_1的斜线部分，就是真实类别G_2的个体错判为G_1的条件概率。

于是有：

$$P(G_1 \text{的个体,错判为} G_2) = P(G_1)P(2/1)$$
$$P(G_2 \text{的个体,错判为} G_1) = P(G_2)P(1/2)$$

（3）平均错判损失 ECM

平均错判损失 ECM 是所有错判概率与其错判损失乘积之和，对分类数为2的情况：

$$\text{ECM} = C(2/1)P(G_1)P(2/1) + C(1/2)P(G_2)P(1/2) \tag{9-38}$$

如果分类数$n>2$，对每一类，除了真实总体与判入总体相符外，还要分别计算与所有判错总体的损失。例如，除$C(1/1)=0$外，还要有$C(2/1),C(3/1)\cdots$同样，除$C(2/2)=0$外，还要有$C(1/2),C(3/2)\cdots$于是对总体分作n来说，总平均错判损失 ECM 的一般式有：

$$\text{ECM} = \sum_{i=1}^{n} P(G_i) \left(\sum_{\substack{j=1 \\ i \neq j}}^{n} C(j/i)P(j/i) \right) \tag{9-39}$$

3. Bayes 判别准则

对于连续变量从图9-42可以看出,黑色面积和斜线面积的大小与 R 的划分方式有关,Bayes判别的准则,就是选择这样的 R 划分,使 ECM 达最小值。具体做法是将待判个体 x,判给下列式(9-40)中最小值的类别。[①]

$$\sum_{\substack{i=1 \\ i \neq j}}^{n} P(G_i)f_i(x)C(j/i) \tag{9-40}$$

为了理解式(9-40),下面是虚拟的一个例子。

[例]13 设分类数 $n=3$,今有待判个体 x_0,先验概率 $P(G_i)$,错判损失 $C(i/j)$ 和概率密度 $f_i(X_0)$ 都是已知(表9-43)。

问:根据最小 ECM 准则,应将待判个体 x_0 判入哪一类?

表 9-43

	真实总体		
	G_1	G_2	G_3
判入总体 G_1	$C(1/1)=0$	$C(1/2)=500$	$C(1/3)=100$
G_2	$C(2/1)=10$	$C(2/2)=0$	$C(2/3)=50$
G_3	$C(3/1)=50$	$C(3/2)=200$	$C(3/3)=0$
先验概率 $P(G_i)$	0.05	0.60	0.35
概率密度 $f_i(x_0)$	0.01	0.85	2

[解] 将表(9-43)各值代入式(9-39)得:

$$j=1, P(G_2)f_2(x_0)C(1/2) + P(G_3)f_3(x_0)(1/3)$$
$$=0.60 \times 0.85 \times 500 + 0.35 \times 2 \times 100 = 325$$
$$j=2, P(G_1)f_1(x_0)C(2/1) + P(G_3)f_3(x_0)C(2/3)$$
$$=0.05 \times 0.01 \times 10 + 0.35 \times 2 \times 50 = 35.055$$
$$j=3, P(G_1)f_0(x_0)C(3/1) + P(G_2)f_2(x_0)C(3/2)$$
$$=0.05 \times 0.01 \times 50 + 0.60 \times 0.85 \times 200 = 102.025$$

由于 $j=2$ 时,$\sum_{\substack{i=1 \\ i \neq j}}^{3} P(G_i)f_i(x_0)C(j/i)$ 最小,所以个体 x_0 判入 G_2 类。

4. 忽略错判损失下的 Bayes 判别准则

当忽略错判损失时,可以假定所有错判损失都是1,这时平均错判损失

[①] 王国梁、何晓群编著:《多变量经济数据统计分析》,陕西科学技术出版社1993年版,第313页。

ECM 达最小值,只剩下总错判概率达极小值,式(9-40)简化为:

$$\sum_{\substack{i=1\\i\neq j}}^{n} P(G_i)f_i(x) \tag{9-41}$$

式(9-41)表示,如果将个体判入 j 类,则 j 类总错判概率应是判入其他类别总错判概率中最小值。从另一方面说,这时也应该是判对概率 $P(G_j)f_j(x)$ 达最大值。

因此,当错判损失相同的情况下,最小 ECM 判别准则转化为概率 $P(G_j)f_j(x)$ 达最大值:

如果

$$P(G_j)f_j(x) > P(G_i)f_i(x), \text{任意 } i \neq j \tag{9-42}$$

则个体 x 判入 G_j 类。

实际上,式(9-42)就是后验概率的分子部分,因此,式(9-42)等同于后验概率

$$P(G_j/x) = \frac{P(G_j)f_j(x)}{\sum_{i=1}^{n} P(G_j)f_i(x)}, \quad j = 1,2\cdots,n \tag{9-43}$$

的最大化。式(9-43)是连续变量的后验概率,对于离散变量,后验概率就是本节中的式(9-37)。

[例]14 作为比较,不妨设表 9-43 中错判损失都相同,$C(j/i) = 1(i \neq j)$;$C(j/i) = 0(i = j), j = 1,2,3\cdots j = 1,2,3\cdots$ 先验概率 $P(G_i)$ 和 $f_i(x)$ 不变,比较待判 x_0 的结果。

[解] 以下用忽略错判损失下的 Bayes 判别法的三种等效准则来判别。

(1) 总错判概率达极小值式(9-41)

$$j=1, \quad P(G_2)f_2(x_0) + P(G_3)f_3(x_0)$$
$$= 0.60 \times 0.85 + 0.35 \times 2 = 1.21$$
$$j=2, \quad P(G_1)f_1(x_0) + P(G_3)f_3(x_0)$$
$$= 0.05 \times 0.01 + 0.35 \times 2 = 0.7005$$
$$j=3, \quad P(G_1)f_0(x_0) + P(G_2)f_2(x_0)$$
$$= 0.05 \times 0.01 + 0.60 \times 0.85 = 0.5105$$

结论:由于 $j=3$ 时,总错判概率值最小,所以待判个体 x_0 判属第三类 $j=3$。

(2) 判对概率 $P(G_j)f_j(x)$ 最大值式(9-42)

$$P(G_1)f_1(x_0) = 0.05 \times 0.01 = 0.00005$$
$$P(G_2)f_2(x_0) = 0.60 \times 0.85 = 0.510$$
$$P(G_3)f_3(x_0) = 0.35 \times 2 = 0.700$$

第九章　聚类分析与判别分析

结论:由于 $j=3$ 时,判对概率 $P(G_3)f_3(x)$ 最大,所以待判个体 x_0 判属第三类 $j=3$。

(3) 后验概率最大值式(9-36)

$$P(G_1/x_0) = \frac{P(G_1)f_1(x_0)}{\sum_{i=1}^{3} P(G_i)f_i(x_0)}$$

$$= \frac{0.05 \times 0.01}{0.05 \times 0.01 + 0.60 \times 0.85 + 0.35 \times 2} = \frac{0.0005}{1.2105} = 0.0004$$

$$P(G_2/x_0) = \frac{P(G_2)f_2(x_0)}{\sum_{i=1}^{3} P(G_i)f_i(x_0)} = \frac{0.60 \times 0.85}{1.2105} = \frac{0.510}{1.2105} = 0.421$$

$$P(G_3/x_0) = \frac{P(G_3)f_3(x_0)}{\sum_{i=1}^{3} P(G_i)f_i(x_0)} = \frac{0.35 \times 2}{1.2105} = \frac{0.700}{1.2105} = 0.578$$

结论:由于 $j=3$ 时,后验概率 $P(G_3)f_3(x)$ 最大,所以待判个体 x_0 判属第三类 $j=3$。

可见,忽略了错判损失,与不忽略错判损失相比,判断结果是会有区别的,但在忽略错判损失的前提下,三种判别准则(式(9-41),式(9-42),式(9-36))都是等效的。

5. 先验概率、错判损失、概率密度函数的讨论

通过式(9-39)可以知道,Bayes 判别法比之其他判别法的特点,就在于它考虑了先验概率、错判损失和错判概率,因此在判别之前,必须给出先验概率、错判损失和概率密度函数,以下分述之。

(1) 先验概率

先验概率除了依靠经验、资料主观判定外,如果对先验概率一无所知,一般用等概或正比于样本的容量来确定。以二总体来说,可选 $P(G_1) = P(G_2) = 0.5$,如果样本容量已知,则选:

$$P(G_1) = \frac{n_1}{n_1 + n_2}, \quad P(G_2) = \frac{n_2}{n_1 + n_2}$$

其中 n_1 和 n_2 分别是样本 1 和样本 2 的个体数目。

(2) 错判损失

错判损失一般由主观确定,例如将肺癌错判为肺结核比将肺结核错判为肺癌要严重得多,因此可人为赋值 C(判肺癌/得肺结核) $= 10$,而 C(判肺结核/得肺癌) $= 100$,也就是认为,得了肺癌未判出来造成的损失比误判为肺癌高出 10

倍。如果任何可供判别的信息都没有,一般选各类错判损失都相等。

(3) 概率密度函数

除了先验概率、错判损失外,概率密度函数是必须知道的,其中最重要的就是 $f_i(x)$ 服从正态分布,且其均值和方差都可以用样本的均值和方差来估计,统计包 SPSS 给出的判别结果,都是根据总体服从正态分布给出的。理论上,总体是非正态分布也是可以的,但由此可能出现,平均错判损失 ECM 最小值不存在的情况。

(四) 逐步判别法

前面介绍的 3 种判别法,无论是距离判别法、Fisher 判别法或 Bayes 判别法,都是用表征个体的全部变量 $X = x_1, x_2 \cdots\cdots x_p$ 来建立判别函数的,但这 p 个变量对区分个体属于哪一类能力是不同的。有的变量重要性大些,有的重要性小些,如果不分轻重一概引入判别函数,不但徒增计算量,同时还可能因为变量间的相关,使计算精度降低,同时由于引入了一些不太重要的变量,还会引起判别函数的不稳定,反而影响判别效果。因此要求所建立的判别函数,一方面不能遗漏重要的变量,同时又不能引入一些不重要的变量。

根据这样的思路,一个很自然的想法,就是从 p 个变量中挑选出重要的 k 个变量,最终由挑中的 k 个变量建立起判别函数,用以进行个体的归类。这里介绍挑选变量的逐步判别法,不是一次完成的,而是逐步完成的。类似于回归分析,挑选变量有前进法、后退法和逐步挑选法,其中常用的是逐步挑选法,它是在判别过程中不断地提取重要的变量,同时又不断地删去不重要的变量,从而建立起完善、最佳的判别函数。可见逐步判别法是在前面介绍三种判别方法中加入了变量筛选的功能,判别的其他过程和先前方法是相同的。

逐步判别的变量是逐步引入的,这点和逐步回归很相似,采用"一步一回头"的"有进有出"办法,每次将认为对判别最重要的一个新变量引入判别式,除了要对引入一个新变量进行检验外,还要对判别式中已有的旧变量重新进行回溯检验,如其判别能力由于新变量的引入变得不显著,则将其从判别式中剔除,如此多次迭代,直至判别式中保留的都是对判别既重要又有显著性的变量,从而确立判别函数中应该包含的变量。

逐步判别中用于检验的统计量称威尔克斯统计量 Λ:

$$\Lambda = \frac{|A|}{T} \tag{9-44}$$

第九章 聚类分析与判别分析

其中 **A** 是样本点的组内离差平方和，**T** 是样本点的总离差平方和。①

式(9-44)是变量的函数，如果判别函数中已经有 $X_1, X_2, \cdots, X_{P-1}$ 个变量，再增加一个新变量 X_P，为了检验增加 X_P 所提供的附加信息能否提高各组的区分能力，要给出 $X_1, X_2, \cdots, X_{P-1}$ 变量存在情况下，再增加一个变量 X_P 的偏威尔克斯统计量 $\Lambda(X_P \mid X_1, X_2, \cdots, X_{P-1})$，根据偏威尔克斯统计量所给出的偏 F 统计量是：

$$F = F(X_P \mid X_1, X_2, \cdots, X_{P-1})$$
$$= \frac{1 - \Lambda(X_P \mid X_1, X_2, \cdots, X_{P-1})}{\Lambda(X_P \mid X_1, X_2, \cdots, X_{P-1})} \frac{(n - k - P + 1)}{k - 1} \tag{9-45}$$

服从 $F(k-1, n-k-P+1)$，其中 n 为样本容量，k 为分类数，P 为变量数，在给定显著性水平 α 下，若 $F > F_\alpha(k-1, n-k-P+1)$，则增加新变量 X_P，若 $F < F_\alpha(k-1, n-k-P+1)$，则不增加 X_P，式(9-44)和式(9-45)的数学计算很复杂，这里从略。

[例]15 下面用 Fisher 于 1936 年发表的广泛用于判别分析的例子，来介绍逐步判别挑选变量的过程。费氏用鸢尾花(Iris)的 4 个特征，花萼长(x_1)、花萼宽(x_2)、花瓣长(x_3)和花瓣宽(x_4)，来区分三种不同的鸢尾花。三种不同的花各取 50 枚，共 150 枚、150×4 个数据(略)。现在就此数据，用逐步判别法检验这 4 个变量引进判别函数的过程。②

[解] 本题将根据偏威尔克斯统计量给出的偏 F 值进行检验，从式(9-44)可以看出，偏 F 值检验，实际就是在进行逐步的多元方差分析，下面给出各次的偏 F 值和检验的结果。

(1) 对每一个变量分别计算一元方差分析的 F 值和 p 值(见第二章，式(2-9))，其结果见表 9-44，根据表 9-44，x_3 的 $F = 1180.16$，为最大，它是最能分离不同花类别的变量，所以 x_3 首先入选。

表 9-44

变量	x_1	x_2	x_3	x_4
F	119.26	49.16	1180.16	960.01
p 值	<0.0001	<0.0001	<0.0001	<0.0001

(2) 在 x_3 已存在的情况下，依次增加 x_1, x_2, x_4，并计算偏 F 统计量：

---

① 汪冬华编著：《多元统计分析与 SPSS 应用》，第 180 页。
② 王学民编著：《应用多元分析(第四版)》，第 138 页。

$$F(x_i \mid x_3) = \frac{1 - \Lambda(x_i \mid x_3)}{\Lambda(x_i \mid x_3)} = \frac{n-k-2+1}{k-1}, i = 1,2,4$$

得统计表 9-45。根据表 9-45,x_2 的偏 F 最大,$F = 43.04$,$P < 0.0001$,因此 x_2 入选。

表 9-45

变量	x_1	x_2	x_4
偏 F	34.32	43.04	24.77
p 值	<0.0001	<0.0001	<0.0001

(3) 根据逐步判别的原则,下一步将回过头检验,当 x_2 入选后,x_3 是否仍然具有显著性。

经计算,$F(x_3 \mid x_2) = 1112.95$,$p < 0.0001$,因而 x_3 得以保留。

下一步将计算在 x_3, x_2 已存在的情况下依次增加 x_1, x_4,并计算偏 F 统计量:

$$F(x_i \mid x_2, x_3) = \frac{1 - \Lambda(x_i \mid x_2, x_3)}{\Lambda(x_i \mid x_{2,3})} \frac{n-k-3+1}{k-1}, i = 1,4$$

得统计表 9-46。根据表 9-46,x_4 的 $F = 34.57$ 为最长,$p < 0.0001$,因此 x_4 入选。

表 9-46

变量	x_1	x_4
偏 F	12.27	34.57
p 值	<0.0001	<0.0001

(4) 下一步将检验 x_4 入选后,先前入选的 x_2, x_3 是否仍然具有显著性。

计算 $F(x_2 \mid x_3, x_4)$ 和 $F(x_3 \mid x_2, x_4)$,得表 9-47,由于 x_2, x_3 偏 F 值均具有显著性,$p < 0.0001$,所以 x_3, x_2 得以保留。

表 9-47

变量	x_2	x_3
偏 F	54.58	38.72
p 值	<0.0001	<0.0001

进一步计算在 x_2, x_3, x_4 已存在的情况下,增加 x_1,并计算偏 F 统计量:

$$F(x_1 \mid x_2, x_3, x_4) = \frac{1 - \Lambda(x_1 \mid x_2, x_3, x_4)}{\Lambda(x_1 \mid x_2, x_3, x_4)} \frac{n - k - 4 + 1}{k - 1}$$

经计算，$F(x_1 \mid x_2, x_3, x_4) = 4.72$，$p = 0.0103$，因此 x_1 也入选。

(5) 下一步将回过头检验，当 x_1 入选后，先前入选的 x_2, x_3, x_4 是否仍然具有显著性。为此计算 $F(x_2 \mid x_1, x_3, x_4)$，$F(x_3 \mid x_1, x_2, x_4)$ 和 $F(x_4 \mid x_1, x_2, x_3)$，得表9-48。

表 9-48

变量	x_2	x_3	x_4
偏 F	21.94	35.59	24.90
p 值	<0.0001	<0.0001	<0.0001

结果表明，x_1 入选后，x_2, x_3, x_4 都具有显著性，$p < 0.0001$，因此 x_1, x_2, x_3, x_4 都可保留，不剔除。

(6) 我们将上述变量选择过程汇总于表9-49：

表 9-49

步骤	1	2	3	4
变量	x_3	x_2	x_4	x_1
F	1180.16	43.04	34.57	4.72
p 值	<0.0001	<0.0001	<0.0001	0.0103

习　题

1. 设有编号为1,2,3,4,5共5个城市儿童消费，调查了8项指标：

X_1 = 人均教材费用；X_2 = 人均课外班费用；X_3 = 人均笔、纸等费用；X_4 = 人均零食费用；X_5 = 人均午餐费用；X_6 = 人均营养品费用；X_7 = 课外书籍费用；X_8 = 参观、游览、看电影等费用。

	X_1	X_2	X_3	X_4	X_5	X_6	X_7	X_8
1	7.90	39.77	8.49	12.94	19.27	11.05	2.04	13.29
2	7.68	50.37	11.35	13.30	19.25	14.59	2.75	14.87
3	9.42	27.93	8.20	8.14	16.17	9.42	1.55	9.76
4	9.16	27.98	9.01	9.32	15.99	9.10	1.82	11.35
5	10.06	28.64	10.52	10.05	16.18	8.39	1.96	10.81

(1) 试按组间平均法,作等级聚类分析。
(2) 做树形图。
(3) 应将城市儿童消费类型聚合为几类？

2. 设有两总体,它们的先验概率分别为 $P(G_1)=0.8;P(G_2)=0.2$,错判损失 $C(2/1)=5;C(1/2)=10$,两总体的概率密度通过足够大的样本,已做出了估计 $f_1(x)$ 和 $f_2(x)$。今有一新个体 x_0,计算得 $f_1(x_0)=0.3;f_2(x_0)=0.4$。问新个体应判作哪一类？

第十章

定类型多变量分析方法简介

第一节　Logistic 回归

一、Logistic 回归模型研究对象

回顾前面各章因果分析的内容,因变量始终都只是定距型变量,本章将介绍因变量是定类型变量的多元分析方法,Logistic 回归和对数线法。

因变量是定类变量的情况并不少见,例如,当前国家调整了计划生育政策,允许一对夫妇可以生育第二胎,但对于符合条件的夫妇,并非都有生育二胎的意愿,为了研究,可以作生育意愿的回归分析,作为自变量可以有:是否符合生育二胎的条件、经济状况、工作条件、身体条件,等等。但作为多变量分析中的因变量,不可替代的,只能是选择"是否愿意生育第二胎"的[0,1]定类变量。又如妻子是否选择就业的问题,作为自变量,可以是既有定距型变量,也有定类型变量,但因变量只能是妻子就业与否的[0,1]定类型因变量。可见,因变量是定类型变量并不少见,那么,怎样才能运用上人们分析因果最基本的回归方法?是否可以如本书第六章所介绍的,当自变量中出现定类型变量时,将定类型变量转为虚拟变量,然后进一步按回归方法处理呢?遗憾的是,这样的处理,仅限于定类变量出现在自变量,当定类变量出现在因变量时,简单地转换为虚拟变量,将不能满足回归分析的一系列要求,这点将在下面讨论。而 Logistic 回归则是解决了这难题,它将[0,1]型因变量,经过更复杂的转换,使之满足回归分析的要求,可以说,Logistic 回归是传统多元分析中新的延伸,它的特点是适用于因变量为定类变量的情况,定类变量中最简单的就是二分变量,本章介绍因变量为二分变量的回归分析。

二、定类型因变量的特殊问题①

设多元回归方程有:

$$Y = \alpha + \beta_1 X_1 + \beta_2 X_2 + \cdots + \beta_K X_k + \varepsilon \tag{10-1}$$

Y 为定类型随机变量,用虚拟值:

$$Y = \begin{cases} 1 & 发生 \\ 0 & 未发生 \end{cases}$$

设总体中 $Y=1$ 的比例为 p,即 $Y=1$ 的概率为 $P(Y=1)=p$,$Y=0$ 的概率为 $P(Y=0)=1-p$。

也就是说问题的特点是,随机变量 Y 只有两个取值 $[0,1]$,影响 Y 取值有若干个自变量:$X_1, X_2, \cdots, X_k$,现在要讨论 $Y=1$ 的概率 $P(Y=1)=p$ 是怎样依赖于 $X_1, X_2, \cdots, X_k$ 的?

总体的均值或期望值 $E(Y)=p$,方差 $D(Y)=p(1-p)$。

式(10-1)写成回归方程有:

$$E(Y) = \alpha + \beta_1 X_1 + \beta_2 X_2 + \cdots + \beta_K X_k \tag{10-2}$$

通过样本所得回归方程为:

$$\hat{y} = a + b_1 x_1 + b_2 x_2 + \cdots + b_k x_k \tag{10-3}$$

其中 $\hat{y}$ 表示预测 $Y=1$ 概率的估计值,但这样直接用概率来处理是有问题的,例如误差不再满足正态分布、等方差性等,虽然这些问题,目前已有了求解方法。但最主要的是,作为 Y 的预测概率值,其取值在 $[0,1]$,它与自变量之间不存在线性关系,且当预测值接近 0 或 1 时,概率的微小变动,难以解释它的含义,为此,对于定类变量,直接用(0,1)作因变量是不妥的。

三、Logistic 变换和 Logistic 回归

(一)发生比(Odds)

为了满足建立回归方程的要求,须将因变量的取值范围扩大到 $[0,1]$ 之外,且与自变量呈线性,为此,要将因变量作一定的变换。首先,因变量的取值,不是用每个个体的虚拟观测值(0,1),而是用对应一定特征的群体中,发生事件概

---

① 〔美〕约翰·内特等:《应用线性回归模型》,第 387—393 页。

率 p 对未发生事件概率$(1-p)$的比值,称发生比(Odds):

$$发生比(Odds) = \frac{p}{1-p} \qquad (10\text{-}4)$$

$$p = 0, \text{Odds} = 0,$$
$$p = 1, \text{Odds} = \infty$$

这样的转换,虽然可以使因变量的取值范围扩大到$[1, \infty]$,但取值没有负值,还不能满足建立回归方程的要求,为了将取值范围延伸到$[-\infty, +\infty]$,须将 Odds 取对数,这就是下面介绍的 Logistic 变换。

(二) Logistic 变换

为了使因变量的取值,充满全部数轴$[-\infty, +\infty]$,将 Odds 式(10-4)取对数:

$$\text{Ln}[p/(1-p)]$$

这样的变换,称 Logistic 变换。Logistic 变换是将 p 变换为 Q:

$$Q = \text{Ln}[p/(1-p)] \qquad (10\text{-}5)$$

现在来看 Q 的取值范围:

$$p = 0, \qquad \text{Ln}0 = -\infty$$
$$p = 0.5, \qquad \text{Ln}1 = 0$$
$$p = 1, \qquad \text{Ln}\infty = +\infty$$

p 从 $0 \to 1$ 时,Q 的取值范围为$[-\infty, +\infty]$(图 10-1):

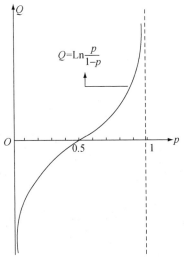

图 10-1

(三) Logistic 线性回归

有了 Logistic 变换,我们就可以用 Q 值作为因变量,替代真实的定类型的因变量,如果 Q 与 X 呈线性关系,则可写成回归方程式(10-6):

$$Q = \beta_0 + \beta_1 X_1 + \beta_2 X_2 + \cdots + \beta_k X_k = \beta_0 + \sum \beta_i X_i, \quad i = 1, 2, \cdots, k \tag{10-6}$$

由于式(10-6)中的因变量 Q 是连续的取值范围在 $[-\infty, +\infty]$ 之间,因此解决了因变量为二分变量时,运用多元回归方程式(10-1)的困难。式(10-6)的自变量部分,既包括定距型变量,也包括定类型变量,而因变量则是从定类型的二分变量,变换为以 p 值为基础的 Q 值,当式(10-6)线性关系成立时,就称为 Logistic 线性回归。在不产生概念混淆的情况下,简称 Logistic 回归。

四、Logistic 回归系数的意义

Logistic 回归方程式(10-6)中的 β 值,称 Logistic 回归系数,下面讨论它的意义。

(一) p 和自变量 X 的关系式

在 Logistic 回归中,由于 p 和自变量 X 不呈线性关系,因此不能像普通回归式那样,用因变量增量与自变量增量之比来解释回归系数。实际上,在 Logistic 回归中,因变量 p 与自变量呈现的是复杂的指数关系,这点只要将 Logistic 变换式(10-5)代入回归方程式(10-6):

$$\mathrm{Ln}[p/(1-p)] = \beta_0 + \beta_1 X_1 + \beta_2 X_2 + \cdots + \beta_k X_k$$
$$= \beta_0 + \sum \beta_i X_i, \quad i = 1, 2, \cdots, k$$

经过简单的运算就可得:

$$p = e^{(\beta_0 + \sum \beta_i X_i)} / [1 + e^{(\beta_0 + \sum \beta_i X_i)}] \tag{10-7}$$

或写作:

$$p = 1 / [1 + e^{-(\beta_0 + \sum \beta_i X_i)}] \tag{10-8}$$

式(10-7)和式(10-8)是等效的,表达的是概率 p 对自变量 X_i 的依存关系,它和 Logistic 变换 Q 不同之处是,概率 p 对自变量的依存关系是非线性的。下面为了对式(10-7)有形象的了解,假定自变量只有一个 X,式(10-7)简化为:

$$p = e^{(\beta_0 + \beta X)} / [1 + e^{(\beta_0 + \beta X)}] \tag{10-9}$$

式(10-9)表明,p 和 X 的关系取决于参数 β_0 和 β,图 10-2 给出 $\beta_0 = -10$,$\beta_1 = 0.1$ 的示意图:

第十章 定类型多变量分析方法简介

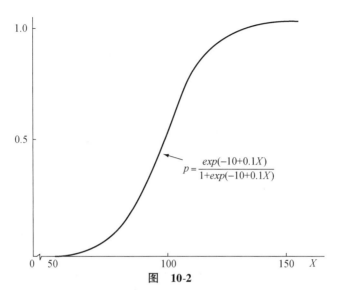

图 10-2

因变量 y 的取值为 $[0,1]$,y 的均值 $E(y)=p$,图中因变量用 p 或用 $E(y)$ 是等同的,纵轴的取值永远在 $[0,1]$。同时通过图 10-2,可以看出,当 β_0 和 β_1 取不同值时,图形将随着改变,也就是说,p 是 β_0 和 β_1 的函数,服从式(10-9)所表达的函数关系。但式(10-9)很难给出 p 和 (β_0,β_1) 关系直观的解释。

(二) Odds 比与 Logistic 回归系数 β_i 的关系

1. Odds 比与 β_i 的关系

由于 p 和 β_0,β_i 呈复杂的指数关系,所以改讨论 Odds 比与 Logistic 回归系数 β_i 的关系。

式(10-6)表明,自变量 X 与因变量 Q 呈线性关系,因此,任一个回归系数 β_i,用偏微商表示为:

$$\beta_i = \frac{\partial Q}{\partial X_i}$$

它表示在其他变量不变情况下,Q 增量与 X_i 增量的比值:

$$\Delta Q = \beta_i \Delta X_i \tag{10-10}$$

当 X_i 增量为一个单位时 $\Delta X_i = 1$,式(10-10)有:

$$\Delta Q = \beta_i \tag{10-11}$$

设初始点 $Q = Q_0$,则:

$$\Delta Q = Q - Q_0 \tag{10-12}$$

将式(10-5)代入式(10-12)和式(10-11),有:

$$\Delta Q = Q - Q_0 = \mathrm{Ln}[p/(1-p)] - \mathrm{Ln}[p_0/(1-p_0)] = \beta_i \tag{10-13}$$

将式(10-4)代入式(10-13):

$$\frac{\text{Odds}}{\text{Odds}_0} = \frac{p}{1-p} \Big/ \frac{p_0}{1-p_0} = e^{\beta_i} \tag{10-14}$$

Odds 表示的是发生与不发生概率的比值,Odds / Odds$_0$ 则表示发生与不发生概率比值变化的倍数,其变化的倍数等于 e^{β_i}。

e^{β_i} 与 β_i 的关系如图 10-3:

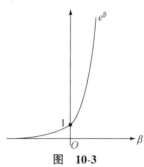

图 10-3

根据图 10-3,Logistic 回归系数 β_i 虽然不能直观地表达和因变量 p 的关系,但却可以清楚地表达和发生与否概率的比值 Odds 的关系(表 10-1):

表 10-1

β_i	e^{β_i}	$[p/(1-p)]/[p_0/(1-p_0)]$	解释
0	1	1	发生与否概率不变
>0	>1	>1	发生与否概率的比值增加了
<0	<1	<1	发生与否概率的比值减少了

2. Odds 比与 β_0 的关系

以上介绍了 Logistic 回归系数 β_i 的意义,那么,β_0 有什么意义呢?β_0 表示当 $X_1, X_2, \cdots, X_k$ 取值都为零情况下,因变量发生概率 p 与不发生概率 $1-p$ 的比值。

取 $X_1 = 0, X_2 = 0, \cdots, X_k = 0$,代入式(10-6)得:

$$Q = \beta_0 \tag{10-15}$$

将式(10-5)代入式(10-15),得:

$$\text{Ln}[p/(1-p)] = \beta_0 \tag{10-16}$$

或写作:

$$e^{\beta_0} = p/(1-p) \tag{10-17}$$

当 $\beta_0 = 0$,代入式(10-16): $p/(1-p) = 1$, $p = 0.5$,表示事件发生与否是等概率的。

当 $\beta_0 = 1$,代入式(10-16): $p/(1-p) = e = 2.71$,表示事件发生的概率是不发生概率的 2.71 倍。余类推。

通过以上的分析,可以发现,首先,当因变量为二分变量时,通过 Logistic 变换建立起来的 Logistic 回归方程,回归系数 β_i 对 Q 来说,是 Q 增量与 X_i 增量的比值(10-10),但对事件来说,则是事件发生与否比值的增量和自变量增量的关系式(10-14)。其次,通过 Logistic 变换,建立了 Logistic 回归式(10-6),以下要讨论的问题,将和一般回归方程式(10-1)相同,例如,如何求得回归方程的参数,方程如何检验,如何评估,方程的参数如何检验,当自变量不止一个,也存在多重共线问题,以及回归方程的自变量如何筛选和建立。下面将扼要介绍有关参数的求法、检验和评估等内容。

五、Logistic 回归方程的参数估计

Logistic 回归方程的参数估计[①]主要有两类方法,一类是将数据分为小群体,并以小群体为单位,计算出概率 P,最后用加权最小二乘法求解。另一类是以个案、微观数据为基础的最大似然估计法。下面简单介绍这两类方法。

(一) 加权最小二乘法

(1) 加权最小二乘法对线性回归的参数估计,适用于因变量不满足普通最小二乘法所要求的某些条件时,对参数所作的修正。对于因变量为定距型的回归方程,一般用最小二乘法求解,但对 Logistic 回归方程,虽然式(10-6)从形式上与定距型回归方程相同,但因每一个群体 Q_i 的方差都不相同:

$$S^2(Q_i) \approx 1 / [n_i p_i (1-p_i)], \quad n_i \gg 1$$

因此不满足普通最小二乘法误差等方差的要求,为此各组要相应增加权数,其权数值是 $S^2(Q_i)$ 的倒数:

$$W_i = n_i p_i (1-p_i)$$

加权最小二乘法是将

$$\sum_{i=1}^{n} W_i (y_i - \hat{y}_i)^2$$

[①] 陈家鼎等编著:《数理统计学讲义(第 2 版)》,高等教育出版社 2006 年版,第 260—265 页。

最小化,求得回归系数的估计值。①

[例]1 设某款手机为了促销,制作了 5 种降价额度的优惠券:5 元、10 元、15 元、20 元、30 元,每种优惠券各 200 份,现发放给条件相同的用户,半年内,统计出各种优惠券兑现的人数。试作手机降价额度与销售量的回归分析。②

[解] 题中自变量为降价额度 X,X 共有 5 个取值:5 元、10 元、15 元、20 元、30 元。因变量为二分变量,Y 只有 2 种取值:$Y=1$(购买);$Y=0$(未购买)。为了能用上回归分析,将 Y 先转化为概率:

$$p_i = R_i / n_i \quad (i = 1,2,3,4,5)$$

其中 R_i 为第 i 种优惠券兑现的人数,n_i 是第 i 种优惠券发放的总人数,p_i 是第 i 种优惠券兑现的概率,代入式(10-5),得 Logistic 变换:

$$Q_i = \mathrm{Ln}[p_i / (1 - p_i)]$$

表 10-2 给出 $X_i, n_i, R_i, p_i, Q_i, W_i$,并根据 X_i 和 Q_i 作成图 10-4,可以发现 Q_i 和 X_i 之间存在线性关系,因此作回归分析是合理的。

表 10-2

(1) 降价额 X_i	(2) 发放人数 n_i	(3) 优惠券兑现数 R_i	(4) 兑现比例 p_i	(5) Q_i	(6) 权数 W_i
5	200	32	0.160	-1.6582	26.880
10	200	51	0.255	-1.0721	37.995
15	200	70	0.350	-0.6190	45.500
20	200	103	0.515	0.0600	49.955
30	200	148	0.740	1.0460	38.480

用表 10-2 中的(1),(4),(5)和加权最小二乘法中用到的各组估计权数(6):

$$W_i = n_i p_i (1 - p_i) \tag{10-18}$$

最终得回归方程:

$$\hat{Q} = b_0 + b_1 X = -2.19 + 0.11X \tag{10-19}$$

---

① 柯惠新等编著:《调查研究中的统计分析法》,第 425 页;王国梁、何晓群编著:《多变量经济数据统计分析》,第 142—146 页。

② [美]约翰·内特等:《应用线性回归模型》,第 396—399 页。

第十章 定类型多变量分析方法简介

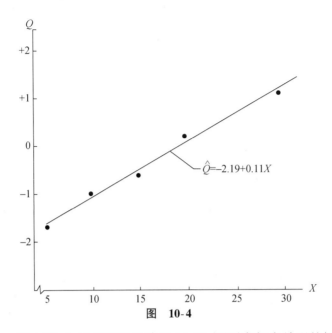

图 10-4

[例]2 接上题,如果优惠券为降价25元,预测半年内兑现的概率是多少?

[解] 根据上题结果,设 $X=25$ 元,代入回归方程式(10-19),先计算:

$$\hat{Q} = -2.19 + 0.11X = -2.19 + 0.11 \times 25 = 0.53$$

再根据式(10-5)得:

$$0.53 = \text{Ln}[\hat{p}/(1-\hat{p})]$$

查反对数得:

$$\text{antiLn}(0.53) = 1.70 = \hat{p}/(1-\hat{p})$$

预测半年内兑现的概率为:

$$\hat{p} = 0.63$$

(2)经验 Logistic 模型。为了避免全组都出现了事件,或都没出现事件,即第 i 组的 $R_i = n_i$ 或 $R_i = 0$,这时 $p_i = 1$ 或 $p_i = 0$ 对应的 Q_i 趋于无穷,导致方程无解,所以改用修正的 Q_i',又称经验 Logistic 变换①:

$$Q_i' = \text{Ln}[(R_i + 0.5)/(n_i - R_i + 0.5)] \qquad (10\text{-}20)$$

$$S^2(Q_i') = (n_i + 1)(n_i + 2)/[n_i(R_i + 1)(n_i - R_i + 1)] \qquad (10\text{-}21)$$

---

① 王国梁、何晓群编著:《多变量经济数据统计分析》,第148页。

对于经验 Logistic 变换，方程不再出现无解的问题。

引入经验 Logistic 变换，相应的线性模型称经验 Logistic 模型，它是在采用加权最小二乘法基础上，对 Q_i 及其方差又作了修正（式(10-20)、式(10-21)）。

(二) 最大似然估计法

通过[例]1 和[例]2 可以发现，Logistic 回归方程用加权最小二乘法求解，其核心做法是将微观数据转化为分组数据，参与回归求解的是组数据，而不是原始的微观数据，因此数据量大大地减少了，从而会影响参数显著性水平的确认，同时，由于组内数据用同一概率来代替，忽略了组内个案的差异，也会导致估计的失真。

最大似然估计法求解用的是个案、微观数据，因此大大增加了显著性，因此对 Logistic 回归是一种比较优良的参数估计方法。此外，最大似然估计还是今后方程的评估和检验、自变量的检验、自变量的筛选和方程建立的主要工具，因此这里对最大似然估计的原理作简要说明。实际上最大似然估计原理和日常人们估计的思路是相通的。下面用一个例子来说明。[1]

[例]3 某鸡厂感染了禽流感病毒，只知道感染鸡的数目是 3:1，但不知道感染的比例（概率）是 1/4 或是 3/4，为此抽查了 3 只鸡，每次都是独立随机抽取。

问：根据抽样结果，估计鸡群感染的概率。

[解] 由于鸡厂中鸡群数是很多的，因此抽到的鸡，即便不再放回鸡群，也可以认为概率是不变的，因此可以认为抽到感染病毒鸡的数目服从二项分布[2]，其中 p 是鸡被感染的概率：

$$P\{X = x\} = C_3^x p^x (1-p)^{3-x}$$

$$x = 0, 1, 2, 3, \quad p = \frac{1}{4}, \frac{3}{4}$$

现在根据抽样结果来估计总体中未知参数 p，抽查 3 只鸡，可能有 4 种结果：被感染的头数是 0，1，2，3，下表 10-3 列出两种未知参数 p 情况下，4 种结果出现的概率：

---

[1] 陈家鼎等编著：《概率统计讲义（第三版）》，高等教育出版社 2004 年版，第 156—158 页。
[2] 卢淑华编著：《社会统计学（第四版）》，第四章第三节。

第十章 定类型多变量分析方法简介

表 10-3

X	0	1	2	3
$p=\dfrac{1}{4}$ 时 $P\{X=x\}$ 的值	$\dfrac{27}{64}$	$\dfrac{27}{64}$	$\dfrac{9}{64}$	$\dfrac{1}{64}$
$p=\dfrac{3}{4}$ 时 $P\{X=x\}$ 的值	$\dfrac{1}{64}$	$\dfrac{9}{64}$	$\dfrac{27}{64}$	$\dfrac{27}{64}$

下面来讨论,如何根据抽样结果,对未知参数做出判断。

首先,如果出现的结果是被感染的鸡为零:$x=0$,显然来自总体中未知参数 $p=1/4$ 可能性比 $p=3/4$ 大得多,因为 27/64 远比 1/64 大,因此估计总体的未知参数 $p=1/4$。反之,如果全是被感染的鸡:$x=3$,显然来自总体中未知参数 $p=1/4$ 可能性比 $p=3/4$ 小得多,因为 1/64 远比 27/64 小,因此估计总体的未知参数 $p=3/4$。对于中间的两种情况,也将按出现概率大作为选择未知参数的标准。总结起来,未知参数 $\hat{p}$ 可按出现的样本值,有如下的估计:

$$\hat{p} = \begin{cases} \dfrac{1}{4}, & \text{当 } x=0,1 \\ \dfrac{3}{4}, & \text{当 } x=2,3 \end{cases}$$

可见,最大似然估计,所用的概念,就是人们常识所赖以判断的准则:通过观测的样本值来看,未知参数对应的是样本值最大的概率,这样的未知参数值就是要找的参数估计值了。

有了以上的概念,就不难理解 Logistic 回归用最大似然估计的思路了。

1. Logistic 回归中因变量的概率分布

Logistic 回归中因变量 y 是二分变量,因此每一次观测值 y_i 服从二点分布(伯努里分布)[①]:

$$P(y_i) = p_i^{y_i}(1-p_i)^{1-y_i} \tag{10-22}$$

y_i 取值和对应的概率,见表 10-4。

表 10-4

y_i	1	0
$P(y_i)$	p	$(1-p)$

---

① 卢淑华编著:《社会统计学(第四版)》,第四章第一节。

当第 i 次观测,$y_i = 1$ 时,$P_i = p_i = p$,反之,若第 i 次观测,$y_i = 0$ 时,$P_i = 1 - p_i = 1 - p$。

2. Logistic 回归中,p 和自变量 X 的关系式

Logistic 回归中,p 和自变量 X 是不呈线性关系,式(10-7)给出了 p 与 X_i 的关系式:

$$p = e^{(\beta_0 + \Sigma \beta_i X_i)} / [1 + e^{(\beta_0 + \Sigma \beta_i X_i)}] \quad (10\text{-}23)$$

当 β_0 和 β_i 取不同值时,图形将随着改变,但 p 值永远在 $[0,1]$。p 既是观测值 x 的函数,也是参数 β_0,β_i 的函数:

$$p = p(x, \beta_0, \beta_i)$$

3. 似然函数 L_n 与最大似然估计

(1) 似然函数

当 y_i 独立的观测共有 n 次,则其联合分布 L_n 也是 X,β_0,β 的函数:

$$L_n(X_1, X_2, \cdots, X_n; \beta_0, \beta) = \prod_{i=1}^{n} P(y_i) = \prod_{i=1}^{n} p_i^{y_i}(1 - p_i)^{1 - y_i} \quad (10\text{-}24)$$

这里符号 $\prod_{i=1}^{n}$ 表示连乘,例如 $\prod_{i=1}^{n} a_i \equiv a_1, a_2, \cdots, a_n$。$L_n(X_1, X_2, \cdots, X_n; \beta_0, \beta)$ 称作样本 $X_1, X_2, \cdots, X_n$ 的似然函数。

(2) 最大似然估计

L_n 和参数 β_0,β_i 是有关的。当样本值确定后,不同的 β_0,β_i 将有不同的 L_n,而参数 β_0,β_i 的估计,就是要选择这样的 $\hat{\beta}_0$,$\hat{\beta}_i$ 使其对应的了 L_n 为最大,于是,最大似然估计有以下定义:

如果 $L_n(X_1, X_2, \cdots, X_n; \beta_0, \beta_i)$ 在 $\hat{\beta}_0$,$\hat{\beta}_i$ 达最大值,则称 $\hat{\beta}_0$,$\hat{\beta}_i$ 分别是 β_0,β_i 的最大似然估计。

在具体操作上,由于 L_n 和其对数值 $\mathrm{Ln}L_n$ 同时达最大值,且 $\mathrm{Ln}L_n$ 计算方便,因此参数的最大似然估计满足以下似然方程组:

$$\begin{cases} \dfrac{\partial \mathrm{Ln}L_n}{\partial \beta_0} = 0 \\[4pt] \dfrac{\partial \mathrm{Ln}L_n}{\partial \beta_1} = 0 \\[4pt] \vdots \\[4pt] \dfrac{\partial \mathrm{Ln}L_n}{\partial \beta_k} = 0 \end{cases} \quad (10\text{-}25)$$

对以上方程组的求解,就可得出参数的估计值 $\hat{\beta}_0, \hat{\beta}_1, \cdots, \hat{\beta}_k$。

需要指出的是,虽然方程组从形式上与最小二乘法相同,都是由一阶偏微商组成的方程组,但似然方程组中的 β_i 是非线性的函数关系,因此 β_i 估计值只有借助电脑才能完成。有了对以上最大似然估计由来的了解,可以帮助我们更好地全面理解和掌握 Logistic 回归。

[例]4 根据调查数据,建立了肺癌与吸烟年限 X_1,本人年龄 X_2,标志物是否呈阳性 $X_3(0,1)$,父母是否患癌 $X_4(0,1)$,每天吸烟是否超过 20 支 $X_5(0,1)$ 的 Logistic 线性回归方程:

$$Q = 0.0618 - 0.0693X_1 + 0.0243X_2 + 2.0453X_3 + 0.7614X_4 + 1.5641X_5$$

问:若吸烟者是 66 岁,烟龄 48 年,标志物检验为阴性,父母是未患癌,每天吸烟不超过 20 支,问吸烟者是否得癌?[1]

[解] 根据题意:

$$X_1 = 66, \quad X_2 = 48, \quad X_3 = 0, \quad X_4 = 0, \quad X_5 = 0$$

代入回归方程得:

$$Q = 0.0618 - 0.0693(66) + 0.0243(48) = -3.346 \quad (10\text{-}26)$$

将 Q 值式(10-26)代入方程式(10-8):

$$P = 1 / 1 + e^{-(-3.346)} = 0.0340$$

一般预测的准则是:若 $p < 0.5$,则预测事件为未发生;$p > 0.5$,则预测事件为发生。本题中 $p < 0.5$,预测其未得癌症。

通过[例]4 可以看出,Logistic 回归虽然方程的表达形式类似于一般的回归方程,但从结果来看,却与判别分析相同,是预测结果属于哪一类。

六、模型的检验与评价[2]

(一) 模型的检验

模型的检验是对建立的 Logistic 回归方程整体检验。

H_0:全部自变量与 Q 无关;

H_1:至少一个自变量与 Q 无关。

常用的检验方法是似然函数值"$-2LL$"法。在未介绍似然函数值法之前,

---

[1] M. J. Norusis, *SPSS for Windows Advanced Statistics Release* 5.
[2] Ibid.

要先回顾一下多元回归中的 F 值和 R^2。

1. 多元回归方程中的 F 值和判定系数 R^2

回顾一下第四章第一节中介绍的多元回归方程的检验 F 值和判定系数 R^2。

（1）F 值

多元回归方程中的检验公式为：

$$F = \frac{RSSR / k}{RSS / (n - k - 1)} \tag{10-27}$$

其中 k 为自变量数目，n 为样本容量。

由于 $RSSR = TSS - RSS$，所以式（10-27）也可写作：

$$F = \frac{(TSS - RSS) / k}{RSS / (n - k - 1)} \tag{10-28}$$

式（10-28）中的 TSS 为不知因变量 Y 与自变量 $X_1, X_2, \cdots, X_k$ 有关时，用 y 的均值来估计 y，产生的总误差：

$$TSS = \Sigma(y_i - \bar{y})^2 \tag{10-29}$$

RSS 是知因变量 Y 与自变量 $X_1, X_2, \cdots, X_k$ 有关时，用回归方程的预测值 $\hat{y}$ 来估计 y 的总误差：

$$RSS = \Sigma(y_i - \hat{y}_i)^2$$

可见，F 值，粗浅地看，就是比较回归方程误差的改善量 $RSSR = TSS - RSS$ 与尚存的误差 RSS，如果 $RSSR$ 的增加远大于 RSS，使得来自于总体（$\beta_1 = \beta_2 = \cdots = \beta_k = 0$）的 F 值，成为小概率事件，也就是超过了显著性水平，从而确认了回归方程。

（2）R^2

R^2 判定系数公式有：

$$R^2 = \frac{RSSR}{TSS} = \frac{TSS - RSS}{TSS} \tag{10-30}$$

R^2 表示配置回归方程后，预测 y 值误差的改善量 $RSSR$，在原有总误差 TSS 所占的比例。R^2 值越大，说明配置的回归方程越有解释力，越有价值。

（3）结论

总结（1）和（2）中关于 F 值和 R^2 的讨论，可以发现，回归方程的检验和度量效果都是通过"误差平方和"完成的，也就是说，通过配置回归方程前后"误差平方和"的改变量，确认回归方程的检验和配置的效果。那么，在 Logistic 回归方程中，扮演"误差平方和"角色的将是什么呢？

第十章 定类型多变量分析方法简介

2. 似然函数值法

(1) 似然函数值 L_n

式(10-23)、式(10-24)告诉我们,当似然函数 $L_n(X_1,X_2,\cdots,X_n;\beta_0,\beta)$ 通过最大似然求解,将求出参数的估计值 $\hat{\beta}_0,\hat{\beta}_1,\cdots,\hat{\beta}_k$ 代入似然函数 L_n 后,L_n 将是样本的函数,也就是说,对应每一个样本 $X_1,X_2,\cdots,X_n$,将得到一个确定的概率值[0,1],由于参数是根据最大似然求得的,因此有:

$L_n=1$,表示百分之百的最好的拟合;

$L_n=0$,表示最差的拟合。

(2) $-2LL$

由于 L_n 值太小,将 L_n 取对数,并乘以"-2"得"$-2LL$",两者关系有:

L_n	$-2LL$	拟合
1	0	表示百分之百的最好的拟合
0	∞	表示最差的拟合

"$-2LL$"与 L_n 有一一对应的关系,但"$-2LL$"有其优势的地方。首先变化范围增大,便于模型的比较,此外,其变化方向与 L_n 相反,对于"$-2LL$"来说,数值越大,拟合得越差。数值为0,是最好的拟合。这点正好与一般检验相同,统计量越小,表示模型拟合得越好。综上所述,在 Logistic 回归方程中,扮演"误差平方和"角色的将是"$-2LL$",SPSS 写作"-2 Log Likelihood"。

(3) Logistic 回归整体模型的检验[①]

① 为了对整体模型进行检验,在一般多元回归中,是用样本的均值 $\bar{y}$ 进行估计的,因此观测值 y 与 $\bar{y}$ 之差的平方 $TSS=\Sigma(y_i-\bar{y})^2$,就构成了不知因变量与自变量有关时,估计 y 的总误差。

在 Logistic 回归方程中,不知因变量与自变量有关,就是只有 β_0 的情况,类似于样本均值,用样本中事件出现的概率 p,作为总体事件出现的概率,将是最佳估计的,将 p 代入似然函数式(10-24),并取对数,乘以"-2"得:

$$-2LL_0 = -2L_n\prod_{i=1}^{n}p^{y_i}(1-p)^{1-y_i}$$
$$= -2[n_{y=1}\text{Ln}p(y=1) + n_{y=0}\text{Ln}p(y=0)]$$
$$n_{y=1} + n_{y=0} = n$$
$$p_{(y=1)} + p_{(y=0)} = 1$$

---

① 〔美〕斯科特·梅纳德:《应用 Logistic 回归分析》,格致出版社2012年版。

进一步作为整体模型,将全部自变量引入方程,通过最大似然估计(由 SPSS 或 SAS 处理),可以得 $-2LL_M$,显然 $-2LL_M$ 比 $-2LL_0$ 数值上要小,否则将表示自变量与因变量是无关的。而两者的差值 $(-2LL_M) - (-2LL_0)$ 将是全部自变量引入模型后,"$-2LL$"值的改善量。只有改善量足够大,才能确认模型可以推论到总体。如果与误差平方和作类比,则有:

$$TSS \longrightarrow (-2LL_0)$$
$$RSS \longrightarrow (-2LL_M)$$
$$RSSR \longrightarrow (-2LL_M) - (-2LL_0)$$

② Model χ^2 值

有了以上只有截距情况下的 $-2LL_0$ 和全部自变量加入方程后整体模型的 $-2LL_M$,两者的差值:

$$G_M = (-2LL_0) - (-2LL_M) \tag{10-31}$$

将是似然函数值法用以检验模型的依据。G_M 值近似地服从 χ^2,称 Model χ^2 值,当 G_M 值对应的显著性水平小于 0.05,则认为加入自变量后,模型的改善可以推论到总体,否则将不能推论到总体。

[例]5 下面给出当模型只含截距项 b_0 时,SPSS 输出的结果表 10-5,原始数据略①:

表 10-5 只含截距项的模型

Dependent Variable..
Beginning Block Number 0. Initial Log Likelihood Function
-2 Log Likelihood 70.252153
* Constant is included in the model.

以及含全部 5 个自变量的 SPSS 输出结果表 10-6:

表 10-6 全部自变量引入的模型

-2 Log Likelihood	48.126		
Goodness of Fit	46.790		
	Chi-Square	df	Significance
Model Chi-Square	22.126	5	.0005
Improvement	22.126	5	.0005

① M. J. Norusis, *SPSS for Windows Advanced Statistics Release* 5, p.10.

两表比较得:
$$(-2LL_0) = 70.252$$
$$(-2LL_M) = 48.126$$
$$G_M = (-2LL_0) - (-2LL_M) = 22.126$$
$$\text{Model} \chi^2(5) = 22.126$$

对应的 Sig = 0.0005,小于 0.05,于是得到的结论是模型可以推论到总体。

(二) 模型的评估

模型除了检验外,还要对模型的优劣进行评估,好的模型应该对预测和实测数据有好的拟合。下面介绍两类评估方法。

1. R_L^2 法

(1) R_L^2 系数

在多元回归中,判定系数 R^2 是作为对回归模型的评价指标,R^2 越大,表示回归模型的解释力越大。那么,什么是 Logistic 回归的判定系数?在 Logistic 回归中,由于因变量的取值仅为赋值而已,因此没有与 R^2 相当的判定系数。但还是可以找到类似的,又能和回归分析 R^2 公式很好对应的 R_L^2,它除了保留判定系数的符号"R^2"外,还增加了下标"L",以示这只是 Logistic 回归中一种类似的判定系数:

$$R_L^2 = \frac{(-2LL_0) - (-2LL_M)}{(-2LL_0)} \quad (10\text{-}32)$$

式(10-32)中的分子部分,正如在本章第六部分 Logistic 回归整体模型的检验中所解释的,它类比于多元回归 R^2 中的 RSSR,R_L^2 的取值范围为[0,1]:

$R_L^2 = 0$ 表示 Logistic 回归模型,无助于因变量的预测;

$R_L^2 = 1$ 表示 Logistic 回归模型,完全地对因变量进行了预测。

(2) 其他系数

① 修正 $R_L^2 = \dfrac{G_M - 2K}{(-2LL_0)}$, K = 自变量数目。

② $\text{Pseudo} - R^2 = \dfrac{G_M}{G_M + n}$, n = 样本容量。

对同一模型,这些指数可能计算结果并不相同,可根据实际情况进行选择甚至放弃。

2. 错判率法

利用回归方程计算的预测值和实测数据的吻合程度来判断。好的模型应有较低的错判率,反之,则是模型的拟合程度较差。

(1) 用交互分类表进行评估

对于模型的评估,可以简单地通过样本中观测到的发生与未发生的个案数,和预测到的发生与未发生的个案数进行比较,两者结果相同的为正确预测结果,两者结果不相同的为不正确判断。正确预测的个案数占总数的比例,称模型的正确预测率。

[例]6 根据以下结果表10-7:

表 10-7

		预测结果	
		发生	未发生
观测结果	发生	28	5
	未发生	7	13

试计算模型的正确预测率。

[解] 模型的正确预测率为:

$(28+13)/(28+13+5+7) = 41/53 = 77.36\%$

用交互分类表进行评估,是按发生与否的概率0.5划界(见[例]4),但如果划界的标准改变,正确预测率就会改变。同时对概率在0.5附近的值,例如0.49和0.51,判作截然不同的结果,也有失偏颇。

(2) 拟合优度统计量(Goodness-of-fit statistic)

$$Z^2 = \sum \frac{\text{Residual}_i^2}{\hat{p}_i(1-\hat{p}_i)} \tag{10-33}$$

Residual 是观测值 y_i 与预测值 $\hat{p}_i$ 之差。Z^2 由于统计值与实事差距太大,因此已不再使用,只是旧版 SPSS 还保留有 Z^2 的输出。

七、Logistic 回归系数的检验[①]

(一) Wald 检验方法

对于通过样本得到的 Logistic 回归方程及其回归系数,都只是总体方程和回归系数的估计值,这些估计值只有通过了检验才能确认。检验的程序与一般回归方程是相同的,设原假设 H_0 和备择假设 H_1 为:

---

① M. J. Norusis, *SPSS for Windows Advanced Statistics Release* 5, pp.3—10.

第十章 定类型多变量分析方法简介

$$\begin{cases} H_0: \beta_i = 0 \\ H_1: \beta_i \neq 0 \end{cases}$$

Logistic 回归系数的检验,一般采用 Wald 检验方法。在大样本情况下,统计量 Wald $= (b/s_b)^2$ 服从自由度为 (k) 的 χ^2 分布:

$$\text{Wald} = (b/s_b)^2 \sim \chi^2(k) \qquad (10\text{-}34)$$

对于因变量为二分变量,k 为因变量分类数减 1,$k = 2 - 1 = 1$,检验的显著性水平取 $\alpha = 0.05$ 的情况下,则有:

$$\chi^2(1) = \chi^2_{0.05}(1) = 3.841$$

所以一般若 $b/s_b > 2$,则认为通过了检验 ($\alpha = 0.05$)。

Wald 检验只适用于 Logistic 回归系数 b 不是太大的情况,当 b 值很大时,会使 s_b 增长很快,致使其比值很难达到显著性水的检验值,因此对于 b 值太大的情况,Wald 检验法不适用,须改用模型拟合评价中的以最大似然值为比较的方法。

[例] 7 接 [例] 4,[例] 4 中得回归方程 X_i 的系数为回归系数 b_i。若自变量中的 b_1 的标准误差为 $s_{b1} = 0.0579$,b_3 的标准误差为 $S_{b_3} = 0.8072$,问 b_1 和 b_3 是否推论到总体?($\alpha = 0.05$)

[解] $b_1: \text{Wald}_1 = (b_1/s_{b1})^2 = (-0.0693/0.0579)^2 = 1.432 < 3.841$,所以不能推论到总体。

$b_3: \text{Wald}_2 = (b_3/S_{b_3})^2 = (2.0453/0.8072)^2 = 6.4207 > 3.841$,所以能推论到总体。

(二) 用 "$-2LL$" 检验回归系数

当检验某个自变量 X_i 的回归系数时,还可以通过对引入 X_i 进入方程前后 "$-2LL$" 增量的检验,以确定回归系数的检验。

例如根据表 10-5,只含截距项 $b_0: Q_2 = b_0; (-2LL_0) = 70.25$。

设全模型共有 2 个自变量:X_1、X_2,全模型得:$Q_2 = b_0 + b_1 x_1 + b_2 x_2$;$(-2LL_M) = 53.35$。

$$G_M = (-2LL_0) - (-2LL_M) = 70.25 - 53.35 = 16.65$$

自由度 $k = 2$,$\text{Sig} = 0.0002 < 0.05$,所以整体通过了检验。

现在如果要问每一个变量能否通过检验,只需从整体模型中除去该变量,看 "$-2LL$" 改变量是否能通过的检验。例如问 X_2 是否能通过检验:

$$\begin{cases} H_0: \beta_2 = 0 \\ H_1: \beta_2 \neq 0 \end{cases}$$

根据本章[例]4,回归方程 X_i 的系数为回归系数 b_i,所以只含有截距和 X_1 的回归方程是:

$$Q_1 = b_0 + b_1 x_1$$
$$(-2LL_1) = 59.00$$
$$(-2LL_1) - (-2LL_M) = 59.00 - 53.35 = 5.65$$

两者之差 5.65,是引入 X_2 模型的改善量,对应 $k=1$,$\chi^2 = 0.0175$,由于 $0.0175 < 0.05$,即 Sig < 0.05,所以变量 X_2 通过了检验,见表 10-8。

表 10-8

		df	Significance
-2 Log Likelihood	53.353		
Goodness of Fit	54.018		
	Chi-Square	df	Significance
Model Chi-Square	16.899	2	0.0002
Improvement	5.647	1	0.0175

其中 $-2\text{Log Likelihood} = 53.353$ 为全模 2 个自变量的 $2LL_M$,Goodness of Fit 见式(10-34),Model of Chi-Square 是 $G_M = (-2LL_0) - (-2LL_M)$,Improvement 是增加 X_2 后 $-2LL$ 的改变量 $(-2LL_1) - (-2LL_M)$。同样的方法还可以对 X_1 或一组自变量进行检验。同样,"$-2LL$"还用于 Logistic 方程的建立,如前进法、后退法、逐步回归法,其操作可参考第五章回归方程的建立。

八、偏相关 R

(一) 偏相关 R

Logistic 回归方程中的偏相关 R 的意义与相关分析中的偏相关相同,表示在其他变量不变情况下,某个自变量对因变量的相关程度,公式有[①]:

$$R = \pm \sqrt{\frac{\text{Wald} - 2K}{2LL_{(0)}}} \quad (10\text{-}35)$$

$LL_{(0)}$ 是自变量全部为 0,只有截距 b_0 情况下的最大似然估计值。LL 是 $\text{Ln}L_n$ 的缩写,是最大似然估计值的意义。K 为变量自由度,当因变量为二分变量时,$K=1$,R 的取值范围是 $[-1, +1]$:

$R = 0$,当 Wald $< 2K$ 时,取 $R = 0$,表示自变量对模型贡献甚微;

$R > 0$,表示当自变量值增加时,事件发生的概率增加了;

---

① M. J. Norusis, *SPSS for Windows Advanced Statistics Release 5*, p.5.

$R<0$,表示当自变量值增加时,事件发生的概率减少了。

下面表10-9给出在表10-5和表10-6的基础上,SPSS输出全部5个自变量的一览:

表10-9 Variables in the Equation

Variable	B	S.E.	Wald	df	Sig	R	Exp(B)
X_1	-0.0693	0.0579	1.4320	1	0.2314	0.0000	0.9331
X_2	0.0243	0.0132	3.4229	1	0.0643	0.1423	1.0246
X_3	2.0453	0.8072	6.4207	1	0.0113	0.2509	7.7317
X_4	0.7614	0.7708	0.9758	1	0.3232	0.0000	2.1413
X_5	1.5641	0.7740	4.0835	1	0.0433	0.1722	4.7783
Constant	0.0618	3.4599	0.0003	1	0.9857		

表10-9表明,方程中的变量,只有X_3和X_5达到了显著性$\alpha=0.05$的水平,X_1,X_2,X_4的Sig>0.05,未能达到显著性水平,其中X_1,X_3在[例]7中已给出Wald检验结果。

(二) 关于Logistic回归的标准化回归系数

在SPSS软件的回归处理中,普通线性回归的回归系数一般会给出两个:一个是未标准化的回归系数,另一个是标准化的回归系数,并通过标准化回归系数来比较自变量的重要性。但在Logistic回归中,并没有给出标准化的回归系数,这是因为对于Logistic回归,回归系数并没有普通线性回归那样的直接解释。所以如果要比较自变量对方程的重要性,可直接比较Wald值(或Sig值)。Wald值越大,越重要。但要排除自变量间强相关的多重共线。①

九、自变量含定类变量

当自变量含定类变量时,要将定类赋值成虚拟变量,编码方法与线性回归完全相同,可参阅第六章第二节第二部分、虚拟变量法。需要指出的是,定类变量是层次最低的变量,如果将高层次的变量降格使用,必将损失变量中内在的信息联系。例如有文章中,为了用上Logistic回归,不惜将受教育年限改为是否受教育的(0,1)变量,这种削足适履的处理,是不对的。

下面介绍在本书第三章第二节的控制变量模式中,曾以美国著名的《佛罗里达法律评论》文章②为例,文中统计了有关凶杀案例674起,其中被判死刑的

---

① 何晓群编著:《多元统计分析》。
② M. L. Radelet and G. L. Pierce, "Choosing Those Who Will Die: Race and the Death Penalty in Florida."

人数为68(表10-10):

表　10-10

	白人凶手	黑人凶手
判死刑	53(11%)	15(0.08%)
未判死刑	430	176
∑	483	191

根据表10-10,似乎白人凶手判死刑的比例(11%)远高于黑人(0.08%),但这里忽略了一个变量,即被害人的种族,如果引入被害人的种族,其结果将完全不同。下面是将被害人种族作为控制变量进行分类的结果表10-11、表10-12:

表 10-11　白人被害

	白人凶手	黑人凶手
判死刑	53(11%)	11(23%)
未判死刑	414	37
∑	467	48

表 10-12　黑人被害

	白人凶手	黑人凶手
判死刑	0(0%)	4(3%)
未判死刑	16	139
∑	16	143

表10-11表明,当被害人是白人时,白人凶手判死刑的占11%,而黑人凶手判死刑的则为23%,远高于白人凶手。而当被害人是黑人时(表10-12),白人凶手全不判死刑,而黑人凶手判死刑的则为3%,又是远高于白人凶手。为了探究其原因,不妨根据表10-11和表10-12,做成表10-13:

表 10-13　凶手与被害人

	白人凶手	黑人凶手
白人被害	467(97%)	48
黑人被害	16	143(75%)
∑	483	191

第十章 定类型多变量分析方法简介

表 10-13 表明，黑人凶手杀害的主要是黑人，占$(143/191=)75\%$，而杀害黑人判刑是轻的（表 10-12）。白人凶手杀害的主要是白人，占$(467/483=)97\%$，而杀害白人判刑是重的（表 10-11）。出现了原表与分表截然相反的悖论（Simpson's paradox）。

[例]7 试用 Logistic 回归研究表 10-10 至表 10-13 内容。[①]

[解] 由于这里的自变量是定类型，所以采用第六章的虚拟变量法。设：

$$Y(判刑)=\begin{cases}1(死刑)\\0(不判死刑)\end{cases},\quad X_1(凶手人种)=\begin{cases}1(白人)\\0(黑人)\end{cases}$$

$$X_2(被害人种)=\begin{cases}1(白人)\\0(黑人)\end{cases}$$

输入原始数据，得 Logistic 回归方程的参数估计表 10-14：

表 10-14

Parameter	DF	Estimace	Std Err	ChiSquare	Sig
INTERCEPT	1	-3.5961	0.5069	50.3264	0.0001
X_1	1	-0.8678	0.3671	5.5889	0.0181
X_2	1	2.4044	0.6006	16.0264	0.0001

代入 Logistic 参数估计方程有：

$$L_n[p/(1-p)] = -3.596 - 0.868X_1 + 2.404X_2 \quad (10\text{-}36)$$

式(10-36)仅考虑了凶手与被害人种族的主效应，并未考虑两个自变量之间还可能存在交互作用，但就式(10-36)的主效应，就可以说明，X_1 的系数为负值，当 $X_1=1$，表示是白人凶手，说明白人凶手判死刑的 Odds 比低于黑人凶手。而 X_2 的系数为正值，当 $X_2=1$，表示白人被害，说明白人被害判死刑的 Odds 比高于黑人被害。

如果将式(10-36)写成 Odds 形式：

$$\text{Odds}=e^{-3.596-0.868X_1+2.404X_2}=e^{-3.596}e^{-0.868X_1}e^{2.404X_2} \quad (10\text{-}37)$$

上述结论更为明显，例如，当控制 X_2（被害人）后：

$$\text{Odds}(X_1=1)/\text{Odds}(X_1=0)=e^{-0.868}=0.42$$

即无论被害人是白人或黑人，其被判死刑的概率比，白人只占黑人的 0.42。

而当控制 X_1（凶手）后：

[①] Alan Agresti, *Statistical Methods for the Social Sciences*, pp. 586—588.

$$\text{Odds}(X_2 = 1) / \text{Odds}(X_2 = 0) = e^{2.404} = 11.1$$

即无论凶手是白人或黑人,被害人是白人比被害人是黑人,被判死刑的概率比 Odds 高出 11.1 倍。

而对于其他情况,如黑人杀了白人,或白人杀了黑人,都可以通过式(10-37)进行预测。举例说,凶手为黑人,被害人为白人,这时有:

$$X_1 = 0, \quad X_2 = 1$$

代入式(10-37)有:

$$\text{Odds} = e^{-3.596+2.404} = e^{-1.192} = 0.304$$

根据式(10-4),将 Odds 代入概率值,得预测的概率:

$$\hat{p} = 0.304 / (1 + 0.304) = 0.233$$

它对应的是黑人杀害了白人判死刑的概率,对照观测数据表 10-11,给出的黑人被判死刑的比例为 23%,说明 Logistic 模型式(10-36)或式(10-37)的拟合度是很好的。

第二节 对数线性模型

对于定类型数据来说,最常用的方法就是列联表,但列联表有很多局限,例如,当变量增多时,采用在分表基础上,再次分表,但多次分表的结果,势必使分表的频次越来越少,最终将影响显著性,同时,对于变量间的交互作用,列联表也很难表达。为此,本章所介绍的,对数线性法,如同 Logistic 一样,也是将定类型数据进行数量转换,但更多的是采用方差分析的思路,将列联表的格值进行分解,取对数之后,使影响每个格值的因素具有可加性,因此称作对数线性模型。下面介绍本节要用到的概念。

一、列联表与优比(Odds Ratio)

列联表是 2 个定类型变量进行交叉分类的频次分布表,列联表要研究的问题,首先是两个变量之间是否存在关系?其次是如果存在关系,关系的强度如何度量?对于第一个问题,为了研究变量间是否存在关系,先看变量之间如果不存在关系,列联表格值之间是怎样的?

根据推导,格值之间将存在关系式:

$$P_{ij} = P_{i*} P_{*j} \tag{10-38}$$

其中 P_{ij} 是联合分布的概率,P_{i*} 和 P_{*j} 是对应的行和列的边缘分布。因此,如果式(10-38)不成立,则表示 X 变量与 Y 变量有关。

对于第二个问题,关系强弱的度量,在笔者的《社会统计学(第四版)》一书的第十章中,曾就各种相关系数做过讨论,并指出都各有不足之处。① 下面介绍一种新的关系度量方法——优比(Odds Ratio)。为了介绍优比,先介绍发生比。

(一) 发生比(Odds)

据本章第一节的定义,Odds 表示事件发生与不发生概率之比,也可简化为格值之比。以列联表 10-15 为例,既可以计算 A 不同取值下的发生比,也可计算 B 不同取值下的发生比。

表 10-15

B \ A	A_1	A_2
B_1	a	b
B_2	c	d

对 A 来说,$A=A_1$:发生比 $Odds_1 = a/c$,$A=A_2$:发生比 $Odds_2 = b/d$;

对 B 来说,$B=B_1$:发生比 $Odds'_1 = a/b$,$B=B_2$:发生比 $Odds'_2 = c/d$。

(二) 优比(Odds Ratio)α:

对 A 来说:

$$\alpha = Odds_1/Odds_2 = (a/c)/(b/d) = ad/bd$$

对 B 来说:

$$\alpha' = Odds'_1/Odds'_2 = (a/b)/(c/d) = ad/bd$$

可见,无论对 A 或对 B 来说,优比都是:

$$\alpha = \alpha' = ad/bd \qquad (10\text{-}39)$$

优比 α,是测量变量 A 和 B 相关的指标。它的意义,用以下实际例子(表 10-16)来作更具体的解释。

[例]8 书法爱好者,一般与家庭影响有一定关系,根据对 248 人的调查,得表 10-16。试用优比,求父辈与子辈对书法爱好的相关。

---

① 卢淑华编著:《社会统计学(第四版)》,第十章。

表 10-16

		父辈爱好书法		边缘分布
		爱好	不爱好	
子辈爱好书法	爱好	153	22	175
	不爱好	55	18	73
边缘分布		208	40	248

[解]　$Odds_1 = 153/55 = 2.8$，表示父辈爱好书法者中，子辈爱好书法是不爱好书法的 $153/55 = 2.8$ 倍。

$Odds_2 = 22/18 = 1.2$，表示父辈不爱好书法者中，子辈爱好书法是不爱好书法的 $22/18 = 1.2$ 倍。

$\alpha = Odds_1/Odds_2 = 2.8/1.2 = 2.3$ 表示父辈爱好书法中，子辈爱好书法与不爱好书法之比，是父辈不爱好书法中，子辈爱好书法与不爱好书法之比的 2.3 倍：$2.8/1.2 = 2.3$，由此说明父辈爱好对子辈爱好的影响是正向的，α 值越大，影响越大。

(三) 优比 α 的性质

$\alpha > 0$，表示相关是正向的，[例]8 中 $\alpha > 0$，表示父辈对子辈的爱好书法有正影响，α 值越大，正影响越大。

$\alpha = 0$，表示变量间无相关，[例]8 中如果 $\alpha = 0$，则表示子辈爱好书法与父辈无关。

$\alpha < 0$，表示相关是负向的，[例]8 中如果 $\alpha < 0$，表示父辈对子辈的爱好书法的影响是反向的。

(四) 优比 α 的优点

(1) 对称性。理论上说，变量 X,Y 之间的相关，应该是对称的，不应用行比较和列比较，其相关程度有所不同。优比正是满足对称性：

式(10-39)既是 A 不同取值下的发生比之比，也是 B 不同取值下的发生比之比，优比 α 等于优比 α'，即

$$\alpha = \alpha' = ad/bd$$

可见，用优比来表示相关系，是满足对称性的。

相比之下，常见的用百分比差异来度量变量间的相关，与用行或用列差值是不相同的。例如，表 10-15 中，如果按行比较是 $\dfrac{a}{a+c} - \dfrac{b}{b+d}$，但按列进行比较

第十章 定类型多变量分析方法简介

是 $\frac{a}{a+b} - \frac{c}{c+d}$,一般情况下:

$$\frac{a}{a+c} - \frac{b}{b+d} \neq \frac{a}{a+b} - \frac{c}{c+d}$$

因此不满足对称性要求。

(2) 同样,当行增加 K 倍,或列增加 K 倍(表 10-17),这时优比不变,$\alpha = \alpha' = \frac{Kad}{Kbc} = ad/bc$,仍然满足对称性。

表 10-17

A\B	A_1	A_2
B_1	Ka	b
B_2	Kc	d

(3) 当列联表的行数或列数大于 2 时,优比的计算,应取其中的一行或一列为基础。以表 10-18 的 3×3 列联表为例:

表 10-18

a	b	c
d	e	f
g	h	i

选择第 3 列为基准,于是有:

$$\alpha_{11} = \frac{a/g}{c/i}, \quad \alpha_{21} = \frac{b/h}{c/i}$$

$$\alpha_{12} = \frac{d/g}{f/i}, \quad \alpha_{22} = \frac{e/h}{f/i} \tag{10-40}$$

两变量独立的条件是:

$$\begin{pmatrix} \alpha_{11} = 1 & \alpha_{21} = 1 \\ \alpha_{12} = 1 & \alpha_{22} = 1 \end{pmatrix}$$

二、从方差分析中的因素分解到列联表中的频次分解

为了理解列联表中的频次是怎样分解的,首先回顾第二章第二节二元方差分析中是怎样将因变量得分,看作是多个自变量线性相加结果的。以教学效果

Y 与教学方法(变量 A)和教员性格(变量 B)有关为例(图 10-5):

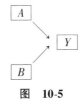

图 10-5

设 A 有 2 类: $A_1 =$ "注入式教学方法", $A_2 =$ "启发式教学方法";

B 有 2 类: $B_1 =$ "内向型性格", $B_2 =$ "外向型性格"。

现在要研究教学方法与教员性格对教学效果的影响。假定教学效果仅受这两种因素的影响,为此可以找两名性格不同的教员 B_1 和 B_2,并让每个教员各按不同的教学方法做一次实验,也就是共有 4 种情况的搭配:

$$A_1B_1$$
$$A_2B_1$$
$$A_1B_2$$
$$A_2B_2$$

设 4 种搭配的结果是: A_1B_1 得 80 分; A_1B_2 得 85 分; A_1B_2 得 90 分; A_2B_2 得 95 分(表 10-19):

表 10-19

A \ B	A_1	A_2
B_1	80	85
B_2	90	95

显然,表 10-19 中的每一个格值,可看作是因素 A、因素 B 以及 A 和 B 共同作用的结果,每一个格值可以看作是由以下 4 部分线性的组合:平均效果,A 的效果,B 效果和交互作用 $A \times B$ 的效果:

$$y_{ij} = \bar{y} + A_i\text{的效果} + B_j\text{的效果} + A_i \times B_j\text{的效果} \quad (10\text{-}41)$$

类比于方差分析的思路,列联表中的格值,也可以分解为若干因素作用,但要得到作用的线性组合,只有先将列联表的格值取对数,尔后才会具有这样的性质。

(一) 列联表中的格值分解

设有列联表 10-20,是否也可以将频次 F_{ij} 按式(10-41),直接写成 4 部分频次相加: $\bar{F}, x$ 效果的频次, y 效果的频次以及 xy 交互作用效果的频次?答案是否定的。

表 10-20

	y	
x	F_{11}	F_{12}
	F_{21}	F_{22}

对于格值是频次的列联表来说,通过以上 Odds 的讨论,可以看出,变量的关系,不是看增加多少频次,而是看格值的相对比例是否改变。试想,如果表 10-20 中的每一个格值,同时都增加 a 倍(表 10-21),并不能改变变量 x 和变量 y 的关系。

表 10-21

	y	
x	aF_{11}	aF_{12}
	aF_{21}	aF_{22}

为了研究变量对格值 F_{ij} 的影响,是在相当于式(10-41) $\bar{y}$ 的原有频次 τ 基础上,乘上 x 效果 τ_i^x 和 y 效果 τ_j^y 以及 x,y 的交互作用 τ_{ij}^{xy}:

$$F_{ij} = \tau \tau_i^x \tau_j^y \tau_{ij}^{xy} \tag{10-42}$$

比较方差分析的表 10-19、式(10-41)和列联表 10-16、式(10-42)说明,当方差分析中的格值是有数量大小的定距型变量时,它可以分解为有数量大小的各因素效果之和,而列联表中的格值是频次,其因素的作用体现为相对比例的改变,所以频次的分解只能是乘以各因素的效果。

下面来计算如何根据格值 F_{ij},分解出 $\tau,\tau_i^x,\tau_{+i}^y,\tau_{ij}^{xy}$ 的大小:

$$F_{11} = \tau \tau_1^x \tau_1^y \tau_{11}^{xy} \tag{10-43}$$

$$F_{21} = \tau \tau_2^x \tau_1^y \tau_{21}^{xy} \tag{10-44}$$

$$F_{12} = \tau \tau_1^x \tau_2^y \tau_{12}^{xy} \tag{10-45}$$

$$F_{22} = \tau \tau_2^x \tau_2^y \tau \tau_{22}^{xy} \tag{10-46}$$

式(10-43)至式(10-46)仅有 4 个方程,但要计算的参数有 9 个:$\tau,\tau_1^x,\tau_2^x,$ $\tau_1^y,\tau_2^y,\tau_{11}^{xy},\tau_{21}^{xy},\tau_{12}^{xy},\tau_{22}^{xy}$,为此,因此还需要增加 5 个方程,才能唯一地确定出这 9

个参数。所幸这些参数并非都是独立的,因为无论是因素 x,还是因素 y,其中对某个格值的增加,必将使另一格值有所减少,其乘积保持为 1,因为无论行或是列,其总频次已是确定的了。因此还须补足以下 5 个约束条件:

$$\tau_1^x = 1 / \tau_2^x \tag{10-47}$$

$$\tau_1^y = 1 / \tau_2^y \tag{10-48}$$

$$\tau_{11}^{xy} = \tau_{22}^{xy} \tag{10-49}$$

$$\tau_{11}^{xy} = 1 / \tau_{12}^{xy} \tag{10-50}$$

$$\tau_{22}^{xy} = 1 / \tau_{21}^{xy} \tag{10-51}$$

下面用式(10-43)至式(10-51)计算参数的表达式:

$$\tau = (F_{11}F_{21}F_{12}F_{22})^{1/4} \tag{10-52}$$

$$\tau_1^x = 1 / \tau_2^x = (F_{11}F_{12})^{1/2} / \tau \tag{10-53}$$

$$\tau_1^y = 1 / \tau_2^y = (F_{11}F_{21})^{1/2} / \tau \tag{10-54}$$

$$\tau_{11}^{xy} = \tau_{22}^{xy} = 1 / \tau_{12}^{xy} = 1 / \tau_{21}^{xy} = [(F_{11}F_{22}) / (F_{21}F_{12})]^{1/4} \tag{10-55}$$

[例]9 根据列联表 10-22,运用式(10-52)至式(10-55),计算出参数值,并用计算出的参数值计算应有的频次,验证计算的频次和观测频次的一致性。

表 10-22

	$F_{11} = 689$	$F_{12} = 298$	987
	$F_{21} = 232$	$F_{22} = 254$	486
$\sum$	921	552	1473

[解] 将列联表 10-22 的格值,代入式(10-52)至式(10-55)有:

$$\tau = (F_{11}F_{21}F_{12}F_{12})^{1/4} = 331.657 \tag{10-56}$$

$$\tau_1^x = 1 / \tau_2^x = (F_{11}F_{12})^{1/2} / \tau = 1.366 \tag{10-57}$$

$$\tau_1^y = 1 / \tau_2^y = (F_{11}F_{21})^{1/2} / \tau = 1.205 \tag{10-58}$$

$$\tau_{11}^{xy} = \tau_{22}^{xy} = 1 / \tau_{12}^{xy} = 1 / \tau_{21}^{xy} = [(F_{11}F_{22}) / (F_{21}F_{12})]^{1/4}$$
$$= 1.261 \tag{10-59}$$

将式(10-56)至式(10-59)代入式(10-43)至式(10-46)得:

$$F_{11} = \tau \tau_1^x \tau_1^y \tau_{11}^{xy} = (331.657)(1.366)(1.205)(1.261)$$
$$= 687 \tag{10-60}$$

第十章　定类型多变量分析方法简介

$$F_{21} = \tau\tau_2^x\tau_1^y\tau_{21}^{xy} = (331.657)(1/1.366)(1.205)(1/1.261)$$
$$= 232 \tag{10-61}$$

$$F_{12} = \tau\tau_1^x\tau_2^y\tau_{12}^{xy} = (331.657)(1.366)(1/1.205)(1/1.261)$$
$$= 298 \tag{10-62}$$

$$F_{22} = \tau\tau_2^x\tau_2^y\tau\tau_{22}^{xy} = (331.657)(1/1.366)(1/1.205)(1.261)$$
$$= 254 \tag{10-63}$$

对比式(10-60)至式(10-63)与表10-22中相应的格值,完全相同。可见将列联表的格值,分解为因素的乘积是可行的。①

(二) 对数线性模型

式(10-42)虽然理论上符合实际,但用乘法进行运算很不方便,这里也采用了 Logistic 回归的做法,将式(10-42)取自然对数。以 2×2 列联表为例:

$$L_{11} = \mathrm{Ln}F_{11} = \mathrm{Ln}(\tau\tau_1^x\tau_1^y\tau_{11}^{xy}) = \mathrm{Ln}\tau + \mathrm{Ln}\tau_1^x + \mathrm{Ln}\tau_1^y + \mathrm{Ln}\tau_{11}^{xy} \tag{10-64}$$

$$L_{21} = \mathrm{Ln}F_{21} = \mathrm{Ln}(\tau\tau_2^x\tau_1^y\tau_{21}^{xy}) = \mathrm{Ln}\tau + \mathrm{Ln}\tau_2^x + \mathrm{Ln}\tau_1^y + \mathrm{Ln}\tau_{21}^{xy} \tag{10-65}$$

$$L_{12} = \mathrm{Ln}F_{12} = \mathrm{Ln}(\tau\tau_1^x\tau_2^y\tau_{12}^{xy}) = \mathrm{Ln}\tau + \mathrm{Ln}\tau_1^x + \mathrm{Ln}\tau_2^y + \mathrm{Ln}\tau_{12}^{xy} \tag{10-66}$$

$$L_{22} = \mathrm{Ln}F_{22} = \mathrm{Ln}(\tau\tau_2^x\tau_2^y\tau_{22}^{xy}) = \mathrm{Ln}\tau + \mathrm{Ln}\tau_2^x + \mathrm{Ln}\tau_2^y + \mathrm{Ln}\tau_{22}^{xy} \tag{10-67}$$

式(10-64)至式(10-67)可简写作:

$$L_{11} = \mu + \mu_1^x + \mu_1^y + \mu_{11}^{xy} \tag{10-68}$$

$$L_{21} = \mu + \mu_2^x + \mu_1^y + \mu\tau_{21}^{xy} \tag{10-69}$$

$$L_{12} = \mu + \mu_1^x + \mu_2^y + \mu_{12}^{xy} \tag{10-70}$$

$$L_{22} = \mu + \mu_2^x + \mu_2^y + \mu_{22}^{xy} \tag{10-71}$$

其中:

$$\mu = \mathrm{Ln}\tau$$

$$\begin{cases} \mu_i^x = \mathrm{Ln}\tau_i^x \\ \mu_i^y = \mathrm{Ln}\tau_i^y \end{cases} \quad i = 1,2,$$

$$\mu_{ij}^{xy} = \mathrm{Ln}\tau_{ij}^{xy} \quad i = 1,2, \quad j = 1,2$$

以及约束条件:

---

① 以上数字见 D. Knoke, P. J. Burke, *Log-Linear Models*, London: Sage Publications Ltd., 1980, pp.13—17。

$$\Sigma\mu_i^x = 0; \quad \Sigma\mu_j^y = 0; \quad \sum_i \mu_{ij}^{xy} = 0; \quad \sum_j \mu_{ij}^{xy} = 0 \quad (10\text{-}72)$$

写成矩阵形式有：

$$\begin{bmatrix} L_{11} & L_{12} \\ L_{21} & L_{22} \end{bmatrix} = \begin{bmatrix} \mu & \mu \\ \mu & \mu \end{bmatrix} + \begin{bmatrix} \mu_1^x & \mu_1^x \\ \mu_2^x & \mu_2^x \end{bmatrix} + \begin{bmatrix} \mu_1^y & \mu_2^y \\ \mu_1^y & \mu_2^y \end{bmatrix} + \begin{bmatrix} \mu_{11}^{xy} & \mu_{12}^{xy} \\ \mu_{21}^{xy} & \mu_{22}^{xy} \end{bmatrix} \quad (10\text{-}73)$$

简写作：

$$\boldsymbol{L} = \boldsymbol{\mu} + \boldsymbol{\mu}^x + \boldsymbol{\mu}^y + \boldsymbol{\mu}^{xy} \quad (10\text{-}74)$$

将式(10-42)取对数后的式(10-74)与方差分析中的式(10-41)形式上更相近了，都是因素相加的形式，用式(10-68)至式(10-72)线性方程组，可解得参数表达式：

$$\mu = \frac{\sum\sum L_{ij}}{IJ} = \frac{L_{**}}{IJ} \quad (10\text{-}75)$$

$$\mu_i^x = \frac{\sum_j L_{ij}}{J} - \mu = \frac{L_{i*}}{J} - \mu \quad (10\text{-}76)$$

$$\mu_j^y = \frac{\sum_i L_{ij}}{I} - \mu = \frac{L_{*j}}{I} - \mu \quad (10\text{-}77)$$

$$\mu_{ij}^{xy} = L_{ij} - \frac{\sum_j L_{ij}}{J} - \frac{\sum_i L_{ij}}{I} + \mu = L_{ij} - \frac{L_{i*}}{J} - \frac{L_{*j}}{I} + \mu \quad (10\text{-}78)$$

其中：

$I = $ 变量 x 的分类数

$J = $ 变量 y 的分类数

$L_{i*}/J = $ 第 i 行的平均效果

$L_{*j}/I = $ 第 j 列的平均效果

[例]10　求列联表 10-22 对数线性的参数 $\boldsymbol{\mu}, \boldsymbol{\mu}^x, \boldsymbol{\mu}^y, \boldsymbol{\mu}^{xy}$。

[解]　将列联表 10-22 格值取对数,得表 10-23：

表 10-23

	6.5352	5.6971	12.2323
	5.4467	5.5373	10.9840
$\sum$	11.9819	11.2344	23.2163

代入式(10-75)至式(10-78)得：

$\mu = (6.5352 + 5.6971 + 5.4467 + 5.5373)/4 = 23.2163/4 = 5.8041$

$\mu_1^x = [(6.5352 + 5.6971)/2] - 5.8041 = 0.3121$

$\mu_2^x = [(5.4467 + 5.5373)/2] - 5.8041 = -0.3121$

$\mu_1^y = [(6.5352 + 5.4467)/2] - 5.8041 = 0.1869$

$\mu_2^y = [(5.6971 + 5.5373)/2] - 5.8041 = -0.1869$

$\mu_{11}^{xy} = 6.5352 - (12.2323/2) - (11.9819/2) + 5.8041 = 0.2322$

$\mu_{12}^{xy} = 5.6971 - (12.2323/2) - (11.2344/2) + 5.8041 = -0.2322$

$\mu_{21}^{xy} = 5.4467 - (10.9840/2) - (11.9819/2) + 5.8041 = -0.2322$

$\mu_{22}^{xy} = 5.5373 - (10.9840/2) - (11.2344/2) + 5.8041 = 0.2322$

验算：将以上所得参数值代入式(10-68)至式(10-71)得：

$$L_{11} = \mu + \mu_1^x + \mu_1^y + \mu_{11}^{xy}$$
$$= 5.8041 + 0.3121 + 0.1869 + 0.2322 = 6.5353 \quad (10\text{-}79)$$

$$L_{21} = \mu + \mu_2^x + \mu_1^y + \mu\tau_{21}^{xy}$$
$$= 5.8041 - 0.3121 + 0.1869 - 0.2322 = 5.4467 \quad (10\text{-}80)$$

$$L_{12} = \mu + \mu_1^x + \mu_2^y + \mu_{12}^{xy}$$
$$= 5.8041 + 0.3121 - 0.1869 - 0.2322 = 5.6971 \quad (10\text{-}81)$$

$$L_{22} = \mu + \mu_2^x + \mu_2^y + \mu_{22}^{xy}$$
$$= 5.8041 - 0.3121 - 0.1869 + 0.2322 = 5.5375 \quad (10\text{-}82)$$

式(10-79)至式(10-82)正是对数列联表10-23之格值，如进一步将式(10-79)至式(10-82)还原为频次列联表，则有：

$$F_{11} = e^{6.5353} = 689.04 \quad (10\text{-}83)$$

$$F_{12} = e^{5.6971} = 298.00 \quad (10\text{-}84)$$

$$F_{21} = e^{5.4467} = 231.99 \quad (10\text{-}85)$$

$$F_{22} = e^{5.5375} = 254.04 \quad (10\text{-}86)$$

比较式(10-83)至式(10-86)的频次 F_{ij} 与表10-22的格值，两者是相等的，说明所求参数确是原频次的分解值，或列联表的格值确可以按式(10-75)至式(10-78)分解为若干因素之组合。

(三) 变量分类数大于 2 的对数线性模型

如果变量 x 或变量 y 有更多的分类,则矩阵式(10-73)不变,但矩阵的行或列数将随之改变,如 x 分为 2 类,但 y 分为 3 类,则式(10-74)中的矩阵为:

$$\boldsymbol{L} = \begin{bmatrix} L_{11} & L_{12} & L_{13} \\ L_{21} & L_{22} & L_{23} \end{bmatrix}, \quad \boldsymbol{\mu} = \begin{bmatrix} \mu & \mu & \mu \\ \mu & \mu & \mu \end{bmatrix},$$

$$\boldsymbol{\mu}^x = \begin{bmatrix} \mu_1^x & \mu_1^x & \mu_1^x \\ \mu_2^x & \mu_2^x & \mu_2^x \end{bmatrix}, \quad \boldsymbol{\mu}^y = \begin{bmatrix} \mu_1^y & \mu_2^y & \mu_3^y \\ \mu_1^y & \mu_2^y & \mu_3^y \end{bmatrix},$$

$$\boldsymbol{\mu}^{xy} = \begin{bmatrix} \mu_{11}^{xy} & \mu_{12}^{xy} & \mu_{13}^{xy} \\ \mu_{21}^{xy} & \mu_{22}^{xy} & \mu_{23}^{xy} \end{bmatrix}$$

写成方程组有:

$$L_{11} = \mu + \mu_1^x + \mu_1^y + \mu_{11}^{xy}$$
$$L_{12} = \mu + \mu_1^x + \mu_2^y + \mu_{12}^{xy}$$
$$L_{13} = \mu + \mu_1^x + \mu_3^y + \mu_{13}^{xy}$$
$$L_{21} = \mu + \mu_2^x + \mu_1^y + \mu_{21}^{xy}$$
$$L_{22} = \mu + \mu_2^x + \mu_2^y + \mu_{22}^{xy}$$
$$L_{23} = \mu + \mu_2^x + \mu_3^y + \mu_{23}^{xy}$$
$$\sum_i \mu_i^x = 0, \quad \sum_i \mu_i^y = 0,$$
$$\sum_i \mu_{ij}^{xy} = 0, \quad \sum_j \mu_{ij}^{xy} = 0$$

(四) 变量数大于 2 的对数线性模型

式(10-74)是 2 个变量的对数线性模型,如果有更多的变量,则格值分解的结果,不仅每个变量效果的数目增加,而交互作用项会增加得更多。

设变量增加为 3 个: x,y,z,则变量效果增为 3 个: μ^x, μ^y, μ^z,同时还可能有变量两两作用的交互项: $\mu^{xy}, \mu^{xz}, \mu^{yz}$,以及 3 个变量共同作用的交互项 μ^{xyz}:

$$L = \mu + \mu^x + \mu^y + \mu^z + \mu^{xy} + \mu^{yz} + \mu^{zx} + \mu^{xyz} \quad (10\text{-}87)$$

更多的变量,余类推。

三、饱和模型与非饱和模型

(一) 饱和模型

如果模型中不但包括变量本身的主效应,还包括变量间完备的交互作用效应,则称饱和型模型。式(10-74)是 2×2 列联表的饱和模型,式(10-87)是 3×3 列联表的饱和模型。

(二) 非饱和模型

有些模型可能只有其中一些效应,称非饱和模型,非饱和型根据具有哪些效应又可进行细分:

1. 二变量非饱和模型

(1) 无效应模型:$L = \mu$;
(2) 行效应模型:$L = \mu + \mu^x$;
(3) 列效应模型:$L = \mu + \mu^y$;
(4) 独立模型:$L = \mu + \mu^x + \mu^y$。

2. 三变量非饱和模型

(1) 相互独立模型:$L = \mu + \mu^x + \mu^y + \mu^z$

[例]11 验证以下数据是满足变量相互独立的模型(表10-24)[1]:

表 10-24

	$z = z_1$				$z = z_2$		
y \ x	y_1	y_2	y_3	y \ x	y_1	y_2	y_3
x_1	106	98	74	X_1	46	43	32
x_2	152	140	106	X_2	67	62	46
x_3	150	138	104	X_3	65	61	46

为了研究表10-21中的变量是否相关,计算它们的优比:

$z = z_1$

$$\alpha_{11} = \frac{106/150}{74/104} \approx 1.00, \quad \alpha_{12} = \frac{98/138}{74/104} \approx 1.00$$

$$\alpha_{21} = \frac{152/150}{106/104} \approx 1.00, \quad \alpha_{22} = \frac{140/138}{106/104} \approx 1.00$$

$z = z_2$

$$\alpha_{11} = \frac{46/65}{32/46} \approx 1.00, \quad \alpha_{12} = \frac{43/61}{32/46} \approx 1.00$$

$$\alpha_{21} = \frac{67/65}{46/46} \approx 1.00, \quad \alpha_{22} = \frac{62/61}{46/46} \approx 1.00$$

---

[1] H. T. Reynolds, *Analysis of Nominal Data*, California: Sage Publications Inc., 1977, pp.67—73.

结果是,无论 z 值等于 z_1 或 z_2,优比都为 1,说明 x 值与 y 值是独立的,且与 z 取值无关。

以上的结论,还可以从控制其他变量获得,例如不妨控制 x,得表 10-25:

表 10-25

$x = x_1$	z_1	z_2		$x = x_2$	z_1	z_2		$x = x_3$	z_1	z_2
y_1	106	46		y_1	152	67		y_1	150	65
y_2	98	43		y_2	140	62		y_2	138	61
y_3	74	32		y_3	106	46		y_3	104	46

$\alpha_{11} = \dfrac{106/74}{46/32} \approx 1.00,$ $\alpha_{11} = \dfrac{152/106}{67/46} \approx 1.00,$ $\alpha_{11} = \dfrac{150/104}{65/46} \approx 1.00$

$\alpha_{21} = \dfrac{98/74}{43/32} \approx 1.00,$ $\alpha_{21} = \dfrac{140/106}{62/46} \approx 1.00,$ $\alpha_{21} = \dfrac{138/104}{61/46} \approx 1.00$

表 10-25 说明变量 y 和变量 z 是独立的,且与 x 取值无关。进一步不妨控制 y,得表 10-26。

表 10-26

$y = y_1$	z_1	z_2		$y = y_2$	z_1	z_2		$y = y_3$	z_1	z_2
x_1	106	46		x_1	98	43		x_1	74	32
x_2	152	67		x_2	140	62		x_2	106	46
x_3	150	65		x_3	138	61		x_3	104	46

$\alpha_{11} = \dfrac{106/150}{46/65} \approx 1.00,$ $\alpha_{11} = \dfrac{98/138}{43/61} \approx 1.00,$ $\alpha_{11} = \dfrac{74/104}{32/46} \approx 1.00$

$\alpha_{21} = \dfrac{152/150}{67/65} \approx 1.00,$ $\alpha_{21} = \dfrac{140/138}{62/61} \approx 1.00,$ $\alpha_{21} = \dfrac{106/104}{46/46} \approx 1.00$

表 10-26 的结果说明,变量 x 和变量 z 是独立的,且与 y 取值无关。

可见,如果变量是相互独立的,则无论控制哪个变量,其结果都是相同的。

(2) 只含一个二因子交互作用的模型

$$L = \mu + \mu^x + \mu^y + \mu^z + \mu^{xy}$$

[例] 12   验证以下数据是满足一个二因子交互作用的模型(表 10-27):

第十章 定类型多变量分析方法简介

表 10-27

	$z = z_1$				$z = z_2$		
x \ y	y_1	y_2	y_3	x \ y	y_1	y_2	y_3
x_1	134	112	32	x_1	59	49	14
x_2	168	138	93	x_2	73	61	41
x_3	106	127	159	x_3	47	55	70

表 10-27 是在控制变量 z 的情况下 x 和 y 的分表,下面计算分表中 x 和 y 的相关,优比:

$z = z_1$

$$\alpha_{11} = \frac{134/106}{32/159} = 6.28, \quad \alpha_{12} = \frac{112/127}{32/159} = 4.38$$

$$\alpha_{21} = \frac{168/106}{93/159} = 2.71, \quad \alpha_{22} = \frac{138/127}{93/159} = 1.86$$

$z = z_2$

$$\alpha_{11} = \frac{59/47}{14/70} = 6.28, \quad \alpha_{12} = \frac{49/55}{14/70} = 4.45$$

$$\alpha_{21} = \frac{73/47}{41/70} = 2.65, \quad \alpha_{22} = \frac{61/55}{41/70} = 1.89$$

可见,无论是 $z = z_1$ 或 $z = z_2$,x 和 y 之间有相关作用,因为优比不等于 1,但两表相应位置的 α_{ij} 却都是相同的,说明 x 和 y 的相关作用,与 z 是无关的。

下面再看控制 y 后,x 和 z 分表的优比(表 10-28):

表 10-28

	$y = y_1$			$y = y_2$			$y = y_3$	
x \ z	z_1	z_2	x \ z	z_1	z_2	x \ z	z_1	z_2
x_1	134	59	x_1	112	49	x_1	32	14
x_2	168	73	x_2	138	61	x_2	93	41
x_3	106	47	x_3	127	55	x_3	159	70

$$\alpha_{11} = \frac{134/106}{59/47} \approx 1.00, \quad \alpha_{11} = \frac{112/127}{49/55} \approx 1.00, \quad \alpha_{11} = \frac{32/159}{14/70} \approx 1.00$$

$$\alpha_{12} = \frac{168/106}{73/47} \approx 1.00, \quad \alpha_{12} = \frac{138/127}{61/55} \approx 1.00, \quad \alpha_{12} = \frac{93/159}{41/70} \approx 1.00$$

表 10-28 表明,变量 x,变量 y,变量 z 三变量之间的作用是独立的。同样的,当控制了变量 x(表 10-29),所得结论与表 10-28 相同,三个变量之间的作用是独立的。

表 10-29

$x = x_1$			$x = x_2$			$x = x_3$		
z / y	z_1	z_2	z / y	z_1	z_2	z / y	z_1	z_2
y_1	134	59	y_1	168	73	y_1	106	47
y_2	112	49	y_2	138	61	y_2	127	55
y_3	32	14	y_3	93	41	y_3	159	70

$$\alpha_{11} = \frac{134/32}{59/14} \approx 1.00, \quad \alpha_{11} = \frac{168/93}{73/41} \approx 1.00, \quad \alpha_{11} = \frac{106/159}{47/70} \approx 1.00$$

$$\alpha_{12} = \frac{112/32}{49/14} \approx 1.00, \quad \alpha_{12} = \frac{138/93}{61/41} \approx 1.00, \quad \alpha_{12} = \frac{127/159}{55/70} \approx 1.00$$

(3) 含二个二因子交互作用的模型

$$L = \mu + \mu^x + \mu^y + \mu^z + \mu^{xy} + \mu^{xz}$$

[例]13 验证以下数据是含二个二因子交互作用的模型,见表 10-30:

表 10-30

$x = x_1$			$x = x_2$			$x = x_3$		
z / y	z_1	z_2	z / y	z_1	z_2	z / y	z_1	z_2
y_1	117	76	y_1	120	41	y_1	35	11
y_2	146	95	y_2	148	51	y_2	102	32
y_3	93	60	y_3	136	46	y_3	174	55

$\alpha_{11} = 0.99,\qquad\qquad\alpha_{11} = 0.99,\qquad\qquad\alpha_{11} = 1.01$

$\alpha_{12} = 0.99,\qquad\qquad\alpha_{12} = 0.98,\qquad\qquad\alpha_{12} = 1.01$

由于表 10-30 中变量 y 和变量 z 的优比都 ≈ 1,所以变量 y 和变量 z 之间是无关的,且与变量 x 也是无关的。进一步控制 z,得表 10-31:

表 10-31

	$z = z_1$				$z = z_2$		
x \ y	y_1	y_2	y_3	x \ y	y_1	y_2	y_3
x_1	117	120	35	x_1	76	41	11
x_2	146	148	102	x_2	95	51	32
x_3	93	136	174	x_3	60	46	55

$$\alpha_{11} = \frac{117/93}{35/174} = 6.25, \qquad \alpha_{11} = \frac{76/60}{11/55} = 6.33,$$

$$\alpha_{21} = \frac{120/136}{35/174} = 4.39, \qquad \alpha_{21} = \frac{41/46}{11/55} = 4.45,$$

$$\alpha_{12} = \frac{146/93}{102/174} = 2.68, \qquad \alpha_{12} = \frac{95/60}{32/55} = 2.72,$$

$$\alpha_{22} = \frac{148/136}{102/174} = 1.86, \qquad \alpha_{22} = \frac{51/46}{32/55} = 1.90$$

表 10-31 表明，x 和 y 是有关的，但优比不因 z 的取值不同而改变，因此该模型包含 μ^{xy} 项。

表 10-32

	$y = y_1$				$y = y_2$				$y = y_3$		
z \ x	x_1	x_2	x_3	z \ x	x_1	x_2	x_3	z \ x	x_1	x_2	x_3
z_1	117	120	35	z_1	146	148	102	z_1	93	136	174
z_2	76	41	11	z_2	95	51	32	z_2	60	46	55

$$\alpha_{11} = \frac{117/76}{35/11} = 0.484, \quad \alpha_{11} = \frac{146/95}{102/32} = 0.482, \quad \alpha_{11} = \frac{93/60}{174/55} = 0.489$$

$$\alpha_{21} = \frac{120/41}{35/11} = 0.920, \quad \alpha_{21} = \frac{148/51}{102/32} = 0.91, \quad \alpha_{21} = \frac{136/46}{174/55} = 0.93$$

表 10-32 表明，x 和 z 是有关的，但优比不因 y 的取值不同而改变，因此该模型包含 μ^{xz} 项。

(4) 含全二因子交互作用的模型
$$L = \mu + \mu^x + \mu^y + \mu^z + \mu^{xy} + \mu^{yz} + \mu^{zx}$$

[例]14　验证以下数据是含全二因子交互作用的模型,见表10-33：

表　10-33

$z = z_1$				$z = z_2$			
x \ y	y_1	y_2	y_3	x \ y	y_1	y_2	y_3
x_1	127	127	37	x_1	66	34	9
x_2	146	150	105	x_2	95	49	29
x_3	83	127	168	x_3	70	55	61
$\alpha_{11}=6.95$,		$\alpha_{12}=4.54$,		$\alpha_{11}=6.39$,		$\alpha_{12}=4.19$	
$\alpha_{21}=2.81$,		$\alpha_{22}=1.89$,		$\alpha_{21}=2.85$,		$\alpha_{22}=1.87$	

表10-33 表明,x 和 y 是有关的,优比对 z 不同的取值略有不同,但改变很小,可以忽略,因此该模型包含 μ^{xy} 项。进一步控制 y（表10-34）和控制 x（表10-35）,所得结果,都是优比不等于1,说明控制后的 x 和 z（表10-34）是有相关的,或 y 和 z（表10-35）是有相关的,但相对于控制变量的不同取值,优比虽略有不同,但都可忽略,因此模型应该包含 μ^{zx},μ^{yz}。

表　10-34

$y = y_1$			$y = y_2$			$y = y_3$		
x \ z	z_1	z_2	x \ z	z_1	z_2	x \ z	z_1	z_2
x_1	127	66	x_1	127	34	x_1	37	9
x_2	146	95	x_2	150	49	x_2	105	29
x_3	83	70	x_3	127	55	x_3	168	61

$$\alpha_{11} = \frac{127/83}{66/70} = 1.62, \quad \alpha_{11} = \frac{127/127}{34/55} = 1.62, \quad \alpha_{11} = \frac{37/168}{9/61} = 1.50$$

$$\alpha_{21} = \frac{146/83}{95/70} = 1.30, \quad \alpha_{21} = \frac{150/127}{49/55} = 1.32, \quad \alpha_{21} = \frac{105/168}{29/61} = 1.31$$

表 10-35

$x=x_1$			$x=x_2$			$x=x_3$		
z \ y	z_1	z_2	z \ y	z_1	z_2	z \ y	z_1	z_2
y_1	127	66	y_1	146	95	y_1	83	70
y_2	127	34	y_2	150	49	y_2	127	55
y_3	37	9	y_3	105	29	y_3	168	61

$$\alpha_{11}=\frac{127/37}{66/9}=0.47,\quad \alpha_{11}=\frac{146/105}{95/29}=0.42,\quad \alpha_{11}=\frac{83/168}{70/61}=0.43$$

$$\alpha_{21}=\frac{127/37}{34/9}=0.91,\quad \alpha_{21}=\frac{150/105}{49/29}=0.85,\quad \alpha_{21}=\frac{127/168}{55/61}=0.83$$

（5）由此引出饱和模型的特点是，两两变量之间有相关，且相关程度因控制变量不同取值而不同，例如表 10-36 是三变量中有 μ^{xyz} 项的饱和模型，表 10-37 是无 μ^{xyz} 项的非饱和模型。

表 10-36

$z=z_1$		$z=z_2$	
y \ x		y \ x	
	弱相关		强相关

表 10-37

$z=z_1$		$z=z_2$	
y \ x		y \ x	
	中等相关		中等相关

（三）层次模型和省略表示方法

1. 层次模型

综上所述，饱和模型包含了所有可能的效应。而非饱和模型则是从饱和模型中消去了一些项，从理论上讲，消去哪些项可以是任意的，但从推理上说，更易于理解的是层次模型。例如,对二变量来说,如果存在高层次的交互项 μ^{xy},必然也存在低层次的主效应 μ^x 和 μ^y,否则很难理解主效应不存在,高层次的交互作用,又从何而来呢?对三变量来说,如果存在 μ^{xyz},则必然存在较低层次的交互作用 μ^{xy}, μ^{yz}, μ^{zx} 和更低层次的主效应 μ^x, μ^y, μ^z。

2. 层次模型的省略表示

层次模型的省略表示是,只标出变量参与的最高层次效应,而它低层次的效应是不言而喻的,可省去不写,参与的变量用括号"{ }"给出,下面给出省略表示和所代表的模型。

(1) 二变量

$$\{X\}: L = \mu + \mu^x$$

$$\{Y\}: L = \mu + \mu^y$$

$$\{X\}\{Y\}: L = \mu + \mu^x + \mu^y$$

$$\{XY\}: L = \mu + \mu^x + \mu^y + \mu^{xy}$$

(2) 三变量

$$\{X\}\{Y\}\{Z\}: L = \mu + \mu^x + \mu^y + \mu^z$$

$$\{XY\}\{Z\}: L = \mu + \mu^x + \mu^y + \mu^z + \mu^{xy}$$

$$\{XY\}\{XZ\}: L = \mu + \mu^x + \mu^y + \mu^z + \mu^{xy} + \mu^{zx}$$

$$\{XY\}\{XZ\}\{YZ\}: L = \mu + \mu^x + \mu^y + \mu^z + \mu^{xy} + \mu^{yz} + \mu^{zx}$$

$$\{XYZ\}: L = \mu + \mu^x + \mu^y + \mu^z + \mu^{xy} + \mu^{yz} + \mu^{zx} + \mu^{xyz}$$

四、模型选择与期望频次

(一) 模型选择简述[①]

饱和模型是保留了列联表信息最完整的模型,但也是最复杂的模型,而研究的目的在于删繁就简,除去一些微小的效应,保留主要的效应,而又不失与观测数据有很好的拟合,因此,即便总体是饱和模型,也有必要讨论是否可删去一些效应微弱的项目,使模型简化。可以说,对数线性模型,就是寻找在符合拟合条件下的最简化模型,也就是非饱和模型。对于抽样数据而言,由于抽样误差的干扰,更有必要通过检验,选择既能满足拟合要求,又简化的模型。简化模型由于删去了某些项目,所以一定是非饱和型的。

[①] 卢淑华编著:《社会统计学(第四版)》,第七章。

根据观测数据的边缘分布和各种非饱和模型的要求所生成的列联表,称为期望列联表,期望列联表中的频次称期望频次。对于期望频次和期望列联表,大家并不陌生,在二变量列联表中,用边缘分布推算出独立模型下的期望频次和期望列联表,通过观测列联表和期望列联表的差异,计算出统计量 χ^2,并依此对列联表进行检验和推论。

对数线性模型要选择的模型已不仅是变量相互独立这一种,各种不同模型,对应的期望频次和期望列联表都不相同。对于饱和模型而言,由于所有的效应都已包括在内,因此期望频次通过观测列联表的边缘分布就可获得(式(10-43)至式(10-55)),期望频次与观测频次二者完全拟合,因此无须再检验。而对于非饱和模型,由于忽略掉某些效果,因此期望频次与观测频次并不相同,只有通过检验,才能对选择的模型予以确认。

(二) 期望频次

那么,各种非饱和模型的期望频次如何获取呢?对于二变量列联表,各种模型对应的期望频次和期望列联表容易计算出来。而在更多变量的情况下,期望频次和期望列联表只能借助于电脑,通过迭代法获得。下列用例子来说明,二变量和三变量的期望列联表的期望频次是如何获得的。

1. 二变量

设有二变量观测列联表 10-38,下面将根据不同的模型,求出它们的期望列联表。

表　10-38①

x \ y	y_1	y_2	
x_1	153	55	208
x_2	22	18	40
	175	73	248

(1) 无效应模型

既无行效应,也无列效应,因此格值都相等,各为总数的 1/4,等于 248/4 = 62,见表 10-39。应该说,无效应模型在实际研究中是无意义的,但无效应型的格值,正是式(10-42)中的 τ。

---

① 表中数字例子,见李哲夫、杨心恒编:《社会调查与统计分析》,人民出版社 1989 年版,第 210—211 页。

表 10-39

x \ y	y_1	y_2	
x_1	62	62	124
x_2	62	62	124
$\sum$	124	124	

（2）行效应模型

行效应模型表示行之间的发生比不等于1,而具体数值,则用表10-38行边缘分布的发生比208/40为其估计值。由于无列效应,列之间发生比等于1,所以模型中设计为每列频次相等。另一条件是总数不变,为248,于是得表10-40为行效应模型。

表 10-40

x \ y	y_1	y_2	
x_1	104	104	208
x_2	20	20	40
	124	124	248

（3）列效应模型

列效应模型表示列之间的发生比不等于1,而具体数值,则用表10-38列边缘分布的发生比175/73为其估计值。由于无行效应,行之间发生比等于1,所以模型中设计为每行频次相等。另一条件是总数不变,为248,于是得表10-41为行效应模型。

表 10-41

x \ y	y_1	y_2	
x_1	87.5	36.5	124
x_2	87.5	36.5	124
	175	73	248

（4）变量独立模型

这是大家熟悉的,当变量相互独立时的期望列联表,其格值为 $P_{ij} = P_{i*} P_{*j}$ 或乘以总频次 n 后的 $n_{ij} = n_{i*} n_{*j}/n$：

$n_{11} = 175 \times 208/248 = 146.77$, $n_{12} = 73 \times 208/248 = 61.23$

$$n_{21} = 175 \times 40/248 = 28.23, \quad n_{22} = 73 \times 40/248 = 11.77$$

得表 10-42：

表 10-42

x \ y	y_1	y_2	
x_1	146.77	61.23	208
x_2	28.23	11.77	40
$\sum$	175.0	73.0	248

对比观测列联表 10-38 与根据非饱和模型所建立的各期望列联表 10-39 至表 10-42，可以发现，期望列联表中格值与原观测列联表的格值是有差异的，而最终选中的模型，应该是一方面满足和观测列联表的拟合度，同时又是最简化的模型。

2. 三变量或更多变量

三变量以上非饱和模型的期望列联表，没有直接估算的简单公式，必须采用复杂的迭代程序，这些都非人工所及，必须依靠计算机来完成。为了让读者对迭代法有感性认识，下面截取迭代程序中的一个循环周期，作为示范。①

设有三变量 X, Y, Z，现用图 10-6 表示用迭代程序，求全二因子交互作用模型的流程。

流程图 10-6 中的每一步骤，都有框图，框图中有要表示的内容，框图左上角有加圈的数字，每一个加圈数字都给出解释与内容具体的操作。

（1）表 10-43 是一个具体三变量的实例：

表 10-43

	$x = y_1$			$x = y_2$			$x = y_3$	
x \ z	z_1	z_2	x \ z	z_1	z_2	x \ z	z_1	z_2
x_1	11	46	x_1	19	85	x_1	9	40
x_2	25	42	x_2	19	42	x_2	7	9

---

① 读者如果无兴趣，也可忽略。

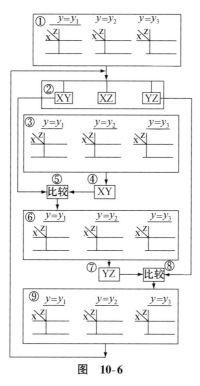

图 10-6

(2) 由于要求形成二因子交互作用模型,因此将表 10-43 做成 3 个二变量列联表 10-44：

表 10-44

y / x	y_1	y_2	y_3
x_1	57	104	49
x_2	67	61	16

z / x	z_1	z_2
x_1	39	171
x_2	51	93

y / z	y_1	y_2	y_3
z_1	36	38	16
z_2	88	127	49

(3) 从表 10-44 中任选一个二变量列联表开始,例如选定 $x \times y$ 列联表,首先将它平分为控制变量 y 的 3 个列联表 10-45：

第十章 定类型多变量分析方法简介

表 10-45

$y = y_1$			$y = y_2$			$y = y_3$		
x \ z	z_1	z_2	x \ z	z_1	z_2	x \ z	z_1	z_2
x_1	13	57	x_1	13	57	x_1	13	57
x_2	17	31	x_2	17	31	x_2	17	31

（4）表 10-45 是否满足表 10-44 中另外 2 个未启用的二变量列联表？为求解，将表 10-45 中 z_1 值和 z_2 值相加，合并为 $x \times y$ 二变量列联表 10-46：

表 10-46

x \ y	y_1	y_2	y_3
x_1	70	70	70
x_2	48	48	48

（5）比较表 10-44 中的 $x \times y$ 列联表与表 10-46，并将表 10-44 的格值除以表 10-46 中 x 的分布，得表 10-47：

表 10-47

x \ y	y_1	y_2	y_3
x_1	57/70 = 0.8143	104/70 = 1.4857	49/70 = 0.7000
x_2	67/48 = 1.3958	61/48 = 1.2708	16/48 = 0.3333

（6）表 10-47 称表 10-44 的修正系数表，将表 10-45 中的 $y = y_1$ 的 $x \times z$ 表，乘以表 10-47 中 $y = y_1$ 的 x 分布：

$$13 \times 0.8143 = 10.59, \quad 57 \times 0.8143 = 46.42,$$
$$17 \times 1.3958 = 23.73, \quad 31 \times 1.3958 = 43.27.$$

同理，将表 10-45 中的 $y = y_2$ 的 $x \times z$ 表，乘以表 10-47 中 $y = y_2$ 的 x 分布：

$$13 \times 1.4857 = 19.31, \quad 57 \times 1.4857 = 84.68,$$
$$17 \times 1.2708 = 21.60, \quad 31 \times 1.2708 = 39.39,$$

将表 10-45 中的 $y = y_3$ 的 $x \times z$ 表，乘以表 10-47 中 $y = y_3$ 的 x 分布，得修正后的三变量列联表 10-48：

表 10-48

	$y=y_1$			$y=y_2$			$y=y_3$	
z\x	z_1	z_2	z\x	z_1	z_2	z\x	z_1	z_2
x_1	10.59	46.42	x_1	19.31	84.69	x_1	9.10	39.90
x_2	23.73	43.27	x_2	21.60	39.39	x_2	5.67	10.33

（7）将表 10-48 中 x_1 值和 x_2 值相加,合并为 $y \times z$ 表 10-49：

表 10-49

y\z	y_1	y_2	y_3
z_1	34.3145	40.9177	14.7661
z_2	89.6849	124.0797	50.2323

（8）比较表 10-44 中的 $y \times z$ 列联表与表 10-49,将表 10-44 的格值除以表 10-49 中 z 的分布,得表 10-50,同步骤(5)：

表 10-50

y\z	y_1	y_2	y_3
z_1	36/34.3145 = 1.0491	0.9287	1.0836
z_2	0.9812	1.0235	0.9755

（9）用表 10-50 的修正系数修正表 10-48,方法同步骤(6),得表 10-51：

表 10-51

	$y=y_1$			$y=y_2$			$y=y_3$	
z\x	z_1	z_2	z\x	z_1	z_2	z\x	z_1	z_2
x_1	11.11	45.54	x_1	17.94	86.68	x_1	9.86	38.92
x_2	24.89	42.46	x_2	20.06	40.32	x_2	6.14	10.08

至此,完成了迭代程序中循环的一个周期,回到了步骤(2),如此反复,直到

修正系数达到预先设置的收敛要求,近似等于1,循环终止,所得列联表就是预期设定的全二因子交互作用期望列联表。

五、拟合检验

前面介绍了各种可供选择的模型,但最终选择的标准是一方面有效地拟合了观测数据,同时又是最简单的模型。

(一)拟合检验公式

1. χ^2(Pearson Chi-square)检验法

$$\chi^2 = \sum_i \sum_j \frac{(F_{ij} - \hat{F}_{ij})^2}{\hat{F}_{ij}} \quad (10\text{-}88)$$

其中 F_{ij} 是观测列联表的格值,$\hat{F}_{ij}$ 是期望列联表的格值。

2. $LR\chi^2$(Likelihood-ratio Chi-square)检验法

$$L^2 = 2 \sum_i \sum_j F_{ij} \ln \frac{F_{ij}}{\hat{F}_{ij}} \quad (10\text{-}89)$$

两种检验公式,在大样情况下是等效的,但 $LR\chi^2$ 在分析模型时,由于可以分解,因此应用更广泛。

(二)χ^2 分布自由度的确定

以上两种检验公式都是 χ^2 分布,而 χ^2 分布与自由度 df 有关,而自由度 df 与模型效应的总独立参数有如下关系式:

$$df = I \times J - P = 总格数 - P \quad (10\text{-}90)$$

其中:

I = 列联表总行数,

J = 列联表总列数,

P = 模型效应的总独立参数,它和所选取的模型有关。

以下分别列出各种模型中效应对应的独立参数。

1. 二变量

表 10-52

模型效应	独立参数
{0}{0}(无效应)	1(总平均)
{x}	$I-1$
{y}	$J-1$
{xy}	$(I-1)(J-1)$

其中：

行效应$\{x\}$的独立参数是$I-1$，是因为存在约束条件$\sum_i \mu_i^x = 0$；

列效应$\{y\}$的独立参数是$J-1$，是因为存在约束条件$\sum_j \mu_j^y = 0$；

交互作用$\{xy\}$的独立参数是$(I-1)(J-1)$，是因为存在约束条件$\sum_i \mu_{ij}^{xy} = 0$。

2. 三变量

表 10-53

模型效应	独立参数
$\{0\}\{0\}$（无效应）	1（总平均）
$\{x\}$	$I-1$
$\{y\}$	$J-1$
$\{z\}$	$K-1$
$\{xy\}$	$(I-1)(J-1)$
$\{yz\}$	$(J-1)(K-1)$
$\{xz\}$	$(I-1)(K-1)$
$\{xyz\}$	$(I-1)(J-1)(K-1)$

（三）拟合检验

1. 求$LR\chi^2$

以下以计算二变量模型中的表10-39至表10-42为例，计算各种模型的$LR\chi^2$。

（1）无效应模型 $L=\mu$

将观测列联表10-38和其对应的期望列联表10-39代入式（10-89）有：

$$L_1^2 = 2[153\text{Ln}(153/62) + 55\text{Ln}(55/62)$$
$$+ 22\text{Ln}(22/62) + 18\text{Ln}(18/62)] = 173.12$$

参照表10-52，代入式（10-90），得：

$$df_1 = 4 - 1 = 3$$

（2）行效应模型 $L = \mu + \mu^x$

将观测列联表10-38和其对应的期望列联表10-40代入式（10-89）有：

$$L_2^2 = 2[153\text{Ln}(153/104) + 55\text{Ln}(55/104) + 22\text{Ln}(22/20) + 18\text{Ln}(18/20)]$$
$$= 48.45$$

参照表 10-52,代入式(10-90),得:
$$df_2 = 4 - [1 + (2 - 1)] = 2$$

这里需要解释的是模型效应的总独立参数 P 为什么是 $1 + (2 - 1)$ 而不是行效应的独立参数 $(2 - 1)$? 这是因为我们研究的模型为层次模型,即只要具有某层次的效应,则比它低层次的效应也应包括在内,所以对于行效应模型,还要包括比它低的无效应模型。出于同样的原因,以下列效应模型中,独立效应模型中的总独立参数 P 都要加 1,而符合 {xy} 模型的总独立参数 P,不但要包括 {xy},还要包括 {x}, {y} 和无效应的独立参数 1[①]:

$$P = 1 + (I - 1) + (J - 1) + (I - 1)(J - 1)$$

(3) 列效应模型 $L = \mu + \mu^y$

将观测列联表 10-38 和其对应的期望列联表 10-41 代入式(10-89)有:
$$L_3^2 = 2[153\text{Ln}(153/87.5) + 55\text{Ln}(55/36.5) + 22\text{Ln}(22/87.5) + 18\text{Ln}(18/36.5)]$$
$$= 129.90$$

参照表 10-52,代入式(10-90),得:
$$df_3 = 4 - [1 + (2 - 1)] = 2$$

(4) 独立效应模型 $L = \mu + \mu^x + \mu^y$

将观测列联表 10-38 和其对应的期望列联表 10-42 代入式(10-89)有:
$$L_4^2 = 2[153\text{Ln}(153/146.77) + 55\text{Ln}(55/61.23)$$
$$+ 22\text{Ln}(22/28.23) + 18\text{Ln}(18/11.77)]$$
$$= 5.23$$

参照表 10-52,代入式(10-90),得:
$$df_4 = 4 - [1 + (2 - 1) + (2 - 1)] = 1$$

(5) 饱和模型 $L = \mu + \mu^x + \mu^y + \mu^{xy}$
$$L_5^2 = 0$$

参照表(10-50),代入式(10-89),得
$$df_5 = 4 - [1 + (2 - 1) + (2 - 1) + (2 - 1) \times (2 - 1)] = 0$$

将以上 5 种模型的 L^2 值及 df 归纳为表 10-54,有:

---

① H. T. Reynolds, *Analysis of Nominal Data*, P.66.

表 10-54

效应	$\ln\chi^2 = L^2$	df
(1) 无效应 $\{o\}\{o\}$	173.12	3
(2) 行效应 $\{x\}$	48.45	2
(3) 列效应 $\{y\}$	129.90	2
(4) 独立效应 $\{x\}\{y\}$	5.23	1
(5) 饱和型 $\{xy\}$	0.00	0

2. 拟合检验

对数线性模型的拟合检验,和列联表检验的目的正好相反。列联表检验是希望否定了变量相互独立的原假设,从而确认变量之间有相关,而对数线性模型的检验,是希望所选模型的原假设不被否定,从而很好地拟合观测数据,反之,如果 L^2 值落入拒绝域,则拒绝待检验的模型。下面对照表10-54中各种模型进行讨论。

(1) 无效应模型: $L_1^2 = 173.12, \chi_{0.05}^2(3) = 9.348, L_1^2 > \chi_{0.05}^2(3)$,所以结论是拒绝总体是无效应模型。

(2) 行效应模型: $L_2^2 = 48.45, \chi_{0.05}^2(2) = 5.991, L_2^2 > \chi_{0.05}^2(2)$,所以结论是拒绝总体是行效应模型。

(3) 列效应模型: $L_3^2 = 129.90, \chi_{0.05}^2(2) = 5.991, L_3^2 > \chi_{0.05}^2(2)$,所以结论是拒绝总体是列效应模型。

(4) 独立效应模型: $L_4^2 = 5.23, L_4^2 > \chi_{0.05}^2(1) = 3.841$,所以结论是拒绝总体是独立效应模型。

(5) 饱和模型:前面4个可能的模型,由于 L^2 都很大,所以不能与数据很好拟合,只剩下最后一种饱和模型,由于饱和模型的期望频次是由观测列联表的边缘分布,根据式(10-42)至式(10-55)或式(10-64)至式(10-72)计算而得,因此相同位置的期望频次和观测频次是相等的, $L_5^2 = 0$ 。可见,观测数据最佳的拟合是饱和模型。选模型是否很好拟合观测数据,就是和饱和模型进行比较。

(四) $LR\chi^2$ 的分解功能

虽然 χ^2 和 L^2 都可以用来检验模型的拟合,由于 $LR\chi^2$ 值的特点是:两个模型的比较,其 $LR\chi^2$ 的差值 $\triangle L^2$ 近似地等于两个模型间 Δdf 的 χ^2 分布,因此不同模型差值,还可用来检验效应项是否可以推及总体。

为了解释 $LR\chi^2$ 的这一特点,不妨以表10-54为例,列出模型的比较(表10-55):

表 10-55

模型比较	ΔL^2	Δdf	检验效应
(1)-(2)	124.67	1	$\{x\}$
(1)-(3)	43.22	1	$\{y\}$
(2)-(4)	43.22	1	$\{y\}$
(3)-(4)	124.67	1	$\{x\}$
(4)-(5)	5.23	1	$\{xy\}$

表 10-55 中：

(1) (1)—(2)即表 10-54 中(1)无效应模型和(2)行效应模型相减：

$$\Delta L^2 = 173.12 - 48.45 = 124.67, \quad \Delta df = 3 - 2 = 1,$$

两者相比,增加了$\{x\}$效应。

因为 $\Delta L^2 > \chi^2_{0.05}(1) = 3.841$,所以行效应$\{x\}$被确认。

(2) 如果要检验$\{x\}$效应,还可用表 10-54 中(3)列应模型和(4)独立效应模型相减：

$$\Delta L^2 = 129.90 - 5.23 = 124.67, \quad \Delta df = 2 - 1 = 1,$$

两者相比,和表 10-54 中(1)无效应模型和(2)行效应模型相减完全相同,同样可以得出行效应$\{x\}$被确认。

(3) 同理,如果要检验$\{y\}$效应,可用表 10-54 中(1)无效应模型和(2)列应模型相减：

$$\Delta L^2 = 173.12 - 129.90 = 43.22, \quad \Delta df = 3 - 2 = 1,$$

因为 $\Delta L^2 > X^{2(1)}_{0.05} = 3.841$,所以行效应$\{y\}$被确认。

(4) 表 10-54 中(2)行效应模型和(3)独立效应模型相减：

$$\Delta L^2 = 48.45 - 5.23 = 43.22, \quad \Delta df = 2 - 1 = 1$$

可以得出行效应$\{y\}$。

(5) 而$\{xy\}$效应,则是表 10-54 中(4)独立效应模型和(5)饱和型模型相减：

$$\Delta L^2 = 5.23 - 0.00 = 5.23, \quad \Delta df = 1 - 0 = 1,$$

因为 $\Delta L^2 > X^{2(1)}_{0.05} = 3.841$,所以$\{xy\}$效应被确认。

可见,LRX^2是可以分解的,本例中从无效应模型$\{o\}$与饱和型模型$\{xy\}$所形成的 $LRX^2(173.12)$,可以分解为 x 效应的 $LRX^2(124.67) + y$ 效应的 $LRX^2(43.22) + xy$ 交互作用的 $LRX^2(5.23)$：

$$173.12 = 43.22 + 124.67 + 5.23$$

六、模型筛选

LRX^2 的可分解性为模型及变量的筛选提供了方便。下面结合实例进行介绍。

[例] 15　设有4个变量：

X_1 = 婚姻状态分作3类，记作 $X_1(3)$；
X_2 = 经济状态分作3类，记作 $X_2(3)$；
X_3 = 健康状态分作2类，记作 $X_3(2)$；
Y = 幸福感状态分作2类，记作 $Y(2)$。

根据调查数据（略），各种模型检验有如下结果（表10-56）：[①]

表　10-56

Tests that K-way and higher order effects are zero.

K	DF	L. R. Chisq	Prob	Pearson Chisq	Prob	Iteration
4	4	3.994	0.4069	3.973	0.4098	3
3	16	12.605	0.7014	12.317	0.7219	5
2	29	404.071	0.0000	592.885	0.0000	2
1	35	2037.780	0.0000	2938.739	0.0000	0

（一）模型检验

这里给出的模型是按阶的，表中所示的 K 表示：

$K=4$，删去四变量以上交互作用的模型。也就是说，仅包括所有变量的主效应和变量间全部三变量交互作用，根据层次模型定义，它不言而喻，还应该包括全二变量交互作用。

同理，$K=3$，删去三变量以上交互作用的模型。也就是说，仅包括所有变量的主效应和变量间全部二变量交互作用。

$K=2$，删去二变量以上交互作用的模型。也就是说，仅包括所有变量的主效应。

$K=1$，删去任何变量的效应，是仅有总平均值的模型。

表10-56 中每一个模型都给出了它们的 LR χ^2（L. R. Chisq）和 χ^2（Person Chisq），对应的概率，最后一项 Iteration 为迭代次数，即达到收敛所重复计数的

---

① M. J. Norusis, *SPSS for Windows Advanced Statistics Release* 5, pp. 160—162.

次数。以 $K=4$ 为例,是假设 4 阶交互作用为 0,3 阶(3 变量)产生的 $LR\chi^2$ 和 χ^2(Person Chisq),对应模型的自由度 df 根据式(10-89)有:

$$df = 3 \times 3 \times 2 \times 2 - [(2-1)(3-1)(3-1) + (2-1)(3-1)(2-1)$$
$$+ (2-1)(3-1)(2-1) + (3-1)(3-1)(2-1) + (2-1)(3-1)$$
$$+ (2-1)(3-1) + (2-1)(2-1) + (3-1)(3-1)$$
$$+ (3-1)(2-1) + (3-1)(2-1) + 1 + 2 + 2 + 1 + 1] = 4$$

$df=4$ 的 χ^2 分布如图 10-7:

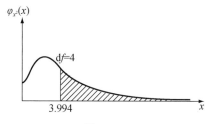

图 10-7

由于 $K=4$ 模型,

$$LR\chi^2 = 3.994, \quad P(3.994) = 0.4069 > 0.05,$$

因此可以认为,该模型与原数据拟合得很好。

同理 $K=3$ 模型,

$$LR\chi^2 = 12.605, \quad P(12.605) = 0.7014 > 0.05,$$

仍然可以认为,该模型与原数据拟合得很好。

而当 $K=2$ 或 $K=1$ 时,对应概率都小于 0.05,即这样的模型严重地有别于原数据,当然是不可取的,$K=3$ 和 $K=4$ 模型中,$P>0.05$,所以都接受待检验模型,即都能很好地拟合数据,但应取 $K=3$ 模型,因为 $K=3$ 模型简练,它只包括二变量的交互效应和主效应。

(二) 阶效应检验

有时我们需要检验某一阶的总效应,根据 χ^2 可以分解的特性,为了检验 K 阶的效应,只需将包括 K 阶和不包括 K 的 χ^2 值相减:

$$\chi^2 = \chi^2_{k-1} - \chi^2_k,$$

例如,$K=1$,表示一阶主效应,它可用表 10-56 中 $K=2$ 和 $K=1$ 两行相减:

$$\Delta LR\chi^2 (L.R.Chisq) = 2037.78 - 404.071 = 1633.708$$
$$\Delta df = 35 - 29 = 6$$

$$\begin{cases} H_0: K=1 \text{ 的效应为 } 0 \\ H_1: K=1 \text{ 的效应不为 } 0 \end{cases}$$

由于自由度为 6，χ^2 值为 1633.708 的概率远远小于 0.05，因此，结论只能是接受 K=1 的效应不为 0 的备择假设。

同理，K=2，表示全部二变量交互作用效应，K=3，表示全部三变量交互作用效应，K=4，表示全部四变量交互作用效应，它们的做法与 K=1 相同，都是用相邻两行相减。最终得表 10-57：

表 10-57

Tests that K-way effects are zero.

K	DF	L. R. Chisq	Prob	Pearson Chisq	Prob	Iteration
1	6	1633.708	0.0000	2345.854	0.0000	0
2	13	391.466	0.0000	580.568	0.0000	0
3	12	8.612	0.7357	8.345	0.7576	0
4	4	3.994	0.4069	3.973	0.4097	0

根据表 10-57，$K=1$ 和 $K=2$ 的效应是显著的，而 $K=3$ 和 $K=4$ 的效应是非显著。由于 χ^2 的可分解性，如果将表 10-57 中的各阶效应加总起来，正是表 10-56 中最末一行，不包括任何变量效应，总平均值模型的 LR χ^2 值和 df 有：

$$1633.708 + 391.466 + 8.612 + 3.994 = 2037.780$$
$$6 + 13 + 12 + 4 = 35$$

(三) 单项效应检验

阶效应是同阶整体的效应，但并不表示同阶中，每一项的效应都是显著的，为了求得每一项效应，这里仍然用到了 χ^2 的可分解性，为了检验 K 项的效应，只需将包括 K 项和不包括 K 项的 χ^2 值相减：

$$\chi^2 = \chi^2_{k-1} - \chi^2_k$$

χ^2 称偏 χ^2（partial χ^2），假设检验是：

$$\begin{cases} H_0: K \text{ 项效应为 } 0 \\ H_1: K \text{ 项效应不为 } 0 \end{cases}$$

χ^2 对应的概率 P，若 $P > \alpha = 0.05$，则接受 K 项效应为 0 的原假设；若 $P < \alpha = 0.05$，则接受 K 项效应不为 0 的备择假设。

例如，我们要了解幸福感(Y)、婚姻状态(X_1)、经济状态(X_2)三者交互作用的效应，由于全三变量模型的 LR χ^2 根据表 10-56 已经知道为 3.994，所以只需

补作一个不含 yx_1x_2 的模型表 10-58：

表 10-58

Design 1 has generating class
    yx_1x_3 ; $x_1x_2x_3$; yx_2x_3
Goodness-of-fit test statistics
Likelihood ratio Chi Square = 7.36357 DF = 8 $P = 0.498$
Pearson Chi Square = 7.50541 DF = 8 $P = 0.483$

计算机给出它的 $LR\chi^2$ 为 7.364，$df=8$，两者之差 $7.364-3.994=3.370$，$8-4=4$，就是单项 $y\ x_1\ x_2$ 的 $LR\chi^2$ 和自由度 df。有了 $LR\chi^2$ 和自由度 df 就可以得出对应概率。以下是本例全部单项效应的 df, $LR\chi^2$, P（表 10-59）：

表 10-59 Tests of Partial Associations

Effect Name	DF	Parfial chisq	Prob Ites	
$\{yx_1x_2\}$	4	3.370	0.4979	4
$\{yx_1x_3\}$	2	0.458	0.7955	4
$\{yx_2x_3\}$	2	0.955	0.6205	3
$\{x_1x_2x_3\}$	4	3.652	0.4552	5
$\{yx_1\}$	2	15.050	0.0005	5
$\{yx_2\}$	2	16.120	0.0003	5
$\{yx_3\}$	4	160.738	0.0000	4
$\{x_1x_2\}$	1	55.696	0.000	5
$\{x_1x_3\}$	2	8.391	0.0151	5
$\{x_2x_3\}$	2	35.600	0.0000	4
y	1	849.537	0.0000	2
x_1	2	343.395	0.0000	2
x_2	2	86.115	0.0000	2
x_3	1	354.662	0.0000	2

表 10-59 表明，全部三变量的交互作用，由于 $P>\alpha=0.05$，都不能拒绝该项效应为 0 的原假设，因此可以忽略不计。也就是说，模型取到二变量交互作用就可以了。

七、模型参数估计

以上给出的是一般后退式模型筛选的程序：先从饱和模型 $LR\chi^2$ 开始，依次给出各级有交互作用的非饱和模型 LR χ^2,再利用 LR χ^2 的可分解性,依次通过拟合或显著性检验,给出各阶的 LR χ^2 效应,以及单项 LR χ^2 效应,最终确定了对数线性模型单项的筛选。但有了选中的单项,还需要回答各单项的数量特征,这就是参数(式(10-75)至式(10-78))μ 值的估计。下面用例子介绍 SPSS 给出模型参数估计的点估计和区间估计。

[例]16 为了解顾客对产品的评价,作了 1000 份的随机抽样调查,有效回收 792 份。以下是顾客收入状况与满意度的交叉列联表 10-60[①]:

表 10-60

x \ y	y_1	y_2	
x_1	53	38	91
x_2	434	108	542
x_3	111	48	159
	598	194	792

其中:y_1 = "满意";y_2 = "不满意";
x_1 = "高收入";x_2 = "中收入";x_3 = "低收入"。

经过对数线性模型的筛选,确认了主效应和交互作用都是显著的(检验结果从略),下面是 SPSS 输出的参数估计的结果输出表 10-61:

表 10-61

Effect	Parameter	Estimate	Std. Error	Z	Sig.	95% Confidence Interval	
						Lower Bound	Upper Bound
xy:	1	-0.260	0.078	-3.332	0.001	-0.413	-0.107
	2	0.269	0.058	4.651	0.000	0.156	0.382
x:	1	-0.683	0.078	-8.737	0.000	-0.836	-0.530
	2	0.883	0.058	15.267	0.000	0.769	0.996
y:	1	0.425	0.049	8.703	0.000	0.329	0.520

试对表 10-61 参数结果进行讨论。

[解] 根据表 10-61,无论从显著性水平($\alpha<0.01$)看,或从区间估计来

---

① 何晓群编著:《多元统计分析》,第 226—229 页。

看,都不包括0,说明主效应 x 和 y 以及它们的交互作用 xy 都是显著的。根据式(10-75)至式(10-78)表中点估计值,结合本题 x 和 y 的具体内容:

$\mu_1^x = \mu_{高收入} = -0.683$

$\mu_2^x = \mu_{中收入} = 0.883$

$\mu_3^x = \mu_{低收入} = 0 - (-0.683) - 0.883 = -0.200$

$\mu_1^y = \mu_{满意} = 0.425$

$\mu_2^y = \mu_{不满意} = -0.425$

$\mu_{11}^{xy} = \mu_{高收入满意} = -0.260$

$\mu_{21}^{xy} = \mu_{中收入满意} = 0.269$

$\mu_{31}^{xy} = \mu_{低收入满意} = 0 - (-0.260) - 0.269 = -0.009$

$\mu_{12}^{xy} = \mu_{高收入不满意} = 0.260$

$\mu_{22}^{xy} = \mu_{中收入不满意} = -0.269$

$\mu_{32}^{xy} = \mu_{低收入不满意} = 0.009$

根据不同的 μ 值,类似于代入式(10-86)可知,参数值为正,对频率为正效应,反之为负效应。由于 $\mu_1^y = \mu_{满意}$ 为正值,所以顾客多数是满意的。从收入来看 $\mu_{中收入} > \mu_{低收入} > \mu_{高收入}$,说明中等收入的满意度最高,低收入之次,最低满意度是高收入顾客。而通过交互作用,可知,只有中收入顾客满意度为正值。其他两类顾客满意度为负值。所以该产品的消费目标人群应是中等收入的顾客。

习　题

1. 以下是 Logistic regression 的输出:

Variable	B	S.E	Wald	df	Sig.	R	Exp B
X_1	-0.052	0.063	?	1	0.408	0.000	?
X_2	2.035	0.838	?	1	0.015	0.236	?
X_3	-1.564	0.774	?	1	0.043	0.172	?

问:(1) 表中变量 X_1, X_2, X_3 的 Wald,Exp B 各是多少?

(2) 哪几个变量可以推论到总体($\alpha < 0.05$)?

(3) 根据 Exp B 解释自变量 X_i 对因变量的解释力。

2. 设有4个变量:

X_1 = 是否考研,分作2类,记作 $X_1(2)$;

X_2 = 本科专业,分作 4 类,记作 $X_2(4)$;

X_3 = 地区,分作 2 类,记作 $X_3(2)$;

X_4 = 性别,分作 2 类,记作 $Y(2)$。

根据调查数据①(略),各种模型检验有如下结果表 10-62:

(1) 模型检验表 10-62,表中 K 的解释同表 10-56;

(2) 阶效应检验表 10-63,表中 K 的解释同表 10-57;

表 10-62　模型检验

k	df	L. R. Chisq	Prob
4	?	2.535	0.4690
3	?	11.226	0.5919
2	?	52.438	0.0011
1	?	238.163	0.0000

表 10-63　阶效应检验

k	df	L. R. Chisq	Prob
1	6	?	0.0000
2	?	41.212	0.0000
3	10	?	0.5617
4	?	2.535	0.4690

问:(1) 根据表 10-62,计算 $K=1,2,3,4$ 各种模型的自由度 df。

(2) 根据表 10-62,你将选择哪种模型?

(3) 回答表 10-63 中各问号。

---

① 阮桂海等:《SPSS for Windows 高级应用教程》,电子工业出版社 1998 年版,第 44—47 页。

第十一章

因果模型分析方法简介

第一节 路径分析

一、引言

第四章所介绍的多元回归,确切地应称作复回归,它只讨论了并列的多个因对一个果的影响,但对复杂的因果模型并没有讨论。例如多次因果的耦合,前一级的果又是下一级的因,如此多次因果的耦合,正是路径分析所要讨论的复杂因果模型。路径分析最初是由遗传学家 S. Wright 提出,用于遗传学中的因果分析(1918—1921 年),20 世纪 80 年代开始引进社会学,成了社会研究中探索复杂因果网的一个有力工具。

由于因果模型中每一级都可看作一次复回归,因此路径分析可看作是复回归的延伸,前一级复回归的果,是下一级复回归中的因,当复杂模型中的各个变量形成多元回归(复回归)方程,所有变量的回归方程按一定因果方式联合起来,组成了回归方程组。路径分析则是在探索复杂模型的因果链中,讨论每一对变量所呈因果关系的性质,例如直接效应,间接效应,抑或虚假效应?须强调的是,如同前几章所介绍的相关一样,这里实际指的都是线性相关。

路径分析的主要内容有两个:一是根据预设的因果连接,画出线路图,另一个是分解变量间的相关系数,将相关系数分解为直接、间接或虚假部分。

路径分析中需使用一系列的假定或适用条件,下面先就路径分析中的名词作解释(图 11-1):

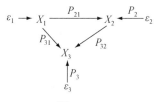

图 11-1

(一) 外生变量

模型中只作为原因、自变量出现的变量,称外生变量。如图 11-1 中的 X_1,它在模型中只扮演自变量的角色,至于外生变量产生的原因,模型将不再研究,所以外生变量是模型的初始变量,一切引起外生变量的因素,将统统归入外生变量的误差项 ε_1,并假定 $E(\varepsilon_1)=0$。

模型中的外生变量可以不止一个(图 11-2),外生变量之间可以是独立、无关的,也可以是相关的。

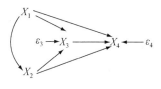

图 11-2

(二) 内生变量

模型中作为果出现的变量,如图 11-1 中的 X_3,及图 11-2 中的 X_4;或既是某变量的果,又是其他变量的原因,如图 11-1 中的 X_2 及图 11-2 中的 X_3。所以说,内生变量是受模型中变量影响的变量。

(三) 递归模型

模型中的箭头都是单向的。例如图 11-1 从原始的变量 X_1 开始,X_1 影响了 X_2,但 X_2 不能影响 X_1,称 X_1 是 X_2 的先决变量。同理,图 11-2 中的 X_1,X_2 可以影响 X_3,但 X_3 不影响 X_1,X_2,称 X_1 和 X_2 是 X_3 的先决变量,X_1,X_2,X_3 可以影响 X_4,但 X_4 不影响 X_1,X_2,X_3,称 X_1,X_2,X_3 是 X_4 的先决变量。可见,只有模型中变量的连接全部是单箭头的,且无反馈作用才能称作递归模型,否则就是非递归模型。

图 11-3 列举了各种不满足递归、属非递归的模型。其中图(a):模型中的任何两个变量,连接为双箭头,有直接反馈作用。(b):模型中有变量 X_3 存在自相关。(c):模型中某几个变量形成闭环因果链,如从 X_1 出发,经过 X_2,再从 X_3

又回到了 X_1，形成了间接反馈。(d)：原因变量 X_1 和结果变量 X_2 的误差之间存在相关，不满足相互独立的要求。(e)：内生变量 X_2, X_3 之间误差存在相关，不满足相互独立的要求。对于非递归模型，将在本章第二节讨论。

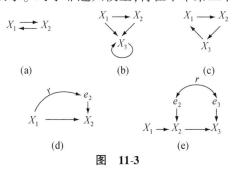

图 11-3

（四）路径系数

模型中作为原因的自变量对果变量的直接效果，如图 11-1，p_{21} 就是 X_1 对 X_2 的路径系数，P_{32} 就是 X_2 对 X_3 的路径系数，余类推。

二、递归模型的假定

（1）变量间的关系是线性可加的。
（2）所有误差之间都是相互独立的。
（3）由于模型是递归的，变量的因果次序是预设的，X_2 只受它先前的变量 X_1 的影响，但不受它之后的变量 X_3 的影响，同理，X_3 则受它先前变量 X_1 和 X_2 的影响，但不受它之后变量的影响。
（4）变量都是定距变量，为了简化计算，假定变量都是标准化定距变量。
（5）模型本身是由理论或实验确定了的，路径分析的任务是将变量间的相关关系，结合模型的因果信息，对因果关系作出定量的解释。
（6）测量工具要有一定的信度和效度。

三、路径分析

（一）单个外生变量的情况

1. 内生变量的路径系数

根据图 11-1，由于 X_1 是外生变量，因此在方程组里 X_1 只是自变量，可以不写方程，其他内生变量写成：

$$X_2 = p_{21}X_1 + p_2\varepsilon_2 \tag{11-1}$$

$$X_3 = p_{31}X_1 + p_{32}X_2 + p_3\varepsilon_3 \tag{11-2}$$

其中,除了 p_{21},p_{31},p_{32} 分别是 X_1 对 X_2,X_1 对 X_3,X_2 对 X_3 的路径系数外,p_2 为 ε_2 对 X_2 的路径系数;p_3 为 ε_3 对 X_3 的路径系数。

将内生变量方程,分别乘以先决变量:

式(11-1) 乘以 X_1:$X_2X_1 = p_{21}X_1X_1 + p_2\varepsilon_2X_1$ \tag{11-3}

式(11-2) 乘以 X_1:$X_3X_1 = p_{31}X_1X_1 + p_{32}X_2X_1 + p_3\varepsilon_3X_1$ \tag{11-4}

式(11-2) 乘以 X_2:$X_3X_2 = p_{31}X_1X_2 + p_{32}X_2X_2 + p_3\varepsilon_3X_2$ \tag{11-5}

在满足所有误差之间都是相互独立的假定条件下:

$$E(X_1\varepsilon_2) = E(X_1\varepsilon_3) = E(X_2\varepsilon_3) = 0$$

同时变量都是标准化的,式(11-3)、式(11-4)、式(11-5)求和,取平均后有相关系数:

$$r_{21} = (1/n)\Sigma(X_2X_1),\quad r_{11} = 1$$
$$r_{31} = (1/n)\Sigma(X_3X_1),\quad r_{22} = 1$$
$$r_{32} = (1/n)\Sigma(X_3X_2)$$

$$\begin{cases} r_{21} = p_{21} & (11\text{-}6) \\ r_{31} = p_{31} + p_{32}r_{21} & (11\text{-}7) \\ r_{32} = p_{31}r_{21} + p_{32} & (11\text{-}8) \end{cases}$$

联立方程中共有 3 个方程,正好等于 3 个路径系数,因此通过简单的代数运算,可得:

$$p_{21} = r_{21} \tag{11-9}$$

$$p_{31} = (r_{31} - r_{21}r_{32})/(1 - r_{21}^2) \tag{11-10}$$

$$p_{32} = (r_{32} - r_{21}r_{31})/(1 - r_{21}^2) \tag{11-11}$$

式(11-9)、式(11-10)、式(11-11)与第四章第一节标准多元回归方程的回归系数相同,因此用多元回归求得的标准化回归系数就是路径系数。

2. 内生变量误差项的路径系数

式(11-1)和式(11-2)内生变量误差项的路径系数等于:

$$p_2 = \sqrt{1 - r_{21}^2} \tag{11-12}$$

$$p_3 = \sqrt{1 - R_{3\cdot21}^2} \tag{11-13}$$

它反映了模型所不能解释部分的大小,p_2,p_3 越大,模型的解释力越差,如果 p_2,p_3 过大,则模型应重新考虑及修改。

(二) 多个外生变量情况

设外生变量不止一个,且外生变量之间存在相关,如图 11-4:

1. 内生变量的路径系数

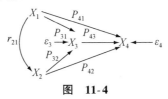

图 11-4

图 11-4 中的内生变量为 X_3, X_4,因此有:

$$X_3 = p_{31}X_1 + p_{32}X_2 + p_3\varepsilon_3 \tag{11-14}$$

$$X_4 = p_{41}X_1 + p_{42}X_2 + p_{43}X_3 + p_4\varepsilon_4 \tag{11-15}$$

类似于式(11-4)至式(11-5),将式(11-14)、式(11-15)分别乘以它们的先决变量,再求平均,得:

$$\begin{cases} r_{31} = p_{31} + p_{32}r_{21} & (11\text{-}16) \\ r_{32} = p_{31}r_{21} + p_{32} & (11\text{-}17) \\ r_{41} = p_{41} + p_{42}r_{21} + p_{43}r_{31} & (11\text{-}18) \\ r_{42} = p_{41}r_{21} + p_{42} + p_{43}r_{32} & (11\text{-}19) \\ r_{43} = p_{41}r_{31} + p_{42}r_{23} + p_{43} & (11\text{-}20) \end{cases}$$

式(11-16)至式(11-20)共 5 个联立方程,因此可以求出 5 个路径系数。

2. 内生变量误差项的路径系数

$$P_3 = \sqrt{1 - R^2_{3\cdot 21}} \tag{11-21}$$

$$P_4 = \sqrt{1 - R^2_{4\cdot 321}} \tag{11-22}$$

3. 相关系数的分解

将式(11-16)、式(11-17)代入式(11-18)、式(11-19)、式(11-20),得变量间相关系数与路径系数的关系式:

$$\begin{cases} r_{31} = p_{31} + p_{32}r_{21} & (11\text{-}23) \\ r_{32} = p_{31}r_{21} + p_{32} & (11\text{-}24) \\ r_{41} = p_{41} + p_{42}r_{21} + p_{43}p_{31} + p_{43}p_{32}r_{21} & (11\text{-}25) \\ r_{42} = p_{41}r_{21} + p_{42} + p_{43}p_{31}r_{21} + p_{43}p_{32} & (11\text{-}26) \\ r_{43} = p_{41}p_{31} + p_{41}p_{32}r_{21} + p_{42}p_{31}r_{21} + p_{42}p_{32} + p_{43} & (11\text{-}27) \end{cases}$$

式(11-23)至式(11-27)表明了图 11-4 模型中变量间相关系数所分解的内容,具体有:

(1) 直接效应(D)。路径系数 p_{ij} 是 X_j 对 X_i 的直接效应。如 p_{31} 是 X_1 对 X_3 的直接效应,p_{32} 是 X_2 对 X_3 的直接效应,p_{41} 是 X_1 对 X_4 的直接效应,p_{42} 是 X_2 对 X_4 的直接效应,p_{43} 是 X_3 对 X_4 的直接效应。

(2) 间接效应(I)。X_j 对 X_i 的作用力,是通过中介变量完成的,称间接效应。如 X_1 对 X_4 的作用,除直接效应 p_{41} 外,还有一部分通过中介变量 X_3 完成:$X_1 \to X_3 \to X_4$,称 X_1 对 X_4 的间接效应,其数量为 $p_{43}p_{31}$,同理,如 X_2 对 X_4 的作用,除直接效应 p_{42} 外,还有一部分通过中介变量 X_3 完成:$X_2 \to X_3 \to X_4$,称 X_2 对 X_4 的间接效应,通过中介变量 X_3 完成的:$X_1 \to X_3 \to X_4$,称 X_1 对 X_4 的间接效应,其数量为 $p_{43}p_{32}$。

直接效应与间接效应之和,称总因果效应 TE:$TE = D + I$。

(3) 共因作用(S)。X_1,X_2 对 X_3 和 X_4 将形成共因作用,其数量为 $p_{41}p_{31} + p_{42}p_{32}$。

(4) 外生变量相关的作用(U)。式(11-25)、式(11-26)、式(11-27)中,变量通过外生变量间的相关传递部分效应,因此这部分效应将包含 r_{12},如 $p_{43}p_{32}r_{21}$,$p_{43}p_{31}r_{21}$,$p_{41}p_{32}r_{21}$,$p_{42}p_{31}r_{21}$,换句话说,如果外生变量间无相关,则这部分效应将消失。

下面将式(11-23)至式(11-27)相关系数的分解用表 11-1 来表示:

表 11-1

r_{ji}	因果效应		虚假部分	
	直接	间接	由共因引起的	由外生变量相关引起的
r_{21}				
r_{31}	p_{31}			$p_{32}r_{21}$
r_{32}	p_{32}			$p_{31}r_{21}$
r_{41}	p_{41}	$p_{31}p_{43}$		$p_{42}r_{21} + p_{43}p_{32}r_{21}$
r_{42}	p_{42}	$p_{32}p_{43}$		$p_{41}r_{21} + p_{43}p_{31}r_{21}$
r_{43}	p_{43}		$p_{32}p_{42} + p_{31}p_{41}$	$p_{42}r_{21}p_{31} + p_{32}r_{21}p_{41}$

表 11-1 表明,并非每一个相关都包含 4 部分内容,例如,如果没有共因,就不会出现(3)中的虚假相关部分,同样,如果外生变量是独立、无关的,则不会出现(4)中的相关。同样,如果没有内生变量 X_3 到 X_4 的直接作用,则 $p_{43} = 0$,于是表 11-1 只剩下虚假部分,直接效应和间接效应消失。

(5) Wright 规则。以上例子中变量间的相关系数是通过联立方程组解得的,实际从路径图(图 11-4),就可以计算出相关系数。Wright 认为,对于递归模

型,任何两个变量的相关系数可以看成是连接两点的所有复合路径之和。复合路径要按以下规则选取:

① 复合路径的箭头,不能"先向前,再向后",例如直接效应或间接效应,它们的箭头指向都是永远向前,没有向后,因此满足复合路径的要求。但图 11-5 (a)中的下半部分,"$x_2 \rightarrow x_4 \rightarrow x_3$"就不是复合路径,因为 x_2 到 x_4 是向前,但 x_4 到 x_3 却是向后了。但图 11-5 (a)中的上半部分,由前置变量因 x_1 形成虚假相关,则不是"先向前,再向后"而是"先向后,再向前",所以 $X_2 \rightarrow X_1 \rightarrow X_3$ 形成了复合路径。

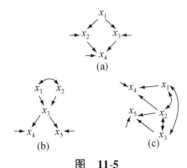

图 11-5

② 复合路径不能有闭合环路。图 11-5 (b)中,"$X_4 \rightarrow X_3 \rightarrow X_1 \rightarrow X_2 \rightarrow X_5$"因为包含了闭合环路"$X_3 \rightarrow X_1 \rightarrow X_2 \rightarrow X_3$",所以不是复合路径,但"$X_4 \rightarrow X_3 \rightarrow X_5$"是复合路径。

③ 一条复合路径只能包含一个双箭头,如果有多个双箭头的链,只可以取最远距离的一个双箭头。图 11-5 (c)中"$X_4 \rightarrow X_1 \rightarrow X_2 \rightarrow X_3 \rightarrow X_5$"不是复合路径,因为 X_1 和 X_2,X_2 和 X_3 都是相关关系,而一条复合路径不能包含 2 个双箭头。"$X_4 \rightarrow X_1 \rightarrow X_2 \rightarrow X_5$""$X_4 \rightarrow X_2 \rightarrow X_3 \rightarrow X_5$""$X_4 \rightarrow X_1 \rightarrow X_3 \rightarrow X_5$"都是复合路径。[1]

四、模型检验

(一)模型识别

模型识别又称模型认定,是指已有的调查资料是否足以用来估计因果模型中的参数,或者说,模型中的参数是否可以估计出来。模型可以分作:

1. 恰好识别型

当模型中所有变量都相互连结,外生变量间用曲线连结,外生变量与内生

---

[1] 何晓群编著:《多元统计分析》,第 248—249 页。

变量以及内生变量之间都按递归式单向连结。方程组的方程数与路径数相等。这时每一个参数都可以求得其唯一解。前面的图 11-1 和图 11-2 都属于恰好识别型,是完整的全递归模型,也就是饱和型模型。

2. 不足识别型

资料不充分,不能唯一地确定参数,这是资料调查前要充分考虑、避免发生的。

3. 超识别型

当完整的全递归模型中某些路径丢失或人为删去时,方程式的个数多于要估计的参数,它相当于对估计的参数增加了某些约束条件。例如当图 11-1 中缺少了 X_1 至 X_3 的路径(图 11-6):

$$\begin{array}{ccccc} X_1 & \rightarrow & X_2 & \rightarrow & X_3 \\ & & \uparrow & & \uparrow \\ & & \varepsilon_2 & & \varepsilon_3 \end{array}$$

图 11-6

联立方程组有:

$$\begin{aligned} X_2 &= p_{21}X_1 + p_2\varepsilon_2 \\ X_3 &= p_{32}X_2 + p_3\varepsilon_3 \end{aligned} \tag{11-28}$$

根据递归规则,式(11-28)虽然自变量只有一个,仍然可分别乘以 X_1 和 X_2,生成两个方程,于是联合方程组式(11-28)共生成了 3 个相关系数联立方程:

$$\begin{cases} r_{21} = p_{21} & (11\text{-}29) \\ r_{31} = p_{32}r_{21} & (11\text{-}30) \\ r_{32} = + p_{32} & (11\text{-}31) \end{cases}$$

式(11-29)至式(11-31)共 3 个方程,但只有 2 个参数 p_{21},p_{32}需要估计,因此称超识别型,也就是非饱和型模型。

(二) 模型检验

当我们用数据求得回归方程后,所得回归系数就是路径系数,有了路径系数,可以按 4 种效应重新再生成变量间的相关系数,如果模型是恰好识别型,则再生的相关系数与用数据计算的原始相关系数必然是拟合的。但是这样的模型一般都不够精练,研究者的任务,就是去繁求简,提炼出少量最精要的变量,同时又能最大限度地和原数数据相拟合。因此下一步的工作,是从恰好识别型中,删去某些系数很小的路径,由于有了路径的缺失,模型成为超识别型,这时

第十一章 因果模型分析方法简介

再生的变量相关系数与原始相关系数就会出现差异。模型检验将提供有关的检验方法,讨论拟合的程度,下面用例题来解释。

[例]1 有关职业流动假想的例子。①

1. 理论部分

根据当前的现实和理论分析,家庭条件(X_1)和本人的能力(X_2),是青年第一次职业(X_3)的两个重要因素,而人的一生不可能只在一地或从事一种工作,社会越发达,职业的流动越频繁,青年最初走上工作岗位后,还会寻找更有发展前途的新职业,由于第二次职业(X_4)是在第一次职业基础上产生的,因此X_4除了与X_1和X_2有关外,还会和新因素X_3有关。

以上的理论分析,用路径分析来讨论是恰当的。首先从时序来说,两次就业有时间差,是第一次就业影响第二次就业,不可能是第二次就业影响第一次就业,同样,家庭与个人因素影响就业,而不可能反过来。因此这样的因果链满足单向的递归要求,设4个变量都转化为定距型变量,且误差等项满足假定要求,因此有如下因果图11-7。

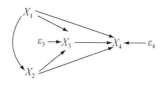

图 11-7

其中,X_1=家庭条件,X_2=本人能力,X_3=第一次职业,X_4=第二次职业。

通过$n=100$(名)的调查,获得了以上4个变量的数据,下面将就理论模型进行讨论。

2. 建立全递归模型

4个变量有如下方程组:

$$X_3 = p_{31}X_1 + p_{32}X_2 + p_3\varepsilon_3 \tag{11-32}$$

$$X_4 = p_{41}X_1 + p_{42}X_2 + p_{43}X_3 + p_4\varepsilon_4 \tag{11-33}$$

根据$n=100$(名)的调查,外生变量间为$r_{12}=0.30$,通过回归方程,得:

$p_{31}=0.398$, $p_{32}=0.041$, $p_3=0.911$

$p_{41}=0.009$, $p_{42}=0.501$, $p_{43}=0.416$, $p_4=0.710$

---

① E. J. Pedhazur, *Mulfiple Regression in Behavioral Research:Explanation and Prediction*(2nd Edition), p.600—623.

由于图 11-7 是完整的全递归模型,因此将变量间存在的直接效应(D)、间接效应(I)、共因作用(S)、外生变量相关的作用(U),4 种可能效果加总起来,就可得到原始的变量间相关系数:

$$r_{31} = p_{31} + p_{32}r_{21} = 0.398 + 0.041 \times 0.30 = 0.41 \tag{11-34}$$

$$r_{32} = p_{31}r_{21} + p_{32} = 0.398 \times 0.30 + 0.041 = 0.16 \tag{11-35}$$

$$r_{41} = p_{41} + p_{42}r_{21} + p_{43}p_{31} + p_{43}p_{32}r_{21}$$
$$= 0.009 + 0.501 \times 0.30 + 0.416 \times 0.398$$
$$+ 0.416 \times 0.041 \times 0.30 = 0.33 \tag{11-36}$$

$$r_{42} = p_{41}r_{21} + p_{42} + p_{43}p_{31}r_{21} + p_{43}p_{32}$$
$$= 0.009 \times 0.30 + 0.501 + 0.416 \times 0.398 \times 0.30$$
$$+ 0.416 \times 0.041 = 0.57 \tag{11-37}$$

$$r_{43} = p_{41}p_{31} + p_{41}p_{32}r_{21} + p_{42}p_{31}r_{21} + p_{42}p_{32} + p_{43}$$
$$= 0.009 \times 0.398 + 0.009 \times 0.041 \times 0.30 + 0.501 \times 0.398 \times 0.30$$
$$+ 0.501 \times 0.041 + 0.416 = 0.50 \tag{11-38}$$

将式(11-34)至式(11-38)汇总,得原始相关系数表 11-2:

表 11-2

	X_1	X_2	X_3	X_4
X_1	1.00	0.30	0.41	0.33
X_2		1.00	0.16	0.57
X_3			1.00	0.50
X_4				1.00

将所得路径系数及相关系数,填写在模型图 11-7 中,得图 11-8,其中箭头指向的系数为路径系数,相应括号内为相关系数。

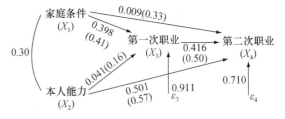

图 11-8

讨论

（1）最终的内生变量 X_4 的误差路径系数 $p_4 = 0.710$，说明 X_1, X_2, X_3 对 X_4 的共同解释力

$$R_{4.123}^2 = 1 - (0.710)^2 = 49.65$$

具有一定解释力，因此可进行进一步讨论。

（2）两次就业的因素有很大不同。对尚未步入职场的青年人来说，第一次就业，家庭背景相对于本人所受教育更为重要，但步入职场之后的发展，显然更多地取决于本人的条件，因此影响第一次职业的因素与影响第二次职业的因素，显然有所不同。第二次就业中，个人因素相较于家庭因素更为重要，从路径系数来看，家庭因素对第二次就业几乎可以忽略，第二次就业更多地依赖于个人的能力和第一次就业所累积的各种财富。

（3）虽然"$X_1 \to X_4, X_2 \to X_3$"的相关系数并不小，$r_{41} = 0.33, r_{32} = 0.16$，但路径系数 $p_{41} = 0.009, p_{32} = 0.041$ 都很小，说明变量间的关联，主要都不是直接作用的效果，因此，不妨将这些路径系数删去。这样，完整的递归、恰好认定型就变成了超识别型（图 11-9）。

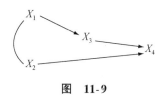

图 11-9

3. 超识别型

4 个变量有如下方程组：

$$X_3 = p_{31}X_1 + p_3 \varepsilon_3 \quad (11-39)$$

$$X_4 = p_{42}X_2 + p_{43}X_3 + p_4 \varepsilon_4 \quad (11-40)$$

根据 $n = 100$（名）的调查，外生变量间为 $r_{12} = 0.30$，通过回归方程，得：

$$p_{31} = 0.41, \quad p_3 = 0.912$$

$$p_{42} = 0.503, \quad p_{43} = 0.420, \quad p_4 = 0.710$$

通过变量间存在的路径系数，直接效应（D）、间接效应（I）、共因作用（S）、外生变量相关的作用（U），4 种可能效果加总起来，就可得到再生的变量间相关系数：

$$r_{31} = p_{31} = 0.41 \quad (11-41)$$

$$r_{32} = p_{31}r_{21} = (0.41) \times (0.30) = 0.123 \quad (11-42)$$

$$r_{41} = p_{42}r_{21} + p_{43}p_{31} = 0.503 \times 0.30 + 0.420 \times 0.41 = 0.323 \quad (11\text{-}43)$$

$$r_{42} = p_{42} + p_{43}p_{31}r_{21} = 0.503 + 0.420 \times 0.410 \times 0.30 = 0.555 \quad (11\text{-}44)$$

$$r_{43} = p_{42}p_{31}r_{21} + p_{43} = 0.503 \times 0.410 \times 0.30 + 0.420 = 0.482 \quad (11\text{-}45)$$

根据所得的路径系数和相关系数,得图 11-10。

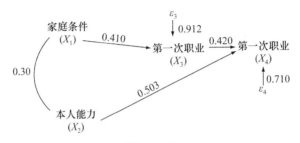

图　11-10

下面是两次模型相关系数的比较(表 11-3)。

表　11-3

	原始相关系数值	再生相关系数值
r_{21}	0.30	0.30
r_{31}	0.41	0.41
r_{32}	0.16	0.123
r_{41}	0.33	0.323
r_{42}	0.57	0.555
r_{43}	0.50	0.482

表 11-3 表明,原始相关系数与再生相关系数相差并不太大,因此从直观上可以认为简化了的因果模型(图 11-10)对数据是拟合的。

4. 检验

通过[例]1 中原始相关系数和再生相关系数的比较,说明模型是可以简化的,但并没有定量地给出相差到什么程度是可以简化的或不可以简化。关于检验方法目前有各种的讨论,这里介绍 Specht 的检验方法。[①]

首先检验只对超识别模型才有必要,对于恰好识别型,由于路径是完全的,路径系数的个数与相关系数的个数相等,知道样本的相关系数,就可以求出路

---

① D. A. Specht,"On the Evaluation of Causal Models," *Social Science Research*, 1975, No. 4, pp. 113—133。

第十一章　因果模型分析方法简介

径系数,并且它们是可以彼此相互转化的。因此从相关系数的角度而言,它是完全拟合的,饱和型或恰好识别型是不可检验的。只有超识别模型,删去某些路径,才产生检验模型的必要。很自然的,检验的目的就是检验和恰好识别型比较是否拟合而不是检验恰好识别型是否符合观测数据。该方法的中心思想是,超识别模型相比于原有的恰好识别型的拟合,可以反映在误差路径系数的改变量上,步骤如下:

(1) 计算原有恰好识别型的平方复相关系数:

$$R_m^2 = 1 - p_1^2 p_2^2 \cdots p_i^2 \tag{11-46}$$

显然有 $0 \leqslant R_m^2 \leqslant 1$,$p_i$ 是内生变量 X_i 误差的路径系数,i 是全递归模型内生变量的总数。

(2) 计算超识别模型的平方复相关系数 M,其计算方法同 R_m^2,但 M 值不是唯一的,删减的路径数不同,内生变量误差的路径系数也不同,但满足 $0 \leqslant M \leqslant R_m^2$,显然,$M$ 越接近 R_m^2,说明和数据拟合得越好,差别越大,拟合得越差。由此得拟合指数:

$$Q = \frac{1 - R_m^2}{1 - M} \tag{11-47}$$

(3) 统计量

$$W = -(n - d)\ln Q \tag{11-48}$$

其中,n 为样本容量,d 为删减掉的路径数,或称超识别的限制数。在大样本情况下,W 满足自由度为 d 的 χ^2 分布:

$$W \sim \chi^2(d)$$

现在检验图 11-8 的拟合。首先计算原有恰好识别型(图 11-8)的平方复相关系数:

$$R_m^2 = 1 - (0.911)^2(0.710)^2 = 0.582$$

再计算超识别模型(图 11-10)的平方复相关系数:

$$M = 1 - (0.912)^2(0.710)^2 = 0.581$$

代入式(11-47):

$$Q = (1 - 0.582)/(1 - 0.581) = 0.9976 \tag{11-49}$$

将 $n = 100$,$d = 2$,式(11-49)代入式(11-48)有:

$$W = -(100 - 2)\ln(0.9976) = 0.235$$

$\chi^2(2) = 0.235$,由于拟合的目的是接受原假设,为了减少纳伪错误,χ^2 临界值应取得小些,查表有 $\chi_{0.9}^2(2) = 0.211$,$\chi_{0.8}^2(2) = 0.446$,所以 $\chi^2(2) = 0.235$,

对应的概率 p 应在 $[0.8,0.9]$，因此结论为接受原假设"该超识别模型拟合原数据"。

5. 有关检验的讨论

(1) 通过上例可以看出，这里的检验，并非对原始的恰好识别模型进行检验，而是在承认原始的恰好识别模型完好基础上，通过删除某些路径，找出简化又不太失真的模型，所以检验是对超识别模型的检验，它是不同于以往的假设检验的。这里我们希望得到的是接受原假设，而不是拒绝原假设，因为只有接受原假设，模型才和数据相拟合，而最佳的数据拟合，就是和由数据所生成的恰好识别型的拟合，也就是说，拟合是以恰好识别型作为标准进行比对的。

(2) 正是由于以接受原假设为检验目的，因此只能是不拒绝所检验的超识别模型，但不能说总体的因果模型就一定是所检验的超识别模型，因为以概率值接受原假设是会犯纳伪错误的。下面举例说明。

[例]2 设图 11-11 是根据 116 名调查者所做的全递归、恰好识别型因果图（$n=116$）。

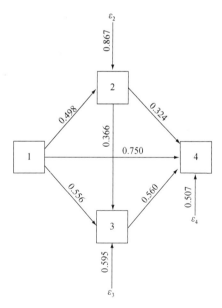

图 11-11 全递归型

根据内生变量误差的路径系数代入式(11-46)得：

$$R_m^2 = 1 - (0.867)^2(0.595)^2(0.507)^2 = 0.9316 \qquad (11\text{-}50)$$

下面将删去不同的路径系数，检验数据的拟合情况：

① 超识别模型1

若根据理论分析 p_{21}, p_{41} 不存在,因此删除外生变量 X_1 至 X_2 和 X_4 的路径,$p_{21}=0$,$p_{41}=0$,且 X_2 和 X_3 因果联系与全递归模型方向相反(图11-12)。

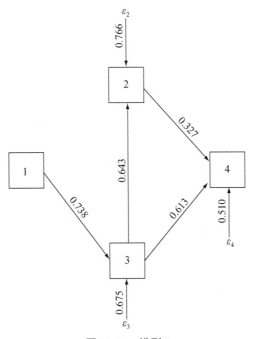

图 11-12 模型 1

根据图 11-12 中误差的路径系数得:
$$M = 1 - (0.766)^2(0.675)^2(0.510)^2 = 0.9305$$
代入式(11-47):
$$Q = (1 - 0.9316)/(1 - 0.9305) = 0.9842$$
将 $n=116$, $d=2$, Q 值代入式(11-48) 有:
$$W = -(116-2)\ln(0.9842) = 1.82$$

$\chi^2(2) = 1.82$,由于拟合的目的是接受原假设,为了减少纳伪错误,χ^2 临界值应取得小些,查表有 $\chi^2_{0.3}(2) = 2.408$,因为 $\chi^2_{0.3}(2) > \chi^2(2) = 1.82$,所以 $\chi^2(2)$ 对应的概率值 $p > 0.3$,结果接受原假设"该超识别模型拟合原数据"。

② 超识别模型2

删除外生变量 X_1 至 X_4 的路径,即根据理论分析 p_{41} 不存在,于是得图11-13:

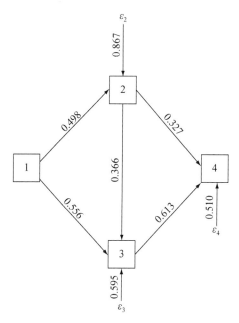

图 11-13 模型 2

根据图 11-13 中误差的路径系数得：
$$M = 1 - (0.867)^2(0.595)^2(0.510)^2 = 0.9308$$
代入式(11-47)：
$$Q = (1 - 0.9316) / (1 - 0.9308) = 0.9884$$
将 $n = 116$，$d = 1$，Q 值代入式(11-48) 有：
$$W = -(116 - 2)\ln(0.9842) = 1.34$$

$\chi^2(1) = 1.34$，查表 $\chi^2_{0.20}(1) = 1.642 > \chi^2(1) = 1.34$，所以 $\chi^2(1)$ 对应的概率 $p > 0.2$，因此结论为接受原假设"该超识别模型拟合原数据"。

通过图 11-12 模型 1 和图 11-13 模型 2 的比较，可以看出，虽然二者因果链的机制不同，但都满足了模型与数据拟合的要求，因此最终只有依靠理论的定性判断。

(3) 模型检验提供了进一步探索优良模型的方法。[例]2 中的模型 1 和模型 2 并非最终确定的模型，不妨在原有超识别模型基础上，再删去新的不同路径系数，并相互比较，舍去与恰好识别模型呈现显著性差异的模型，如此反复操作，直至最终找到路径系数最少，又能与数据拟合的模型。

五、小结

第一,通过以上例子,可以看出理论或定性研究对路径分析的重要性。由于模型是通过拟合完成的,所以判断时,犯的是以假当真的第二类错误,也就是可能不止一个模型满足要求,而在满足要求的情况下,甚至会出现相互矛盾的模型,例如图 11-12 和图 11-13 中 2 和 3 之间的箭头是完全相反的。所以路径分析很大程度上是证实性技术,是回溯性研究,因果联系必须要有充分的理论根据,否则,即便统计上拟合得很好,也没有实际价值,反之,如果理论上确认有因果关系,但统计上不显著,也要分析不显著的原因,而不是轻易删去。

第二,模型检验只是检验和原有的恰好识别型是否拟合,但恰好识别型与观测数据的拟合这里并不涉及。通过 $R_m^2 = 0.582$ 可知,从误差的角度看,恰好识别型尚有 42% 的误差未能解释,所以如果赖以比较的基准、恰好识别型本身不够优良的话,简化模型的意义也就不大了。

第三,路径分析是由若干回归方程组成的方程组,每个方程都要按照回归方程建立的程序进行检验,确定路径系数。但正如复回归中单个变量的检验不等同于回归方程的检验一样,整个模型的检验也不等同于各个回归方程的检验,有时也可能出现两者不一致的情况。

第四,路径分析是从回归方程延伸出来的,因比回归方程所需要的假定和最小二乘法的分析都是适用的,但它与多元回归还是有区别的。路径分析不是用来作预测或控制的,它是用路径图对变量之间的关系做出深入的分析,包括直接效应、间接效应、共因和外生变量相关等因素。而与多因多果的多元线性回归相比,它是多环节的因果结构,其中有些内生变量既是前变量的果,又是后续变量的因,而多因多果的多元线性回归是不存在多环节的因果结构的。

第二节 LISREL 方法

一、引言

通过上节路径分析,可以发现,路径分析的应用有很大局限性。首先它只允许因果的联系是单向的,这点正解释了为何路径分析首先在遗传学中得到应用,因为遗传学中,代际传递的单向性是无可非议的。社会研究中有些研究,如职业流动,时序是确定的,先前的职业影响后继的职业,而不可能相反,因此用路径分析是适宜的,但更多情况下变量都是相互影响的,例如子代要受父代的影响,但也不能否认,父代也会受到子代的反影响,因此需要有适用于双向作用的因果分析方法。

其次,路径分析中的变量都是可观察到的、可测量的变量,但在社会研究中,存在大量概念性的变量,它们往往是多维的,很难用单一指标来概括。例如,如何评价工作满意与否?它既包括环境因素、人际关系因素,也包括经济因素、发展前途因素等等。因此,如果把这些因素都罗列到路径中去,模型将十分繁杂。为了将繁多的因素综合为少量有代表性的变量,多元统计中有很多方法,如主成分分析法,因素分析法等等。这里运用的是因素分析法,因素分析是寻找主宰一连串相关、可测量变量背后的变量。它在因素分析法中称"因素",在 LISREL 里称"潜变量",而这些潜变量,将是 LISREL 结构方程模型中进行因果操作的变量。

与路程分析相比,路径分析属递归模型,是用最小二乘法进行估计的。而 LISREL 结构方程模型,允许变量间有反馈,允许变量与误差有相关,它是用最大似然法或其他最小二乘法估计的。另外,还有一个优点就是,LISREL 有可用的软件,路径分析一般则是要借助统计包中的回归分析来进行。

"LISREL"是英语"Linear Structural Relations"的缩写,称"线性结构方程法"。它是有关因果模型的建立、估计和检验的方法。

二、概念

（一）显变量与潜变量

显变量是可以测量到的变量,而潜变量则是隐藏在显变量背后、影响显变量的因素,二者的关系,就如同考试分数和学习能力的关系,学生各科成绩是测量到的,而能力虽然测量不到,但成绩却可以反映一个学生的学习能力。

（二）外生变量与内生变量

外生变量与内生变量的定义同路径分析,模型中只作为原因、自变量出现的变量,称外生变量,模型中作为果变量出现的变量,或既是某变量的果,又是其他变量的因出现的变量,称内生变量。由于 LISREL 中有显变量与潜变量,因此,外生变量中有显变量与潜变量,内生变量中也有显变量与潜变量。

三、变量及其连接的约定表示方法

对于 LISREL 中的变量,以约定方式表示,这样就无须注明变量属于那种变量了。

（1）显变量用英语字母表示,其中:

第十一章 因果模型分析方法简介

外生显变量用 X；
内生显变是用 Y。
(2) 潜变量用希腊字母表示,其中：
外生潜变量用 ξ(读作"ksai")；
内生潜变量用 η(读作"eta")；
内生潜变量 η 的误差用 ζ(读作"zeta")。
(3) 变量之间的连接用希腊字母表示,其中：
① 潜变量间连接用：
　　内生潜变量对内生潜变量用 β；
　　外生潜变量对内生潜变量用 γ(读作"gamma")；
　　外生潜变量与外生潜变量间相关,用 Φ(读作"phi")。
② 潜变量与显变量之间连接用 λ。
③ 外生显变量的误差用 δ,内生显变量的误差用 ε。

四、约定的图示方法

(一) 变量表示
(1) 显变量 X 和 Y,画在方格或长方格内：$\boxed{X}$,$\boxed{Y}$；
(2) 潜变量 ξ 和 η,画在圆形或椭圆内：ξ ,η ；
(3) 外生显变量的误差 δ,内生显变量的误差 ε,内生潜变量误差 ζ,都画在图中,但都不加框。
(二) 变量间连接
(1) 单向箭头,起于自变量,终于因变量,表示自变量对因变量的直接作用。潜在外生变量只有向外指出的变量,没有指向它的变量。而潜在内生变量必有指向它的变量,但同时也有可能由它指向其他的潜在内生变量。
(2) 双向弯形箭头,表示变量间有相关。
(3) 如果内生变量间有双向影响,则可表示为 $\eta_1 \leftrightarrows \eta_2$。

五、LISREL 方程

LISREL 方程包括两部分,一部分是描述显变量和潜变量关系的,称量度方程,另一部分是描述潜变量之间因果联系的,称结构方程。

(一) 度量方程
度量方程是描述测量的显变量与潜变量关系的,潜变量可以看作是因子分析中的因子得分,是隐形、背后影响显变量的因子,因此,在图形中的箭头,总是从潜变量指向显变量。

例如,设外生潜变量 ξ_1,ξ_2 分别与 2 个外生显变量 X_1,X_2 及 X_3,X_4 的关系,如图 11-14 所示:

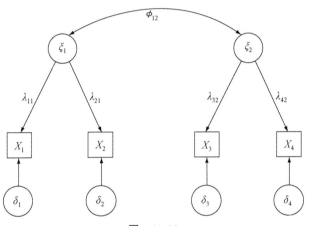

图 11-14

对应的度量方程有:

$$\begin{cases} x_1 = \lambda_{11}\xi_1 + \delta_1 \\ x_2 = \lambda_{21}\xi_1 + \delta_2 \end{cases}, \begin{cases} x_3 = \lambda_{32}\xi_2 + \delta_3 \\ x_4 = \lambda_{42}\xi_2 + \delta_4 \end{cases} \quad (11\text{-}51)$$

对于显变量中的内生变量 Y 与内生潜变量 η,其度量方程、图示表示方法与式(11-51)、图 11-14 相同,只要把 X 换作 Y,ξ 换作 η,误差 δ 换作 ε。

(二) 结构方程

结构方程是潜变量间因果联系的一系列方程组。它的意义与路径分析相同,不同的是其中操作的变量,不是直接测量的显变量,而是由显变量所生成的潜变量。图 11-15 是结构方程部分的示意图。

对应的结构方程有:

$$\begin{aligned} \eta_1 &= \beta_{12}\eta_2 + \gamma_{11}\xi_1 + \gamma_{12}\xi_2 + \zeta_1 \\ \eta_2 &= \beta_{21}\eta_1 + \gamma_{22}\xi_2 + \gamma_{23}\xi_3 + \zeta_2 \end{aligned} \quad (11\text{-}52)$$

现在把度量方程的图 11-14 和结构方程的图 11-15 结合起来,就成了完整的 LISREL 因果图 11-16:

第十一章 因果模型分析方法简介

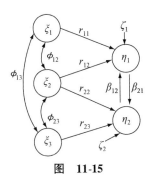

图 11-15

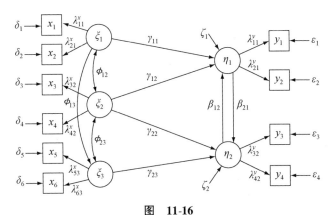

图 11-16

图 11-16 中的结构方程为式(11-52)，度量方程中内生潜变量有 2 个，它们对应的内生显变量有如下关系式：

$$\begin{cases} y_1 = \lambda_{11}^y \eta_1 + \varepsilon_1 \\ y_2 = \lambda_{21}^y \eta_1 + \varepsilon_2 \end{cases} \begin{cases} y_3 = \lambda_{32}^y \eta_2 + \varepsilon_3 \\ y_4 = \lambda_{42}^y \eta_2 + \varepsilon_4 \end{cases} \tag{11-53}$$

度量方程中内生潜变量有 3 个，它们对应的内生显变量有如下关系式：

$$\begin{cases} x_1 = \lambda_{11}^x \xi_1 + \delta_1 \\ x_2 = \lambda_{21}^x \xi_1 + \delta_2 \end{cases} \begin{cases} x_3 = \lambda_{32}^x \xi_2 + \delta_3 \\ x_4 = \lambda_{42}^x \xi_2 + \delta_4 \end{cases},$$

$$\begin{cases} x_5 = \lambda_{53}^x \xi_3 + \delta_5 \\ x_6 = \lambda_{63}^x \xi_3 + \sigma_6 \end{cases} \tag{11-54}$$

六、LISREL 方程的矩阵表示方法

以上 LISREL 方程的表示方法，只在显变量及潜变量数目都很少的情况下，可以写出具体的度量方程和结构方程。如果变量增多，则用矩阵和向量来表

示。有关本章所用到的矩阵和向量知识,在第七章第一节中都可找到。

结构方程中潜变量之间的关系有:

$$\boldsymbol{\eta} = \boldsymbol{B}\boldsymbol{\eta} + \boldsymbol{\Gamma}\boldsymbol{\xi} + \boldsymbol{\zeta} \tag{11-55}$$

度量方程中外生显变量 X 与外生潜变量 ξ 关系有:

$$\boldsymbol{x} = \boldsymbol{\Lambda}_x \boldsymbol{\xi} + \boldsymbol{\delta} \tag{11-56}$$

度量方程中内生显变量 Y 与内生潜变量 η 关系有:

$$\boldsymbol{y} = \boldsymbol{\Lambda}_y \boldsymbol{\eta} + \boldsymbol{\varepsilon} \tag{11-57}$$

式(11-55)、式(11-56)、式(11-57)中的字母是向量或矩阵,用粗体表示,它是式(11-52)、式(11-53)、式(11-54)方程组的浓缩写法。

(一) 向量表示变量的一串取值

当外生潜变量 ξ 共有 n 个,内生潜变量 η 共有 m 个,则对应内生潜变量 η 的误差 ζ 也共有 m 个。

类似的,当外生度量变量 Y 共有 p 个,则对应内生度量变量 Y 的误差 ε 也有 p 个,外生显变量 X 共有 q 个,则外生显变量的误差 δ 也有 q 个,则相应的向量用粗体表示为:

$$\boldsymbol{\xi} = \begin{bmatrix} \xi_1 \\ \xi_2 \\ \vdots \\ \xi_n \end{bmatrix}, \quad \boldsymbol{\eta} = \begin{bmatrix} \eta_1 \\ \eta_2 \\ \vdots \\ \eta_m \end{bmatrix}, \quad \boldsymbol{\zeta} = \begin{bmatrix} \zeta_1 \\ \zeta_2 \\ \vdots \\ \zeta_m \end{bmatrix},$$

$$\boldsymbol{Y} = \begin{bmatrix} y_1 \\ y_2 \\ \vdots \\ y_p \end{bmatrix}, \quad \boldsymbol{\varepsilon} = \begin{bmatrix} \varepsilon_1 \\ \varepsilon_2 \\ \vdots \\ \varepsilon_p \end{bmatrix}, \quad \boldsymbol{x} = \begin{bmatrix} x_1 \\ x_2 \\ \vdots \\ x_q \end{bmatrix}, \quad \boldsymbol{\delta} = \begin{bmatrix} \delta_1 \\ \delta_2 \\ \vdots \\ \delta_q \end{bmatrix}$$

以上的向量表示,称列向量表示法。此外还可用行向量来表示,称原有列向量的转置向量,表示为原有向量上加一撇,如:

$$\boldsymbol{Y}' = [y_1, y_2 \cdots y_p]$$

如果将转置向量再转置一次,则将恢复为原变量,$(\boldsymbol{Y}')' = \boldsymbol{Y}$。

(二) 矩阵表示变量与变量的连接,并用粗体表示

(1) $\boldsymbol{\beta}$,内生潜变量之间效应的系数矩阵($m \times m$),且对角线为 0;

(2) $\boldsymbol{\Gamma}$,外生潜变量与内生潜量之间效应的系数矩阵($m \times n$);

(3) $\boldsymbol{\Lambda}_x$,外生显变量对外生潜变量的回归系数或负荷矩阵($q \times n$);

(4) $\boldsymbol{\Lambda}_y$,内生显变量对内生潜变量的回归系数或负荷矩阵($p \times m$)。

第十一章 因果模型分析方法简介

(三) 协方差矩阵,用粗体表示

(1) $\boldsymbol{\Phi}$,外生潜变量 ξ_i 之间的协方差 $\mathrm{Cov}(\boldsymbol{\xi}) = \boldsymbol{\Phi}(n \times n)$;

(2) $\boldsymbol{\Psi}$,结构方程误差项 ζ_i 之间的协方差 $\mathrm{Cov}(\boldsymbol{\zeta}) = \boldsymbol{\Psi}(m \times m)$;

(3) $\boldsymbol{\Theta}_\varepsilon$,度量方程中内生潜变量 η 与内生显变量 Y 误差项 ε 的协方差 $\mathrm{Cov}(\varepsilon) = \boldsymbol{\Theta}_\varepsilon (p \times p)$;

(4) $\boldsymbol{\Theta}_\delta$,度量方程中外生潜变量 ξ 与外生显变量 X 误差项 δ 的协方差 $\mathrm{Cov}(\delta) = \boldsymbol{\Theta}_\delta (q \times q)$。

将方程与矩阵结合起来,用图示表示为图 11-17。

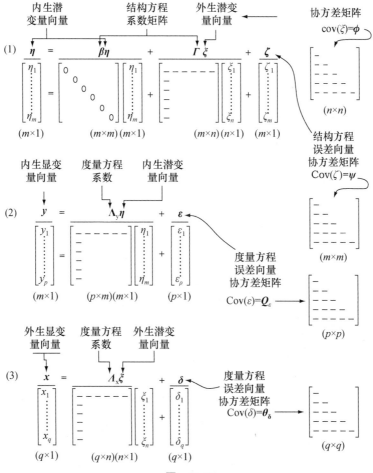

图 11-17

图 11-17 中(1)为结构方程,(2)和(3)为度量方程。每一个矩阵方程,都代表一组联合方程。

作为示例,不妨将因果图 11-16 按图 11-17 写成具体的矩阵形式(图 11-18):

(1) 结构方程:

$$\begin{bmatrix} \eta_1 \\ \eta_2 \end{bmatrix} = \begin{bmatrix} 0 & \beta_{12} \\ \beta_{21} & 0 \end{bmatrix} \begin{bmatrix} \eta_1 \\ \eta_2 \end{bmatrix} + \begin{bmatrix} \gamma_{11} & \gamma_{12} & 0 \\ 0 & \gamma_{22} & \gamma_{23} \end{bmatrix} \begin{bmatrix} \xi_1 \\ \xi_2 \\ \xi_3 \end{bmatrix} + \begin{bmatrix} \zeta_1 \\ \zeta_2 \end{bmatrix}$$

(2) 量度方程 X:

$$\begin{bmatrix} x_1 \\ x_2 \\ x_3 \\ x_4 \\ x_5 \\ x_6 \end{bmatrix} = \begin{bmatrix} \lambda^x_{11} & 0 & 0 \\ \lambda^x_{21} & 0 & 0 \\ 0 & \lambda^x_{32} & 0 \\ 0 & \lambda^x_{42} & 0 \\ 0 & 0 & \lambda^x_{53} \\ 0 & 0 & \lambda^x_{63} \end{bmatrix} \begin{bmatrix} \xi_1 \\ \xi_2 \\ \xi_3 \end{bmatrix} + \begin{bmatrix} \delta_1 \\ \delta_2 \\ \delta_3 \\ \delta_4 \\ \delta_5 \\ \delta_6 \end{bmatrix}$$

(3) 量度方程 Y:

$$\begin{bmatrix} y_1 \\ y_2 \\ y_3 \\ y_4 \end{bmatrix} = \begin{bmatrix} \lambda^y_{11} & 0 \\ \lambda^y_{21} & 0 \\ 0 & \lambda^y_{32} \\ 0 & \lambda^y_{42} \end{bmatrix} \begin{bmatrix} \eta_1 \\ \eta_2 \end{bmatrix} + \begin{bmatrix} \varepsilon_1 \\ \varepsilon_2 \\ \varepsilon_3 \\ \varepsilon_4 \end{bmatrix}$$

图 11-18

(四) 矩阵类型与结构方程模型[①]

根据图 11-17,结构方程共包括 3 个矩阵:β 矩阵、Γ 矩阵和 Ψ 矩阵,由于 Γ 矩阵是联系外生潜变量与内生潜变量的,所以只有一种单向的方式。而 β 矩阵是联系内生潜变量与内生潜变量的,它共有 3 种情况:内生潜变量之间联系都是单向的;内生潜变量之间联系有双向的;内生潜变量之间联系不存在。同样 Ψ 矩阵也

---

① J. S. Long, *Covariance Structure Models: An Introduction to LISREL*, California: Sage Publications Inc., 1988, pp. 34—36.

有 2 种情况:误差是相互独立的和误差间有相关。下面讨论 6 种类型:

1. **β 矩阵、Ψ 矩阵同为对角线矩阵**

由于 β 矩阵是对角线为零的矩阵,而对角线矩阵是除对角线外全为零的矩阵,所以 β 矩阵蜕化为零矩阵,它属于内生潜变量之间联系不存在的情况,而 Ψ 矩阵为对角线矩阵,则表示结构方程误差之间无相关,根据图 11-17,矩阵应为图 11-19:

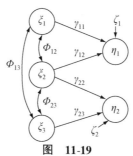

图 11-19

图 11-19 的矩阵形式为:

$$\begin{bmatrix} \eta_1 \\ \eta_2 \end{bmatrix} = \begin{bmatrix} 0 & 0 \\ 0 & 0 \end{bmatrix} \begin{bmatrix} \eta_1 \\ \eta_2 \end{bmatrix} + \begin{bmatrix} \gamma_{11} & \gamma_{12} & 0 \\ 0 & \gamma_{22} & \gamma_{23} \end{bmatrix} \begin{bmatrix} \xi_1 \\ \xi_2 \\ \xi_3 \end{bmatrix} + \begin{bmatrix} \zeta_1 \\ \zeta_2 \end{bmatrix}$$

$$\Psi = \begin{bmatrix} \Psi_{11} & 0 \\ 0 & \Psi_{22} \end{bmatrix}$$

结构方程有:

$$\begin{aligned} \eta_1 &= \gamma_{11}\xi_1 + \gamma_{12}\xi_2 + \zeta_1 \\ \eta_2 &= \gamma_{22}\xi_2 + \gamma_{23}\xi_3 + \zeta_2 \end{aligned} \tag{11-58}$$

式(11-58)表示,这是 2 个独立的多元回归模型,其中一个回归方程的信息无助于另一回归方程信息的获得。

2. **β 矩阵为对角线矩阵,Ψ 矩阵为非对角线矩阵**

仍以图 11-19 为例,这时结构方程同式(11-58),但因 Ψ 矩阵为非对角线矩阵,结构方程误差项 $\zeta_{12} \neq 0$,所以是看似独立的多元回归方程组,实际通过误差有相关。

3. **β 矩阵为三角矩阵,Ψ 矩阵为对角线矩阵**

对于 β 矩阵为三角矩阵,$\beta_{ij} \neq 0$,但 $\beta_{ii} = 0$,方程满足递归要求,Ψ 矩阵为对角线矩阵,则误差之间无相关,因此为路径分析的递归模型,以 2 个潜变量为例(图 11-20):

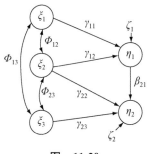

图 11-20

结构方程部分,$\beta_{12}=0$,$\beta_{21}\neq 0$,写成矩阵:

$$\begin{bmatrix}\eta_1\\\eta_2\end{bmatrix}=\begin{bmatrix}0&0\\\beta_{21}&0\end{bmatrix}\begin{bmatrix}\eta_1\\\eta_2\end{bmatrix}+\begin{bmatrix}\gamma_{11}&\gamma_{12}&0\\0&\gamma_{22}&\gamma_{23}\end{bmatrix}\begin{bmatrix}\xi_1\\\xi_2\\\xi_3\end{bmatrix}+\begin{bmatrix}\zeta_1\\\zeta_2\end{bmatrix}$$

$$\boldsymbol{\Psi}=\begin{bmatrix}\Psi_{11}&0\\0&\Psi_{22}\end{bmatrix}$$

结构方程有:

$$\eta_1=\gamma_{11}\xi_1+\gamma_{12}\xi_2+\zeta_1$$
$$\eta_2=\beta_{21}\eta_1+\gamma_{22}\xi_2+\gamma_{23}\xi_3+\zeta_2 \tag{11-59}$$

结构方程的因果图 11-20,它与图 11-19 的区别在于 $\beta_{12}=0$,图 11-20 中所有箭头都是单向的,是递归的路径分析模型。

4. $\boldsymbol{\beta}$ 矩阵为三角矩阵,$\boldsymbol{\Psi}$ 矩阵为非对角线矩阵

这时因果图同图 11-20,矩阵与结构方程同式(11-59),但误差有相关,矩阵中 $\Psi_{12}\neq 0$。

5. $\boldsymbol{\beta}$ 矩阵为非三角矩阵,$\boldsymbol{\Psi}$ 矩阵为对角线矩阵

这时因果图为图 11-15,矩阵与结构方程同式(11-52),但误差无相关,矩阵中 $\Psi_{12}=0$。

6. $\boldsymbol{\beta}$ 矩阵为非三角矩阵,$\boldsymbol{\Psi}$ 矩阵为非对角线矩阵

这时因果图为图 11-15,矩阵与结构方程同式(11-52),但误差有相关,矩阵中 $\Psi_{12}\neq 0$。

7. LISREL 软件中的矩阵记号及处理

图 11-17 中共有 8 个矩阵,这 8 个矩阵的具体形式将规定出具体的 LISREL

因果模型图,或者说,要研究的模型图就是通过这8个矩阵的具体形式,也就是命令文件告诉 LISREL 软件的,这是理论关键的一步。下面进一步是将数据输入,这样 LISREL 软件就会自动处理,并将通过软件给出该模型图各参数的估计值及其检验及评估。

软件中用以下记号代表矩阵:

$$LY = \boldsymbol{\Lambda}_y, \quad LX = \boldsymbol{\Lambda}_x, \quad BE = \boldsymbol{\beta}, \quad GA = \boldsymbol{\Gamma},$$
$$PH = \boldsymbol{\Phi}, PS = \boldsymbol{\Psi}, \quad TE = \boldsymbol{Q}_\varepsilon, \quad TD = \boldsymbol{Q}_\delta$$

七、LISREL 方程的参数估计及评估

(一) 参数估计

参数估计的目的,是希望估计的值与真实值差值越小越好,但差值的定义可以不尽相同,也就是目标函数可以不尽相同。以一元回归为例,定义的目标函数可以是观测值到待定直线的铅直距离平方和为最短,这就是常用的最小二乘法。实际上,还可以有其他定义方法,例如,可以定义为观测值到待定直线的垂直距离平方和为最短,可见目标函数的定义不是唯一的。对于 LISREL 方程的参数估计也是一样,根据目标函数(又称拟合函数)的不同,出现了不同的参数估计法,但共同的核心,总是在比较观测值形成向量

$$\boldsymbol{Z} = (y_1, y_2, \cdots, x_1, x_2, \cdots)' = (Y', X')'$$

的方差—协方差阵 S 与待估模型成立时 Z 的理论方差—协方差阵 $\boldsymbol{\Sigma}$。显然 $\boldsymbol{\Sigma}$ 是图 9-17 中 8 个矩阵的函数,S 和 $\boldsymbol{\Sigma}$ 比较时,所用目标函数方程式 F 的不同,就形成不同的参数估计方法。

此外,在参数估计之前,和路径分析相同,要注意模型的识别。由于方程组中方程的总数是根据方差—协方差数决定的,y 共有 p 个,X 共有 q 个,方差—协方差阵是对称的,所以能建立的方程组,其方程总数是 $(p+q)(p+q+1)/2$,如果待估参数超过了它,将不能有确定值,成为不能识别的模型。

下面列举 5 种参数估计方法,在未指定情况下,系统则自动选用最大似然法(ML)。[1]

(1) 不加权的最小二乘法(ULS);

(2) 广义最小二乘法(GLS);

---

[1] 详细内容可参考柯惠新等编著:《调查研究中的统计分析法》,第 559—564 页。

(3) 最大似然法(ML);

(4) 一般加权最小二乘法(WLS);

(5) 对角一般加权最小二乘法(DWLS)。

(二) 评价

由于 LISREL 方程的解既包括度量模型,也包括结构模型,因此方程解的评价由以下几部分组成:

1. 度量模型的评价

(1) 单个观测变量的评价

由于结构模型中的潜变量是由度量模型给出的,因此首先要评价度量模型,而度量模型的评价包括两部分,首先是对单个变量的评价,它是用变量的复相关系数来表示:

$$\text{第 } i \text{ 个变量的平方复相关系数} = 1 - \hat{Q}_{ii} / \hat{\sigma}_{ii}$$

$\hat{Q}_{ii}$ 是第 i 个变量误差方差的估计值, $\hat{\sigma}_{ii}$ 是第 i 个观测变量的方差,两者比值反映了误差占总方差的比例,该比值越小,表示模型越好,而 1 减去该比值是平方复相关系数,显然,变量的平方复相关系数越大,表示模型越好。

(2) 整个度量模型的评价

除了对度量模型中单个变量需要评价外,还需要对整个度量模型进行评价。整个度量模型的评价用全部观测变量所构成的判定系数 θ 来表示:

$$\text{度量模型的判定系数 } \theta = 1 - |\hat{\theta}| / |\hat{\Sigma}|$$

$|\hat{\theta}|$ 是误差协方差矩阵估计量的行列式, $|\hat{\Sigma}|$ 是拟合观测变量协方差矩阵的行列式,判定系数越大,表示模型越好。

变量的平方复相关系数和度量模型的判定系数取值范围在[0,1]。

2. 结构模型的评价

类似于度量模型,结构模型评价也包括单个结构方程评价和整个结构模型的评价两部分,其中单个结构方程用平方复相关系数,整个结构模型用总判定系数。

(1) 单个结构方程评价

$$\text{第 } i \text{ 个结构方程的平方复相关系数} = 1 - \widehat{\text{Var}}(\zeta_i) / \widehat{\text{Var}}(\eta_i)$$

其中 $\widehat{\text{Var}}(\zeta_i)$ 是内生潜变量 η_i 误差方差的估计值, $\widehat{\text{Var}}(\eta_i)$ 是 η_i 的方差估计值。

(2) 整个结构模型的评价

$$\text{整个结构模型的总判定系数} = 1 - |\hat{\psi}| / |\widehat{\text{cov}}(\eta)|$$

$|\hat{\psi}|$ 是 $\hat{\psi}$ 的行列式，$|\widehat{\text{cov}}(\eta)|$ 是 η 协方差矩阵估计量的行列式。

以上两个系数取值范围在[0,1]，取值越大，表示拟合越好。

(3) 整个模型的评价

(1)和(2)的两类评价是分别对度量模型和结构模型进行的。而作为整体还要进行评价，它要涉及模型对总体的拟合程度，常见的评价公式有若干种，由于有些公式涉及过多的矩阵表达，所以从略，但需要强调的是，无论哪种公式，都离不开样本协方差矩阵 S 和模型协方差矩阵 Σ 的比较，两者越接近，拟合得越好。下面给出评价方法的名称：

① χ^2 平方法。由于 χ^2 值与样本容量有关，对于大容量样本，会出现虽然模型拟合得很好，但 χ^2 值却落入了拒绝域的情况，所以一般用于对比新参数引进前后 χ^2 值的改变，以便对模型进行修正。χ^2 值还要求观测变量服从正态分布，且分析是根据样本协方差矩阵进行的。

② 拟合优度指数(GFI)。

③ 修正的拟合优度指数(AGFI)。

GFI 和 AGFI 取值都在[0,1]，数值越大，表示拟合越好，且都不是样本容量的函数，允许对正态分布有一定偏离。这些都是比之于 χ^2 值平方法的优点，但不足之处是其统计分布不十分清楚，用于同一模型对不同数据或同一数据对不同模型的比较。

④ 平均平方残差的平方根(RMR)。观测变量须标准化，该数值越小，说明拟合得越好，常用于评价不同模型对同一数据拟合的好坏。

最后需要强调的是，整个模型评价与局部模型的评价是有区别的。在整个模型拟合得很好的情况下，也并不排除某些关系式的平方复相关系数并不理想的可能，因此 LISREL 处理的结果，应同时包括总体、局部中有关的所有评价内容。

[**例**]3 设根据理论分析，有如下的理论模型(图 11-21)，其中外生潜变量 3 个，内生潜变量 2 个，每一个潜变量都是通过显变量测得的。试写出提交 LISREL 参数估计的结构方程与度量方程。

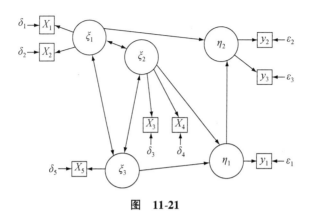

图 11-21

[解]

1. 度量模型

在建立度量模型时,如果潜变量对应的显变量不止一个,习惯上要选择一个最能代表该潜变量的显变量,并规定其系数为 1。对于只有一个显变量的情况,不仅习惯上规定其系数为 1,且将其误差方差规定为 0,这些被确定值的参数,称作固定参数,这样做的目的,还在于不要使需要估计的参数过多,以致方程无解。矩阵中其他未被固定、需要估计的参数,称自由参数,它是 LISREL 需要求解的,并用"＊"号表示。

由于图 11-21 中,X_i 共有 5 个,分属 3 个外生潜变量 ξ_i,所以对应有的 3 个 X_i 的系数为 1,这里设 X_1,X_3 和 X_5 的系数为 1,且 X_5 为单显变量,所以设 $\delta_5 = 0$。

对于 X 对 ξ 度量模型:

$$X = \Lambda_X \xi + \delta$$

$$X = \begin{bmatrix} X_1 \\ X_2 \\ X_3 \\ X_4 \\ X_5 \end{bmatrix}, \quad \Lambda_X = \begin{bmatrix} 1 & 0 & 0 \\ * & 0 & 0 \\ 0 & 1 & 0 \\ 0 & * & 0 \\ 0 & 0 & 1 \end{bmatrix}, \quad \xi = \begin{bmatrix} \xi_1 \\ \xi_2 \\ \xi_3 \end{bmatrix}, \quad \delta = \begin{bmatrix} \delta_1 \\ \delta_2 \\ \delta_3 \\ \delta_4 \\ 0 \end{bmatrix}$$

展开有:

第十一章 因果模型分析方法简介

$$\begin{bmatrix} X_1 \\ X_2 \\ X_3 \\ X_4 \\ X_5 \end{bmatrix} = \begin{bmatrix} 1 & 0 & 0 \\ * & 0 & 0 \\ 0 & 1 & 0 \\ 0 & * & 0 \\ 0 & 0 & 1 \end{bmatrix} \begin{bmatrix} \xi_1 \\ \xi_2 \\ \xi_3 \end{bmatrix} + \begin{bmatrix} \delta_1 \\ \delta_2 \\ \delta_3 \\ \delta_4 \\ 0 \end{bmatrix}$$

同理,对外 y 对 η 的度量模型:

$$y = \Lambda_y \eta + \varepsilon$$

$$y = \begin{bmatrix} y_1 \\ y_2 \\ y_3 \end{bmatrix}, \quad \Lambda_y = \begin{bmatrix} 1 & 0 \\ 0 & 1 \\ 0 & * \end{bmatrix}, \quad \eta = \begin{bmatrix} \eta_1 \\ \eta_2 \end{bmatrix}, \quad \varepsilon = \begin{bmatrix} 0 \\ \varepsilon_2 \\ \varepsilon_3 \end{bmatrix}$$

展开有:

$$\begin{bmatrix} y_1 \\ y_2 \\ y_3 \end{bmatrix} = \begin{bmatrix} 1 & 0 \\ 0 & 1 \\ 0 & * \end{bmatrix} \begin{bmatrix} \eta_1 \\ \eta_2 \end{bmatrix} + \begin{bmatrix} 0 \\ \varepsilon_2 \\ \varepsilon_3 \end{bmatrix}$$

2. 结构方程模型

由于本例题中内生潜变量为单方向,只有 η_1 指向 η_2,所以只有 β_{21},没有 β_{12}:

$$\eta = \beta \eta + \Gamma \xi + \zeta$$

$$\eta = \begin{bmatrix} \eta_1 \\ \eta_2 \end{bmatrix}, \quad \beta = \begin{bmatrix} 0 & 0 \\ * & 0 \end{bmatrix}, \quad \Gamma = \begin{bmatrix} 0 & * & * \\ * & 0 & 0 \end{bmatrix}, \quad \xi = \begin{bmatrix} \xi_1 \\ \xi_2 \\ \xi_3 \end{bmatrix}, \quad \zeta = \begin{bmatrix} \zeta_2 \\ \zeta_2 \end{bmatrix}$$

展开有:

$$\begin{bmatrix} \eta_1 \\ \eta_2 \end{bmatrix} = \begin{bmatrix} 0 & 0 \\ * & 0 \end{bmatrix} \begin{bmatrix} \eta_1 \\ \eta_2 \end{bmatrix} + \begin{bmatrix} 0 & * & * \\ * & 0 & 0 \end{bmatrix} \begin{bmatrix} \xi_1 \\ \xi_2 \\ \xi_3 \end{bmatrix} + \begin{bmatrix} \zeta_1 \\ \zeta_2 \end{bmatrix}$$

3. 协方差阵

(1) Φ 外生潜变量 ξ_i 之间的协方差:

$$\boldsymbol{\Phi} = \begin{bmatrix} * & & \\ * & * & \\ * & * & * \end{bmatrix}$$

（2）$\boldsymbol{\Psi}$ 结构方程误差项 ζ_i 之间的协方差，假定误差项之间无相关，于是 $\boldsymbol{\Psi}$ 为对角线矩阵：

$$\boldsymbol{\Psi} = \text{diag}(* \quad *)$$

（3）$\boldsymbol{\Theta}_\varepsilon$ 度量方程中内生潜变量 $\boldsymbol{\eta}$ 与内生显变量 y 误差项 $\boldsymbol{\varepsilon}$ 的协方差，假定误差项之间无相关，于是 $\boldsymbol{\Theta}_\varepsilon$ 为对角线矩阵：

$$\boldsymbol{\Theta}_\varepsilon = \text{diag}(0 \quad * \quad *)$$

（4）$\boldsymbol{\Theta}_\delta$ 度量方程中外生潜变量 $\boldsymbol{\xi}$ 与外生显变量 X 误差项 $\boldsymbol{\delta}$ 的协方差，假定误差项之间无相关，于是 $\boldsymbol{\Theta}_\delta$ 为对角线矩阵：

$$\boldsymbol{\Theta}_\delta = \text{diag}(* \quad * \quad * \quad * \quad 0)$$

4. 参数估计及输出结果

以上是从理论确定了的8个矩阵 $\boldsymbol{\Lambda}_X, \boldsymbol{\Lambda}_y, \boldsymbol{\beta}, \boldsymbol{\Gamma}, \boldsymbol{\Phi}, \boldsymbol{\Psi}, \boldsymbol{\Theta}_\varepsilon, \boldsymbol{\Theta}_\delta$ 的具体形式，应该说，如果根据 LISREL 说明书上命令文件的书写要求，让电脑了解了设计的具体模型，同时输入了观测数据，就应该有结果了。但实际中，还须检查一下待估参数的数目，是否超过了方程组的数目，现 y 共有3个，X 共有5个，所以能建立的方程组，其方程总数是 $\frac{(3+5)(3+5+1)}{2} = 36$ 个，而待估参数"*"共21个，21<36，模型属待估参数少于方程数的超识别模型，因此是可以有解的。

以下是输入数据给出的结果（数据从略）。①

（1）参数估计输出结果：

$$\boldsymbol{\Lambda}_X = \begin{bmatrix} 1.000 & 0 & 0 \\ 1.157 & 0 & 0 \\ 0 & 1.000 & 0 \\ 0 & 0.916 & 0 \\ 0 & 0 & 1.000 \end{bmatrix}, \quad \boldsymbol{\Lambda}_y = \begin{bmatrix} 1.000 & 0 \\ 0 & 1.000 \\ 0 & 0.932 \end{bmatrix},$$

$$\boldsymbol{\beta} = \begin{bmatrix} 0 & 0 \\ 0.339 & 0 \end{bmatrix}, \quad \boldsymbol{\Gamma} = \begin{bmatrix} 0 & 0.851 & -0.143 \\ 0.504 & 0 & 0 \end{bmatrix},$$

---

① 详细内容可参考柯惠新等编著：《调查研究中的统计分析法》，第569页。

第十一章 因果模型分析方法简介

$$\boldsymbol{\Psi} = [0.481 \quad 0.420], \quad \boldsymbol{\Phi} = \begin{bmatrix} 0.327 & & \\ 0.166 & 0.599 & \\ -0.200 & -0.252 & 1.000 \end{bmatrix},$$

$$\boldsymbol{\Theta}_\varepsilon = [0 \quad 0.327 \quad 0.416], \quad \boldsymbol{\Theta}_\delta = [0.673 \quad 0.562 \quad 0.401 \quad 0.497 \quad 0.000]$$

（2）模型评估（表11-4）：

表 11-4

y 变量的平方复相关	$\dfrac{y_1}{1.000}, \dfrac{y_2}{0.673}, \dfrac{y_3}{0.584}$
X 变量的平方复相关	$\dfrac{X_1}{0.327}, \dfrac{X_2}{0.438}, \dfrac{X_3}{0.599}, \dfrac{X_4}{0.503}, \dfrac{X_5}{1.000}$
结构方程式的平方复相关	$\dfrac{\eta_1}{0.515}, \dfrac{\eta_2}{0.378}$
结构方程式模型的总决定系数 $= 0.589$	
拟合优度检验 $\chi^2 = 15.3998$, $df = 15$, 概率水平 $= 0.423$	

结构方程为：

$$\eta_1 = 0.851\xi_2 - 0.143\xi_3 + \zeta_1, \quad R^2 = 0.515$$

$$\eta_2 = 0.339\eta_1 + 0.504\xi_1 + \zeta_2, \quad R^2 = 0.378$$

5. 模型的讨论与改进

以上模型是否是最佳的，还需要进一步讨论，例如，是 η_1 影响 η_2？还是 η_2 影响 η_1？或是相互影响？η_1 和 η_2 之间关系是否是虚假关系？能否省略掉某些 ξ_i 对 η 的影响？对于这些问题，只要输入不同的矩阵形式，比较它们的输出结果，就可得出答案。以下是最终选择的模型：

$$\boldsymbol{\Lambda}_X = \begin{bmatrix} 1 & 0 & 0 \\ * & 0 & 0 \\ 0 & 1 & 0 \\ 0 & * & 0 \\ 0 & 0 & 1 \end{bmatrix}, \quad \boldsymbol{\Lambda}_y = \begin{bmatrix} 1 & 0 \\ 0 & 1 \\ 0 & * \end{bmatrix}, \quad \boldsymbol{\beta} = \begin{bmatrix} 0 & 0 \\ * & 0 \end{bmatrix},$$

$$\boldsymbol{\Gamma} = \begin{bmatrix} 0 & * & 0 \\ * & 0 & * \end{bmatrix}, \quad \boldsymbol{\Phi} = \begin{bmatrix} * & & \\ * & * & \\ * & * & * \end{bmatrix}, \quad \boldsymbol{\Psi} = \mathrm{diag}(* \quad *),$$

$$\boldsymbol{\Theta}_\varepsilon = \mathrm{diag}(0 \quad * \quad *), \quad \boldsymbol{\Theta}_\delta = \mathrm{diag}(* \quad * \quad * \quad * \quad 1.998)$$

对应的图形有图11-22：

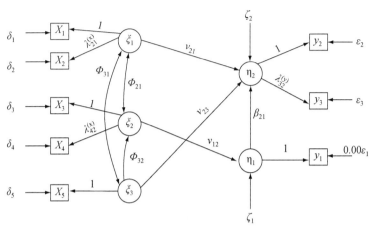

图 11-22

结果有：

$$\eta_1 = 0.923\xi_2 + \zeta_1, \quad R^2 = 0.533$$

$$\eta_2 = 0.594\eta_1 + 1.288\xi_1 + 0.213\xi_3 + \zeta_2, \quad R^2 = 0.478$$

以上两式的系数都是显著的,结构方程中的平方复相关系数都增加了,拟合优度值 $\chi^2 = 14.19 (df = 15)$,也优于图 11-21。

以上的结果,只是从统计的拟合来看的,最终还要结合定性来分析。

八、实例介绍

以下[例]4 和[例]5 都来自北京大学社会学专业的学生运用 LISREL 对调查资料的模型处理。[例]4 是根据 1996 年北京大学社会学系生活质量研究的问卷调查,从全市城区、街道、居委员按 PPS 抽样,抽得的 498 份问卷(有效回收率为 99.6%)分析得出的。[例]5 是根据 1998 年上海机场职工问卷调查,从发放的 502 份问卷中回收有效问卷 498 份问卷的分析结果。每份样本都有样本评估,模型是用 LISREL8 进行处理的。

两份问卷都是通过测量值形成外生和内生潜变量,建立了模型,模型中考虑到外生潜变量之间是有相关的,但引进的模型结构都是递归的。[例]5 比之于[例]4 的结构模型较为复杂,由于引进了中介的内生潜变量,通过直接效果与间接效果的比较,对作为原因变量或外生潜变量对结果的影响,有了更细致的分析。但[例]4 更具社会学分析力。

在确定模型过程中,除了进行理论分析外,还进行了一系列的预处理,包括

第十一章 因果模型分析方法简介

频次分布、相关分析、因素分析、聚类分析和模型的改进。这些内容在他们各自论文中都有详细介绍,这里从略。下面列出的是最终的模型结果,和对模型社会学分析的摘要,借以说明建立模型对分析的提升。

[例]4 婚姻质量模型研究。①

(1)经分析婚姻质量与婚姻取向、性别观念、家庭形态有关(图11-23):

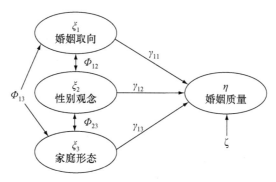

图 11-23

由于内生潜变量只有一个,所以结构方程只有一个:

$$\eta = \gamma_{11}\xi_1 + \gamma_{12}\xi_2 + \gamma_{13}\xi_3 + \zeta$$

写成矩阵的结构方程有:

$$\boldsymbol{\eta} = \boldsymbol{\beta}\boldsymbol{\eta} + \boldsymbol{\Gamma}\boldsymbol{\xi} + \boldsymbol{\zeta}$$

其中 $\boldsymbol{\eta}$ 只有1个值, $\boldsymbol{\beta}$ 为0矩阵,实际为:

$$\boldsymbol{\eta} = \begin{pmatrix} \gamma_{11} & \gamma_{12} & \gamma_{13} \end{pmatrix} \begin{bmatrix} \xi_1 \\ \xi_2 \\ \xi_3 \end{bmatrix} + \zeta$$

它和复回归形式相同,不同之处是,方程中的变量是潜变量,它是通过一系列显变量确立的。

(2)设内生潜变量婚姻质量 η 和外生潜变量(婚姻取向 ξ_1、性别观念 ξ_2、家庭形态 ξ_3)与观测变量有如下量度模型(图11-24):

---

① 本例取材于文国锋:《亲密关系的转变与婚姻质量——对北京市居民家庭的调查》,北京大学硕士论文,1997年6月(导师卢淑华)。

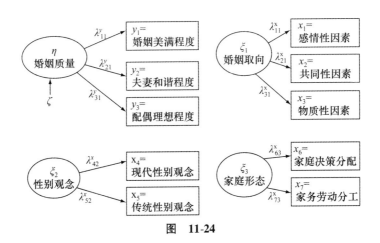

图 11-24

(3) 有了以上的理论模型,下一步将是通过命令文件告诉 LISREL 怎样去操作。具体就是确定表 11-17 中 8 个矩阵的具体形式,一般来说,在度量模型中,要选择一个最能代表该潜在变量的指标,并规定该指标的系数为 1,例如本例中设:

$$\lambda_{11}^y = \lambda_{11}^x = \lambda_{42}^x = \lambda_{63}^x = 1$$

这些都称作固定参数。

$$Y = \Lambda_y \eta + \varepsilon$$

$$\begin{bmatrix} 婚姻美满程度 \\ 夫妻和谐程度 \\ 配偶理想程度 \end{bmatrix} = \begin{bmatrix} 1.0 \\ \lambda_{21} \\ \lambda_{31} \end{bmatrix} \eta + \begin{bmatrix} \varepsilon_1 \\ \varepsilon_2 \\ \varepsilon_3 \end{bmatrix}$$

$$X = \Lambda_x \xi + \delta$$

$$\begin{bmatrix} 情感性因素 \\ 共同性因素 \\ 物质性因素 \\ 现代性别观念 \\ 传统性别观念 \\ 家庭决策分配 \\ 家务劳动分工 \end{bmatrix} = \begin{bmatrix} 1.0 & 0 & 0 \\ \lambda_{21} & 0 & 0 \\ \lambda_{31} & 0 & 0 \\ 0 & 1.0 & 0 \\ 0 & \lambda_{52} & 0 \\ 0 & 0 & 1.0 \\ 0 & 0 & \lambda_{73} \end{bmatrix} \begin{bmatrix} 婚姻取向 \\ 性别观念 \\ 家庭形态 \end{bmatrix} + \begin{bmatrix} \delta_1 \\ \delta_2 \\ \delta_3 \\ \delta_4 \\ \delta_5 \\ \delta_6 \\ \delta_7 \end{bmatrix}$$

矩阵中其他未被固定的参数称自由参数,它是 LISREL 需要求解的,并用

第十一章 因果模型分析方法简介

"＊"号表示。

忽略了误差之间的相关,有以下 8 个矩阵：

$$\boldsymbol{\Lambda}_X = \begin{bmatrix} 1 & 0 & 0 \\ * & 0 & 0 \\ * & 0 & 0 \\ 0 & 1 & 0 \\ 0 & * & 0 \\ 0 & 0 & 1 \\ 0 & 0 & * \end{bmatrix}, \quad \boldsymbol{\Lambda}_y = \begin{bmatrix} 1 \\ * \\ * \end{bmatrix}, \quad \boldsymbol{\beta} = [0],$$

$$\boldsymbol{\Gamma} = [\ *\ \ *\ \ *\ ], \quad \boldsymbol{\Phi} = \begin{bmatrix} * & & \\ * & * & \\ * & * & * \end{bmatrix}, \quad \boldsymbol{\Psi} = \mathrm{diag}[\ *\ ],$$

$$\boldsymbol{\Theta}_\varepsilon = \mathrm{diag}[0\ \ *\ \ *\ ], \quad \boldsymbol{\Theta}_\delta = \mathrm{diag}[0\ \ *\ \ *\ \ 0\ \ *\ \ 0\ \ *\ ]$$

输入数据后,最终确定的模型有图 11-25：

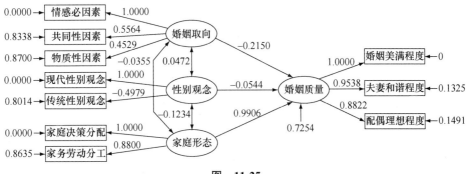

图 11-25

(4) 模型检验：

① Y 变量的平方复相关：$\dfrac{y_1}{1.000}, \dfrac{y_2}{1.000}, \dfrac{y_3}{0.8709}$；

② X 变量的平方复相关：$\dfrac{x_1}{1.0000}, \dfrac{x_2}{0.1962}, \dfrac{x_3}{0.1300}, \dfrac{x_4}{1.0000}, \dfrac{x_5}{0.1986},$ $\dfrac{x_6}{0.1763}, \dfrac{x_7}{0.1365}$；

③ 结构方程式的平方复相关：0.3965；

④ 模型的评价指数：

$$(\chi^2): \quad 414.3365(df = 32)$$
$$(GFI): \quad 0.9853$$
$$(AGFI): \quad 0.9747$$

讨论

模型在调试过程中曾对度量主轴的设定,进行 X^2 比较,最终以本模型的总拟合度最优,X^2 最小,结构方程的平方复相关,达 0.39,达到了一般社会现象研究的要求。

从模型所得外生潜变量结果来看图 11-25,当前家庭(权力)形态 ξ_3 与性别观念 ξ_2;家庭(权力)形态 ξ_3 与婚姻(价值)取向 ξ_1 都呈现了负相关,说明当前婚姻价值取向的情感中心取向和性别观念中的平等主义取向与现实的家庭(权力)形态处于一种不相合的状态。

而从结构模型的结果式(11-60)来看:

$$\eta = -0.2150\xi_1 - 0.0544\xi_2 + 0.9906\xi_3 + \zeta \qquad (11-60)$$

婚姻价值取向与性别观念对婚姻质量是负影响,而家庭(权力)形态对婚姻质量是正向影响的。这说明人们心目中婚姻的情感价值取向与性别中的平等主义期望值越高,对婚姻质量评价越低,而家庭形态与婚姻质量呈正相关,说明家庭(权力)形态越平权,婚姻质量越高。

结果表明,由于当前婚姻的情感价值取向与性别中的平等主义观念的增强,形成了婚姻中亲密关系的要求与转变,而滞后的家庭刚性权力形态,严重影响着人们的婚姻质量,这种形态如不能顺应时代的要求进行改变,家庭生活将处于一种不稳定状态。

[例]5 职工对国企改革态度研究。①

(1)根据理论分析,职工对改革的总体满意度与职工的利益、观念和参与 3 个因素有关,但 3 个因素除了直接作用外,企业内部职工对工作的满意程度和对股份制的评价等中介变量有关,于是有以下理论模型图 11-26:

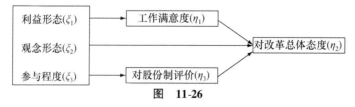

图 11-26

---

① 本例取材于谢万玲:《国企改革背景下职工态度研究——对上海虹桥机场职工的实证研究》。

第十一章 因果模型分析方法简介

（2）经过频次分布、因子提取、聚类等方法预处理，最后确定了各潜变量的观测变量：

① 利益形态（ξ_1）：X_1 = 物质利益，X_2 = 非物质利益；
② 观念形态（ξ_2）：X_3 = 市场价值取向，X_4 = 消极价值取向；
③ 参与程度（ξ_3）：X_5 = 对改革了解度，X_6 = 提建议、意见数；
④ 工作满意度（η_1）：Y_1 = 对工作满意度；
⑤ 对改革总体满意度（η_2）：Y_2 = 对改革满意度，Y_3 = 对改革赞成度，Y_4 = 对改革适应度，Y_5 = 对改革信心度；
⑥ 对股份制评价（η_3）：Y_6 = 对股份制评价。

由此形成的度量模型有：

$$X = \Lambda_x \xi + \delta$$

$$\begin{bmatrix} 物质利益 \\ 非物质利益 \\ 市场价值取向 \\ 消极价值取向 \\ 对改革了解度 \\ 提建议、意见数 \end{bmatrix} = \begin{bmatrix} \lambda_{11} & 0 & 0 \\ 1 & 0 & 0 \\ 0 & 1 & 0 \\ 0 & \lambda_{42} & 0 \\ 0 & 0 & 1 \\ 0 & 0 & \lambda_{63} \end{bmatrix} \begin{bmatrix} 利益形态 \\ 观念形态 \\ 参与程度 \end{bmatrix} + \begin{bmatrix} \delta_1 \\ \delta_2 \\ \delta_3 \\ \delta_4 \\ \delta_5 \\ \delta_6 \end{bmatrix}$$

$$Y = \Lambda_y \eta + \varepsilon$$

$$\begin{bmatrix} 工作满意度 \\ 对改革满意度 \\ 对改革赞同度 \\ 对改革适应度 \\ 对改革信心度 \\ 对股份制评价 \end{bmatrix} = \begin{bmatrix} 1 & 0 & 0 \\ 0 & 1 & 0 \\ 0 & \lambda_{32} & 0 \\ 0 & \lambda_{42} & 0 \\ 0 & \lambda_{52} & 0 \\ 0 & 0 & 1 \end{bmatrix} \begin{bmatrix} 工作满意度 \\ 对改革总体态度 \\ 对股份制评价 \end{bmatrix} + \begin{bmatrix} \varepsilon_1 \\ \varepsilon_2 \\ \varepsilon_3 \\ \varepsilon_4 \\ \varepsilon_5 \\ \varepsilon_6 \end{bmatrix}$$

结构模型有：

$$\eta = B\eta + \Gamma\xi + \zeta$$

$$\begin{bmatrix} 工作满意度 \\ 对改革总体态度 \\ 对股份制评价 \end{bmatrix} = \begin{bmatrix} 0 & 0 & 0 \\ \beta_{21} & 0 & \beta_{23} \\ 0 & 0 & 0 \end{bmatrix} \begin{bmatrix} 工作满意度 \\ 对改革总体态度 \\ 对股份制评价 \end{bmatrix}$$

$$+ \begin{bmatrix} \gamma_{11} & \gamma_{12} & \gamma_{13} \\ \gamma_{21} & \gamma_{22} & \gamma_{23} \\ \gamma_{31} & \gamma_{32} & \gamma_{33} \end{bmatrix} \begin{bmatrix} 利益形态 \\ 观念形态 \\ 参与程度 \end{bmatrix} + \begin{bmatrix} \zeta_1 \\ \zeta_2 \\ \zeta_3 \end{bmatrix}$$

(3) 除了图 11-26 给出的 $\boldsymbol{\Lambda}_X, \boldsymbol{\Lambda}_y, \boldsymbol{\beta}, \boldsymbol{\Gamma}$ 4 个矩阵,另外 4 个协方阵设为:

$$\boldsymbol{\Phi} = \begin{bmatrix} * & & \\ * & * & \\ * & * & * \end{bmatrix},$$

$$\boldsymbol{\Psi} = \text{diag}(\ *\ \ *\ \ *\ ),$$

$$\boldsymbol{\Theta}_\varepsilon = \text{diag}(0\ \ 0\ \ *\ \ *\ \ *\ \ 0),$$

$$\boldsymbol{\Theta}_\delta = \text{diag}(\ *\ \ 0\ \ 0\ \ *\ \ 0\ \ *\ )$$

(4) 将上述 8 个矩阵要求输入 LISREL,并输入了原始数据,输出的部分结果有:

度量模型部分(图 11-27):

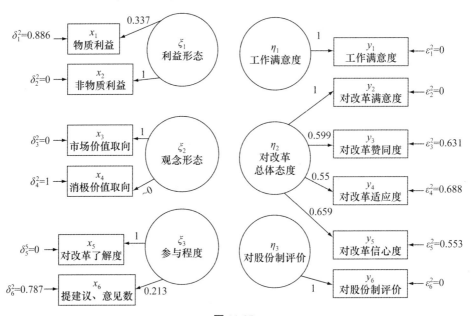

图 11-27

结构模型部分(图 11-28):

第十一章 因果模型分析方法简介

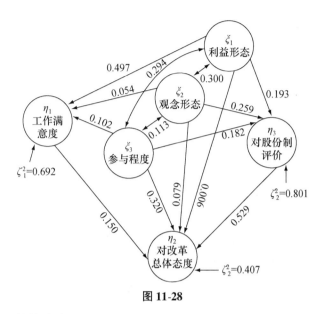

图 11-28

（5）模型的检验有：

Y 变量的平方复相关：$\dfrac{y_1}{1.000}$, $\dfrac{y_2}{1.000}$, $\dfrac{y_3}{0.369}$, $\dfrac{y_4}{0.312}$, $\dfrac{y_5}{0.447}$, $\dfrac{y_6}{1.000}$；

X 变量的平方复相关：$\dfrac{x_1}{0.114}$, $\dfrac{x_2}{1.000}$, $\dfrac{x_3}{1.000}$, $\dfrac{x_4}{—}$, $\dfrac{x_5}{1.000}$, $\dfrac{x_6}{0.213}$；

结构方程式的平方复相关：$\dfrac{\eta_1}{0.308}$, $\dfrac{\eta_2}{0.593}$, $\dfrac{\eta_3}{0.199}$；

模型的评价指数：

(χ^2)：　　223.522 $(p = 0.0,\ \mathrm{d}f = 45)$

(GFI)：　　0.926

(AGFI)：　　0.872

讨论

通过图 11-28 分析得出，对改革的总体态度 η_2 除了和外生潜变量利益形态 ξ_1，观念形态 ξ_2，参与程度 ξ_3 外，还和中介内生潜变量工作满意度 η_1，对股份制评价 η_3 有关：

$$\eta_2 = 0.006\xi_1 + 0.079\xi_2 + 0.320\xi_3 + 0.150\eta_1 + 0.529\eta_3$$

所有因素对改革总体态度都是正向的，但虽然利益形态(ξ_1)和观念形态(ξ_2)对改革总体态度(η_2)的直接效果都很低(0.006 和 0.079)，但这并不意味着利益形态(ξ_1)和观念形态(ξ_2)对改革总体态度(η_2)总效果很低,实际上通过工作态度(η_1)和股份制评价(η_3)为中介,形成了利益形态(ξ_1)间接效果,从总使 ξ_1 对 η_2 总效果达到:

$$0.006 + 0.497 \times 0.150 + 0.193 \times 0.529 = 0.183; \quad (11\text{-}61)$$

ξ_2 对 η_2 总效果达到:

$$0.079 + 0.054 \times 0.150 + 0.259 \times 0.529 = 0.224; \quad (11\text{-}62)$$

ξ_3 对 η_2 总效果达到:

$$0.320 + 0.102 \times 0.150 + 0.182 \times 0.529 = 0.432 \quad (11\text{-}63)$$

式(11-62)表明,通过工作态度(η_1)和股份制评价(η_3)形成了间接效果,使参与程度(ξ_3)对改革总体态度(η_2)从 0.32 提升到 0.432,可见非物质的激励和认知的重要性。它说明参与程度是个体获取信息和利益的重要途径,从而影响对变革的满意程度,所以参与是权力的发挥模式,也是职工利益分配和价值观的再塑。

习 题

1. 计算图 11-12 模型 1 的变量间相关系数,并列表依次给出相关系数组成部分(D, I, U, S)。

2. 根据以下路径图 11-29,计算变量间相关系数,并列表依次给出相关系数组成部分(D, I, U, S)。

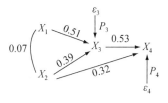

图 11-29

3. 根据结构方程模型图 11-30:

第十一章 因果模型分析方法简介

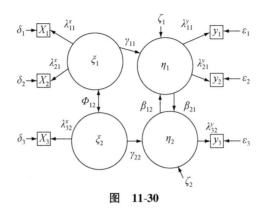

图 11-30

写出：

（1）哪些是显变量？哪些是潜变量？

（2）哪些是外生变量？哪些是内生变量？

（3）根据结构方程，写出 η_1 和 η_2 的方程表达式、矩阵表达式和矩阵的具体形式。

（4）量度 X 和 y 的度量方程表达式、矩阵表达式和矩阵的具体形式。

参 考 文 献

〔美〕布莱洛克:《社会统计学》,中国社会科学出版社1988年版。
陈铁梅编著:《定量考古学》,北京大学出版社2005年版。
党耀国等编著:《应用多元统计分析》,清华大学出版社2012年版。
高惠璇编著:《应用多元统计分析》,北京大学出版社2014年版。
管宇主编:《实用多元统计分析》,浙江大学出版社2011年版。
郭志刚主编:《社会统计分析方法——SPSS软件应用》,中国人民大学出版社2012年版。
韩明编著:《应用多元统计分析》,同济大学出版社2013年版。
何晓群编著:《多元统计分析》,中国人民大学出版社2012年版。
姜炳磷、袁峻编著:《现代管理中的数理统计方法》,人民邮电出版社1993年版。
柯惠新等编著:《调查研究中的统计分析法》,北京广播学院出版社1992年版。
李春林、陈旭红编著:《应用多元统计分析》,清华大学出版社2013年版。
李沛良:《社会研究的统计应用》,社会科学文献出版社2002年版。
李哲夫、杨心恒编:《社会调查与统计分析》,人民出版社1989年版。
〔美〕理查德·A.约翰逊等:《实用多元统计分析》,清华大学出版社2012年版。
林清山:《多变项分析统计法——社会及行为科学研究适用》,东华书局(台湾)1983年版。
刘桂海、林伟然编著:《多元统计概论与实验》,浙江大学出版社2013年版。
卢淑华编著:《社会统计学(第四版)》,北京大学出版社2009年版。
卢淑华编著:《社会统计学概要》,北京大学出版社2016年版。
任雪松、于秀林编著:《多元统计分析(第二版)》,中国统计出版社2011年版。
阮桂海主编:《数据统计与分析——SPSS应用教程》,北京大学出版社2005年版。
〔美〕斯科特·梅纳德:《应用Logistic回归分析》,格致出版社2012年版。
〔美〕Weisberg,S.:《应用线性回归》,中国统计出版社1998年版。
汪冬华编著:《多元统计分析与SPSS应用》,华东理工大学出版社2010年版。
王国梁、何晓群编著:《多变量经济数据统计分析》,陕西科学技术出版社1993年版。
王济川、郭志刚:《Logistic回归模型——方法与应用》,高等教育出版社2001年版。
王静龙:《多元统计分析》,科学出版社2008年版。
王学民编著:《应用多元分析(第四版)》,上海财经大学出版社2014年版。

〔德〕沃尔夫冈·哈德勒:《应用多元统计分析》,北京大学出版社 2014 年版。

薛薇编著:《统计分析与 SPSS 应用(第二版)》,中国人民大学出版社 2008 年版。

袁志发、宋世德编著:《多元统计分析(第二版)》,科学出版社 2009 年版。

〔美〕约翰·内特等:《应用线性回归模型》,中国统计出版社 1990 年版。

张尧庭、方开泰:《多元统计分析引论》,科学出版社 1983 年版。

中国科学院数学研究所统计组编:《方差分析》,科学出版社 1977 年版。

Kerlinger, F. N. , E. J. Pedhazur, *Multiple Regression in Behavioral Research*, New York: Holt, Rinehart and Winston, 1973.

Knoke, D. , P. J. Burke, *Log-Linear Models* , London: Sage Publications Ltd. ,1980.

Norusis, M. J. , *SPSS for Windows Advanced Statistics Release* 5, Chicago: SPSS Inc. ,1992.

Pedhazur, E. J. ,*Multiple Regression in Behavioral Research: Explanation and Prediction*(2nd Edition), New York: Holt, Rinehart and Winston, 1982.

Reynolds, H. T. , *Analysis of Nominal Data*, California: Sage Publications Inc. ,1977.

Long, J. S. , *Covariance Structure Models: An Introduction to LISREL*, California: Sage Publications Inc. ,1988.

习 题 答 案

第三章答案

1. (7) Z_b 解释力比 Z_a 强。

   (8) 用其中的一个控制变量 Z,先做成分表;然后对每一个分表,按剩下的另一个控制变量,再进一步做分表之分表;最终分表数将是两次分表数之乘积。

2. 年龄 → 婚龄,健康状况

3. 文化程度→收入→购房。

4. 收入 → 旅游,购房

5. 说明了推理对正确判断的重要性。

6. 受教育程度 → 经济成就 → 环保理念

7. (1) 根据原表,似乎白领劳动者,更倾向于购名牌产品。

   (2) 控制收入 z 后,同一收入档次的人,购买名牌与否与从事劳动性质无相关,或者说,两者的相关是虚假的。但不同收入档次的人,收入越高,购买名牌比例越高,最高为 90%,最低为 10%。

   (3) X(职业) → 收入 → 购物。

8.
   房间数 → 购房价格,房屋总面积

9. (1) 自变量 = 吸烟;因变量 = 患癌症;控制变量 = 年龄。

   (2) 存在,年龄大的人,吸烟得癌的比例明显高于年轻人,因为年龄大的人,可能吸烟年限也长,所以患癌可能性也越大。

第四章答案

1. (2) 是不可能的,因为 $R^2 < r_{y2}^2$。

2. (1) $\hat{y} = -1.23561 + 0.67370 X_1 + 0.61833 X_2$;

(2) $r_{12} = 0.14472, r_{y1} = 0.67350, r_{y2} = 0.53197$;

(3) $s_1 = 2.6651, s_2 = 2.1151, s_y = 2.9469$;

(4) $RSSR = 106.66144, RSS = 58.33856$;

(5) $R^2_{y \cdot 12} = 0.64643, F = 15.54 > F_{0.05}(2,17) = 3.59$;

(6) $\hat{z}_y = 0.60928 z_{x_1} + 0.44380 z_{x_2}$;

(7) t 检验法:$t_1 = 4.18, t_2 = 3.04, t_{(0.05)}(17) = 1.74$,所以 b_1、b_2 都通过了检验($\alpha < 0.05$)。

F 检验法:$b_1: F(1,17) = 17.475$;$b_2: F(1,17) = 9.271, t(17) = \sqrt{F(1,17)}$,两种检验方法是一样的。

3. (1) A 样本的 $R^2_{y \cdot 12}$ 比 B 样本大;

(2) $A: R^2_{y \cdot 12} = 0.85, B: R^2_{y \cdot 12} = 0.61$;

(3) $A: \hat{z}_y = 0.7 z_{x_1} + 0.6 z_{x_2}, B: \hat{z}_y = 0.55 z_{x_1} + 0.38 z_{x_2}$;

(4) $A: F(2,97) = \dfrac{R^2_{y \cdot 12}(100-3)}{2(1-R^2_{y \cdot 12})} = 274.83, B: F(2,97) = 75.86$。

第五章答案

(1)
① $R = 0.6637$ ② $R_c^2 = 0.43479$ ③ $s_e = 9.586$ ④ $TSS = 32349.93$
⑤ $\overline{TSS} = 162.5625$ ⑥ $F(2,197) = 77.54$
⑦ 对 X_1 进行 F 值检验,$F = 28.34$ ⑧ 对 X_2 进行 F 值检验,$F = 67.065$

(2) 2603.523, 0.08048;

(3) 6162.0158, 0.19048。

第六章答案

1. (1) 各类人员的平均赡养人数:管理人员:2.96,工人:3.42,技术员:2.64;

(2) 2 个虚拟变量:Z_1 和 Z_2;

(3) $Z_1 = 1$ 管理人员;$Z_2 = 1$ 工人;$Z_1 = Z_2 = 0$ 技术人员。
$$\hat{y} = 2.64 + 0.32z_1 + 0.78z_2$$

2. (1) 东部:$\hat{y} = -7.8 + 2.2X$;中部:$\hat{y} = -10.3 + 2.2X$;西部:$\hat{y} = -13.2 + 2.2X$。

(2) 受教育年限与地区没有交互作用,因为斜率相同,从图形上看是 3 条平行线。

(3) 中部和东部相比,少 2.5(千元),西部和东部相比,少 5.4(千元),西部和中部相比,少 2.9(千元),它们与受教育年限无关。

3. (1) 东部:$\hat{y} = -12.9 + 2.6X$;西部:$\hat{y} = -3.2 + 1.4X$;中部:$\hat{y} = -8.3 + 2.0X$。

(2) 受教育年限与地区有交互作用,从图形上看,3 条回归线不平行。

(3) 三地区收入差距与受教育年限有关,其中东部斜率最大,随着教育年限增多,收入增长最快,其次是中部,西部增长最慢。

4. (1) $R^2 = 0.87$,因为交互作用项 ZX 的 $t = 29.4/8.2 = 3.6$,$P = 0.0005$,所以交互作用是显著的。

(2) $\hat{y} = -16.6 + 66.6X - 31.83Z + 29.4ZX$。

(3) 近郊 $Z = 1$:$\hat{y} = -48.43 + 96X$;远郊 $Z = 0$:$\hat{y} = -16.6 + 66.6X$

当 $X = 3000$ 平方米,

近郊 $Z = 1$:
$$\hat{y} = -48.43 + 96X = -48.43 \times 10^3 + 96 \times 3000 = 239.6(千元)$$

远郊 $Z = 0$:
$$\hat{y} = -16.6 + 66.6X = -16.6 + 66.6X$$
$$= -16.6 \times 10^3 + 66.6 \times 3000 = 183.2(千元)$$

(4) 当 $X = 1500$ 平方米,

近郊 $Z = 1$:
$$\hat{y} = -48.43 + 96X = -48.43 \times 10^3 + 96 \times 1500 = 95.6(千元)$$

远郊 $Z = 0$:
$$\hat{y} = -16.6 + 66.6X = -16.6 + 66.6X$$
$$= -16.6 \times 10^3 + 66.6 \times 1500 = 83.3(千元)$$

由于存在交互作用,近郊面积对价格的影响远大于远郊,近郊的斜率是 96 元/平方米,而远郊的斜率只有 66.6 元/平方米。

第七章答案

1. 73%, 25.6%, 1.225%, 0.175%
   73%, 98.6%, 99.825%, 100%
2. 2 个
3. $Y_1 = 0.149X_1 - 0.574X_2 - 0.558X_3 - 0.581X_4$
   $Y_2 = 0.954X_1 - 0.098X_2 - 0.270X_3 - 0.082X_4$

第八章答案

1. （1）共公性：0.503, 0.749, 0.526, 0.390, 0.823
   特征值：1.674, 1.318   贡献率：0.335, 0.264
   累计贡献率：0.335, 0.599
   （2）独立因子贡献率：0.401
   （3）0.601, 0.377; 0.850, 0.164; 0.643, 0.335; 0.365, 0.507; 0.208, 0.883
2. （1）$X_1 = 0.0727F_1 + 0.7862F_2 + v_1u_1$
   $X_2 = 0.1786F_1 + 0.8605F_2 + v_2u_2$
   $X_3 = 0.8644F_1 + 0.2994F_2 + v_3u_3$
   $X_4 = 0.8748F_1 + 0.0106F_2 + v_4u_4$
   （2）0.6234; 0.7723; 0.8368; 0.7654
   （3）0.3874; 0.362075
   （4）F_1代表了人的高度，F_2代表了人的体重
   （5）因子与变量数量关系的示意图：

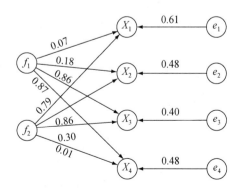

第九章答案

1.

(1)

表

合并步骤	组1	组2	聚合水平	聚合后的分类数
1	3	4	2.2	4
2	(3,4)	5	2.28	3
3	1	2	11.67	2
4	(3,4,5)	(1,2)	18.54	1

(3) (3,4,5) (1,2)

2. 新个体 x_0 应判入 G_1。

第十章答案

1. 1. 0.68, 0.95; 5.90, 7.65; 4.08, 0.21
   2. X_2、X_3
   3. X_2 增加了、X_3 减少了

2. 1. $K=4$, $df=3$; $K=3$, $df=13$; $K=2$, $df=25$; $K=1$, $df=31$
   2. 选择 $K=3$
   3. $K=1$: L.R.Chisq = 185.725
      $K=2$: $df=12$
      $K=3$: L.R.Chisq = 8.691
      $K=4$: $df=3$

第十一章答案

1.

	D	I	U	S	Σ
r_{21}		0.738×0.643			0.475
r_{31}	0.738				0.738
r_{41}		(0.738×0.613) $+ (0.738 \times 0.643 \times 0.327)$			0.608

习题答案

(续表)

	D	I	U	S	Σ
r_{32}	0.643				0.643
r_{42}	0.327			$0.643 \times 0.613 = 0.394$	0.721
r_{43}	0.613	$0.643 \times 0.327 = 0.210$			0.823

2.

	D(直接)	I(间接)	U(共因)	S(虚假部分)	Σ
r_{31}	0.51		$0.07 \times 0.39 = 0.03$		0.54
r_{41}		$0.51 \times 0.53 = 0.27$	$0.07 \times 0.32 + 0.07 \times 0.39 \times 0.530 = 0.04$		0.31
r_{32}	0.39		$0.07 \times 0.51 = 0.04$		0.43
r_{42}	0.32	$0.39 \times 0.53 = 0.21$	$0.07 \times 0.51 \times 0.53 = 0.02$		0.55
r_{43}	0.53		$0.51 \times 0.32 \times 0.07 = 0.01$	$0.39 \times 0.32 = 0.13$	0.67

3. (1) 显变量 X_1, X_2, X_3,潜变量 $\xi_1, \xi_2; \eta_1, \eta_2$

(2) X_1, X_2, X_3(外生显);ξ_1, ξ_2(外生潜)

y_1, y_2, y_3(内生显);η_1, η_2(内生潜)

(3) $\boldsymbol{\eta} = \boldsymbol{\beta}\boldsymbol{\eta} + \boldsymbol{\Gamma}\boldsymbol{\xi} + \boldsymbol{\zeta}$

$$\boldsymbol{\eta} = \begin{bmatrix} \eta_1 \\ \eta_2 \end{bmatrix}, \boldsymbol{\beta} = \begin{bmatrix} 0 & \beta_{12} \\ \beta_{21} & 0 \end{bmatrix}, \boldsymbol{\Gamma} = \begin{bmatrix} v_{11} & 0 \\ 0 & v_{22} \end{bmatrix}, \boldsymbol{\zeta} = \begin{bmatrix} \zeta_1 \\ \zeta_2 \end{bmatrix}$$

(4) $Y = \boldsymbol{\Lambda}_y \boldsymbol{\eta} + \boldsymbol{\varepsilon}, X = \boldsymbol{\Lambda}_x \boldsymbol{\xi} + \boldsymbol{\delta}$

$$Y = \begin{bmatrix} y_1 \\ y_2 \\ y_3 \end{bmatrix}, \boldsymbol{\Lambda}_y = \begin{bmatrix} \lambda^y_{11} & 0 \\ \lambda^y_{21} & 0 \\ 0 & \lambda^y_{32} \end{bmatrix}, \boldsymbol{\eta} = \begin{bmatrix} \eta_1 \\ \eta_2 \end{bmatrix}, \boldsymbol{\varepsilon} = \begin{bmatrix} \varepsilon_1 \\ \varepsilon_2 \\ \varepsilon_3 \end{bmatrix}$$

$$X = \begin{bmatrix} X_1 \\ X_2 \\ X_3 \end{bmatrix}, \boldsymbol{\Lambda} = \begin{bmatrix} \lambda^x_{11} & 0 \\ \lambda^x_{21} & 0 \\ 0 & \lambda^x_{32} \end{bmatrix}, \boldsymbol{\xi} = \begin{bmatrix} \xi_1 \\ \xi_2 \end{bmatrix}, \boldsymbol{\delta} = \begin{bmatrix} \delta_1 \\ \delta_2 \\ \delta_3 \end{bmatrix}$$

教师反馈及教辅申请表

北京大学出版社本着"教材优先、学术为本"的出版宗旨,竭诚为广大高等院校师生服务。为更有针对性地提供服务,请您认真填写以下表格并经系主任签字盖章后寄回,我们将按照您填写的联系方式免费向您提供相应教辅资料,以及在本书内容更新后及时与您联系邮寄样书等事宜。

书名		书号	978-7-301-	作者	
您的姓名				职称职务	
校/院/系					
您所讲授的课程名称					
每学期学生人数	_____人_____年级			学时	
您准备何时用此书授课					
您的联系地址					
联系电话(必填)				邮编	
E-mail(必填)				QQ	
您对本书的建议:				系主任签字 盖章	

我们的联系方式:

北京大学出版社社会科学编辑部

北京市海淀区成府路 205 号,100871

联系人:董郑芳

电话:010-62753121 / 62765016

传真:010-62556201

E-mail:ss@pup.pku.edu.cn

新浪微博:@未名社科-北大图书

网址:http://www.pup.cn